Eine theoretische und empirische Studie über Deutungsmuster von Personalverantwortlichen hoch qualifizierter älterer Arbeitnehmer/innen

Europäische Hochschulschriften

European University Studies

Publications Universitaires Européennes

Reihe V	**Volks- und Betriebswirtschaft**
Series V	Economics and Management
Série V	Sciences économiques

Band/Volume **3439**

Diana Pantlen

Eine theoretische und empirische Studie über Deutungsmuster von Personalverantwortlichen hoch qualifizierter älterer Arbeitnehmer/innen

PL ACADEMIC RESEARCH

Bibliografische Information der Deutschen Nationalbibliothek
Die Deutsche Nationalbibliothek verzeichnet diese Publikation in der Deutschen Nationalbibliografie; detaillierte bibliografische Daten sind im Internet über http://dnb.d-nb.de abrufbar.

Zugl.: RTHW Aachen University, Diss., 2015

D 82
ISSN 0531-7339
ISBN 978-3-631-66546-6 (Print)
E-ISBN 978-3-653-05882-6 (E-Book)
DOI 10.3726/ 978-3-653-05882-6

PL Academic Research ist ein Imprint der Peter Lang GmbH.
Peter Lang – Frankfurt am Main · Bern · Bruxelles · New York · Oxford · Warszawa · Wien

Diese Publikation wurde begutachtet.

www.peterlang.com

für meinen Seelenverwandten

Rüdiger

Inhaltsverzeichnis

Abbildungsverzeichnis

Tabellenverzeichnis

Vorwort

Die vorliegende wissenschaftliche Arbeit entstand während meiner mehr als vierjährigen Berufstätigkeit in Teilzeit als Lehrbeauftragte an Hochschulen mit sozial- und wirtschaftswissenschaftlicher Ausrichtung. Sie wurde vom Promotionsausschuss der Philosophischen Fakultät der Rheinisch-Westfälischen Technischen Universität in Aachen im Wintersemester 2013/2014 als Dissertation angenommen. Die Erstellung dieser Arbeit war für mich eine große Herausforderung und zugleich war es eine persönliche bereichernde Erfahrung mit allen vorkommenden Hürden. Der Einfachheit halber wird von der Verfasserin die männliche Anrede benutzt. Selbstverständlich sind damit auch weibliche Personen gemeint.

All jenen möchte ich ganz herzlich danken, die mich während meiner Promotionszeit unterstützt haben, sei es durch Anregungen, Ratschläge oder konstruktive Kritik.

Folgende Menschen möchte ich besonders hervorheben:

Mein besonderen Dank gilt in erster Linie meinem Erstgutachter, Prof. Tim Unger, für seine wertvolle Unterstützung bei der Betreuung dieser Arbeit. Ebenfalls danke ich meinem Zweitgutachter, Herrn Prof. Sven Kommer, für seine Sichtung und Bewertung. Herrn Prof. Carsten Ullrich danke ich für die Telefondiskussionen über die Deutungsmusteranalyse. Besonders gilt mein Dank den Professoren aus dem Bereich der Volkswirtschaftslehre, Frau Prof. Gisela Kubon-Gilke und meinem Gutachter Prof. Bert Rürup, die mich stets geduldig während meiner langjährigen Arbeit fachlich sowie ideell unterstützten. Ein herzlicher Dank gebührt Dr. Alexander Herzog-Stein, dessen konstruktive Anmerkungen und Informationen sowie die fruchtbaren Diskussionen entscheidend zum Gelingen meiner Arbeit beigetragen haben.

Danken möchte ich außerdem meinen engsten Vertrauten, Dr. Ralf Schneider und Gabriele Leisterer, für den intensiven intellektuellen Austausch mit den Inhalten meiner Arbeit und den letzten wertvollen Anregungen. Herrn Gerd Robanus und Klaus Kober vom Wirtschaftsrat gilt mein Dank vor allem für die Gewinnung der Personalverantwortlichen der mittelständischen Unternehmen im Rhein-Main-Gebiet während meiner Interviewphase.

1 Übersicht

Die demografische Entwicklung, die die bundesdeutsche Arbeitswelt, ihre Produktivität, ihre Unternehmen, den Arbeitsmarkt und die Politik zunehmend beanspruchen wird, entwickelt ihre wesentliche Problematik auf zwei Ebenen: Einerseits geht die Geburtenrate seit den 70er Jahren zurück („Pillenknick"), andererseits steigt die Lebenserwartung der Bevölkerung permanent an, sodass der Bevölkerungsanteil Älterer und damit älterer Arbeitnehmer/innen am Arbeitsleben seinerseits zunimmt. Mit der gesteigerten Lebenserwartung steigert sich naturgemäß die Leistungsfähigkeit Älterer. Auf der Ebene der jungen Bevölkerung steigert sich das Problem zurückgehender Geburtenraten dahingehend, dass die Reduktion der Anzahl von Neugeborenen langfristig die Bevölkerungszahl der Bundesrepublik weiter verringert. Demografische Berechnungen demonstrieren, dass die bundesdeutsche Bevölkerung bis 2060 von circa 80 Millionen auf ungefähr 60 Millionen zurückgehen wird (Bundesinnenministerium 2011, S. 7).

Diese demografische Entwicklung zieht zwangsläufig eine Reduktion der Fachkräfteressourcen nach sich, die unter dem Begriff des Fachkräftemangels seit geraumer Zeit diskutiert wird. Diese Problemdimension, die erheblichen Einfluss auf das künftige Produktivitätsniveau der bundesdeutschen Wirtschaft haben kann, lässt die Bedeutung der Integration bzw. Integrationsfähigkeit älterer Arbeitnehmer/innen in die permanent komplexer werdende Arbeitswelt der Bundesrepublik in aller Deutlichkeit zu Tage treten (Miegel, 2002, S. 79).

Etwa ab 2010 machte sich der Mangel an jugendlichen Nachrückern auf den Arbeitsmärkten erstmals deutlich bemerkbar, da die Unternehmen von nun an einen deutlich reduzierten Pool an jüngeren Bewerbern vorfanden (Bosch et al., 2010, S. 27). Da die Rekrutierung jugendlicher Fachkräfte künftig nicht mehr in dem angestrebten Ausmaß umsetzbar ist, sind die Unternehmen auf die Entwicklung langfristiger Personalstrukturen angewiesen, die sich naturgemäß darauf richten müssten, das ältere Arbeitspersonal mit seiner wertvollen Berufserfahrung in eine effiziente Personalbeschaffung einzubeziehen. Andererseits sähe sich auch die Berufspädagogik generell gefordert, entweder auf der Ebene des dualen Ausbildungssystems oder in Kooperationen mit Unternehmen und ihren Weiterbildungsabteilungen für eine Ausbildungssituation zu sorgen, die dem kommenden demografischen Wandel Rechnung trägt. Eine solche Rücksicht auf den demografischen Wandel etwa in der Form der Erweiterung des dualen Ausbildungssystems um Module, die eine Kooperation zwischen Auszubildenden und älteren Fachkräften einbezöge, böte die Möglichkeit, eine Brücke zwischen dem praktischen Lernen Jugendlicher und der konkreten Weitergabe älterer Arbeitnehmer/innen/innen zu bilden. Dies bedeutet, dass sich zusätzlich auch auf der universitären Ebene in den Fächern der Betriebswirtschaft- bzw. Volkswirtschaftslehre Module finden, die sich mit der Thematik einer digitalen Wissensgesellschaft, einer globalisierten Ökonomie und der Bedeutung älterer Arbeitnehmer/innen hinsichtlich ihrer Erfahrungsbereiche im impliziten und expliziten Wissen beschäftigen. Auf diese Weise würde eine Bildungssituation erzeugt, die von Anfang an auf allen Ebenen auf künftige Anforderungen des demografischen Wandels Rücksicht nimmt.

Dies impliziert angesichts der sich permanent verkürzenden Halbwertszeiten betrieblichen und technischen Wissens aber auch, dieses Reservoir älterer Arbeitnehmer/innen mit entsprechenden Bildungsressourcen auszustatten, die die Halbwertszeiten ausgleichen können. Hinsichtlich der wachsenden Bedeutung älterer Arbeitnehmer/innen besonders auf den von den Unternehmen selbst organisierten Arbeitsmärkten (Internetplattformen usw.) werden ältere Arbeitnehmer/innen in Zukunft zwangsläufig eine dominierende Rolle in der Vermittelbarkeit spielen. M. Hecker spricht in diesem Zusammenhang von einem „Paradigmenwechsel“ (Hecker, 2013, S. 9). Die Politik ist sich grundsätzlich dieser paradigmatischen Tatsache bewusst, wie die bereits unter der Rot/Grünen Regierung im Jahre 2003 angestrengten Bemühungen demonstrieren, mit der sogenannten Greencard hoch qualifizierte Zuwanderer in gesteigertem Ausmaß in der Bundesrepublik anzusiedeln. Solche Bemühungen von Seiten der staatlichen Steuerung waren jedoch wenig erfolgreich, da die Rahmenbedingungen der Einkommenshöhen und der Zuzugsmöglichkeit von Familienmitgliedern sich als kontraproduktiv erwiesen. Das Forschungsinteresse der vorliegenden Arbeit richtet sich daher naturgemäß auf ein Personalmanagement, das im Sinne eines Human Resources Management mögliche neue Konzeptionen der Belegschaftsgestaltung hervorbringt.

Es liegt nahe, dass Unternehmen mit ihren Personalverantwortlichen Managementkonzepte entwickeln, die einerseits den reduzierten Ressourcenpool jugendlicher Fachkräfte und andererseits den wachsenden Pool älterer Mitarbeiter so konsequent ausbalancieren, dass auf unterschiedlichen Ebenen das umfangreiche Berufserfahrungswissen Älterer adäquater genutzt werden kann, als es bisher offensichtlich geschehen ist und geschieht. Bundesdeutsche Mittelständler, auf die sich die dargestellte Problematik weitgehend bezieht, sind also, wenn sie an den nationalen und internationalen Märkten künftig bestehen wollen, auf die Entwicklung von Bindungskräften angewiesen, die die Qualifizierung, Weiterqualifizierung, das entsprechende Wissensmanagement, die betriebliche Gesundheitsvorsorge und die Work Life Balance für ältere Mitarbeiter betreffen. Eine solche Beachtung des Paradigmenwechsels ist für Mittelständler umso wichtiger, als sie im Gegensatz zu Großunternehmen oft in geringerem Ausmaß auf eine langfristige Personalplanung Wert legen.

Mittelständler, auf deren Belegschaftsproblematik sich die vorliegende Arbeit mit ihren Interviews und Forschungsfragen bezieht, setzen ihre Ausschreibungen in der Mehrheit der Fälle unter Bezug auf das Unternehmensvolumen, die Region und die gerade zu besetzenden Posten an. Zusätzlich besteht in mittelständischen Unternehmen in der Mehrheit der Fälle nur ein geringes Ausmaß an karriereorientierter Aufstiegsplanung für die Mitarbeiter. Auch die Sozialleistungen und die Lohnstrukturen von Mittelständlern bleiben, wie den Interviews der vorliegenden Arbeit vielfach zu entnehmen ist, mehrheitlich hinter den diesbezüglichen Angeboten großer Unternehmen zurück (Mesaros, 2009, S. 12). Zugleich sind jedoch die Belegschaften von Mittelständlern in vielen Fällen enger an das Unternehmen gebunden, die Identifikationsgrade mit der Unternehmenspolitik sind höher als bei Großkonzernen, was nicht zuletzt daran liegt, dass selbst bei Mittelständlern mit Konzernstrukturen ein familialer Besitzhintergrund existiert, der das Bewusstsein für eine Corporate Social Responsibility garantiert. Gerade diese Strukturen eignen sich für die Entwicklung einer Bindungspraxis, die für die Bewältigung des angeführten Paradigmenwechsels besonders geeignet sein kann.

Der demografische Wandel ist eine der Hauptursachen für den aufkommenden Mangel an Fachkräften, die in hoch spezialisierten und hoch technisierten Branchen benötigt werden. Die im Rhein-Main-Raum mit Mittelständlern durchgeführten Interviews belegen diesen Mangel in vielfacher Hinsicht (siehe Interviewteil und Auswertung). Dieser Fachkräftemangel betrifft besonders den Ingenieurbereich in den MINT-Fächern. Verstärkt wird er zusätzlich durch die Tatsache, dass eine immer geringere Anzahl männlicher Studenten sich für die entsprechenden naturwissenschaftlichen Studienbereiche einschreibt und der weibliche Anteil an solchen Studenten kaum zunimmt (vgl. Isserstedt, W. et al. 2010, S. 153f.). Nach wie vor gelten trotz des durchaus vorhandenen Bewusstseins des demografischen Wandels ältere Arbeitnehmer/innen als schwer vermittelbar, sind sie einmal arbeitslos geworden. Die Agenda 2010 schuf zwar mit ihrer Politik weiterer arbeitsmarktpolitischer Instrumente gewisse Voraussetzungen zur besseren Integration Älterer in die Arbeitswelt. Studien stellen jedoch nach wie vor fest, dass die Mehrheit älterer Arbeitnehmer/innen, sofern sie ihre Arbeitsstelle einmal eingebüßt hat, schwer in gleich hoch qualifizierte Positionen zurückkehrt, sondern oft in eine Schleife prekärer Beschäftigungsverhältnisse hinein gerät (vgl. Spath et al. 2012, S. 345f.).

1.1 Gegenstandsbereich

Der theoretische Teil der Arbeit beschäftigt sich besonders deshalb so ausführlich mit der Thematik des Wissens, des Erfahrungswissens und des Wissensmanagements, weil die Produktionsbedingungen auch von Mittelständlern, die in vielen Fällen Nischenmärkte bedienen (Hidden Champions) so komplex ausfallen, dass die Halbwertszeit von Wissen und Berufswissen sich immer stärker beschleunigt. In immer kürzeren Abständen sind Betriebe gezwungen, in einer globalisierten digitalen Arbeitsweltgesellschaft mit entsprechenden Marktbedingungen neues Wissen zu generieren und in die Wertschöpfungsketten zu überführen. Die verlangte Innovationsbereitschaft erfordert sowohl von einer jüngeren als auch von einer älteren Belegschaft extreme Anstrengungen, die von einem wissensorientierten Human Resources Management des Betriebsmanagements permanent gestützt werden müssen (Bending et al., 2011, S. 6). Die Innovationsfähigkeit eines Unternehmens, das sich in Produktionsbereichen mit höchsten Qualitätsanforderungen engagiert, äußert sich in einem Zyklus, der dazu zwingt, ein immer größeres Ausmaß an verfügbarem Wissen und Knowhow zu verarbeiten, dieses Wissen in der internationalen Konkurrenz produktiv umzusetzen, entsprechende hoch qualifizierte Mitarbeiter mit möglichst geringer Fluktuation an das Unternehmen zu binden, diese hoch qualifizierten Mitarbeiter über ein effizientes Wissensmanagement des Unternehmens mit dem benötigten Wissen zu versorgen und zugleich die wachsenden Anforderungen von Seiten der Kunden hinsichtlich Qualität und Konsumbedürfnis zu befriedigen. Die ständig anwachsende Menge an verfügbarem Wissen und Knowhow, das in Produkte mit hoher Qualität und hoher Komplexität eingeht, stellt die Unternehmen vor Herausforderungen, die nur mit einem komplexen Wissensmanagement zu bewältigen sind. Dieses Wissensmanagement bedarf im internationalen Unternehmenswettbewerb aufgrund der verkürzten Produktlebenszyklen eine zeitbedingte Effizienzbeschleunigung, die dazu führt, dass in immer kürzeren Zeitphasen immer komplexere Wissenszusammenhänge in Produktivität umgesetzt werden müssen. Der wissensbezogene Innovationszwang betrifft zudem nicht nur die Produktivität selbst, sondern auch ihre Grundlage, also die Produktionsverhältnisse, die Arbeitsplätze und die Produktionswerkzeuge selbst (Beispiel Maschinenbau). Auf der Seite der Konsumenten bzw. der Kunden entsteht eine wachsende Anforderung an das Wissensmanagement als Innovations- und Produktionsmanagement des Unternehmens durch die zeitlich und geografisch unbegrenzte Informationsfähigkeit, die die IT-Technologie mit den Social Media und den allgemeinen Informationsgehalten bietet. Diese Informationsfähigkeit des Kunden erzeugt für die Unternehmen einen wachsenden Qualitätsdruck und zugleich den Zwang zu einem Customer

Relationship Management, das mit seinen interaktiven Ansprechmöglichkeiten des Kunden einen erheblich größeren PR-Aufwand bedeutet, als ihn die traditionellen Marketingplattformen benötigten. Aus diesem Gesamtzusammenhang erhöhter Anforderungen an Wissensmanagement, Innovation und der Implementierung der erforderlichen Umsetzungsweisen ergibt sich für die Unternehmen die Erfordernis eines Personalmanagements, dass sich auf die dargestellten Problemzusammenhänge kreativ und produktiv beziehen muss. Auch in diesem Bereich herrscht, besonders in Bezug auf den absehbaren demografischen Wandel ein Problemfeld, dass sich mit der wachsenden internationalen Konkurrenzsituation verschärfen wird.

Faktoren wie das Life Long Learning in einer produktionsorientierten Arbeitsplatzumwelt werden in Zukunft in Kombination mit längerer Lebenserwartung mit einiger Sicherheit zu entscheidenden Wettbewerbsvorteilen, was die mittelständische Überlebens- und Konkurrenzlage an den Märkten angeht. Solche Life Long Learning- Faktoren entwickeln sich unter anderem in immer rascherer Abfolge aus den Umwälzungen, die die IT-Technologie mit sich bringt, und die Ältere vor größere Herausforderungen stellen kann als Jüngere (Schiersmann, 2007, S. 17). Ältere Arbeitnehmer/innen werden trotz der zunehmenden Lebenserwartung und damit auch der zunehmenden Leistungserwartung nach wie vor mit den Vorurteilen eines höheren Krankheitsstands, reduzierter Lernfähigkeit, verminderter Innovationsbereitschaft und genereller Überforderung in der komplexer werden Arbeitswelt konfrontiert.

1.2 Forschungsdefizite

Umfangreicher Forschungsbedarf zu der vorliegenden Thematik, der nicht gedeckt ist, ergibt sich aus den Bewältigungsanforderungen, denen sich das Human Resources Management und die unternehmensverantwortlichen Personalmanager sowie Personalverantwortlichen gegenüber sehen. Abgesehen von verstreuten Aussagen findet sich in der veröffentlichten Arbeitsmarktliteratur relativ wenig zur gegenwärtigen und zukünftigen Situation älterer Erwerbstätiger auf den (internationalen) Arbeitsmärkten. Zwar lassen die vorhandenen Prognosen zur Fachkräfteentwicklung im Bundesland Hessen gewisse Schlüsse über möglichen Fachkräftemangel in Bezug auf demografischen Wandel in unterschiedlichen Branchen zu (vgl. Mesaros et al., 2009, S. 11f.) Jedoch bleibt die übergreifende Arbeitsmarktlage besonders in Bezug auf die mögliche Integration älterer hoch qualifizierter Arbeitnehmer/innen und Fachkräfte relativ ungeklärt. Die Versorgung bundesdeutscher mittelständischer Unternehmen, die in vielen Fällen als heimliche „Weltmeister“ im globalen Wettbewerb produktiv operieren und sich durchsetzen, wird von Personalverantwortlichen oder Personalvermittlungsagenturen durchgeführt, in denen Personalmanager tätig sind, für deren effiziente Qualifizierung kein festgelegtes Berufsprofil existiert. Vielmehr gelangen solche Personalmanager aus den unterschiedlichsten Unternehmensbereichen in ihre Positionen und legen ihre Einstellungskriterien besonders für ältere Arbeitnehmer nach den unterschiedlichsten subjektiven Kriterien fest. Nicht nur haben diese Personalverantwortlichen ein subjektiv sehr verschiedenartiges Verständnis des Begriffs der Hochqualifizierung, sie legen auch Implizitkriterien an, die sich auf unterschiedliche Weise auf die Altersqualität von Arbeitnehmern/innen richten.

Das in diesem Rekrutierungsbereich vorhandene Forschungsdefizit bezieht sich also auf die Deutungsmuster, nach denen Personalverantwortliche bzw. Personalagenturen ältere Arbeitnehmer/innen für den Unternehmensbedarf rekrutieren. Andererseits sind auch die impliziten Kriterien, nach denen diese Rekrutierung abläuft, auf Seiten der Personalverantwortlichen weitgehend ungeklärt. Forschungsdefizit besteht also dort, wo es ungenügende Information über diese impliziten Kriterien gibt, die die Einstellung älterer Arbeitnehmer/innen betrifft. So besteht die Möglichkeit, dass die Personalverantwortlichen sich nach bestimmten arbeits- und beschäftigungspolitischen Einstellungen bzw. Vorurteilen richten, die dazu führen, dass der Umfang des Erfahrungswissens und des impliziten Wissens älterer Arbeitnehmer/innen nicht in genügendem Ausmaß berücksichtigt wird, um seinen demografisch orientierten Nutzen für das betreffende Unternehmen tatsächlich zu berücksichtigen.

Weitere Forschungsdefizite bestehen im Feld der Weiterbildungsangebote, die existieren, wo sich Mittelständler in erhöhtem Ausmaß um die Bindung älterer hoch qualifizierter Fachkräfte an ihr Unternehmen bemühen. In Bezug auf die Einstellungspraxis älterer Arbeitnehmer/innen durch Mittelständler, besteht hier weiterer Forschungsbedarf dahingehend, dass zu eruieren ist, in welcher Form Personalvermittler bzw. Personalverantwortliche Weiterbildungsangebote für ältere Arbeitnehmer/innen überhaupt für angebracht und in Bezug auf die jeweilige Produktionslage des Unternehmens für sinnvoll erachten (vgl. IAB-Studie, 2013, S. 5f.). In Bezug auf die Intensität des Wissensmanagements in einem mittelständischen Unternehmen existieren generell weitere Forschungsdefizite, was die Entwicklung einer Betriebskultur angeht, die den Wissensstand älterer Arbeitnehmer/innen systematisch fördert, indem sie altersadäquate und erwerbsbiografisch sinnvolle Fortbildung und Wissensvertiefung in Bezug auf die sich verkürzende Halbwertszeit des Wissens von Unternehmensmitarbeitern permanent unterbreitet.

1.3 Aufbau der Arbeit

Mit den in der vorliegenden Arbeit durchgeführten 15 problemzentrierten Einzelinterviews und den sich anschließenden qualitativen Inhaltsanalysen ist auf empirischer Basis zu untersuchen, ob und in welcher Form sich solche Vorurteile bei dem wichtigsten Segment der bundesdeutschen Wirtschaft, nämlich ihren Mittelständlern, in der Rekrutierung hoch qualifizierter Älterer durchhalten, allmählich relativieren oder sich gar eine Umorientierung im Sinne des von Hecker konstatierten Paradigmenwechsels abzeichnet (Hecker, 2013, S. 11).

Der eingesetzte Interviewleitfaden, dessen Fragematerial den Personalverantwortlichen der 15 Mittelständlern vorgegeben wird, ist so konstruiert, dass sich aus den entsprechenden Auskünften bestimmte Deutungsmuster hinsichtlich der Beurteilung älterer Arbeitnehmer/innen in Einstellungsverfahren abzeichnen müssen und erkennbar werden. Die Dimension des Deutungsmusters schließt die Erkennbarkeit von Vorurteilen ein, die des trägen Wissens macht auf Bestandteile von Kenntnissen aufmerksam, die zwar latent vorhanden sind, jedoch aufgrund fehlender Informationen oder persönlicher Unaufmerksamkeit nicht zur Geltung kommen. Das Human Resources Management eines Unternehmens, speziell eines Mittelständlers, lässt sich unter dem Aspekt des demografischen Wandels als einer der zentralen Schnittpunkte betrachten, an denen die künftige Überlebensfähigkeit eines Unternehmens am Markt entschieden wird. Interne Such- und Rekrutierungsstrategien, Maßnahmen zur Mitarbeiterbindung und Weiterqualifizierung, die in den Interviews nachgefragt werden, bilden die Fortsetzung dieses Schnittpunkts: Die Fähigkeit eines Unternehmens, hoch qualifiziertes Personal zu binden, also aus der Fluktuation herauszuhalten, ist angesichts der gesteigerten Lebens- und Leistungserwartung und den fehlenden jugendlichen Nachrückern für die Konkurrenzfähigkeit von Mittelständlern von zentraler Bedeutung (Wickel-Kirsch et al., 2008, S. 5f). Mit der sogenannten Kategorie des Jugendwahns allein lässt sich diese Vernachlässigung und Nichtbeachtung vielfältiger Wissensvorräte nicht erklären. Meine Arbeit bemüht sich also darum, hier Forschungslücken zu beseitigen, die offensichtlich vorhanden sind.

Der Untersuchung liegen folgende Forschungsfragen zugrunde:

- Forschungsfrage 1: Nach welchen Deutungsmustern rekrutieren mittelständische Unternehmen ältere Arbeitnehmer/innen am Arbeitsmarkt?
- Forschungsfrage 2: Nach welchen impliziten Kriterien rekrutieren mittelständische Unternehmen ältere Arbeitnehmer/innen am Arbeitsmarkt?

- Forschungsfrage 3: Welches sind die bevorzugten arbeits- und beschäftigungspolitischen Instrumente, die Personalverantwortliche in mittelständischen Unternehmen nutzen, um ältere Arbeitnehmer/innen einzustellen?
- Forschungsfrage 4: Welche Weiterbildungsaktivitäten werden verfolgt, um ältere Arbeitnehmer/innen in mittelständische Unternehmen in laufende Arbeitsprozesse zu integrieren?

Das problemzentrierte Interview, das zum Einsatz gelangt, zeichnet sich durch erzähltechnische Offenheit und große Flexibilität aus. Die Methode des qualitativen Interviews legt also subjektive Denkstrukturen der Interviewpartner/innen frei, die sich qualitativ ertragreich interpretieren lassen, die Aufstellung von Typologien und Klassifikationen erleichtern und auf diese Weise umfangreiche Informationen über die Subjektivität der Einstellungen der Interviewpartner liefern (Mayring, 2002, S. 67f). Die Durchführung der Interviews und ihre Auswertung richtet sich nach den Postulaten der qualitativen Sozialforschung.

Die vorliegende Arbeit untergliedert sich in zwei Hauptteile, einen theoretischen und einen empirischen. Die Theorie dieser Arbeit untergliedert sich in drei größere Bereiche: Im Anschluss der Einleitung erfolgt im Kapitel 2 die Darstellung der Dynamik künftiger Arbeitsmärkte, da sich im Rahmen des demografischen Wandels hier umfangreiche Umstrukturierungen ankündigen, die eine neue und andere Bewertung älterer Arbeitnehmer/innen bedingen können. Infolgedessen ist hier die Thematik des demografischen Wandels mit der rapide alternden Arbeitsgesellschaft Deutschlands darzustellen. In Kapitel 3 wird die Entwicklung von Wissensbegriffen, die sich in der Form des Wissensmanagements, wie es sich aufgrund der Digitalisierung der Arbeitswelt auch bei Mittelständlern zunehmend auswirkt, aufgezeigt (Nonaka/Takeuchi 1997). Da sich die vorliegende Arbeit mit der Bewertung des Wissens älterer Arbeitnehmer/innen, sei es implizit oder explizit, besonders beschäftigt, sind in dem Kapitel 3 die Organisationsformen von Wissensressourcen bei Mittelständlern unter besonderem Bezug auf Weiterbildungsangebote an Ältere zu thematisieren, da Ältere mit ihrer langen Berufserfahrung deutlich eher im Stande sein können, den künftigen Fachkräftepersonalmangel zu überbrücken als Jüngere (Riedl 2011). In diesem Zusammenhang muss die Thematik des Life Long Learning in Bezug auf eine altersorientierte Erwerbsbiografie zur Sprache gebracht werden.

Das darauf folgende Kapitel 4 bildet die Entwicklung der Begriffe der Deutungsmuster. Hier sind anhand der fachliterarischen Diskussionen aus dem Bereich der Soziologie die Kategorien zu entwickeln, die bei Personalverantwortlichen von Mittelständlern hinsichtlich der Integrationsbeurteilung, der

Beschäftigungsfähigkeit und der Integrationsfreundlichkeit gegenüber älteren Mitarbeitern zum Tragen kommen.

Der empirische Part der Untersuchung gliedert sich in vier große Bereiche (Kapitel 5): In die Darstellung der Forschungsfragen (1–4), in die Vorlage des Leitfadens und seiner qualitativen Interviewsystematik mit dem Leitfadeninterview, in die Entwicklung der deduktiven Kategorien, die mit dem Interviewmaterial sowie viertens in die Entwicklung induktiver Kategorien mit der entsprechenden Auswertung der Interviewresultate, die sich aus den „Erzählungen" der Personalverantwortlichen der befragten Mittelständler ergeben (Lamnek 2005), ausgewertet werden soll. Die Forschungsfragen, deren Beantwortung sich an die Auswertung des Interviewmaterials anschließt, beziehen sich auf das Auftreten bestimmter Deutungsmuster bei den Personalverantwortlichen, was die Einstellungs- und Integrationsfähigkeit älterer Arbeitnehmer/innen in ihrem Unternehmen angeht.

Die Konstruktion des Interviewleitfadens richtet sich systematisch an der Gesamtproblematik der Einstellungs- und Integrationsproblematik älterer Arbeitnehmer/innen in mittelständischen Unternehmen aus, die fast sämtlich international aufgestellt sind, und bis zu 1.500 Mitarbeiter haben. Die Auswertung des qualitativen Interviewleitfadens unterteilt sich in die Entwicklung deduktiver Kategorien (gemäß Mayring) und induktiver Kategorien. Die deduktiven Kategorien, die sich mit Hilfe des Leitfadens herausgebildert haben, bilden Oberkategorien, die sich erweitert um die induktive Ableitung auf die Eruierbarkeit bestimmter Deutungsmuster auf Seiten der interviewten Personalverantwortlichen richten. Auf dieses Weise entsteht ein präzises Raster von Deutungsmusterkategorien, das erkennbar macht, in welcher Form, in welchem Ausmaß und in welchem Interpretationsrahmen erkennbar ist, wie und warum ältere Arbeitnehmer/innen hinsichtlich ihrer Beschäftigungs- und Integrationsfähigkeit bei Mittelständlern von Personalverantwortlichen beurteilt werden. Abschließend rundet Kapitel 6 die vorliegende Untersuchung mit einem zusammenfassendem Fazit ab, das die Interpretationsergebnisse aus den qualitativen Interviews und ihre Auswertung noch einmal vertieft (vgl. Ullrich 1999), und auf diese Weise einen bisher nicht vorhandenen Einblick in die Beurteilungsmechanismen ermöglicht, die Personalverantwortliche ihrem Human Resources Management in Bezug auf ältere Arbeitnehmer/innen zugrunde legen.

1.4 Relevanz der Ergebnisse

Mit den Interviews, die der Verfasser der vorliegenden Arbeit mit einem breiten Spektrum Personalverantwortlicher bzw. Personalvermittlern in bzw. für

Mittelständler geführt hat, sind einerseits Deutungsmuster festzustellen, gemäß denen die Personalmanager älterer Arbeitnehmer/innen am Arbeitsmarkt bzw. den unterschiedlichen Vermittlungsplattformen im Internet für die betreffenden Unternehmen rekrutieren. Da sich für die Bundesrepublik angesichts des zu erwartenden demografischen Wandels mit der künftigen deutlichen Knappheit hoch qualifizierter jugendlicher Fachkräfte mögliche Engpässe in der Versorgung mit Arbeitskräften abzeichnen, liegt die Intention des Verfassers besonders dort, wo diese Arbeitskräfte und besonders das Seniorenkontingent hoch Qualifizierter rekrutiert wird, nämlich bei den Personalvermittlern bzw. Personalverantwortlichen der Unternehmen. Die präzise Darstellung von Kriterien, die in diesem besonders wichtigen Segment der Personalwirtschaft hinsichtlich der Einstellbarkeit (Employability) älterer Arbeitnehmer/innen existieren, kann besonders auf der empirischen Ebene Resultate erbringen, die sich für künftige Einstellungspraxen von Mittelständlern produktiv implementieren lassen. Es geht also nicht zuletzt um die Aufklärung möglicher Elemente intransparenter und im Vorbewussten verbleibender Beurteilungsformen, die dazu führen, dass ältere Arbeitnehmer/innen selbst in hoch qualifizierter Form von etlichen Arbeitsmarktsegmenten ausgeschlossen bleiben, da die Personalwirtschaftler nicht völlig vorurteilsfrei an die Qualitätsbefähigung und an die Leistungsfähigkeit Älterer glauben.

Bestimmte Deutungsmuster bei Personalwirtschaftlern, die in der Form von wie immer gearteten Vorurteilen oder Wissenslücken dazu führen, dass ältere Arbeitnehmer/innen mit hoher Qualifizierung dennoch eher nicht eingestellt und stattdessen Jüngere vorgezogen werden, sind auch auf der empirischen Ebene nicht vollständig erfassbar. Insofern leisten die empirischen Belege, die sich aus den Interviews mit den Personalwirtschaftlern/innen ergeben, lediglich einen zeitlich begrenzten Resultatausschnitt, der sich spätestens dann verändern dürfte, wenn der Mangel an hochqualifiziertem Personal sich so radikal auswirkt, dass ein vollständiger Sinneswandel hinsichtlich der Employability älterer Arbeitnehmer/innen stattfindet. Die Interviewresultate können also keine langfristige Prognostizierfähigkeit für die Einstellungspraxis älterer Arbeitnehmer/innen hoch qualifizierter Art erbringen. Die Metropolregion Frankfurt am Main zeichnet sich durch einen überdurchschnittlichen Bedarf an hoch qualifizierten Fachkräften für Mittelständler aus. Die arbeitsmarkttechnische Besonderheit dieser Region besteht weiter darin, dass hinsichtlich des Fachkräftebedarfs eine hohe Volatilität der jeweiligen Einstellungsniveaus vorliegt, sodass Personalwirtschaftler in diesem Bereich sowohl kurzfristig als auch langfristig einen Mittelweg zwischen den schwankenden Fachkräftebedarfen finden müssen. Grundsätzlich lässt sich jedoch erkennen, dass die

Metropolregion Frankfurt / Main aufgrund der Dichte der dort ansässigen Mittelständler und aufgrund der zu erwartenden demografischen Veränderung langfristig einen besonders starken Bedarf an hoch qualifizierten Fachkräften ausweisen wird.

In den folgenden Kapiteln sind nunmehr die Begriffe zu klären, auf die sich das Erkenntnisinteresse der vorliegenden Arbeit richtet, nämlich die des älteren Arbeitnehmers / der älteren Arbeitnehmerin sowie der Hochqualifizierung und des mittelständischen Unternehmens.

1.5 Der Begriff „älterer Arbeitnehmer/innen"/ Hochqualifizierter

Es existieren keine genauen Definitionen für den Begriff „ältere Arbeitnehmer/innen" im Bereich der Arbeitsmarktforschung. Einige Abgrenzungen werde ich kurz vorstellen. Naegele beschreibt drei Kategorien für den Begriff Ältere Arbeitnehmer/innen.

1. Arbeitnehmer/innen im Alter um die 40 Jahre, die schweren körperlichen Arbeitssituationen in Branchen wie die Metall- und Stahlindustrie oder Bauunternehmen ausgesetzt sind.
2. Arbeitnehmer/innen im Alter um die 45 Jahre, die die Möglichkeit sehen, in ihrer Firma die Karriereleiter hinaufzusteigen oder aber eine neue Beschäftigung aus der Arbeitslosigkeit heraus auf dem Arbeitsmarkt zu erwerben.
3. Arbeitnehmer/innen im Alter von 50 Jahren und älter, deren primäre Gedanken gelten für eine Entscheidung zur Rente oder der Drang weiterzuarbeiten (vgl. Naegele, 1992, S. 10f.). Ab wann spricht man von einem alten Menschen?

Altersgrenzen werden individuell unterschiedlich erlebt. Nach der WHO-Definition werden Menschen ab dem 65. Lebensjahr als alt bezeichnet. Diese Begriffsbestimmung definiert das soziale Alter (Renteneintrittsalter). Das kalendarische Alter geht von einer chronologischen Zeitspanne aus. Hierbei ist innerhalb der sozialen Konstruktion eines Lebenslaufes das Alter das zentrale Kriterium für die gesellschaftliche Arbeitsteilung. Ausbildung, Eintritt in das Berufsleben, die Jahre der Berufstätigkeit und der Austritt werden über das Alter festgelegt und formal institutionalisiert (vgl. Mötzing, 2005, S. 5f.).

Die OECD hingegen bezeichnet ältere Arbeitnehmer/innen als Personen in der zweiten Hälfte ihres Erwerbslebens, die jedoch das Rentenalter noch nicht erreicht haben und gesund sowie arbeitsfähig sind. Hierbei wird unterschieden zwischen „alternden Arbeitnehmer/innen" (40 bis 55 Jahre) und „älteren"

Arbeitnehmer/innen (55 Jahre bis zum Renteneintritt (vgl. Bontrup /Frey, 2009, S. 400 f.).

Das Institut für Arbeits- und Berufsforschung (IAB) der Bundesagentur für Arbeit (BA) verwendet für „ältere Arbeitnehmer/innen" eine fließende Grenze zwischen 45 und 55 Jahren (ebd.). In den veröffentlichten Arbeitsmarktstatistiken der BA werden mehrere Definitionen parallel benutzt (vgl. BA, 2008, S. 26ff.). Ab einem Alter von 45 Jahren werden offensichtlich von Seiten der BA Wiedereingliederungsprobleme gesehen, während die OECD erst für die Alterskohorten ab 55 eine außergewöhnliche Situation am Arbeitsmarkt feststellt.

Angesichts der Vielzahl unterschiedlicher Definitionen von „Ältere Arbeitnehmer/innen", die die jeweiligen unterschiedlichen gesellschaftlichen Positionen widerspiegeln, ist die Begriffserklärung der OECD vorzuziehen, weil sie am neutralsten erscheint.

Des Weiteren existiert keine einheitliche Definition von Hochqualifizierten. Hunger beruft sich in seiner Expertise, die auf Studien zum Thema „brain drain" fußt auf folgende Definition:

> „Als Hochqualifizierte gelten (…) all diejenigen, die eine tertiäre Ausbildung erhalten haben oder einen Beruf im Bereich Wissenschaft und Technik ausüben." (Hunger, 2003, S. 19).

1.6 Definition mittelständischer Unternehmen

Eine Definition, die in Bezug auf mittelständische Unternehmen allgemein konsensfähig wäre, existiert nicht. Unter quantitativen Aspekten lässt sich der Begriff des Mittelstandes auf Betriebe fast sämtlicher Branchen anwenden, die sich mit Beschäftigtenanzahl und Jahresumsatz innerhalb bestimmter Grenzgrößen bewegen. Die Europäische Union legte einen Definitionsansatz für Mittelständler vor, der zufolge solche Unternehmen mindestens 6 Beschäftigte aufweisen und keine umfangreichere finanzielle Abhängigkeit anderen Unternehmen aufzuweisen hätten (Europäische Kommission, 2006, S. 7). Die Definitionskriterien der EU-Kommission richten sich nach der Unterstützungsfähigkeit von Mittelständlern mit europäischen Fördergeldern. Demzufolge werden Mittelständler in eigenständige Unternehmen, Partnerunternehmen und verbundene Unternehmen eingestuft (Europäische Kommission, 2006, S. 10).

Das Institut für Mittelstandsforschung (IfM) verwendet zur Charakterisierung von mittelständischen Unternehmen ebenfalls quantitative Klassifizierungsmerkmale. Das IfM nutzt die Beschäftigtenanzahl sowie den durchschnittlichen Umsatz des Mittelständlers zur Festlegung seiner Definition. Demzufolge sind Mittelständler eigenständige Unternehmen mit unter 500 Beschäftigten und mit weniger als 50 Millionen Euro Jahresumsatz (IfM, 2002, S. 5). Solche Angaben lassen sich jedoch eher als allgemeine Richtgrößen verstehen. So kann ein innovatives und international vernetztes IT-Unternehmen mit rund 350 Beschäftigten, dass man obigen Definitionen zufolge als Mittelständler betrachten würde, durchaus über die Strukturen eines Großunternehmens verfügen, während zum Beispiel ein Betrieb im verarbeitenden Gewerbe oder in der Landwirtschaft mit circa 450 Beschäftigten größere Ähnlichkeiten mit einem Mittelstandsunternehmen aufweist (Hirsch-Kreinsen, 2003, S. 18). Die rein quantitativen Definitionsmerkmale ergänzen sich daher durch strukturelle, produktbezogene und organisatorische, die den Mittelstand weiter charakterisieren.

Eine Unternehmensgröße bezieht sich nicht nur auf quantitative Eigenschaften, sondern schlägt sich auch in der Art der Betriebsführung und in der Betriebsstruktur nieder. Mit qualitativen Angaben, wie sie in den Interviews der vorliegenden Arbeit größtenteils erhoben werden, lassen sich Mittelstandsunternehmen von größeren Konzernen weiter abgrenzen. Dies betrifft zum Beispiel die Eigentumsstruktur, den Managementapparat, die Spezialisierungsgrade der Produktivität sowie den Organisationsaufbau (Schulte, 2002, S. 56f).

Mittelständler sind in der Mehrheit der Fälle Familienunternehmen, die über ein hohes Ausmaß der Einheitlichkeit von Eigentumsstrukturen, Managementstrukturen, Haftung und Risiko verfügen. Weitere Differenzierungsmerkmale von Mittelständlern als Abgrenzung von Großunternehmen sind die Ressourcenknappheit, die Knappheit finanzieller Ausstattung, ein oft geringes Eigenkapital, wenig Personal, eine schmale Managementbasis sowie knapp bemessene zeitliche Ressourcen für die Produktivität bzw. Dienstleistungen, was die fristgemäße Fertigstellung von Produkten angeht (Hirsch-Kreinsen, 2003, S. 18 / Semlinger, 2003 / Kaufmann, 1993). Die oft prekäre Finanzlage bei Mittelständlern ergibt sich in vielen Fällen aus der Eigentümerstruktur (Schulz, 2006, S. 40). Mittelständische Eigentümer führen ein traditionelles Unternehmen, das oft seit etlichen Generationen im Familienbesitz ist und daher geringeres Interesse an potentiellen Kapitalgebern hat als größere Konzerne. Die Eigentümer haften zusätzlich mit ihrem gesamten Vermögen für ihr Unternehmen. Sie sind damit potentiell weniger risikobereit als angestellte Manager in Großunternehmen (Prinzipal-Agent-Problem).

Mittelständler sind weniger an kurzfristiger Generierung von Shareholder Value interessiert, sondern streben eher langfristige „Sicherung der Wettbewerbsfähigkeit" an, „um die Unternehmensnachfolge für die nächste Generation gewährleisten zu können" (von Weizsäcker & Krempel, 2006, S. 57). Management und Führungsstil von Mittelständlern verfügen über eher konservative Prägung. Der Zugang zu den Investoren der internationalen Kapitalmärkte ist nicht sehr breit angelegt.

Die eher knappen personellen Kapazitäten und das schmal aufgestellte Management von Mittelständlern werden für das operative Geschäft benötigt. Für langfristige strategische Überlegungen, wie sie Großunternehmen anstellen, besteht meistens wenig Zeit.

Eine vertiefende Marktanalyse bzw. Marktforschung, die die eigene und die Position anderer Unternehmen auf den Märkten vergleicht (z. B. das Boston-Portfolio), wird von Mittelständlern kaum durchgeführt. Im Gegensatz zu Großunternehmen verfügen Mittelständler nicht über das Kapital, um große Investitionen an den Märkten zu tätigen, um sich zum Beispiel auf wachsenden und volatilen einen bedeutenden Marktanteil zu sichern. Die Fachliteratur macht in dieser Hinsicht auf den fehlenden „langen Atem" von Mittelständlern aufmerksam (Campagna, 2010, S. 139). Bei Mittelständlern kann infolge solcher Gesamtkonstellation falsche Strategie zu einer ökonomischen Schieflage führen, die die Unternehmensexistenz bedroht. Solche Situationen gestalten sich prekär, da Mittelständler in Bezug auf ihre Strategiefähigkeit oft einer Struktur des sich Durchschlängelns folgen, also Produkte in vielen Fällen vom Markt nehmen, nachdem die Degenerationsphasen längst eingetreten sind. Diese Problematik fällt in den oben angesprochenen Bereich zeitlich und personell knapper Ressourcen, die sich aus den permanent kürzeren Lebenszyklen auf den Weltmärkten ergeben (Boston-Portfolio).

Mittelständische Unternehmen bedienen in vielen Fällen sogenannte Nischenmärkte, stellen also Produkte, Technologien und Dienstleistungen zur Verfügung, die auf spezialisierte Märkte gerichtet sind (Kaufmann, 1993, S. 11).

In diesen Bereichen operieren viele Mittelständler als sogenannte Hidden Champions, haben also eine singuläre Position im Markt, da die Spezialisierungsgrade der Produktion von anderen Unternehmen nicht erreicht werden, die Konkurrenzfähigkeit dieser Unternehmen also sehr stark ausfällt. Diese Nischenorientierung von Mittelständlern ergibt sich teilweise aber auch aus der Knappheit ihrer Ressourcen. Auf Nischenmärkten verfügen die Mittelständler andererseits über den Vorteil, dass sie die Nachfragesituation und das Produktionsverhalten der unmittelbaren Konkurrenten leichter überblicken können. Zusätzlich bieten Nischenmärkte den Mittelständlern die Möglichkeit extrem flexibler Reaktionen, was durch ihre Unternehmensgröße, ihre Organisationsstruktur, ihre flachen Hierarchien, nur schwach ausdifferenzierten Managementstrukturen, kurze Kommunikations- und Informationswege bedingt ist (Campagna, 2010, S. 142). Mittelständler bieten über 80 Prozent der bundesrepublikanischen Workforce Beschäftigung. Infolgedessen verfügen sie über den umfangreichsten und intensivsten Bezug zum bundesdeutschen Arbeitsmarkt, seiner Dynamik und seiner politischen Entwicklung. Von der Einstellungspraxis der Mittelständler hängt daher bis zu hohen Graden die Dynamik künftiger Arbeitsmarktentwicklungen ab: Der demografische Wandel mit der Reduktion jugendlicher Arbeitnehmer/innen und der Zunahme der Kontingente älterer Arbeitnehmer/innen kann zu einem Ungleichgewicht führen, das neue arbeitsmarktpolitische Maßnahmen nötig macht. Die diesbezügliche Situation des demografischen Wandels ist im folgenden Kapitel auszuleuchten.

2 Arbeitsmarkt und demografische Entwicklung

2.1 Der demografische Wandel als möglicher Beeinflussungsfaktor der Dynamik des künftigen Arbeitsmarktes

Da sich die vorliegende Arbeit mit den Integrationsmöglichkeiten älterer Arbeitnehmer/innen in einer alternden Gesellschaft auseinandersetzt, ist die Darstellung der Absehbarkeit demografischer Veränderungen und ihrer Einflussfaktoren auf eine künftige Arbeitsmarktdynamik nötig. Der demografische Wandel einer alternden Gesellschaft, das heißt, die Verknappung einer jugendlichen Erwerbsbevölkerung und einer permanent anwachsenden älteren Erwerbsbevölkerung, dürfte sich als einer der Faktoren herausstellen, der eine künftige Arbeitsmarktdynamik mit am stärksten beeinflusst, wenn nicht definiert. Die Alterung der Gesellschaft ergibt sich aus unterschiedlichen Faktoren:

Die Lebenserwartung der Individuen nimmt permanent zu, was zur Steigerung des Bevölkerungsanteils Älterer führt. Berechnungen des statistischen Bundesamts lassen erkennen, dass das Durchschnittsalter der deutschen Bevölkerung von 2015 bis 2050 von 45 Jahren auf 50 Jahren ansteigen wird (Statistisches Bundesamt, 2006, S. 17). Der anstehende Schrumpfungsprozess der bundesdeutschen Gesellschaft lässt sich an den vom Statistischen Bundesamt eruierten Bevölkerungspyramiden von 2008 bis 2060 nachvollziehen.

Abbildung 1: Pyramidenförmige Darstellung der Bevölkerungsentwicklung in der Bundesrepublik zwischen 2008 und 2060

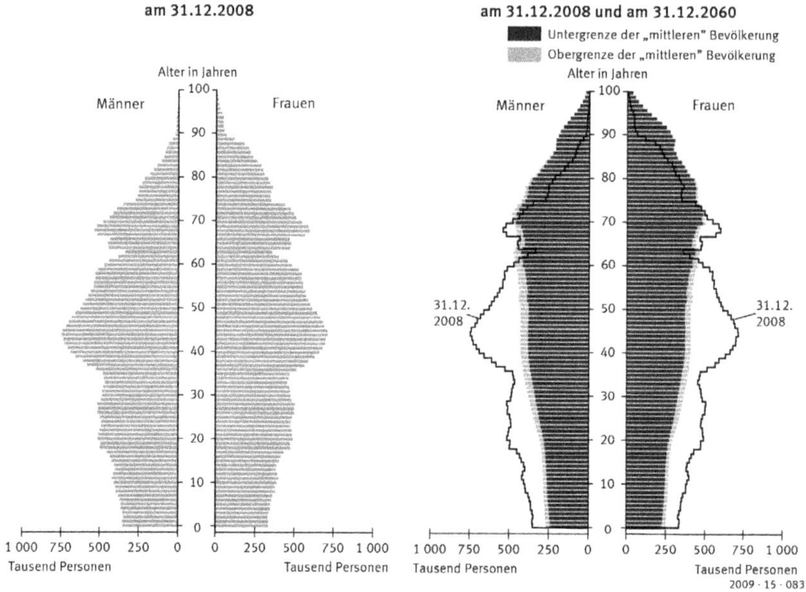

Quelle: Statistisches Bundesamt, 2009, S. 15

Um die Bevölkerungszahl der Bundesrepublik auf einem gleich bleibenden Bestandsniveau zu halten, bedürfte es pro Frau einer Geburtenrate von 2,1. Diese Rate stagniert jedoch seit etwa 20 Jahren auf dem Niveau von 1,4 Kindern pro Frau. Der zu erwartende Schrumpfungsprozess der Gesellschaft lässt sich anhand der oben abgebildeten Bevölkerungspyramiden daran erkennen, dass die Ausbuchtung der für die Abbildung des Jahres 2008 etwa in der Mitte liegenden Bevölkerungsanzahl sich für die Abbildung des Jahres 2060 deutlich nach oben verschiebt. Da angesichts niedriger Geburtenraten immer weniger Jüngere in das Erwerbsalter nachrücken, steigt zugleich das Durchschnittsalter der Gesellschaft an, wie den Berechnungen des Statistischen Bundesamtes zu entnehmen ist.

Bei einer Zugrundelegung von 80 Millionen Individuen für das Jahr 2008 ergeben sich Voraussagen von etwa 79,9 Millionen Individuen für 2020. Für das Jahr 2030 berechnet das Statistische Bundesamt eine Bevölkerungsanzahl von 77,4 Millionen bzw. 79 Millionen. Für das Jahr 2050 ergeben die Kalkulationen lediglich 69,4 bzw. 73,6 Millionen und für das Jahr 2060 etwa 64,7 bzw.

70,1 Millionen Individuen in der Bundesrepublik (Statistisches Bundesamt, 2009, S. 39). Trotz der komplexen Dynamik, die hinsichtlich der Anzahl erwerbsfähiger Individuen auf dem bundesdeutschen Arbeitsmarkt herrscht, ist absehbar, dass einerseits die sich reduzierenden Bevölkerungszahlen und andererseits die Zunahme älterer Personen die künftigen Strukturen des deutschen Arbeitsmarktes beeinflussen werden. Von den gegenwärtig 50 Millionen Menschen, die als erwerbstätig gelten können, reduziert sich das Kontingent ab 2020 in klarer Form. Unterschiedliche Berechnungen des Statistischen Bundesamtes weisen aus, dass im Jahre 2030 die Ziffer der erwerbsfähigen Bevölkerungsanteile sich bei circa 42 oder 43 Millionen Individuen einpendelt. Bis 2060 reduziert sich diese Anzahl auf etwa 36 Millionen. Dies impliziert einen Rückgang um etwa 27 Prozent.

Die sogenannten Wanderungssaldi, also die Anteile zuwandernder Bevölkerung, sind in diese Berechnungen schon eingegangen (Statistisches Bundesamt, 2009, S. 17). Für das Jahr 2008 berechnet das Statistische Bundesamt eine Untergrenze der mittleren Bevölkerung im erwerbsfähigen Alter von 50 Millionen, die Obergrenze liegt hier bei ebenfalls 50 Millionen.

Bis zum Jahr 2020 reduziert sich die erwerbstätige Bevölkerung sowohl hinsichtlich der Unter- als auch der Obergrenze auf 48 Millionen, im Jahre 2030 liegt die Untergrenze bei 42 Millionen, die Obergrenze bei 43 Millionen, im Jahre 2040 befindet sich die Untergrenze bei 38 Millionen, die Obergrenze bei 40 Millionen. Im Jahre 2050 liegt das Verhältnis bei 36 zu 39, im Jahre 2060 bei 33 zu 36 (Statistisches Bundesamt, 2009, S. 18).

Die dargestellten Zahlen beziehen sich auf Individuen im Erwerbsalter zwischen 20 und 65 Jahren. Die Gegenüberstellung der Erwerbstätigenziffern lässt erkennen, dass einer reduzierten Zahl jüngerer Marktteilnehmer eine immer größere Anzahl alternder Erwerbsfähiger gegenüberstehen wird. Gegenwärtig lassen sich 20 Prozent erwerbsfähiger Individuen im Alter zwischen 20 und 30 Jahren und 49 Prozent im Alter zwischen 30 und 50 Jahren den Erwerbsfähigen zurechnen. Bei den 50 bis 65jährigen gehören zu dieser Gruppe gegenwärtig 31 Prozent erwerbstätiger Individuen. Die rechnerischen Prognosen des Bundesamtes für Statistik ergeben, dass in den Jahren zwischen 2017 und 2024 sich eine deutliche Umschichtung dieser Altersverhältnisse abzeichnet. Die älteste Gruppe der Erwerbstätigen im Alter von 50 bis 65 Jahren wird ihren Anteil auf ungefähr 40 Prozent erhöhen, für die Gruppe der zwischen 30 und 50jährigen gilt der gleiche Trend (Statistisches Bundesamt, 2009, S. 6). Jüngere, die ein ausbildungsfähiges Alter erreichen, also zwischen 16 bis 20 Jahre alt sind, lagen 2005 bei einer Gruppenanzahl von 4 Millionen Individuen. 2012 reduzierte sich diese Ziffer auf etwa 3 Millionen. Der Grund für diesen Trend liegt in der

Reduzierung der Geburtenziffern zwischen 1990 und 2005. Die rechnerischen Prognosen weisen darauf hin, dass 2050 die Ziffer ausbildungsfähiger Jugendlicher sich um über 40 Prozent unter dem Niveau des Jahres 2005 befinden wird (Statistisches Bundesamt, 2009, S. 20).

Diese Trends einer permanenten Reduzierung jüngerer Erwerbsfähiger bei permanentem Anwachsen des Anteils älterer Erwerbsfähiger werden durch die Komplexität der arbeitsmarktstrukturellen Dynamik allerdings teilweise gebrochen. So weist Franz auf die Tatsache hin, dass das Ansteigen der Arbeitslosenziffern in Deutschland im Jahr 2005 auf mehr als 5 Millionen und das Absinken dieser Ziffer binnen drei Jahren im Jahre 2008 auf 3 Millionen Arbeitslose auf strukturelle Probleme des Arbeitsmarkts zurückzuführen ist, die nicht auf den generellen demografischen Wandel zurückgehen können (Franz, 2009, S. 11ff).

Die Tendenz eines sich verknappenden Humankapitals bei den Jugendlichen und die gegenläufige Zunahme dieses Kapitals bei den Älteren lässt sich dennoch fast zwangsläufig mit der Schlussfolgerung verbinden, dass Unternehmen, die ihre Marktfähigkeit langfristig stabilisieren wollen, sich in verstärktem Ausmaß um die Integrationsfähigkeit älterer Arbeitnehmer/innen in ihren Produktionsprozess bemühen. Unter Bezug auf die in der vorliegenden Arbeit anstehenden Forschungsfragen kann dies auf unterschiedlichen Ebenen geschehen, etwa auf der Aushandlung individualisierter Renteneintrittsregelungen, auf der Angebotsseite technischer Weiterbildung sowie auf der Basis der Berücksichtigung gesundheitserhaltender Maßnahmen für ältere Arbeitnehmer/innen in den Betrieben. In Bezug auf die Verknappung jüngeren Humankapitals implizieren die demografischen Trends ein erweitertes Angebot erwerbsbiografischer Möglichkeiten, die langfristige Bindungsaussichten an das Unternehmen sinnvoll erscheinen lassen, also permanente Fluktuation reduzieren. Das wachsende Ausmaß an Zeitarbeit bzw. Leiharbeit, das mittlerweile etwa zwei Prozent der Erwerbstätigen der Bundesrepublik aller Altersstufen umfasst, lässt das Wissen um die Bedeutung des demografischen Wandels auf Seiten der Unternehmen eher nicht erkennen (Promberger, 2012, S. 107; Fuß, 2008).

Die Empfehlungen des Instituts für Arbeitsmarkt- und Berufsforschung des Jahres 2013 weisen sowohl für ältere als auch für jüngere Arbeitnehmer/innen in diese Richtung. Der IAB-Kurzbericht (18/2013) betont, dass „Weiterbildung, aber auch Betreuung sowie Verstetigung von Beschäftigung … zu einer Strategie“ gehören, die „von staatlicher Seite unterstützt und wesentlich unter Mitwirkung der Arbeitgeber vorangebracht werden sollte“ (IAB-Kurzbericht 18/2013, S. 12). In gleicher Weise betont der IAB-Kurzbericht die Bedeutung einer „Arbeitsmarktpolitik“, die „junge Erwachsene ohne Berufsabschluss noch weiter“ fördert und zugleich „abschlussorientierte Maßnahmen für diese Gruppe von Erwerbstätigen verstärkt" (IAB-Kurzbericht 18/2013, S. 12).

2.2 Zur gegenwärtigen und zukünftigen Situation erwerbstätiger Älterer auf den Arbeitsmärkten

In Anbetracht der oben dargestellten demografischen Gesamtsituation ergeben die zur Beschäftigungssituation älterer Arbeitnehmer/innen durchgeführten Studien und ihre Auswertungen keine positive Rückmeldung in Bezug auf die verstärkte Nutzung des Arbeitskräftepotentials Älterer auf der empirischen Ebene. 2005 macht die Studie der OECD zu „Alterung und Beschäftigungspolitik" darauf aufmerksam, dass „die Lebenszeitbeschäftigung...ebenso wie die Vollzeitbeschäftigung in verschiedenen Branchen in Deutschland mehr und mehr auf dem Rückzug" ist (OECD, 2005, S. 58). Die Bundesrepublik befand sich 2003 mit einer durchschnittlich geleisteten Arbeitszeit von 1446 Stunden im OECD-Raum auf dem drittletzten Platz in der von der OECD-Rangliste erfassten 30 Ländern (OECD, 2005, S. 58). Diese Diskrepanz zwischen sich permanent reduzierender Gesamtarbeitsressource der Bundesrepublik und der zugleich steigenden Lebenserwartung lässt darauf schließen, dass auf den Arbeitsmärkten hinsichtlich der Verteilung von Arbeitskontingenten langfristige Ungleichgewichte eintreten, sofern sie nicht bereits in umfangreichem Ausmaß vorhanden sind, ohne dass sich dies im Bewusstsein und den Deutungsmustern der Personalverantwortlichen von Mittelständlern ausreichend niederschlägt. Weitere Studien konstatieren in Bezug auf die Intensität der Teilnahme älterer Arbeitnehmer/innen am Erwerbsleben ähnlich geringfügige Ausnahmen wie die OECD. Eine Bertelsmann-Studie des Jahres 2003 weist darauf hin, dass „lediglich 37 Prozent der 55–64jährigen der Wohnbevölkerung in Deutschland ...im Jahre 2001 erwerbstätig" war (Bertelsmann Stiftung, 2003, S. 33).

Gemäß OECD-Bericht von 2005 reduzieren sich die Beschäftigungsziffern bundesdeutscher Arbeitskräfte im Alter von 60 Jahren deutlich und erreichen mit dem Alter von 63 Jahren nur noch 25% bei Männern 10% bei Frauen (OECD, 2005, S. 48). Die OECD-Ausführungen schließen aus dieser erwerbspolitischen Gesamtlage in der Bundesrepublik, dass „Deutschland bei Zugrundlegung internationaler Referenzgrößen immer noch einen relativ hohen Prozentsatz an sogenannten mobilisierbaren Arbeitskräfteressourcen" aufweist, der sich „2001 auf 11,7% der Gesamtbevölkerung im Erwerbsalter belief" (OECD, 2005, S. 49). Seit den Hartz IV-Reformen (Agenda 2010), so die Arbeitsmarktforschung, stellt sich ein tiefgreifender Wandel auf den Arbeitsmärkten ein (Eichhorst, 2013, S. 2). Diese Veränderung hat unterschiedliche Ursachen: Sie bestehen erstens in einer Flexibilisierung der Arbeitsmarktsituation in den reduzierten Kündigungsschutzbedingungen, in dem deutlichen Anwachsen atypischer Beschäftigungsformen (Leiharbeit usw.) in den flexibilisierten Tarifpolitiken, im gesteigerten Arbeitsangebot auf den privaten Dienstleistungsmärkten sowie in der verbesserten Wettbewerbsfähigkeit der bundesdeutschen Exportindustrie (Eichhorst, 2013, S. 3).

Im Gesamtzusammenhang dieser Umstrukturierung ergeben sich laut Eichhorst in Bezug auf den Fachkräftemangel erhöhte Anforderungen an die Unternehmen, die sie im sich verstärkenden globalisierten Wettbewerb dazu anhalten müssten, „bei der Mobilisierung von allen Fachkräftepotentialen" Arbeitsbedingungen zu schaffen, die dazu angetan sind, die formellen und informellen Wissensressourcen älterer Arbeitskräfte auf humane Weise zu nutzen, also ein Human Resources Management zu betreiben, das den Arbeitskräftemix eines Unternehmens positiv ausbalanciert.

Dies bedeutet, dass ein entsprechender Arbeitskräftemix, wie er in den Interviews mit den Personalverantwortlichen immer wieder thematisiert ist, so gestaltet wird, dass nicht nur die quantitative Balance berücksichtigt bleibt, sondern der Wert des Wissenstransfers, der sich von Alt zu Jung gerade hier abspielt, eine erhöhte Wertschätzung erfährt.

Brenke / Zimmermann machen darauf aufmerksam, dass sich seit 2001 die Anzahl älterer Erwerbspersonen am Arbeitsmarkt um ungefähr 1,8 Millionen erhöht hat. Dies impliziert, dass auch der „Anteil der Älteren am gesamten Arbeitspotential deutlich" zugenommen hat (Brenke, Zimmerman, 2011, S. 4).

Brenke/Zimmermann geben ein besonders starkes Wachstum der Arbeitsmarktbeteiligung bei den 60 bis 64jährigen und den 65 bis 74jährigen an (Brenke, Zimmerman, 2011, S. 4). An den entsprechenden Steigerungen ist auch die weibliche Erwerbstätigkeit beteiligt. Laut Brenke / Zimmermann erhöhte sich die Frauenquote bei der Erwerbsbeteiligung Älterer sogar stärker als bei den Männern (Brenke, Zimmerman, 2011, S. 5). Die unten abgebildeten Diagramme geben den Anstieg der Erwerbsbevölkerung aufgeteilt nach Altersgruppen und im zweiten Fall aufgeteilt nach Geschlechtszugehörigkeit wieder.

Abbildung 2: Anstieg der Teilnahme älterer Arbeitnehmer/innen in unterschiedlichen Altersgruppen am Arbeitsmarkt

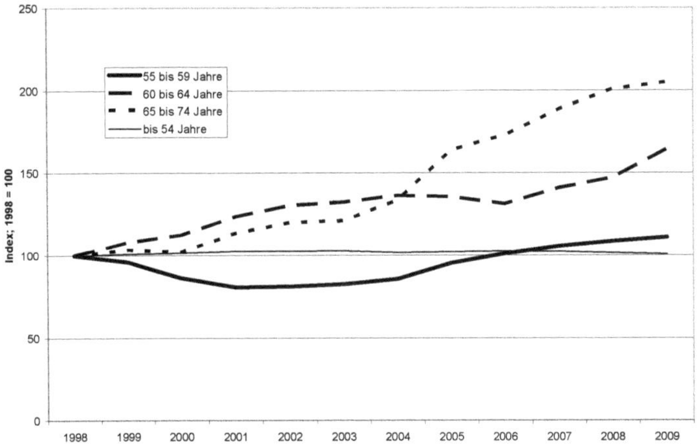

Quelle: Brenke, Zimmerman, 2011, S. 4.

Abbildung 3: Anstieg der Teilnahme Älterer am Arbeitsmarkt in Geschlechterdifferenzierung

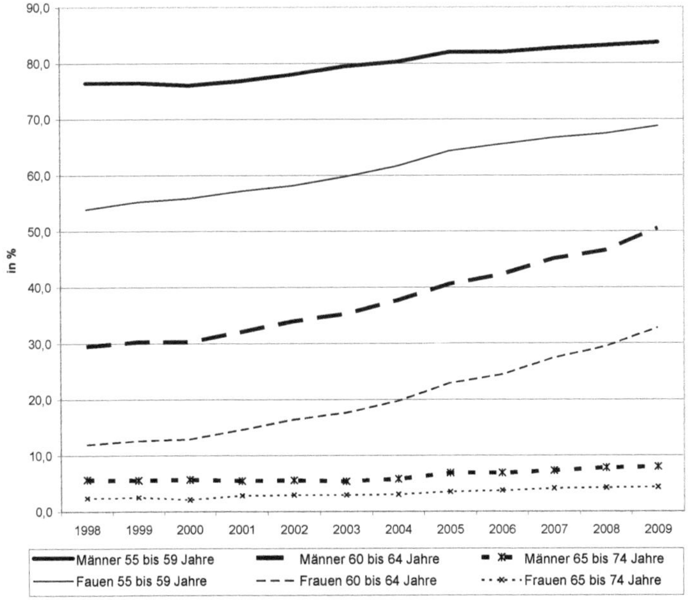

Quelle: Brenke, Zimmerman, 2011, S. 5.

Auch die IAB-Kurzberichte stellen fest, dass im Rahmen des demografischen Wandels der Anteil älterer Arbeitnehmer/innen „an der Erwerbsbevölkerung steigt“ (IAB-Kurzbericht, 2012, S. 1). Laut IAB ist der wachsende Anstieg der Erwerbsquote der 15–64jährigen speziell auf die Zunahme der Erwerbsbeteiligung älterer Arbeitnehmer/innen zurückzuführen (IAB, 2012, S. 2). Der gleichzeitig erfolgende Rückgang der Anzahl jüngerer Arbeitskräfte wird vom IAB-Kurzbericht auf einen zunehmenden Trend zu anspruchsvolleren Bildungsabschlüssen zurückgeführt, was allgemein längere Ausbildungsfristen einschließe (IAB, 2012, S. 2). Das Institut für Arbeitsmarktforschung weist andererseits darauf hin, dass angesichts des demografischen Wandels grundsätzlich ein Rückgang der bundesdeutschen Erwerbsbevölkerung zu erwarten ist, der „nicht mehr durch eine Erhöhung der Erwerbsbeteiligung kompensiert werden kann …“ (IAB, 2012, S. 6).

Die Reaktionen besonders mittelständischer Unternehmen auf den demografischen Wandel fallen jedoch hinsichtlich einer gesteigerten Einstellung älterer Erwerbsbevölkerung eher uneinheitlich aus. Zwar werde der demografische Wandel von mittelständischen Unternehmen deutlich wahrgenommen, andererseits spiele die Einstellungspolitik der Human Resources in Bezug auf Ältere nach wie vor eine eher untergeordnete Rolle (Commerzbank, 2012, S. 10).

2.3 Prognosen zum Fachkräftemangel in Hessen

Angesichts der zentralen Bedeutung, die der Arbeitsmarkt für eine Volkswirtschaft einnimmt, ist es nicht verwunderlich, dass spezifische Fragestellungen und Herausforderungen des Arbeitsmarktes in der breiten Öffentlichkeit intensiv diskutiert werden. Allerdings geht damit häufig eine zumindest partiell ungenaue Verwendung von Begriffen einher, die mitunter zu nicht korrekten Einschätzungen führen kann. In diesem Sinne kann ohne eine präzise und eindeutige Abgrenzung von Termini weder die reale Lage adäquat erfasst werden, noch können effektive Gegenmaßnahmen zur Abstellung von Defiziten eingeleitet werden. Für eine fortgeschrittene Wissensökonomie mit einem permanenten Innovationsdruck wie in der Bundesrepublik ist in diesem Kontext speziell die Frage von Relevanz, ob die Unternehmen zur Erledigung ihrer Aufgaben auf ein hinreichendes Reservoir an ausgebildeten Fachkräften zurückgreifen können. In den Medien wird diese Frage tendenziell verneint, wobei unklar bleibt, auf welchem Fundament dieses Urteil steht. Denn letztlich lässt sich diese Frage nur auf Basis von statistisch reliablen empirischen Untersuchungen beantworten. Notwendig ist hierbei zunächst die Abgrenzung vom wesentlich umfassenderen Phänomen des Arbeitskräftemangels:

Während unter diesem ein rein *quantitatives* Missverhältnis zwischen den verfügbaren und den benötigten Arbeitskräften innerhalb eines regional abgegrenzten Arbeitsmarktes und über einen längeren Zeitraum hinweg verstanden wird, stellt Fachkräftemangel auf eine dezidiert *qualitative* Betrachtung ab (vgl. Kettner 2011, S. 1).

Zusätzlich zur rein numerischen Verfügbarkeit wird dabei gefragt, inwiefern die Qualifikationsprofile – oder auch die Potenziale zum Erwerb bestimmter Qualifikationen – bei den disponiblen Arbeitskräften mit den Anforderungsprofilen der zu besetzenden Stellen in den einzelnen Unternehmen korrespondieren. Weit gefasst können zu den Qualifikationen dabei sowohl formale, durch entsprechende Abschlüsse belegte Kompetenzen als auch zusätzliche Fachkenntnisse sowie so genannte Schlüsselqualifikationen gezählt werden.

Im Falle eines existenten Fachkräftemangels würden die Unternehmen dazu gezwungen sein, ihre Personalsuche erfolglos abzubrechen und nach Ausweichstrategien zur Abarbeitung ihrer Aufträge suchen müssen. Als verkomplizierend stellt sich in diesem Zusammenhang dar, dass die Zustände in verschiedenen Branchen, Regionen und Unternehmenstypen sowie innerhalb bestimmter Zeiträume und Konjunkturzyklen deutlich voneinander abweichen können. Schon allein diese Einschränkung spricht dafür, dass ein allgemeiner gesamtwirtschaftlicher Fachkräftemangel als relativ unwahrscheinlich gelten kann. Hinzu kommt, dass sich Angebot und Nachfrage auf dem Arbeitsmarkt aufgrund von Informations- und Suchkosten nie im Gleichgewicht befinden (vgl. Brücker 2011, S. 587).

Vor dem Hintergrund dieser kategorialen Einordnungen ist es nun möglich, gezielt nach konkreten arbeitsmarktbezogenen Zuständen zu fragen. Unklar ist aber weiterhin *wie*, das heißt mit welchem methodischen Ansatz die Frage nach dem tatsächlichen oder vermeintlichen Fachkräftemangel zu beantworten ist. Hier stehen im Prinzip zwei bzw. drei Varianten zur Auswahl. Einmal kann anhand von einschlägigen Indikatoren des Arbeitsmarktes (Lohnentwicklung, Anzahl der offenen Stellen, Anzahl der Arbeitslosen, Anzahl der Beschäftigten etc.) versucht werden zu klären, ob von einem Fachkräftemangel die Rede sein kann oder nicht. Zweitens können die Unternehmen – auf einer repräsentativen Grundlage – hinsichtlich ihrer Erfahrungen bei der Rekrutierung von Arbeitskräften befragt werden. Und drittens können die beiden ersten Ansätze miteinander kombiniert werden. Der alleinige Rückgriff auf Arbeitsmarktindikatoren erscheint dabei als problematisch, weil diese zum Teil die Ergebnisse bereits stattgefundener Anpassungsprozesse auf dem Arbeitsmarkt widerspiegeln und insofern nur bedingt aussagekräftig sein können (vgl. Kettner 2011, S. 2).

Das ausschließliche Setzen auf Unternehmungsbefragungen besitzt hingegen den nicht geringen Nachteil, dass die Rückmeldungen der Unternehmen eher

Ausdruck eines unternehmensspezifischen Personalmangels – etwa infolge von Defiziten beim Personalmanagement – sein können und dann natürlich kaum Rückschlüsse über die regionalen und den nationalen Arbeitsmärkte zulassen (vgl. Bosch 2011, S. 584).

So gesehen spricht vieles dafür, eine Verknüpfung der beiden genannten Analyseinstrumente vorzunehmen. Exakt so geht auch das Institut für Arbeitsmarkt- und Berufsforschung (IAB) vor, das für seine Erhebung des gesamtwirtschaftlichen Stellenangebots einerseits die Zahl der offenen Stellen ermittelt und diesen Wert dann in Beziehung zu den betrieblichen Stellenbesetzungserfahrungen setzt. Als Ausgangspunkt einer Betrachtung zum Thema Fachkräftemangel kann dabei eine rein quantitative Analyse des Arbeitskräfteangebots dienen. Diese ergibt sich aus der Gegenüberstellung von offenen Stellen mit der Anzahl der Arbeitslosen. Bei einem deutlichen Überhang von offenen Stellen fehlen logischerweise auch die nachgefragten Fachkräfte. Andererseits gilt, dass selbst bei einem Überangebot an Arbeitslosen ein Fachkräftemangel nicht ausgeschlossen werden kann. Es zeigt sich, dass die Anzahl der Arbeitslosen die Anzahl der offenen Stellen momentan um den Faktor 3 übersteigt, weshalb in der Bundesrepublik ein Arbeitskräftemangel (noch) nicht vorliegt (vgl. Kettner 2011, S. 2).

Speziell bei einer nach einzelnen Berufsgruppen aufgeschlüsselten Betrachtungsweise wird deutlich, dass das Verhältnis Arbeitslose–offene Stellen auch kurzfristig hohen Schwankungen unterliegen kann, woraus folgt, dass mit Blick auf einen möglicherweise vorliegenden Fachkräftemangel differenzierende Termini anzuwenden sind. Was die mittelfristige Entwicklung anbelangt, bezieht sich das IAB auf die Anzahl der Bewerbungen pro Stelle, wobei hier im Zeitraum zwischen 2005 und 2010 ein Rückgang von 29 auf 23 Bewerbungen zu verzeichnen war (vgl. Kettner 2011, S. 4). Parallel hat sich der Anteil der Stellenbesetzungen mit lediglich einer Bewerbung im selben Zeitraum von 11 auf 15 Prozent erhöht. Angestiegen ist auch der Anteil der Besetzungen, bei denen es maximal drei Bewerbungen gab, und zwar von 22 auf 30 Prozent. Eine Ursache für diesen Trend dürfte nicht zuletzt im Rückgang der Arbeitslosigkeit von 5 Millionen Personen in 2005 auf 3,24 Millionen im Jahresdurchschnitt 2010 liegen (vgl. Fuchs et al., S. 2).

Dieser Rückgang war wiederum das Resultat eines Anstiegs der Anzahl der Beschäftigten, die 2010 bei 40,48 Millionen lag (vgl. Fuchs et al., S. 2). Angesichts dieser Zahlen lässt sich jedenfalls festhalten, dass sich die Auswahlmöglichkeiten der Unternehmen signifikant verringert haben. Besonders deutlich zeigt sich dies in den Sparten Soziale Berufe und Ingenieure. Die rückläufige demografische Entwicklung, die sich primär in einer sinkenden Zahl von Schulabgängern manifestieren wird, wird diese Entwicklung weiter zuspitzen (vgl. Brücker 2011,

S. 587 f.) Bislang geben jedoch nur 10 Prozent der befragten Unternehmen an, ihr ökonomisches Potenzial aufgrund fehlender Arbeitskräfte nicht voll realisieren zu können (Fuchs et al., S. 3). Allerdings muss selbst aus einer mengenmäßigen Verknappung nicht umstandslos auf einen Fachkräftemangel geschlossen werden, da zu fragen ist, welche Anforderungen die Unternehmen im Detail an potenzielle Kandidaten richten. Hier könnte es gut sein, dass unverhältnismäßig hohe Anforderungen mit einem Stellenprofil verbunden werden bzw. die Potenziale der Kandidaten, sich in einer angemessenen Zeit die nötigen Qualifikationen anzueignen, nicht berücksichtigt werden.

Selbiges gilt für gewünschte Kenntnisse, die nicht Teil der formalen Ausbildung der Kandidaten waren, aber gleichfalls mit einem vertretbaren Aufwand erworben werden könnten. Ein weiteres Defizit auf Unternehmensseite könnte auch in unattraktiven Lohn- und Arbeitsbedingungen liegen, die auf potenzielle Kandidaten eher abschreckend wirken, wobei hier natürlich kein Fachkräftemangel vorliegt. Diese Defizite dürften sich vor allem in konjunkturellen Hochzeiten nachteilig für diese Unternehmen auswirken. Ein Indikator, der für einen veritablen Fachkräftemangel sprechen könnte, wäre in einem deutlichen Anstieg der Löhne zu sehen, insofern eine erhöhte Nachfrage nach qualifizierten Arbeitskräften sich auch auf der Angebotsseite, sprich bei den Einstellkonditionen bemerkbar machen müsste (vgl. Bosch 2011, S. 584). Auf die Bundesrepublik bezogen lässt sich eine solche Tendenz nicht beobachten: Sowohl die allgemeine Lohnentwicklung als auch die Entlohnung von Fachkräften haben sich zwischen 2008 und 2010 – auch im EU-Vergleich – eher unterdurchschnittlich entwickelt. Selbst wenn man Rationalisierungen der Betriebe als Reaktion auf einen Fachkräftemangel in Betracht zieht, kann damit nicht dieser langfristige negative Trend erklärt werden.

Auch die Tatsache, dass 80 Prozent der Beschäftigten im Niedriglohnsektor über eine berufliche Ausbildung verfügen, also zumindest tendenziell weiter bildungsfähig sein sollten, spricht nicht für einen generellen Fachkräftemangel (vgl. Bosch 2011, S. 584). Des Weiteren wäre anzunehmen, dass bei einem forcierten Fachkräftemangel die Unternehmen gesteigerte Anstrengungen unternehmen würden, den qualifizierten Nachwuchs nachhaltig an sich zu binden. Auch das lässt sich nicht sagen: Der Anteil befristeter Neuanstellungen von Jugendlichen nach einer absolvierten Berufsausbildung hat sich vielmehr von 2001 bis 2009 von 32 auf 47 Prozent erhöht (vgl. Bosch 2011, S. 584). Wiederum könnte man hier mit betriebswirtschaftlichen Notwendigkeiten argumentieren, dann wäre der Fachkräftemangel aber ein eher nachrangiges Problem.

Insgesamt lässt sich konstatieren, dass ein allgemeiner Fachkräftemangel in der Bundesrepublik aktuell nicht vorliegt. Allenfalls kann von Fachkräfteengpässen gesprochen werden, die sich aus besonderen regionalen und qualifikationspezifischen Bedingungen ergeben. Ohnehin wäre es sinnvoll, bevorzugt von Teilarbeitsmärkten zu sprechen. Verringert haben sich infolge einer höheren Beschäftigung derweil die Personalauswahlmöglichkeiten der Unternehmen, was aber nicht unbedingt als gravierendes Problem gewertet werden muss, da hier noch diverse Effizienzreserven existieren. Langfristig jedoch dürften der demografische Wandel und der wirtschaftliche Strukturwandel sowohl die quantitative als auch die qualitative Verfügbarkeit von Arbeitskräften signifikant verringern, sofern die entstehenden Lücken nicht durch Zuwanderung, Bildung und eine Hebung der Arbeitskräftereserven kompensiert werden. Im Hinblick auf die Forschungsfrage, wie KMU auf den Fachkräftemangel reagieren werden, sind empirische Erhebungen von unmittelbarer Relevanz.

Damit können regions-, branchen- und berufsspezifische Engpässe ermittelt werden, die den Verantwortlichen in den Personalabteilungen auch bekannt sein dürften. Die Frage ist, welchen Handlungsbedarf sie daraus ableiten und welche langfristigen Strategien sie zumindest im Ansatz bereits entwickelt haben.

Das Wirtschaftsforschungsinstitut WifOR führt in Zusammenarbeit mit dem Statistischen Bundesamt, dem Statistischen Landesamt, der Agentur für Arbeit, dem Bundesamt für Bauwesen und Raumordnung sowie sechs Industrie- und Handelskammern (IHK Hessen, IHK Darmstadt, IHK Frankfurt am Main, IHK Fulda, IHK Hanau-Gelnhausen-Schlüchtern, IHK Offenbach am Rhein) ein Monitoring hinsichtlich der Fachkräfteentwicklung für das Bundesland Hessen durch.[1] Die erhobenen Daten zur / zum

- demographische Entwicklung,
- Anteil sozialversicherungpflichtig Beschäftigter in den einzelnen Berufszweigen,
- Fachkräftepotential aus Arbeitslosen, geringfügig Beschäftigen, Ausbildungs- und Studienabsolventen und
- Nachfrage seitens der Unternehmen (Konjunkturumfragen der IHKs in Hessen sowie branchenspezifische Wachstums- und Beschäftigungstrends)

werden in einem Prognosemodell zusammengeführt, das ca. 80% der Erwerbstätigen Hessens erfasst. Auf der Basis von ökonometrischen Modellen werden darüber hinaus die Auswirkungen der Konjunktur auf die Beschäftigtenzahlen geschätzt.[2] Diese führen zeitlich zu einem starken Kurvenverlauf zwischen

1 Vgl. http://www.fachkraefte-hessen.de/.
2 Vgl. http://www.fachkraefte-hessen.de/faq.html#2.

Nachfrage und Angebot, wobei die Nachfragekurve stärker schwankt als die Angebotskurve. Als Ursache wird geltend gemacht, dass die Nachfrage der Unternehmen nach Fachkräften stärker von der Konjunktur beeinflusst wird als vom Angebot an Fachkräften.[3]

In Bezug auf kleine und mittelständische Unternehmen lässt sich somit konstatieren, dass ihre Personalpolitik sich an den Konjunkturbedingungen ausrichtet. Wächst die Wirtschaft, wird eingestellt, sinkt das Wirtschaftswachstum, erfolgen keine Neueinstellungen bzw. Entlassungen. Das zurückgehende Angebot an Fachkräften wird für die Unternehmen umso relevanter, je „besser" ihre Auftragslage ist.

Die Daten werden jährlich aktualisiert und erlauben darüber hinaus regions-, branchen- und berufszweigspezifische Einblicke in die zukünftige Entwicklung. (Ähnliche Statistiken gibt es auch für die anderen westdeutschen Bundesländer, in den ostdeutschen Bundesländern befindet sich das Monitoring noch im Aufbau). Der Fachkräftemangel setzte nach dem Jahr 2010 ein, in dem – bedingt durch die Wirtschafts- und Finanzkrise – vor allem die Autoindustrie und Zuliefererbetriebe einen massiven Absatzeinbruch erlebte und die Nachfrage nach qualifizierten Arbeitskräften rapide sank. Im Jahr 2012 wurde mit 171.000 fehlenden Fachkräften (das entspricht einem Mangel von 7,5% an Beschäftigten) ein erster Höhepunkt erreicht. Bis zum Jahr 2017 wird der Fachkräftemangel auf 8.000 unbesetzte Stellen zurückgehen (0,3% Mangel), um danach bis 2021 wieder auf 183.000 unbesetzte Stellen (8,3% Mangel) anzusteigen. Danach sinkt der Fachkräftebedarf wieder langsam, wobei sowohl die Nachfrage als auch das Angebot zurückgehen.[4]

Die Metropolregion Frankfurt am Main wird von dem Fachkräftemangel am stärksten betroffen sein. Hier wirkt sich aus, dass in großstädtischen Regionen verstärkt Berufstätige mit hohen Qualifikationen nachgefragt werden (z. B. für mittlere und höhere Managementfunktionen). Im Jahr 2012 betrug der Fachkräftemangel insgesamt 12, 7%. Bis 2017 wird dieser Wert auf 4,2% abnehmen, um dann langsam wieder auf 10,4% im Jahr 2021 anzuwachsen. Da sich der Fachkräftemangel in der Metropolregion Frankfurt am Main am stärksten bemerkbar machen wird, sollen für die Experteninterviews bevorzugt Personaler aus dieser Region ausgewählt werden.

---

3 Vgl. http://www.fachkraefte-hessen.de/faq.html#2.

4 Vgl. http://www.fachkraefte-hessen.de/fkm/index.php?code=ahaaahbaba.

Die folgende Grafik (Abb. 3) zeigt den branchenspezifischen Fachkräftemangel für das nächste Jahrzehnt auf, wobei grob zwischen wirtschaftsnahen Dienstleistungen, sonstigen Dienstleistungen (z. B. Pflege), dem Einzelhandel und sonstigen Wirtschaftszweigen (Industrie, Verarbeitendes Gewerbe etc.) unterschieden wird:

Abbildung 4: Fachkräfteentwicklung in Hessen

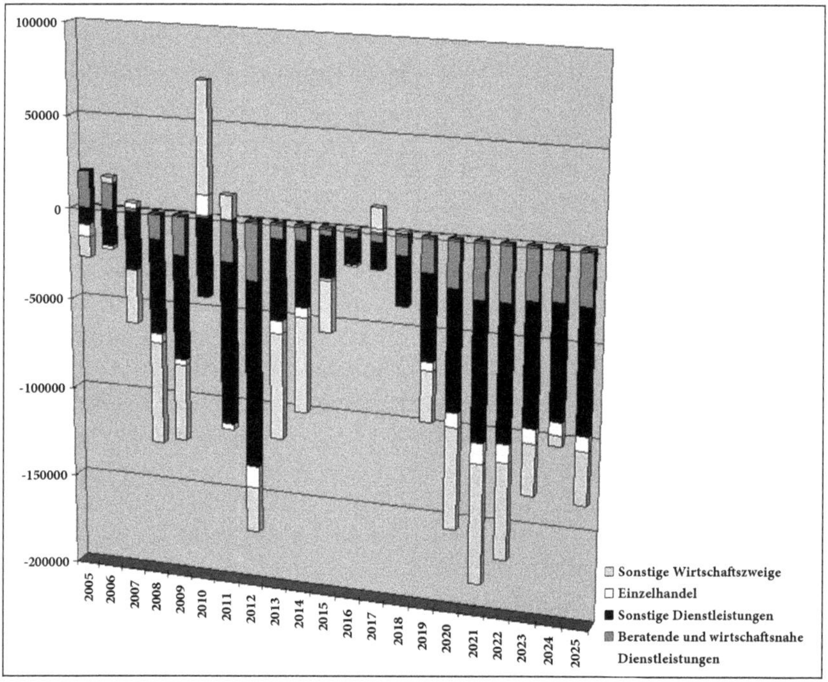

Quelle: WiFor 2012

Ab dem Jahr 2013 werden vor allem in „Sonstigen Wirtschaftszweigen" (Industrie, Verarbeitendes Gewerbe) Arbeitskräfte nachgefragt werden. In diesem Jahr können 5,1% der Stellen nicht besetzt werden. In den Folgejahren wird sich die Lage entspannen.

Ab 2019 ist aber erneut mit einem Fachkräftemangel in den „Sonstigen Wirtschaftszweigen" zu rechnen, der 2021 seinen Höhepunkt erreichen wird (6,0% unbesetzte Stellen). Bis 2025 wird sich die Lage mit 3.000 unbesetzten Stellen (3% Mangel) jedoch erheblich verbessert haben. Akuter verläuft der Fachkräftemangel bei den „Sonstigen Dienstleistungen". Im Jahr 2012 konnten 102.000 Stellen nicht besetzt werden, was einem Mangel von 13,9% entspricht.

Die Nachfrage wird bis 2016 auf 14.000 sinken (2,2% unbesetzte Stellen), um danach wieder langsam zu steigen und im Jahre 2021 mit 76.000 unbesetzten Stellen (11,2% Mangel) einen neuen Höchststand zu erreichen. Im Jahr 2025 wird der Fachkräftemangel mit 68.000 unbesetzten Stellen immer noch 10,6% betragen. Auch der Bereich „Beratende und wirtschaftsnahe Dienstleistungen", der höhere und hohe Qualifikationen nachfragt, hat mit einem massiven Fachkräfteproblem zu kämpfen.

In diesem Bereich wirkt sich der Fachkräftemangel am stärksten aus. Im Jahr 2012 blieben 32.000 Stellen unbesetzt, was einem Mangel von 14% entspricht. Bis 2016 wird der Fachkräftemangel auf 4.000 unbesetzte Stellen (1,7% Mangel) zurückgehen, um danach wieder bis 2022 auf 31.000 unbesetzte Stellen zu steigen und mit 14,3% Mangel einen neuen Höchststand zu erreichen. Bis 2025 wird sich die Lage mit 10,6% unbesetzten Stellen nur wenig bessern. Im Bereich des Einzelhandels, der mittlere bis geringe Qualifikationen erfordert, macht sich der Fachkräftemangel vergleichsweise wenig bemerkbar. Im Jahr 2012 konnten hier 12.000 Stellen nicht besetzt werden, was einem Mangel von 5,2% entspricht. Der Fachkräftemangel wird in den folgenden Jahren langsam ausgeglichen werden, in den Jahren 2016 und 2017 besteht sogar wieder ein leichtes Überangebot an Arbeitskräften. Bis zum Jahr 2021 steigt die Zahl der unbesetzten Stellen langsam wieder auf 11.000 an, was einem Mangel von 5,0% entspricht. In den folgenden Jahren schwankt dieser Wert zwischen 3 und 4 Prozent.

Nachfrage nach Berufszweigen

Wie die grobe Übersicht über die Branchen bereits zeigt, werden vor allem Fachkräfte mit höheren Qualifikationen nachgefragt. Berechnungen, die auf der Grundlage der Daten vom Januar 2012 basieren, weisen für einzelne Berufsgruppen z. T. gravierende Defizite aus (Tab. 1):

Tabelle 1: Fachkräftemangel nach Berufszweigen bis 2025

Beruf	Mangel (absolut)	Mangel (in %)
Unternehmensführung und Organisation (mittlere Qualifikation)	28.000	14,4%
Gesundheits-, Körperpflege- und Wellnessberufe, Medizintechnik (hohe Qualifikation)	18.700	20,4%
Unternehmensführung und Organisation (hohe Qualifikation)	16.000	15,1%
Gesundheits-, Körperpflege- und Wellnessberufe, Medizintechnik (mittlere Qualifikation)	14.000	13,6%
Recht und Verwaltung (mittlere Qualifikation)	11.700	13,4%

Beruf	Mangel (absolut)	Mangel (in %)
Erziehung, soziale und hauswirtschaftliche Berufe, Theologie, lehrende und ausbildende Berufe (hohe Qualifikation)	7.300	16,4%
Erziehung, soziale und hauswirtschaftliche Berufe, Theologie, lehrende und ausbildende Berufe (mittlere Qualifikation)	7.200	17,4%
Einkauf, Vertrieb und Handel (hohe Qualifikation)	6.200	14,4%
Recht und Verwaltung (hohe Qualifikation)	5.500	11,9%
Informatik, Informations- und Kommunikationsberufe	5.400	13,7%

Quelle: WifOR 2012[5]

Ein geradezu umgekehrtes Bild ergibt sich bei den niedrigeren Qualifikationen. Hier besteht ein Angebotsüberschuss (Tab. 2):

Tabelle 2: Fachkräfteüberschuss nach Berufszweigen bis 2025

Beruf	Überschuss (absolut)	Überschuss (in %)
Reinigungsberufe, Helfer	21.600	52,5%
Verkehr und Logistik, Fahrzeug- und Transportgeräteführer, Helfer	14.900	19,6%
Reinigungsberufe (mittlere Qualifikation)	13.300	34,9%
Gastronomie, Helfer	10.900	37,6%
Verkaufsberufe (mittlere Qualifikation)	11.000	8,9%
Verkehr und Logistik, Fahrzeug- und Transportgeräteführer (mittlere Qualifikation)	9.000	5,6%
Unternehmensführung und Organisation, Helfer	8.200	32,4%
Land-, Tier- und Forstwirtschaft, Gartenbau und Floristik, Helfer	4.300	10,8%
Bauberufe (mittlere Qualifikation)	3.300	5,3%
Verkaufsberufe, Helfer	2.100	12,9%

Quelle: WifOR 2012[6]

5 http://www.fachkraefte-hessen.de/fkm/index.php?code=ahaaahbaba.
6 http://www.fachkraefte-hessen.de/fkm/index.php?code=ahaaahbaba.

Die Zahlen verdeutlichen, dass die Arbeitslosigkeit unter den gering Qualifizierten nicht wesentlich zurückgehen wird, sofern diese nicht gezielt weiterqualifiziert werden. Für die Metropolregion Frankfurt am Main lässt sich daher ein Fachkräftemangel bei gleichzeitig bestehen bleibender Sockelarbeitslosigkeit prognostizieren.

Um die Problematik der Integrationsfähigkeit älterer Arbeitnehmer/innen adäquat entwickeln zu können, sind im Folgenden die Ebenen darzustellen, die sich einerseits auf das Wissensmanagement des Unternehmens in der Form personalentwicklungspädagogischer Kategorien beziehen, andererseits die Spezifika, die sich im Rahmen eines effizienten Wissensmanagements auf die Ressourcefähigkeit älterer Arbeitnehmer/innen und auf ihre mögliche Produktivmachung richten. Personalentwicklung mittelständischer Unternehmen besteht also bis zu hohen Graden zunächst auch aus der Entwicklung von Aus- und Weiterbildungsstrategien (Kapitel 3.2), die dafür sorgen, dass ältere Belegschaften nicht in mechanischer Form aus dem Arbeitsprozess ausgetaktet werden, wenn sie eine bestimmte Altersgrenze erreicht haben. Ein effizientes Wissensmanagement des Unternehmens besteht also in der Umsetzung organisatorischer Anforderungen, um die Halbwertszeit des Wissens älterer Arbeitnehmer/innen an neue Anforderungen anpassen zu können (Kapitel 3.3).

3 Human Resources Management, Wissensmanagement und personalentwicklungspädagogische Dimension zur arbeitsmarktsituativen und betrieblichen Integration älterer Arbeitnehmer/innen

Ein Human Resources Management (HRM), das sich mit adäquaten Bildungsangeboten bzw. Weiterbildungsangeboten auf eine volatile und fluktuierende Arbeitsmarktsituation einstellen will, bedarf von unternehmerischer Seite eines permanenten Bildungsangebots, das die Wissensressourcen älterer Arbeitnehmer/innen produktiv machen kann. Die Ebenen der Personalentwicklung, des Wissensmanagements und der Arbeitsmarktkonstellationen in Bezug auf die Bildungsbedarfe älterer Arbeitnehmer/innen stehen infolgedessen in einem engen Problemzusammenhang miteinander. Der in Kapitel 2.2 dargestellte Fachkräftemangel, der sich aus den demografischen Engpässen einer nur noch bedingt zeugungskräftigen Gesellschaft ergibt, erfordert zur Erhaltung der Wettbewerbsfähigkeit einer weitgehend von der Wirtschaftskraft kleinerer und mittlerer Unternehmen abhängigen Ökonomie mehr oder minder zwingend berufspädagogische Personalentwicklung, die sich um die Produktivität des Wissens älterer Arbeitnehmer/innen und seine Fruchtbarmachung für die betriebliche Produktivität bemüht. (vgl. Reinberg / Hummel 2004 / Bonin / Schneider / Quinke / Ahrends 2007 / FDZ der statistischen Ämter des Bundes und der Länder, 2009/2010).

Angesichts der explosionsartigen Erweiterung von Wissen, Wissensanforderungen und der sogenannten Halbwertszeit von Wissen in nahezu allen Berufsfeldern sowie angesichts sich permanent wandelnder Arbeitsfelder und Umfeldvoraussetzungen lässt sich die Berufspädagogik als entscheidender Einflussfaktor für die Entwicklung von Personal, besonders für kleine und mittlere Unternehmen (KMU) betrachten. Letztere sind auch auf globaler Ebene in vielen Fällen in Nischenmärkten aktiv, die für die in diesen Märkten relevanten Produkte ein hochspezialisiertes Produktionswissen erfordern.

Als unternehmenswichtige Veränderungsebenen, die sowohl betriebsinterne als auch betriebsexogene Ursachen haben, lassen sich mit Faulstich der ökonomische Wandel (1), der soziokulturelle Wandel (2), der technologische Wandel (3) sowie der politisch-rechtliche Wandel (4) betrachten (vgl. Faulstich

1998, S. 27). Für die vier Kategorien des Wandels lassen sich jeweils umfangreiche Begründungskataloge erstellen, die die einzelnen Ebenen dieses Wandels charakterisieren. So unterliegt besonders der ökonomische Bereich (1), durch die sich permanent beschleunigende Internationalisierung der Wirtschaft, die Wettbewerbsbedingungen, die Innovationsanforderungen in der Form der Verschärfung und der Verkürzung von Produktlebenszeiträumen, durch die Rationalisierungsanforderungen, die Produktionsanlagen in der Form der Verlagerung, die Produktivitäts- bzw. die Qualitätsbedarfe, durch das kritischer werdende Konsumentenbewusstsein, die Struktur des Wissens der Informationsgesellschaft sowie durch die Struktur des Arbeitsmarktes (vgl. Sarges 1994, S. 373).

Die Wandlungen im soziokulturellen Bereich (2) beziehen sich hinsichtlich möglicher Bildungsanforderungen auf die demografischen Umstrukturierungen, auf den wachsenden Anteil an Bevölkerung mit Migrationshintergrund, auf die Veränderung der Wertewelt der Gesellschaft, auf die zunehmenden Beteiligungswünsche vom Personal am Unternehmen usw. Die technologischen Bedingungen (3) beziehen sich auf die wachsende Geschwindigkeit bei der Einführung neuer IT-Generationen, auf das Automatisierungstempo, auf die wachsende Virtualisierung der Arbeitswelt sowie auf das zunehmende Tempo des Outsourcens technischer Größen. Der Wandel der politisch-rechtlichen Voraussetzungen (4) charakterisiert sich durch Staatsinterventionen beim Umweltschutz und der Energieerzeugung, wie die neue Energiewende belegt.

Am Beispiel der Produktionsentwicklung neuer Automodelle lässt sich das beschleunigte Konzeptionstempo nachvollziehen: In den 90er Jahren des vorigen Jahrhunderts bedurfte es für die Entwicklung eines neuen Wagenmodells durchschnittlich sieben Jahre. Seit Anfang der Jahrtausendwende beträgt eine solche Entwicklungszeit nicht einmal mehr drei Jahre. Diese Beschleunigungsprozesse setzen die Aktivierung eines Wissenspotentials voraus, das sich einerseits in den Produzenten, also in den Arbeitnehmer/innen selbst, konzentriert, andererseits in der gesteigerten Rationalität und Virtualität der technischen Produktivmittel. Da diese Beschleunigung und zugleich Komplexitätssteigerung der Produktion und der produzierten Objekte nahezu alle Ebenen der Herstellung in postindustriellen Gesellschaften erfasst, spricht die Fachliteratur von einer „globalen Wissensexplosion" (vgl. Caspers 2002, S. 4).

Den wachsenden Anforderungen an die Wissenspotentiale der Arbeitnehmer/innen steht eine Demografie gegenüber, die die Lernfähigkeit, die Lernbereitschaft und die Lernenergie älterer Arbeitnehmer/innen mehr oder minder zwingend in den Produktionsprozess des gesellschaftlichen Gesamtarbeiters integrieren muss, soll nicht das demografische Problem dazu führen, dass postindustrielle

Wissensgesellschaften ihr technisch-produktives Niveau nach und nach einbüßen. Die Integration älterer Arbeitnehmer/innen in die Anforderungssituation permanenter Weiterbildung mit entsprechenden Angeboten zur Aktivierung der Wissensebenen dieser Arbeitnehmer/innen ist andererseits, wie die Fachliteratur konstatiert, hinsichtlich ihrer Bedeutung in der Mehrheit der KMU nur unzureichend erkannt (vgl. Schmidt 2009, S. 30 / Friebe, 2011).

Ein produktives Human Resources Management lässt sich also als zielorientierte Strategie der Nutzung der Ressourcen von Wissenspotentialen älterer Arbeitnehmer/innen verstehen. Soll eine solche Nutzung betriebspädagogisch produktiv umgesetzt werden, bedarf es einer gezielten berufspädagogischen Begleitung älterer Arbeitnehmer/innen.

3.1 Human Resources Management als ressourcenorientierte Strategie der Nutzung von Wissenspotentialen älterer Arbeitnehmer/innen

Sloane macht darauf aufmerksam, dass Berufspädagogik grundsätzlich auf soziale und ökonomische Organisationsanforderungen von Arbeit reagiert und reagieren müsse (vgl. Sloane 2000, S. 93). Analysiert man die Ressourcenproduktivität von Arbeitnehmer/innen, d. h auch von älteren Arbeitnehmer/innenn, so sind einerseits die Begrifflichkeiten des Wissens generell und speziell die der Qualifikation, bzw. beruflichen Qualifikation, bzw. Schlüsselqualifikation zu klären.

Der Wissensbegriff hängt hinsichtlich seiner Definition und Definierbarkeit grundsätzlich von den erkenntnisleitenden Voraussetzungen oder Interessen der Erkenntnisbereiche ab, auf die man ihn bezieht. In diesem Sinne finden sich philosophische, soziologische, pädagogische und ökonomische Perspektiven, unter denen Wissensbegriffe jeweils diskutiert werden (vgl. Fried 2003, S. 14ff).

Eine Definition von Wissen, die einen hohen Abstraktionsgrad besitzt, ist die von Berger / Luckmann. Berger / Luckmann definieren Wissen sinngemäß als die Gewissheit darüber, dass die Phänomene Wirklichkeit besitzen und über Qualitäten verfügen, die sich bestimmen lassen (vgl. Berger / Luckmann 1963, S. 62). Da es sich bei der betrieblichen Integration und Integrationsfähigkeit von Arbeitnehmer/innen weitgehend um ökonomisch orientierte Wissensbegriffe handelt, liegt es nahe, Wissensbegriffe heranzuziehen, die sich auf volkswirtschaftliche Sektoren beziehen. In diesem Bereich betont die Fachliteratur die Prozessualität von Wissen, Wissensgeneration, Wissensanwendung und Wissensrepräsentation (vgl. Pawlowsky 2000, S. 162ff). Schüppel bezeichnet in seiner Darstellung des

Wissensmanagements in Organisationen die Prozessualität der Wissensproduktion als Wissenswertkette. Letztere ist in ihrer Prozessualität als permanente Wissensgenerierung in extrem spezialisierten Ausprägungen zu betrachten. Als Beispiel nennt Schüppel die Generierung von Innovationsebenen im Bereich Forschung und Entwicklung (vgl. Schüppel 1997, S. 50).

Die Prozessualität der Wissensgenerierung betonen auch Schindler und Eppler (vgl. Schindler / Eppler 2002, S. 58–71). Eine wesentliche Kategorie in der Darstellung von Wissen und Wissensgehalten besteht im Unterschied zwischen dem impliziten und dem expliziten Wissen. Implizites Wissen bezieht sich weitgehend auf nicht materielle, intangible oder diffuse Wissensgehalte, die individuelle Kognitivkonstruktionen im Gehirn des Individuums bedeuten (vgl. Roumois 2007, S. 51). Implizite Wissensgehalte bestehen aus nicht formalisierten Erfahrungsebenen, aus Regelwissen, Erinnerungen, bestimmten Denkmodellen, Intuitionen und Werten. Explizites Wissen bildet dagegen die Umsetzung von Wissensgehalten in der Form einer generell verstehbaren Repräsentation in selektierter Form. Mit explizitem Wissen liegen also formalisierte Wissenssystematiken vor, die sich in Schrift oder Zeichen ausdrücken. Explizites Wissen besteht aus Sachwissen, Theorien, Formeln usw.

Betrachtet man die hier nur ansatzweise entwickelten Wissensbegriffe von der betriebspädagogischen bzw. berufspädagogischen Seite, so kommen Begriffe wie Qualifikation, Schlüsselqualifikation und Kompetenz in den Blick (vgl. Wilsdorf 1991, S. 53f). Mit Rosenthal bildet Qualifikation „die Gesamtheit der Kenntnisse, Fähigkeiten und Fertigkeiten, über die eine Person als Voraussetzung für eine ausreichende Breite in der beruflichen Einsetzbarkeit verfügen muss“ (Rosenthal 1981, S. 334). Schlüsselqualifikationen von Arbeitnehmer/innen beinhalten dagegen berufsfachübergreifende Befähigungen, wie die Kommunikationsfähigkeit, die Teamfähigkeit, die Befähigung zur Selbstorganisation, die Befähigung zum eigenständigen Lernen, die Fähigkeit Probleme zu lösen, die Fähigkeit der Informationsbeschaffung und Informationsbearbeitung, Flexibilitätsfähigkeit und Reflexionsfähigkeit. Die aufgezählten Eigenschaften der Schlüsselqualifikation lassen deutlich erkennen, dass es sich bei diesen Wissensebenen nicht ausschließlich um explizites, d. h. formalisiertes und in Quantitäten ausdrückbares Wissen handeln kann. Infolgedessen müssen sich in diesem Bereich implizite Wissensgehalte finden, die sich als Ressourcen besonders älterer Arbeitnehmer/innen mit ihrer lebenslangen Betriebserfahrung ressourcenstrategisch umsetzen lassen. Implizites Wissen älterer Arbeitnehmer/innen bedeutet also als Erfahrungswissen (implizites Wissen) in Verbindung mit Schlüsselqualifikationen solcher Arbeitnehmer/innen, das als bedeutende Ressource, die betriebspädagogisch fruchtbar gemacht werden kann. In diesem Sinne bezeichnet Porschen das implizite Wissen als wesentliches Thema im Diskurs zum Wissensmanagement (vgl. Porschen 2008, S. 67ff). Generell haben ältere Arbeitnehmer/innen aufgrund ihrer Betriebszugehörigkeit oder in verschiedenen Betrieben ein Implizitwissen, das integrationsfähig besonders in Bezug auf schnelle Veränderung ist, das heißt, sie können Wissensebenen verbinden und daraus Handlungswissen ableiten.

Besonders ältere Arbeitnehmer/innen verfügen so über ein Erfahrungswissen, das sich als implizites Wissen in Handlungswissen praktisch umsetzen lässt, und zudem in langer Akkumulationszeit verdichtet wurde. Dieses Wissen kann überdies aus verschiedenartigen Beschäftigungsumwelten stammen, sodass sich aus einem kreativen Wissensmanagement umfangreiche Volumina an Handlungswissen für den Betrieb ableiten lassen, dem es gelingt, „Mitarbeiter höheren Alters zu permanenter Anpassungsqualifizierung" zu motivieren (Peters et al. 2009, S. 45).

Der Begriff des impliziten Wissens wird andererseits in der Fachliteratur als teilweise „unscharf" kritisiert (vgl. Neuweg 2004, S. 12). Zusätzlich besteht hinsichtlich der Konsequenzen der demografischen Alterungsprobleme der Gesellschaft besonders bei mittelständischen Unternehmen kaum ein adäquates Problembewusstsein, das die oben erwähnten Anpassungsbedarfe nachhaltig thematisiert (vgl. Murschhäuser 2000, S. 282–293). Die Personalplanung beruft sich in der Mehrheit der Unternehmen auf die Hypothese, dass sich Kostenkonsolidierung einstellt, wenn man jüngeres Personal überwiegend gegen ältere Mitarbeiter austauscht und dabei die Reduktion von Fachwissen in Kauf nimmt (vgl. Übner et al. 2003, S. 118).

Die Zusammenhänge von impliziten und expliziten Wissen älterer Arbeitnehmer/innen, Schlüsselqualifikationen, Anpassungsbedarf und Wissensmanagement sind weiter unten in Bezug auf die betriebliche Integration älteren Personals detailliert zu entwickeln.

3.2 Personalentwicklung in der Form von Ausbildungs- und Weiterbildungsstrategien älteren Personals in mittelständischen Unternehmen

In der Fachliteratur herrscht weitgehend Konsens über die Tatsache, dass die Weiterbildungspartizipation älterer Workforce sich von der der Jüngeren deutlich negativ unterscheidet (vgl. Regnet 2004, S. 56). Lediglich 18% der Mitarbeiter im Alter zwischen 50 und 64 Jahren beteiligte sich im Jahre 2000 an Weiterbildungsangeboten betrieblicher Art. Die 19–34jährigen erreichten dagegen 31%, die 35–49jährigen 36% (BAuA, 2004). Die Begründungslage für die fehlende Weiterbildungspartizipation älterer Arbeitnehmer/innen ist vielschichtig. Hörwick weist darauf hin, dass die ältere Workforce in vielen Unternehmen als geringer lernfähig und damit als geringer förderungswürdig eingeschätzt werden als die jüngere (vgl. Hörwick 2003, S. 105ff).

Die Einschätzung, ältere Arbeitnehmer/innen litten unter abnehmender Kognitionsfähigkeit, würde mit der entsprechend ausbleibenden Förderungswürdigkeit die unreflektierten Elemente der Denkmuster bestätigen, die in der Personalwirtschaft bzw. der Personalentwicklung gegenüber Älteren in Betrieben nach wie vor vorherrschen. Etliche Studien, die seit etwa 2000 in Bezug auf die kognitive und physiologische Leistungsfähigkeit älterer Arbeitnehmer/innen durchgeführt wurden, gelangen jedoch zu dem Schluss, dass das Defizitmodell des Alterns einer deutlichen Differenzierung bedarf.

So machen Kruse / Mayer darauf aufmerksam, dass bestimmte kognitive Leistungsformen, die auf das Wissen der Lebenserfahrung rekurrieren und die damit kombinierte Problemlösungsfähigkeit ausdrücken bei Älteren zu besseren Leistungsresultaten führt als bei jüngeren Arbeitsteams (vgl. Kruse / Mayer 2000, S. 74ff). Weitere Differenzierungsansätze hinsichtlich der Leistungsfähigkeit Älterer finden sich ebenfalls bei Kruse / Mayer in folgender Leistungsbeschreibung:

> „Mögliche Entwicklungsgewinne (d. h. weitere Differenzierungen des Entwicklungsniveaus) werden im höheren Lebensalter vor allem in den Erfahrungen, den Wissenssystemen und den auf die Lösung vertrauter Anforderungen gerichteten Handlungsstrategien gesehen, mögliche Entwicklungsverluste (d.h. die Abnahme der Leistungskapazität und des Differenzierungsgrades) hingegen in den physiologischen und neurophysiologischen Funktionen und Prozessen und – bedingt durch die Abnahme neurophysiologischer Kapazität – in der kognitiven Umstellungsfähigkeit, der Fähigkeit zur Lösung neuartiger Probleme sowie der Geschwindigkeit der Informationsverarbeitung …“ (Kruse / Mayer 2002, S. 529).

Die Differenzierung von Altersfähigkeiten gemäß den Untersuchungen von Kruse / Mayer lässt erkennen, dass die Fähigkeiten innovativ auftretender und zu erfassender Wissenskonstrukte im Alter nachlässt. Schmidt merkt seinerseits dagegen an, dass „Aufmerksamkeit und Konzentration sowie das Vermögen, Wesentliches und Unwesentliches zu unterscheiden“ im Alter nicht nachlassen, sondern beständig bleiben (Schmidt 2006, S. 50).

Spitzer weist in seinen Untersuchungen darauf hin, dass es unterschiedliche Lernkapazitäten hinsichtlich der Schnelligkeit gibt, was die allgemeine Lernfähigkeit und die Geschwindigkeit der Verarbeitung neuer Informationsinhalte bei Älteren angeht (vgl. Spitzer 2003, S. 38ff).

Schmidt wendet gegen solche Ergebnisbewertung der Gehirnforschung ein, dass die Lernqualität Älterer „nicht unabhängig von den Inhalten zu sehen ist, sondern deren Passung in vorhandene Wissensstrukturen essentielle Bedeutung zukommt" (Schmidt 2006, S. 50). Schmidt macht weiter darauf aufmerksam, dass sowohl die Lernkapazität im Allgemeinen als auch die Schnelligkeit des information processing älterer Mitarbeiter durch kontinuierliche Trainingsmaßnahmen gesteigert werden können (vgl. Schmidt 2006, S. 50). Nimmt eine altersadäquate und altersorientierte wettbewerbsinteressierte Personalwirtschaft die oben dargestellten Differenzierungen der Lernkapazitäten, der Lernfähigkeiten und der Lernschnelligkeiten älterer Mitarbeiter ernst, so ergeben sich Ausbildungs- und Weiterbildungsstrategien für die Integration älteren Personals auch und besonders zur Effizienzsteigerung kleinerer und mittelständischer Unternehmen. In ihrer Veröffentlichung „Wachsende Innovativität mit allen Altersgruppen – Beratung von KMU" machen Jasper / Rohwedder in diesem Sinne darauf aufmerksam, dass sich der zu erwartende Fachkräftemangel durch eine umfangreiche Maßnahmenpalette beheben lässt.

Jasper / Rohwedder bieten auf der allgemeinen Personalentwicklungsebene die Pflege einer innovativen Unternehmenskultur an (1), die Einführung altersübergreifender Teamarbeit in Verbindung mit dem Zugeständnis entsprechender Problemdiskussionen zur Gruppendynamik (2), die Stärkung der Mitarbeiterflexibilität aller Unternehmensmitarbeitergruppen (3), den gesteigerten Erfahrungsaustausch zwischen den älteren und jüngeren Mitarbeitern (4), die Erhaltung des Problembewusstseins für künftigen Fachkräftemangel (5), die Förderung sogenannter „Tüftler" (6) sowie das Vorleben einer innovativen Marketingkultur durch das Management (7) (vgl. Jasper / Rohwedder 2001, S. 43).

Die Pflege und Stärkung des Innovationsbereiches von mittelständischen Unternehmen betrifft die oben angesprochene Kategorie der Lernfähigkeit älterer Mitarbeiter in Bezug auf die Verarbeitungsschnelligkeit ungewohnter bzw. neuartiger Daten und Informationen. Für mittelständische Unternehmen ist die Innovationsfähigkeit, d. h. auch die offensive Marketingstrategie mit neuen Produkten angesichts der globalisierten Konkurrenz bis zu hohen Graden lebenswichtig, wie die jüngsten Entwicklungen auf dem Markt für Solarenergie mit dem Einbruch der Substitutionsprodukte aus der Volksrepublik China in aller Deutlichkeit demonstrieren (vgl. Porter 1999, S. 28). Weitere Personalentwicklungsstrategien, die sich zur Lernförderung älterer Arbeitnehmer/innen aus den oben angesprochenen Spezifika der Lernkapazität älterer Workforce ergeben können, bestehen in zielgruppenspezifischen Angeboten, in welchen die Lernvoraussetzungen, etwa das Lerntempo und die Lerngewohnheiten Älterer berücksichtigt werden (vgl. Mohr 2002, S. 115ff).

Adäquate Lernangebote für ältere Arbeitnehmer/innen bestehen weiter in Qualifizierungsmöglichkeiten on the job, in der Einbindung älterer Workforce in lernintensive Arbeitsaufgaben, in die Arbeitsbereiche learning by doing, in e-learning usw. Die Fachliteratur macht darauf aufmerksam, dass die Investition in die Kompetenzentwicklung älterer Mitarbeiter zur Nutzung ihrer umfangreichen Wissensreserven an Erfahrungswissen, aber auch an formalem Wissen die Sicherung der Wettbewerbsfähigkeit von Unternehmen bedeutet (vgl. Deller, et al. 2011, S. 87).

Angesichts des demografischen Problems alternder Arbeitskräfte und fehlender nachrückender Jüngerer dürfte ein produktives Human Resources Management mit einer entsprechenden Personalentwicklung allerdings in der Durchsetzung von Programmen des life long learning und der lebenszyklusorientierten Personalentwicklung für mittelständischen Unternehmen zu finden sein (vgl. Graf 2002, S. 16ff).

Die entsprechenden Programmansätze einer solchen Personalentwicklung sind in den Kapitel 3.5 und 3.5.3 ausführlicher zur Darstellung zu bringen. Da sich eine effiziente Personalentwicklung, die das gesamte Unternehmen als lernendes Unternehmen erfasst, nicht ohne ein adäquates Wissensmanagement, das sämtliche Unternehmensebenen erfasst, bewerkstelligen lässt, sind zunächst Darstellungen der Wissensverbreitung und seines Managements zu analysieren.

3.3 Wissensmanagement unter Bezug auf organisationales Lernen für die Umsetzung berufspädagogischer Anforderungen älterer Arbeitnehmer/innen

Personalentwickler, die ein langfristig effizientes Human Resources Management im Sinne der Integration älterer Arbeitnehmer/innen und der Nutzung ihrer Ressourcen für das Unternehmen betreiben wollen, bedürfen der unternehmensweiten Wissensverwaltung unter anderem zur Überwindung träger Wissenselemente und der Beharrungselemente in ihren eigenen Deutungsmustern und denen der Unternehmensorganisation. Die Vielschichtigkeit von Personalentwicklungsmaßnahmen ergibt sich schon aus der Tatsache, dass die Unternehmenskultur, die Führungskultur, die direkte Personalpolitik, das Betriebsklima als Lernklima, der innerbetriebliche Stellenmarkt, materielle Anreizsystematiken, die konkrete Gestaltung der Arbeitsplatzbedingungen sowie unternehmensinterne Vorgaben zur Mitarbeiterförderung betroffen und zu berücksichtigen sind. Eine langfristig orientierte Personalentwicklung ist zusätzlich von den Entwicklungen und Anforderungen des Arbeitsmarktes abhängig, der seinerseits auf die demografischen Probleme auch mit kurzfristigen Maßnahmen, wie der erleichterten Anwerbung ausländischer Fachkräfte, schnell reagieren kann (siehe Green-Card-Aktionen 2003).

Die Vielschichtigkeit der Anforderungen an ein langfristig altersgerechtes und damit demografieorientiertes Lernangebot im Sinne der Integration einer älteren Workforce in den Betrieb, erhöht sich durch die Komplexität der Didaktiken beruflicher Bildung, die unterschiedliche Lehr-Lern-Arrangements, unterschiedliche Lernfelder im Berufsschulunterricht sowie unterschiedlicher Handlungsfelder der beruflichen Bildung kennt (vgl. Riedl, 2011; Unger, 2007).

Wissensmanagement dient der effizienten, adäquaten und schnellen Verbreitung von Wissen in Organisationen bzw. Unternehmen. Die Fachliteratur weist keine einheitliche Definition für Wissensmanagement auf. Willke bietet für den Begriff folgende Definition an:

> „Organisationales Wissensmanagement meint die Gesamtheit korporativer Strategien zur Schaffung einer intelligenten Organisation. Mit Blick auf Personen geht es um das organisationsweite Niveau der Kompetenzen, Ausbildung und Lernfähigkeit der Mitglieder; bezüglich der Organisation als System steht die Schaffung, Nutzung und Entwicklung der kollektiven Intelligenz und des collective mind in Frage; und hinsichtlich der technologischen Infrastruktur geht es vor allem darum, ob und wie effizient die Organisation eine zu ihrer Operationsweise kongeniale Kommunikations- und Informationsinfrastruktur nutzt." (Willke 1996, S. 280).

Willkes Definition des Begriffs Wissensmanagement konzentriert sich auf die Entstehung einer „intelligenten Organisation", die durch ein organisationsweites Lernsystem entsteht, das seinerseits auf der Nutzung gerade der Lernfähigkeit der Organisationsmitglieder, der Nutzung ihrer Kompetenzen usw. beruht. Durch die Zusammenführung unterschiedlicher Intelligenzebenen der Organisation bzw. des Unternehmens entsteht eine Infrastruktur, in der sich Information mit Hilfe entsprechender Kommunikationsmittel reibungslos, schnell und effizient verbreiten lässt.

Die „kollektive Intelligenz", die das Unternehmen als lernende Organisation durch ein effizientes Wissensmanagement entwickeln kann, bezieht sich einerseits auf die Entwicklung der Kompetenzen der Mitarbeiter, naturgemäß auch älterer Mitarbeiter, sowie andererseits auf die Ausräumung ineffizienter Deutungsmuster und auf die Explizitmachung von Erfahrungsgehalten impliziten Wissens (siehe Kapitel 3.2 und 3.2.1 der Arbeit). Ausgehend von Willkes Definition eines adäquaten Wissensmanagements bedeutet die Entwicklung der „Lernfähigkeit der Mitglieder", dass letztere hinsichtlich der Entwicklung ihrer Kompetenzen und Ausbildung organisationsweit erfolgen muss. Wissensmanagement, das sich als adäquate Hilfestellung für Personalentwicklung bewähren soll, bedarf infolgedessen einer unternehmensweiten Implementierung. Kleinhans betont in seiner Definition des Wissensmanagements mehr die technischen Elemente der entsprechenden Anforderungen. Seine Definition lautet:

> „Das Wissensmanagement umfasst das Management der Daten-, Informations- und Wissensverarbeitung im Unternehmen … Wissen und Informationen werden dabei als grundsätzlich handhabbare Objekte abgesehen, die direkt oder indirekt über Wissens- bzw. Informationsträger immaterieller (Daten-) Form vorliegen. Wissensmanagement beschränkt sich jedoch nicht nur auf den technischen Problemkreis, wie das traditionelle Daten- und Informationsmanagement, sondern es verwaltet insbesondere auch die personellen und institutionellen Wissenspotentiale und deren Verarbeitung. Es übernimmt damit spezielle Funktionen des Personalmanagements." (Kleinhans 1989, S. 26).

Die Definition des Wissensmanagementbegriffs von Kleinhans macht deutlich, dass sich hinsichtlich des Wissensmanagements unterschiedliche Interpretationsschwerpunkte betonen lassen. Kleinhans konzentriert sich in seiner Definition deutlich stärker als Willke auf die Datenthematik der Wissensverarbeitung entsprechender Managementanforderungen von Wissen im Unternehmen. Andererseits weist gerade Kleinhans auf die Bedeutung des Wissensmanagements für die „Funktionen des Personalmanagements" hin.

Personalentwicklung, die unternehmenseffizient sein soll und die Wettbewerbsfähigkeit des Unternehmens steigert, bedarf unter anderem einer systematischen Unterstützung der Informationsverarbeitung, die die „kollektive Intelligenz" eines Unternehmens als lernender Organisation bis zu hohen Graden möglich macht. Wissensmanagement richtet sich mit seiner Zielstellung also auf die planmäßige und zielorientierte Wissensvermittlung im Unternehmen (1), auf den rationalen Umgang mit Wissenskosten und Wissenspotentialen (2), auf die Vermittlung der Wissensressource als eines intangible Assets (3), auf die Produktion, die Verbreitung und die Weitergabe von Wissenspotentialen im Unternehmen. Wissensmanagement bemüht sich in diesem Sinne nicht zuletzt um die Einbettung der weiter oben bereits dargestellten unterschiedlichen Wissensarten (know-that; know-about; know-how …) in die unterschiedlichen Anspruchs- und Vermittlungsanforderungen des Betriebes und seiner Mitarbeiter. Die Mehrheit der wissenschaftlichen Darstellungsansätze zum Begriff des Wissensmanagements, seiner Bedeutung und seiner Implementierung in Unternehmen konzentriert sich auf die Problematik der Umsetzung von implizitem Wissen in explizites Wissen (Heisig / Orth 2005, S. 19). Über die bereits dargestellten Ebenen impliziten Wissens hinaus existieren gemäß Moldaschl sowohl die Bereiche der Intuition, der Hintergrundhypothesen, der Könnerschaft, der Interpretation von Selbstbildern und

Fremdbildern, der Bereiche des Weltwissens und der Vorurteile ebenfalls als Implizitwissen (vgl. Moldaschl 2001, S. 146). Die unten folgende schematische Übersicht stellt die Vielschichtigkeit der Unternehmensebenen dar, denen sich das Wissensmanagement der Personalentwicklung, sofern es unternehmensweit effizient sein soll, zu stellen hätte.

Abbildung 5: Anforderungsebenen für die Personalentwicklung in Bezug auf die Aufgaben von Wissensmanagement

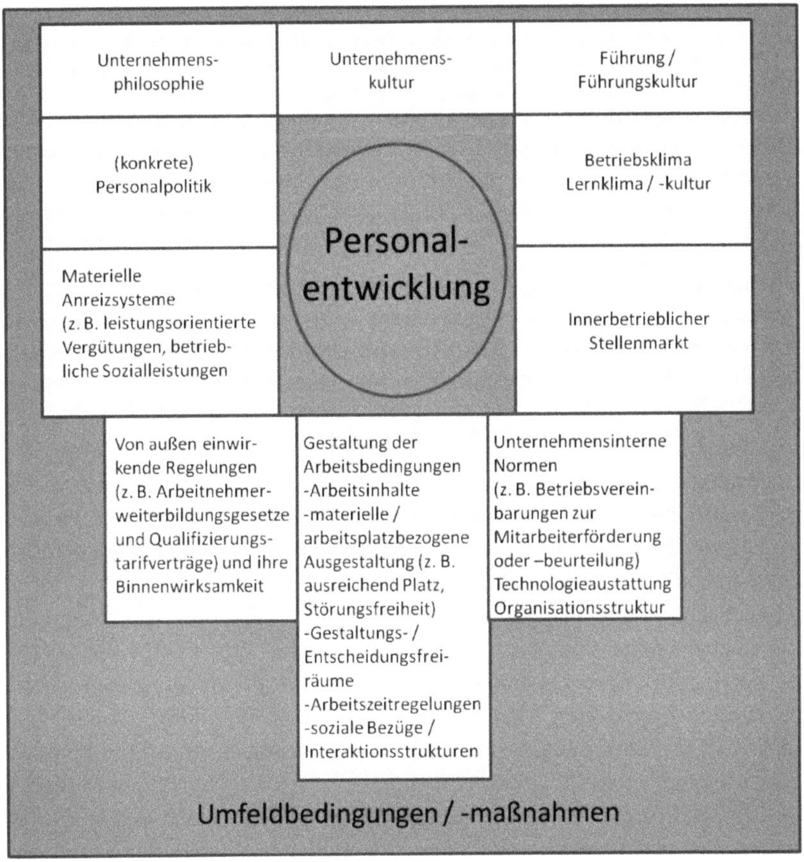

Quelle: Mudra, 2004, S. 229.

Die obige Übersicht macht deutlich, dass sich um das Zentrum der Anforderungen von Personalentwicklung vier Bereiche gruppieren, die von einem Wissensmanagement und seinen technischen Anforderungen betroffen sind. Der obere Block „Unternehmensphilosophie", „Unternehmenskultur" sowie „Führung / Führungskultur" betrifft Anforderungen an ein Wissensmanagement, das in möglichst flacher Hierarchie die Programme der Unternehmensphilosophie und der Unternehmenskultur über eine entsprechende Führungsstruktur an die anderen Ebenen, nämlich der der konkreten Personalpolitik mit einem entsprechenden „Betriebsklima; Lernklima" vermittelt (Block links außen; Block rechts außen). Die oben dargestellte Zielthematik des Wissensmanagements, also die planmäßige Wissensversorgung der Organisation, das Management der Wissensleistung und seiner Kosten usw. ist gemäß dem obigen Schema sowohl Top-down als auch Bottom-up in transparenter Form liquid zu halten, sodass die entsprechende Informationsübermittlung rasch vonstattengehen kann. Vom mittleren Block („Personalpolitik" / „Betriebsklima") sind die Wissensgehalte an den unteren Block so zu vermitteln, dass die „Gestaltung der Arbeitsbedingungen", die „Technologieausstattung" sowie die „Organisationsstruktur" (siehe unterer Block) mit den dort beschäftigten Mitarbeitern jederzeit und für jedes Projekt die Zielstellungen der Unternehmensphilosophie rezipieren können, was beispielsweise den Innovationsbedarf des Unternehmens und seine permanente Aufrechterhaltung angeht. In Bezug auf die Ebene „Betriebsklima; Lernklima / -kultur" (Block rechts außen) bedürfte es hinsichtlich konkreter Anforderungen an die Personalentwicklung eines Wissensmanagements, das den Mitarbeitern erstens permanente Weiterbildungsangebote in Bezug auf die Unternehmensproduktivität vorlegt und zweitens diese Mitarbeiter gemäß ihrer Altersstruktur und den dort vorhandenen Leistungskapazitäten einsetzt.

Die Fachliteratur macht darauf aufmerksam, dass ein funktionierendes Wissensmanagement in Bezug auf die Integration älterer Arbeitnehmer/innen einer schlüssigen Gesamtstrategie bedarf, um die oben angesprochenen spezifischen Kapazitäten Älterer effizient zu nutzen (vgl. Morschhäuser et al. 2003, S. 129ff). Eine weitere wesentliche Anforderung an ein funktionierendes Wissensmanagement im Unternehmen bezieht sich auf die Nutzungsmöglichkeit der Erfahrungen einer älteren Workforce (vgl. Morschhäuser et al. 2003, S. 106). Das Erfahrungswissen Älterer ist implizites Wissen, wie es im Kapitel 4.1 dargestellt wird. Solches implizite Wissen bildet zugleich eine spezifische Art von Knowhow, über das nur ältere Arbeitnehmer/innen verfügen. Die Explizitmachung dieses Wissens lässt sich mit Hilfe eines entsprechenden Wissensmanagements auf etlichen Ebenen explizit machen. Auf dem obigen

Übersichtsschema lässt sich das implizite Erfahrungswissen älterer Mitarbeiter beispielsweise zur Beurteilung der Wissenskapazitäten und damit Arbeitsfähigkeit anderer Arbeitnehmer/innen verwenden (vgl. Sporket 2009, S. 178).

3.3.1 Grundlagen und Bedeutung von betrieblichem Wissensmanagement in Bezug auf die Spezifika älterer Arbeitnehmer/innen

Die in Kapitel 3.3 entwickelten Ansätze des Wissensmanagements bedürfen der Explikation hinsichtlich ihrer Bedeutung für eine rationale Gesamtplanung, mit der ein lebenszyklusorientiertes Personalmanagement die Wissensressourcen älterer Arbeitnehmer/innen produktiv für seine Wettbewerbsfähigkeit nutzen möchte. Der Begriff einer lebenszyklusorientierten Personalentwicklung ist für die berufspädagogische Integration älterer Arbeitnehmer/innen insofern von Bedeutung, als sich auf den unterschiedlichen Lebensphasen einer betrieblichen Laufbahn je verschiedenartige Fähigkeiten, Kompetenzen und Veränderungen einstellen. Der Prozess der betrieblichen Sozialisation eines Mitarbeiters weist einen bestimmten Phasenverlauf auf, den das Wissensmanagement einer rational arbeitenden Personalentwicklung in ihre Planungen einzubeziehen hätte, soll sich der Integrationsprozess älterer Mitarbeiter besonders in Bezug auf die notwendige Kooperation mit den jüngeren Mitarbeitern ohne größere Reibungsverluste gestalten.

Der betriebliche Sozialisationsprozess eines Mitarbeiters bildet einen biografischen Lernprozess, in dessen Verlauf die Workforce eine große Anzahl betrieblicher Normen zur Kenntnis nimmt, die sich als implizites Wissen, d. h. als Erfahrungswissen betrachten lassen (vgl. Hentze 1991, S. 399). Die unterschiedlichen Phasen, die ein Mitarbeiter in der betrieblichen Sozialisation durchläuft, bedürfen unterschiedlicher Begleitung und gegebenenfalls Bearbeitung durch das Personalmanagement eines Unternehmens, besonders wenn es sich um ältere Arbeitnehmer/innen handelt. Die unten folgende Übersichtsstruktur bildet die Stationen eines betrieblichen Karrierezyklus in schematischer Form ab.

Abbildung 6: Betriebszyklische Lebensphasen eines Arbeitnehmer/innens

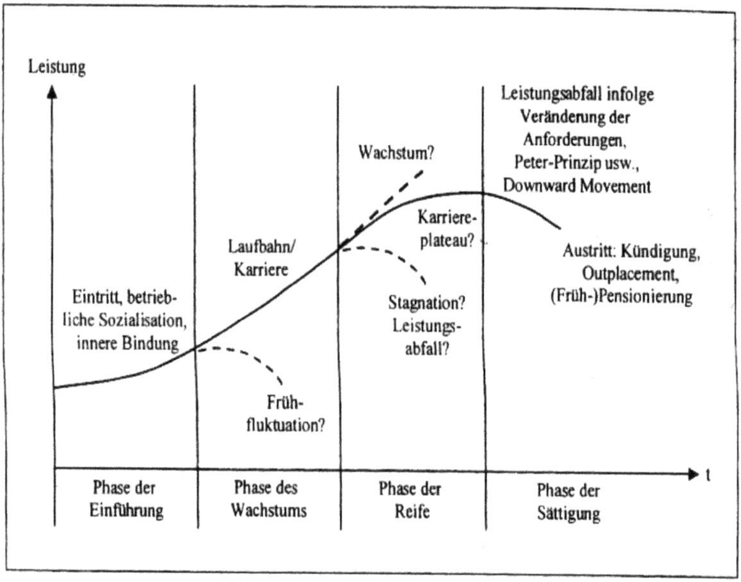

Quelle: Sattelberger, 1995, S. 29.

Das obige Schema einer betrieblichen Sozialisation demonstriert die unterschiedlichen Entwicklungen, die ein Arbeitnehmer/innen in den existierenden fünf Phasen einer möglichen Betriebskarriere durchläuft. Die Diskussion des Schemas ist für die Arbeitsproblematik deshalb von Bedeutung, weil in den beiden letzten Phasen, der Phase der Reife (3) sowie der Sättigungsphase (4), ältere Arbeitnehmer/innen mit möglichen betrieblichen Integrationsproblemen besonders angesprochen sind. In allen Phasen des Zyklus findet außerdem die Internalisierung der betreffenden Betriebskultur und der Produktionsformen des Betriebes statt, also eine Akkumulation impliziten Wissens, das sich als Erfahrungswissen betrachten lässt und gegebenenfalls durch die Vermittlung eines entsprechenden Wissensmanagements in explizites Wissen umzuwandeln ist (vgl. Roumois 2007, S. 46).

Bereits in der Einführungsphase (siehe Schema) (1) durchläuft der neu eingestellte Mitarbeiter einen Lernprozess, der sowohl die benötigten Produktionskenntnisse als auch die Werte der jeweiligen Betriebskultur vermittelt. Die Wachstumsphase (2) im Zyklus des Mitarbeiters kann, wie das Schema demonstriert, eine aufsteigenden Karriererichtung oder eine absteigende Linie in die „Frühfluktuation", also in das mögliche Ausscheiden aus dem Betrieb führen. In der Wachstumsphase (siehe Schema) entwickelt sich die Karrierelinie eines Mitarbeiters in Richtung auf den Punkt ihrer Kulmination. In der anschließenden Reifephase (3) wird entweder das „Karriereplateau“, weiterer Aufstieg (mögliches Wachstum) oder eine absteigende Linie durch mögliche Leistungsminderung realisiert (siehe Schema). Die Reifephase bedarf besonderer Anstrengungen des Personalmanagements, um den möglichen Leistungsabfall des Mitarbeiters in der Sättigungsphase (4) so gut es geht abzuwenden und das sogenannte „Downward Movement“ auszuschließen (siehe Schema).

Die Phase der Sättigung (4), aber auch Elemente der Reifephase (3) sind für die betriebliche Integration älterer Arbeitnehmer/innen auch in KMU diejenigen Phasen bzw. Phasenelemente, die die Problemthematik eines wissensorientierten und effizienten Personalmanagements betreffen. Das in der Sättigungsphase möglicherweise eintretende Downward Movement (siehe Schema) wird in der Fachliteratur mit negativer beruflicher Veränderung, gegebenenfalls mit dem Ausscheiden des älteren Arbeitnehmer/innens aus dem Betrieb charakterisiert (vgl. Becker / Kurtz 1990, S. 270). Brehm charakterisiert den Begriff Downward Movement als die allmähliche Reduktion der Handlungsspielräume, Verantwortungsmaße und Kompetenzzuschreibung, die ein Arbeitnehmer/innen im Betrieb erfährt (vgl. Brehm 1999, S. 141). Um die Altersstufe erkennbar zu machen, in der sich das Downward Movement älterer Arbeitnehmer/innen realisieren kann, lässt sich auf die Lebenszykluskonzeption verweisen, die Schein entwirft. Scheins biosozialen Lebenszykluskonzeptionen zufolge beginnt ab einem Alter von etwa 60 Jahren die Reduktion berufsbezogener Qualitäten, verbunden mit Gesundheitsproblemen und sozialen Isolierungsgefühlen (vgl. Schein 1978, S. 29).

Die Reduktion beruflicher Spielräume kann im Downward Movement auf eine Anzahl unterschiedlicher Ursachen beruhen. Die Gründe können Gesundheitsprobleme bilden, die Steigerung von Arbeitsbelastung, die Abnahme von Arbeitsmotivation durch fehlende Identifikation mit den sich verändernden und innovativen Arbeitsverhältnissen (innere Kündigung) oder beispielsweise die Belastung durch permanent neue Wissensanforderungen, die zu einer kontinuierlichen Verringerung der Halbwertszeit des Wissens führen kann. Brehm ist einer der Autoren, der die berufliche Demotivation von Mitarbeitern in der Sättigungsphase (4) für einen der wesentlichen Gründe für das Downward Movement hält (Brehm 1999, S. 141).

Brehm beschreibt das Downward Movement, dem offensichtlich grundsätzlich ältere Arbeitnehmer/innen ausgesetzt sind, auch als eine Veränderung des Arbeitsplatzniveaus, das das Personalmanagement in der Sättigungsphase einem Arbeitnehmer/innen zuweist. Eine solche Neuzuweisung eines Arbeitsplatzes ist mit einer Minderung der Kompetenzbereiche für den betreffenden Arbeitnehmer/innen verbunden, da die Personalverantwortlichen dem Betreffenden die Erfüllung seines früheren Arbeitspensums nicht mehr zutrauen oder ihm tatsächlich eine Erleichterung einräumen wollen (Brehm 1999, S. 141). Die Verminderung der Halbwertszeit von Wissen stellt an ein Personalmanagement, das rationales Wissensmanagement auch im Sinne von Weiterbildungsangeboten für die Workforce im Betrieb betreiben möchte, spezielle Planungsanforderungen. Mudra weist in diesem Sinne auf die Anforderungen einer systematischen Entwicklungsplanung hin, die ein Unternehmen, das seine Innovationsfähigkeit erhalten will, für die Gestaltung und Förderung des Wissenspotentials seiner Mitarbeiter konzipieren muss (Mudra 2004, S. 323ff).

Folgt man der OECD-Definition für den Begriff „ältere Arbeitnehmer/innen", so sind darunter solche Personen zu verstehen, die „in der zweiten Hälfte ihres Berufslebens stehen, noch nicht das Pensionsalter erreicht haben, gesund und arbeitsfähig sind" (Lehr / Wilbers 1992, Sp. 203).

Folgt man dieser Definition, so betrifft die Integrationsproblematik älterer Arbeitnehmer/innen auch für eine umfangreiche Anzahl von Mitarbeitern aus der Reifephase (3) mit den diesbezüglichen Wachstumsproblemen, der möglichen Stagnation und dem möglichen Leistungsabfall zu. Berücksichtigt man die Tatsache, dass sich die Lebenserwartung der Bevölkerung permanent verlängert, so lässt sich die Schlussfolgerung ziehen, dass es einen einheitlichen Typus „älterer Arbeitnehmer/innen" nicht geben kann. Packebusch / Weber machen im Sinne des oben Ausgeführten in ihrer Veröffentlichung „Laufbahngestaltung in Kleinbetrieben" darauf aufmerksam, dass ein wettbewerbsfähiger kleinerer Betrieb (KMU) einer ganzheitlichen Personalplanung bedarf, die sich nicht zuletzt an den Phasen des betrieblichen Lebenszyklus gemäß Sattelberger orientieren müsste, soll sie effizient sein. Packebusch / Weber weisen darauf hin, dass „alle Phasen einer Betriebslaufbahn, angefangen vom Einstieg, über die Berufstätigkeit bis hin zum Ausstieg aus dem Arbeitsleben" in einer ganzheitlich-rationalen und effizienten Personalentwicklung für die Arbeitskraft zu berücksichtigen wären (Packebusch / Weber 2011, S. 62).

In einer laufbahnorientierten Einstellungspraxis sind bei Packebusch / Weber besonders die Probleme älterer Arbeitnehmer/innen angesprochen (Packebusch / Weber 2011, S. 63). Die diesbezüglichen Maßnahmen bezeichnen Packebusch / Weber als „integriertes System- und Personalmanagementkonzept" (Packebusch / Weber 2011, S. 63). Unter einer ganzheitlichen Laufbahngestaltung verstehen Packebusch / Weber Maßnahmen eines Personalmarketings, das unternehmensintern und unternehmensextern operiert und auf diese Weise einen Personalmix erzeugt, der auf intelligente Komplementärfunktionen unterschiedlicher Mitarbeiter zurückgreifen kann (Packebusch / Weber 2011, S. 63). Eine laufbahnorientierte Personalgestaltung bedeutet für Packebusch / Weber weiter, dass der Betrieb „Möglichkeiten des Auf- / Um- / Ausstiegs" für die Mitarbeiter anbietet, also flexible Arbeitspositionierung, offensichtlich auch für ältere Mitarbeiter je nach den Phasen ihres betrieblichen Lebenszyklus (Reife / Sättigung) vorhält. Laufbahnorientierte Personalgestaltung für ältere Arbeitnehmer/innen, wie Packebusch / Weber sie konzipieren, richtet sich nicht nur auf eine Arbeitsgestaltung, die den physischen und geistigen Qualitäten Älterer gerecht wird, sondern auf eine Betriebsstrukturierung, die mit altersgemischten Teams und diesbezüglichen Teambesprechungen operiert (Packebusch / Weber 2011, S. 64). Altersgemischte Teams bieten laut Packebusch / Weber den operativen Lernvorteil, dass ältere Mitarbeiter den Jüngeren ihr implizites Erfahrungswissen an Jüngere in mehr expliziter Form weitergeben können (Packebusch / Weber 2011, S. 64). Unter Bezug auf die oben dargestellten verlangsamten Lernsektoren Älterer schlagen Packebusch / Weber vor, dass solche kritischen Bereiche von Jüngeren ausgefüllt werden. Eine ähnliche Auswechseltechnik lässt sich in Bezug auf physische Belastungen durchführen. Betrachtet man die Einsatzfähigkeit älterer Arbeitnehmer/innen auf der organisatorischen Ebene, so schlagen Packebusch / Weber vor, dass vermittels permanenter Mitarbeiterkommunikation und Mitarbeitergespräche eine Information verbreitet wird, die sich auf den bestmöglichen Einsatz der Ressourcen älterer Mitarbeiter in klärender Form bezieht. Solche klärenden Teambesprechungen richten sich gegebenenfalls auf die Reduktion von Arbeitszeiten in bestimmten Arbeitsbereichen und die Verlängerung von Arbeitszeiten in anderen Bereichen, die ältere Mitarbeiter produktiver ausfüllen können als jüngere Mitarbeiter oder mindestens ebenso produktiv. Morschhäuser et al. schlagen für die mögliche Integration älterer Arbeitnehmer/innen in Bezug auf eine ganzheitliche Laufbahnplanung die Entwicklung einer konsistenten Gesamtstrategie vor, mit der die Personalwirtschaft eines Unternehmens Arbeitszeiten flexibel gestaltet und sich von dem konventionellen Konzept der Normalarbeitszeit löst (Morschhäuser et al. 2003, S. 120).

Eine Flexibilisierung der Arbeitszeit für ältere Arbeitnehmer/innen bedeutet, dass solche Mitarbeiter Guthaben auf Arbeitszeitkonten ansammeln können, dass sie unterschiedlich ausgedehnte Fortbildungszeiten in ihrer Berufslaufbahn wahrnehmen können und dass sie beim Übergang in die Pensionierung gleitende Arbeitszeiten erhalten. Im weiteren Umkreis betreffen solche Maßnahmen die Thematik der Work-Life-Balance, deren organisatorische Ansprüche ältere Arbeitnehmer/innen einschließen können. Fachliteratur, die sich mit diesbezüglichen Vorschlägen konstruktiv an die Arbeitswelt wendet, existiert in umfangreicher

Form (BDA, 2002). Eine effiziente Umsetzung der oben angeführten Integrationsmaßnahmen älterer Mitarbeiter in den Betrieb setzt ein Wissensmanagement voraus, das Informationen systematisch verbreitet, auswählt, evaluiert, diese Informationen in die effizienten Kontexte einarbeitet, ihnen Bedeutung verleiht, aus ihnen neues Wissen generiert, Verknüpfungen der einzelnen Informationspunkte miteinander herstellt, das Wissen aktualisiert, Ergänzungen vornimmt und in die benötigten betrieblichen Handlungsebenen integriert (vgl. Lehner 2006, S. 33).

Unter Bezug auf die oben angeführte Definition des Wissensmanagements Kleinhans ist zu erkennen, dass das Wissensmanagement eben „spezielle Funktionen des Personalmanagements" übernimmt, indem es die individuellen Wissenspotentiale individueller Mitarbeiter produktiv verbreitet (Kleinhans 1989, S. 26). Mit Willkes Definition des Wissensmanagements (Willke 1996, S. 280; siehe oben) sind diejenigen Ebenen angesprochen, die sich auf das „organisationsweite Niveau der Kompetenzen, Ausbildung und Lernfähigkeit der Mitglieder" beziehen. Eine effiziente Personalwirtschaft hätte also Wissensmanagementelemente so einzusetzen, dass sich die Maßnahmenkataloge von Packebusch / Weber sowie von Morschhäuser et al. in Bezug auf ältere Arbeitnehmer/innen betrieblich so umsetzen lassen, dass eine produktive Kooperation zwischen älteren und jüngeren Arbeitnehmer/innenn auf allen betrieblichen Ebenen entstehen kann.

3.3.1.1 Wissensmanagement, Kompetenzentwicklung und Maßnahmen einer lebenszyklusorientierten Personalentwicklung

Die oben dargestellten Ansätze einer Gesamtstrategie für die betriebliche Integration älterer Arbeitnehmer/innen beziehen sich weitgehend generell auf mittelständische Betriebe, da multinationale Unternehmen von einer altersorientierten Personalpolitik einen deutlich weiteren Abstand halten als Mittelständler (vgl. Jasper / Rohwedder 2001, S. 37ff). Eine lebenszyklusorientierte Personalentwicklung, die die Kompetenz älterer Mitarbeiter im Rahmen von Lernangeboten, Arbeitszeitflexibilisierung und Angebote der Work Life Balance wettbewerbseffizient fördern möchte, bedarf eines Wissensmanagements der Personalwirtschaft, das sich auf alle Ebenen des Unternehmens erstreckt. Schiersmann / Thiel machen in ihren Ausführungen zur Kompetenzentwicklung und einer entsprechenden Wissensorganisation im Unternehmen darauf aufmerksam, dass Mittelständler „im Rahmen einer eher familialen, vertrauensvollen Unternehmenskultur" es leichter haben „Mitarbeiter für Wissensmanagement … zu erreichen" (Schiersmann / Thiel 2010, S. 356).

Für die Integrationsmöglichkeiten bzw. Integrationsfähigkeit älterer Mitarbeiter in den Betrieb im Sinne einer lebenszyklusorientierten Personalentwicklung lassen sich Bedingungsfaktoren angeben, die ein präzises Personalmanagement in Rücksicht stellen muss. Graf konstatiert in diesem Sinne:

> „Das Hauptziel der lebenszyklusorientierten Personalentwicklung ist die Erhaltung und Förderung von Leistungsfähigkeit und –bereitschaft der Mitarbeiter während des gesamten betrieblichen Lebenszyklus, d. h. vom Eintritt ins Unternehmen bis zum Austritt (infolge Arbeitgeberwechsel, Pensionierung oder Unterbruch des beruflichen Lebenszyklus)". (Graf 2002, S. 180).

Personalentwickler, die eine altersorientierte Kompetenzentwicklung betreiben, bedürfen ihrerseits der Fähigkeit, soziale, persönliche und fachliche Qualifikationen von Mitarbeitern, besonders von älteren Mitarbeitern, korrekt beurteilen zu können. Aus dieser Beurteilungsfähigkeit entwickelt sich die Bandbreite der solchen Mitarbeitern offerierten Personalentwicklungsmaßnahmen, die die Integrationsfähigkeit älterer Arbeitnehmer/innen für den Betrieb produktiv macht und gegebenenfalls im Sinne der Anforderungen permanenter Innovation auch steigert. Thom weist darauf hin, dass die Personalentwickler, die ihre Personalentscheidungen zusätzlich an die Unternehmensführung vermitteln müssen, über ein hinreichendes Ausmaß an Rollenflexibilität, Kommunikationsbereitschaft und Systemdenken in Bezug auf die Betriebsgesamtheit verfügen müssen (vgl. Thom 1993, Sp. 3083). Bedingungsfaktoren, die die Personalentwickler in Bezug auf die Integrationsfähigkeit älterer Arbeitnehmer/innen in Rechnung stellen müssen, bestehen in den spezifischen Lebenszyklusphasen, in denen sich solche Mitarbeiter gegebenenfalls befinden, ihr Kompetenz- bzw. Bildungsniveau sowie gegebenenfalls auch ihre Geschlechtszugehörigkeit.

Das Bildungsniveau älterer Mitarbeiter ist ein wesentlicher Bedingungsfaktor für seine Eingliederung in die Weiterbildungsangebote des Unternehmens. Die Intensität der Partizipation an Weiterbildungsangeboten, also an der Steigerung der Kompetenzentwicklung auch älterer Mitarbeiter ist die Voraussetzung für die Integrationsfähigkeit solcher Mitarbeiter. Je größer das Bildungsvolumen eines Mitarbeiters ist, das sich im Laufe seiner Betriebszugehörigkeit bzw. seiner Betriebssozialisation angesammelt hat, desto größer ist die Chance dieses Mitarbeiters, die unterschiedlichen Halbwertszeiten seiner Wissensniveaus zu verlängern und infolgedessen auch seine Betriebsfähigkeit zu steigern (vgl. Becker 1993, S. 73).

Ein Unternehmen, das die Integrationsfähigkeit älterer Arbeitnehmer/innen mit entsprechenden Kompetenzen und Weiterbildungsfähigkeit produktiv nutzen möchte, hätte gleicherweise dafür zu sorgen, dass sich im Rahmen einer lebenszyklusorientierten Personalentwicklung möglichst alle Mitarbeiter auf einem gleichen Bildungsniveau befinden, wenn die Arbeit in Teams erfolgreich ablaufen soll. Die Berücksichtigung individueller Lebenszyklusphasen bezieht sich ihrerseits auf Elemente der Life Work Balance. Personalentwicklungsmaßnahmen, die sich auf die betriebliche, berufliche und familiäre Situation des Arbeitnehmer/innens einlassen, generieren aufgrund ihrer Motivationseffekte eine größere Personaleffizienz als solche, die die Lebenszyklusschwerpunkte aus ihren Erwägungen ausklammern.

Was die Geschlechterdifferenz männlich-weiblich anbetrifft, so sind auch auf dieser Ebene Personalentwicklungsmaßnahmen einer Differenzierung ausgesetzt, die das mögliche unterschiedliche Karriereverhalten von Frauen und Männern (siehe Sattelberger) in Rechnung stellt. Weitere Bedingungsfaktoren, die eine lebenszyklusorientierte Personalentwicklung in Bezug auf die Integrationsfähigkeit älterer Arbeitnehmer/innen in Rechnung zu stellen hätte, ist die Mobilität der Mitarbeiter. So weist Becker darauf hin, dass ein hohes Ausmaß an Berufserfahrung und fachlicher Kompetenz dazu führen, dass ein Facharbeiter den Arbeitsplatz wechselt. Eine solche Wechselbereitschaft hängt unter anderem von dem Anreizsystem ab, das das Unternehmen hoch qualifizierten Fachkräften im Rahmen eines effizienten Personalmanagements bieten kann (vgl. Becker 1993, S. 77).

Die Beispiele für Bedingungsfaktoren eines effizienten lebenszyklusorientierten Personalmanagements, das sich besonders auf ältere Arbeitnehmer/innen hin orientiert, bedarf auf Seiten der Personalverantwortlichen eines Wissensmanagements, das sich der Kompetenzen der Mitarbeiter und ihrer permanenten Fortentwicklung annimmt. Mit North / Reinhardt lassen sich acht Bedingungen angeben, welche Personalentwickler in Bezug auf die fortgesetzte Integrationsfähigkeit auch älterer Arbeitnehmer/innen zu veranschlagen haben:

Die Kernkompetenzen der Mitarbeiter unterliegen einerseits der präzisen Definition und andererseits der permanenten Aktualisierung (1), es existieren Kompetenzprofile der Workforce, was betriebliche Kernprozesse angeht, die permanenter Aktualisierung ausgesetzt sind (2). Mitarbeitergespräche sorgen für regelmäßige Problembehandlung der Kompetenzentwicklung (3), es existieren präzise Portfolios, was Betriebslernen und Fortbildung der gesamten Workforce des Unternehmens angeht (4), die Weiterbildungsportfolios werden planmäßig implementiert (5), es existieren informelle Lernebenen, die das Unternehmen durch Training unterstützen (6), die betriebliche Fortbildung unterliegt der grundsätzlichen Anwendungspraxis (7), es existieren Anreizsysteme, die die Kompetenzsteigerung der Mitarbeiter fordern (8) (vgl. North / Reinhardt 2005, S. 21).

Es liegt nahe, dass Unternehmen, die sich für das Wissen, das besonders ältere Mitarbeiter im Rahmen ihres Berufslebenszyklus akkumuliert haben, nicht interessieren, umfangreiche Ressourcen verlieren. Ein solches Wissen kann sich auf die einzelnen Schwerpunkte des Supply Chain Managements, auf Produkteigenschaften, auf die Psychodynamik von Arbeitsgruppen oder auf Projektgruppenprobleme beziehen. Unter Berücksichtigung der Integrationsfähigkeit älterer Arbeitnehmer/innen bedürfen die oben angegebenen acht unterschiedlichen Kompetenzentwicklungsbedingungen einer Synthetisierung, die sich nur durch ein effizientes Wissensmanagement auf allen Unternehmensebenen erfolgreich durchsetzen lässt. Die unten folgende schematische Übersicht bildet ein Phasenmodell des Wissensmanagement ab, das sich auf die acht angesprochenen Kompetenzebenen bzw. Kompetenzentwicklungsebenen im Gesamtunternehmen beziehen lässt.

Abbildung 7: Wissensmanagement und seine organisatorische Konstellation im Unternehmen

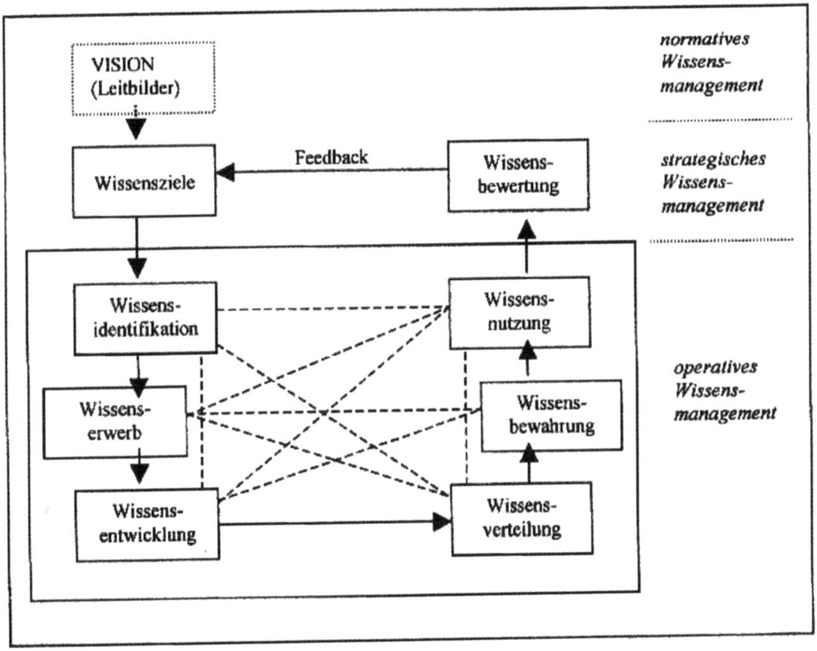

Quelle: Probst / Raub / Romhardt, 1998, S. 52.

Das obige Schema des Wissensmanagements gemäß Probst / Raub / Romhardt differenziert zwischen einem normativen, einem strategischen und einem operativen Sektor des Wissensmanagements. Auf dem obersten Sektor, dem normativen Bereich, entsteht die Formulierung einer Unternehmenskultur, die das Unternehmen als lernende Organisation versteht, sich also auf den besonderen

Wert einer Wissenskultur einigt, die im Unternehmen zu pflegen ist. Unter Bezug auf die oben aufgeführten Kompetenzanforderungen gemäß North / Reinhardt ist dies auf eine Personalwirtschaft zu übersetzen, die sich um die präzise Definition von Kernkompetenzen der Mitarbeiter, um die Pflege der Kompetenzprofile der Mitarbeiter, ihrer Kompetenzentwicklung usw. bezieht. Das strategische Wissensmanagement auf der nächsten unteren Ebene bemüht sich um die Definition bestimmter Wissensziele. Auf diesem Sektor erfolgen die Definitionen in Bezug auf den Gesamtbedarf an Kompetenzen des Unternehmens, der sich sowohl auf die fachlichen Qualitäten der Personalwirtschaftler als auch auf die der Mitarbeiter richtet. Die Einigung auf bestimmte Wissensziele kann sich auf den Spezialisierungsgrad eines Unternehmens richten, das auf bestimmten Produktionsfeldern auf entsprechende Fachkräfte angewiesen ist (vgl. SAM 2005, S. 13ff). Der operative Sektor des unternehmensinternen Wissensmanagements bezieht sich auf die Identifikation von Wissen, den Wissenserwerb, die Entwicklung von Wissen, die Nutzung von Wissen, die Bewahrung von Wissen sowie die Distribution von Wissenselementen. Jede dieser Einheiten hat hinsichtlich des Personalmanagements zu den acht Größen der Kompetenzorganisation gemäß North / Reinhardt geführt. Im Bereich der Wissensidentifikation obliegt die Aufgabe Wissensbestände zu ordnen, zu akkumulieren und zu strukturieren. In Bezug auf die Kompetenzebene 4 gemäß North / Reinhardt, also die Ebene der Weiterbildungsangebote für die Mitarbeiter im Betrieb, hat die Wissensidentifikation die Portfolios an Wissen zu definieren und transparent zu machen, über die die Mitarbeiter des Unternehmens verfügen sollen, um die Halbwertszeiten der verschiedenen Wissensarten zu bewältigen. In Bezug auf die Sattelberger-Kurve des betrieblichen Lebenszyklus eines Arbeitnehmer/innens bedarf es spezifischer Wissensidentifikation, was die jeweiligen Reife- bzw. Sättigungsphasen angeht, von denen ältere Mitarbeiter betroffen sind.

Die Thematik des Wissenserwerbs (operatives Wissensmanagement Block links außen) bezieht sich generell einerseits auf die Wissensbeschaffung, die der Mittelständler betreibt, andererseits deutlich auch auf die Rekrutierung von neuen Mitarbeitern. Neueingestelle Mitarbeiter bilden mit ihren Qualifikationen einen Wissenserwerb des Unternehmens, der auf den nächsten Sektor verweist, nämlich auf den der Wissensentwicklung. Dieser Sektor bezieht sich auf alle Punkte der Kompetenzorganisation gemäß North / Reinhardt. Die Wissensentwicklung von Mitarbeitern bedarf einerseits entsprechender Planungsgrößen auf Seiten des Personalmanagements, andererseits der Rezeptionsfähigkeit der Mitarbeiter, die ihre Kompetenzen und Qualifikationen gegen die Halbwertszeiten des Wissens aufrecht erhalten müssen.

Mittel, die das Unternehmen zur Wissensentwicklung der Mitarbeiter einsetzen kann, bestehen aus diversifizierter Arbeitsgestaltung, aus der Einrichtung lernförderlicher Arbeitsplatzumwelten, aus Projektdurchführung und aus dem kreativen Austausch von Informationen aus der Gruppenarbeit unterschiedlicher Teams (vgl. Senge 1996, S. 293).

Ältere Arbeitnehmer/innen, die ein Karriereplateau erreichen, bedürfen in der Reifephase bzw. in der Sättigungsphase ihres Lebenszyklus im Betrieb weiterer spezifischer Maßnahmen der Wissensentwicklung, die auf ihre Lernfähigkeit, ihre Lernschwierigkeiten bzw. auf ihre Lernschnelligkeit in bestimmten Gebieten Rücksicht nehmen. Mit dem Begriff der Wissensverteilung (im Schema rechts unten) sind diejenigen Dimensionen angesprochen, die für eine rasche und unkomplizierte Distribution von Wissen im Unternehmen sorgen. Hierzu gehören die IT-Technologien, das Intranet, das Datamining, das Datawarehouse usw.

Sowohl das Personalmanagement als auch Mitarbeiter aller Altersstufen bedürfen der Bedienungskenntnisse in diesen Technologien. Die Wissensbewahrung beinhaltet Dokumentationsformen des durch das Unternehmen akquirierten Wissens, Speicherformen, Selektionsformen und Aktualisierungsformen. Als Beispiel für die personalwirtschaftliche Orientierung der Ebene der Wissensbewahrung lässt sich die Ebene 6 der Liste aus North / Reinhardt anführen, da entsprechende Dokumentationsformen die individuellen Weiterbildungspläne für die Mitarbeiter des Unternehmens hinsichtlich ihrer jeweiligen Implementierung erleichtern und beschleunigen. Auf die Lernproblematik älterer Arbeitnehmer/innen bezogen bedeutet Wissensbewahrung, dass eine Dokumentation des Wissensstandes dieser Arbeitnehmer/innen existiert, soll der individuelle Weiterbildungsplan (vgl. North / Reinhardt, Ebene 6) mit Praxisanwendungen schnell und transparent kombinierbar sein (Ebene 7, North / Reinhardt).

Auch die Ebene der Wissensbewahrung wäre ihrerseits wieder auf die Reife- bzw. Sättigungsphasen älterer Arbeitnehmer/innen mit ihren Spezifika zu übersetzen. Der Sektor der Wissensnutzung richtet sich auf die Zugänglichmachung für das Unternehmen bedeutender Wissensvorräte, also unter anderem auf die Ausräumung von Wissensnutzungsschranken. Auch auf dieser Ebene gelangen IT-Technologien der Wissensdistribution zum Einsatz. Der Sektor der Wissensbewertung befindet sich auf der Ebene des strategischen Wissensmanagements. Hier formuliert das Unternehmen die bereits erwähnten angestrebten Wissensziele und leistet Analysen seiner vorhandenen Wissensbestände in Bezug auf künftige Anforderungen. Bezogen auf das Personalmanagement des Unternehmens hätte diese Ebene unter anderem die Aufgabe, eine stichhaltige Gesamtstrategie für die Pflege der Qualifikationen sämtlicher Mitarbeiter zu entwickeln. Morschhäuser et al. weisen in diesem Zusammenhang darauf hin, dass eine stichhaltige Gesamtstrategie der Wissensbewertung ihre Aufmerksamkeit auf die demografischen Probleme des permanenten allmählichen Rückgangs der Verfügbarkeit jüngerer Arbeitnehmer/innen einzustellen hätten:

> „Wir werden uns künftig in stärkerem Maße auf ältere Belegschaften, eine größere Anzahl älterer Mitarbeiter und damit eine längere Verbleibdauer im Unternehmen einzustellen haben. Auf dem Prüfstand stehen damit tief verwurzelte Einstellungen der Personalverantwortlichen". (Morschhäuser et al. 2003, S. 129).

Mit den „tief verwurzelten Einstellungen der Personalverantwortlichen" sind Elemente der bereits analysierten Deutungsmuster in der Beurteilungs- bzw. Einstellungspraxis von Personalwirtschaftlern angesprochen. Die Strategie der Wissensbewertung (Probst / Raub / Romhardt) hätte sich gemäß Morschhäuser et al. von der in der Mehrzahl der Unternehmen hinsichtlich der Einstellungspraxis von der dort nach wie vor gepflegten „Jugendkultur" entschieden zu lösen (vgl. Morschhäuser et al. 2003, S. 130). Eine solche Ablösung der Bevorzugung jugendlicher Arbeitnehmer/innen in der Einstellungspraxis hinsichtlich der Wissensbewertung ein Umdenken bei den Personalverantwortlichen, was die „Qualifizierungspolitik" der Beurteilung des Wissens älterer Arbeitnehmer/innen angeht. Dies impliziert weiter die Möglichkeit, Wissensbewertung so zu konstellieren, dass man „die Innovationsfähigkeit auch mit älteren Mitarbeitern" für das Unternehmen sichern kann (Morschhäuser et al. 2003, S. 130). Zu einem Wissensmanagement, das die demografische Problematik einer alternden Workforce einerseits und der Erhaltung des Humankapitals andererseits Rechnung trägt, gehören, wie Morschhäuser et al. konstatieren, zusätzlich die Konstellierung von Arbeitssituationen, die die Leistungsfähigkeit älterer Mitarbeiter in Rechnung stellt, jegliche Verstärkung intergenerationeller Kooperation am Arbeitsplatz, die verbesserte Aktivierung der Wissensformen älterer Mitarbeiter (vgl. Morschhäuser et al. 2003, S. 130).

Unter Bezug auf die Sattelberger-Kurve mit den Phasen des Betriebslebenszyklus eines Arbeitnehmer/innens lässt sich mit Morschhäuser et al. weiter das Augenmerk auf die Tatsache richten, dass auch die „Phase der Einführung", also der Eintritt eines jüngeren Arbeitnehmer/innens in ein Unternehmen mit dem Beginn seiner betrieblichen Sozialisation hinsichtlich der Wissensbewertung in Zukunft deutlicher zu berücksichtigen wäre als es bis jetzt der Fall ist, will der betreffende Mittelständler ein ganzheitliches Personalmanagement betreiben. Morschhäuser et al. führen hierzu aus:

> „Ein wesentliches Merkmal der neuen Strategie einer altersgerechten Arbeits- und Personalpolitik wird sein, dass – so paradox es klingen mag – der Fokus nicht (nur) auf die

Älteren gerichtet wird. Altersgerechte Ausrichtung betrieblicher Maßnahmen beginnt mit den Jüngeren (in ihrer Zusammenarbeit mit den Älteren), geht über die Mitarbeiter mittleren Alters (bei der Sicherung von Qualifikation und Gesundheit) und schließt den Kreis mit den Älteren". (Morschhäuser et al. 2003, S. 131).

Das Wissensmanagement mittelständischer Unternehmen, das sich auf die Entwicklung von Kompetenzstrukturen und die lebenszyklusorientierte Betriebsbiografie älterer Mitarbeiter richtet, bedarf also angesichts der demografischen Problematik umfangreicher innerbetrieblicher Wissenskooperation und Wissensdistribution, um den Verfallszeiten des Mitarbeiterwissens entgegen zu arbeiten und zugleich den Wissensbestand älterer Mitarbeiter von implizitem Wissen in explizites Wissen umzuwandeln, um diesen umfangreichen Wissensbestand, der kostenintensiv angesammelt wurde, zu konservieren und für die weitere Kompetenzentwicklung produktiv nutzbar zu machen. Für die Personalbedarfsermittlung gelten ähnliche Maßstäbe.

3.3.2 Personalbedarfsermittlung und Wissensmanagement in Bezug auf die Integrationsfähigkeit älterer Mitarbeiter

Empirische Studien, also etwa Befragungen, die sich mit der Beschäftigung älterer Mitarbeiter in Betrieben auseinanderzusetzen versuchten, stellten ein wachsendes Beschäftigungsvolumen älterer Mitarbeiter fest (vgl. Zimmermann 2009, S. 18, 19). An der von Zimmermann aufgeführten Studie nahmen überwiegend solche Betriebe teil, die einen überproportionalen Anteil von Beschäftigten von über 50 Jahren aufwiesen (vgl. Zimmermann 2009, S. 14). Kleinere Betriebe mit 10 bis 19 Mitarbeitern beteiligten sich nur zu etwa 31 Prozent an den jeweiligen Befragungen. Zimmermann führt das darauf zurück, dass solche Betriebe relativ selten ältere Mitarbeiter im Alter von über 50 Jahren beschäftigen (vgl. Zimmermann 2009, S. 13). Die fehlende Teilnahme solcher Betriebe verzerrt die empirische Wertigkeit der Befragung jedoch nicht grundlegend, da solche Kleinbetriebe nicht über ein strukturiertes Personalmanagement verfügen, das einen hohen Qualifikationsbedarf bei der Personalrekrutierung erforderlich macht. 79,1 Prozent der befragten Unternehmen betrachteten ältere Arbeitnehmer/innen als „wichtige Erfahrungsträger“ (Zimmermann 2009, S. 18).

61,9 Prozent der befragten Unternehmen sprachen älteren Eingestellten ein „hohes Verantwortungs- und Pflichtbewusstsein“ zu. Lediglich 15 Prozent der befragten Unternehmen stimmten der Hypothese zu, Ältere stünden neueren Technologien „eher skeptisch gegenüber“ (Zimmermann 2009, S. 18). Der Unterstellung, Ältere verfügten über eine geringere Lernmotivation als Jugendliche, stimmten nur 15 Prozent zu, der einer geringeren physischen Belastbarkeit älterer Mitarbeiter nur 10,5 Prozent (vgl. Zimmermann 2009, S. 18). Zimmermann gelangt bei ihrer Evaluation der Befragungen zu dem Schluss, dass sich bei Betrieben, die auch unter die Rubrik von Mittelständlern fallen, allmählich das Differenzmodell durchsetze. Letzteres läuft bei den Personalverantwortlichen auf die Erkenntnis hinaus, Ältere als bedeutende Erfahrungsträger für den Betrieb zu betrachten. Zimmermann stellt fest, dass „6 von 10" Personalverantwortlichen älteren Mitarbeitern ein „hohes verantwortungs- und Pflichtbewusstsein und etwa die Hälfte ein hohes Qualitätsbewusstsein" zumaßen (Zimmermann 2009, S. 18).

Hinsichtlich der Personalrekrutierung für Mittelständler macht auch Olesch darauf aufmerksam, dass der demografische Wandel dazu führen wird, die Jugendzentriertheit der Personalrekrutierung zurückzudrängen (vgl. Olesch 2005, S. 60). Die Jugendzentriertheit lässt sich auch deshalb für die Personalbeschaffungspraxis im mittelständischen Unternehmen kaum durchhalten, weil diese Unternehmen sich mit ihrer Orientierung an Nischenmärkten und Qualitätsführerschaft an hochspezialisierte Fachkräfte wenden müssen, die sowohl über Berufserfahrung mit implizitem Wissen als auch über explizites Wissen mit der entsprechenden Spezialisierung verfügen müssen (vgl. Meyer 2010, S. 487). Der Bedarf eines großen Anteils hoch spezialisierter Fachkräfte für mittelständische Unternehmen im nationalen und globalen Nischenmarkt führt zu der Schlussfolgerung, dass die Erhöhung der Anzahl der Einstellung älterer Mitarbeiter zu einer Verhinderung von langfristiger Personalknappheit bei den entsprechenden Unternehmen beiträgt, da Jugendliche mit entsprechenden Qualitäten nicht mehr automatisch nachrücken. Deller et al. sprechen in diesem Zusammenhang von einem „kompetenzorientierten Personalmarketing", das darauf ausgehen müsse, eine wie immer geartete Altersproblematik bei der Personalbeschaffung von mittelständischen Unternehmen hinsichtlich seiner Bedeutung für weniger gravierend zu beachten (vgl. Deller et al. 2008, S. 48). Deller et al. fassen die Gesamtthematik einer demografieorientierten Personalbeschaffung mit folgender Bemerkung zusammen:

> „Eine Frage bei der Gewinnung älterer Fachkräfte sind beispielsweise die Zugangsmög lichkeiten zu qualifiziertem, erfahrenem Personal. Diese sollten dem Profil älterer Mitarbeiter entsprechen. Potentielle ältere Mitarbeiter können auf Foren berufserfahrener Personen, wie z. B. auf Fachmessen identifiziert werden. Zugleich können auf dem aktuellen Arbeitsmarkt, auf dem noch viele junge hoch qualifizierte Bewerber eine attraktive Arbeitsstelle suchen, auch jüngere Arbeitnehmer/innen rekrutiert werden, um die Entwicklung von Nachwuchskräften, um das Einbringen neuer Ideen in das Unternehmen sicherzustellen." (Deller et al. 2008, S. 43).

Personalmanager, die kompetenzorientiertes Personalmarketing betreiben, hätten in diesem Sinne darauf zu achten, dass eine spezifische Zielgruppe älterer

Arbeitnehmer/innen vorhanden ist, die mit den Volumina ihres expliziten und impliziten Wissens einer besonderen Personalansprache bedarf, soll sie auf die Anforderungen hoch spezialisierter Arbeitskräfte attraktiv reagieren können. Dies impliziert, dass die Sattelberger-Kurve des betrieblichen Lebenszyklus mit ihren jeweiligen Phasen hinsichtlich der Arbeitsplatzumwelt, hinsichtlich der Weiterbildungsangebote und der Anreizsysteme in die Personalbetrachtung einbezogen wird.

In Anbetracht der Demografieproblematik, also des langfristig reduzierten Nachrückens einer großen Auswahl jüngerer Arbeitnehmer/innen mit hoch spezialisiertem Fachwissen, verlieren die konventionellen Frühverrentungsprogramme zunehmend an Bedeutung. Je stärker die Jugendzentrierung sich auf die möglichst schnelle Reduzierung älteren Personals auswirkt, desto mehr dürfte Unternehmungen, die Qualitätsführerschaft in Nischenmärkten übernehmen möchten, bedeutendes Erfahrungswissen (implizit) und kodifiziertes anwendungsorientiertes Explizitwissen (Beispiel Expertenwissen) verloren gehen. Ein sowohl Arbeitsmarkt- als auch demografieorientiertes Personalmarketing durch die Personalverantwortlichen eines Unternehmens reduziert auch Einarbeitungszeiten, wenn ältere Mitarbeiter, die ein hohes Ausmaß an Berufserfahrung mitbringen, zunehmend in Beschäftigung gelangen. Zusätzlich fällt bei älteren Arbeitnehmer/innenn die Fluktuation geringer aus, da Jugendliche, wie die Sattelberger-Kurve ausweist, in der Wachstumsphase (2) gegebenenfalls schon aufgrund ihres betrieblichen Lebenszyklus häufiger in die Frühfluktuation abwandern als Ältere. Die Rekrutierung älterer Arbeitnehmer/innen, sofern sie den Anspruchsprofilen der Kompetenzerwartung genügen, kann sich auch deshalb gegenüber Jugendlichen günstiger gestalten, als letztere aufgrund ihrer biografischen Phase erheblich häufiger als Ältere mit den Familiengründungsproblemen, Kompetenzerweiterungen usw. beschäftigt sind. dies impliziert, dass Ältere bei global operierenden KMU über größere Mobilität und Flexibilität verfügen können als ihre jugendlichen Kollegen (vgl. Hammer 2006, S. 25). Veröffentlichungen der Bundesanstalt für Arbeitsschutz und Arbeitsmedizin (BAuA) weisen auf weitere Stärken und Vorzüge älterer Arbeitnehmer/innen hinsichtlich ihrer Positionierbarkeit im Arbeitsprozess hin. Dazu gehören ein starkes Qualitätsbewusstsein, stärkere Arbeitsdisziplin, gegenüber Jüngeren erhöhte Verlässlichkeit und ein ausgeprägterer Sinn für Führungsansprüche (vgl. BauA 2004, S. 7).

Zwar demonstrieren die vorliegenden Darstellungen, dass die Personalbeschaffung in Bezug auf ältere Arbeitnehmer/innen keine Ausnahmesituation mehr darstellt, andererseits bildet die Integration solcher Personenkreise in die Arbeitsfähigkeit von mittelständischen Unternehmen nach wie vor nicht deutlich den

Normalfall. Dies führt dazu, dass Personalverantwortliche von mittelständischen Unternehmen zu Instrumenten der Personalbeschaffung übergehen, die sich nicht grundsätzlich im normalen Stellenpool der offiziellen Presseangebote finden. Die Allgemeinen Gleichbehandlungsgesetze (AGG) verbieten diskriminierende Angaben zum Lebensalter in der Stellenwerbung. Deller et al. machen darauf aufmerksam, dass Stellenanzeigen, die sich um ältere Arbeitnehmer/innen bemühen, die Anforderungsprofile der entsprechenden Ausschreibungen sehr überlegt und präzise formulieren müssten (vgl. Deller et al. 2008, S. 132). In der Stellenausschreibungspraxis hätte dies konkret zur Folge, dass bestimmte Arbeitsanforderrungen, denen sich Ältere physisch nicht gewachsen fühlen könnten, unmissverständliche Nennung erfahren. Personalverantwortliche von mittelständischen Unternehmen, die Expertenwissen älterer Mitarbeiter mit entsprechenden Qualitäten suchen, können zusätzlich auf unkonventionelle Vermittlungskanäle wie Jobangebote im Internet, Beschäftigungsförderungsinitiativen für Ältere und Weiterbildungsträger für ältere Arbeitnehmer/innen zurückgreifen, sodass Streuverluste bei den Ausschreibungen vermieden werden.

Was die Selektionsverfahren zur Personalbeschaffung Älterer betrifft, sind ebenfalls Anpassungen erforderlich, die diese Verfahren von denen absetzen, die beispielsweise mit Accessment Centern im Falle der Rekrutierung junger Mitarbeiter angewandt werden. Deller / Waszak richten die Aufmerksamkeit in diesem Zusammenhang auf die Tatsache, dass ältere Mitarbeiter aufgrund ihrer langen Berufserfahrung im Gegensatz zu Jüngeren über ein erheblich größeres Ausmaß an impliziten Wissen verfügen. Infolgedessen wären Selektionskriterien schwerpunktmäßig auf das Abfragen der Bedeutung der Berufserfahrung solcher älteren Arbeitnehmer/innen zu legen (vgl. Deller / Waszak 2005, S. 70ff).

Die unten folgende schematische Übersicht bietet eine Zusammenfassung der Bedingungsfaktoren einer lebenszyklusorientierten Personalentwicklung.

Abbildung 8: Bedingungsfaktoren lebenszyklusorientierter Personalentwicklung

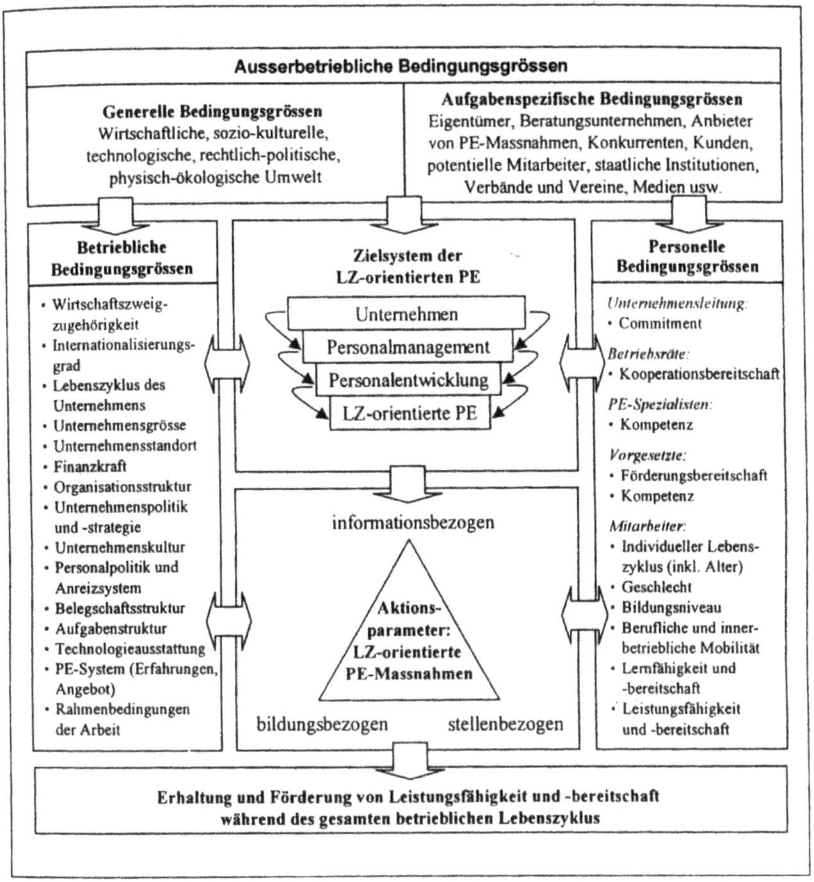

Quelle: Graf, 2002, S. 181

Die schematische Übersicht führt auf der linken äußeren Seite die betrieblichen Größen auf, die sich auf die mögliche Integrationsfähigkeit älterer Arbeitnehmer/innen und die diesbezüglichen Anforderungen an solche Arbeitnehmer/innen beziehen bzw. richten. Eine dieser Größen ist der „Lebenszyklus des Unternehmens", der selbst schon bestimmte Anforderungen an ältere Arbeitnehmer/innen stellen kann. Neugründungen (Start Ups) stellen mit ihrer „Technologieausstattung" (siehe schematische Übersicht) deutlich andere und umfangreichere Anforderungen, was beispielsweise die Ausstattung mit IT-Technologie angeht und die in diesem Bereich verlangten Kompetenzen.

Die „Belegschaftsstruktur“ ist ebenfalls bis zu hohen Graden von der Lebenszyklusphase des Unternehmens ab. Ähnliches gilt für die Organisationsstruktur des Unternehmens, für seine Politik und für seine Kultur. Der mittlere Teil der Übersicht mit dem „Zielsystem der LZ-orientierten PE“ steht was die Lebenszyklusphase des Unternehmens angeht, daher vor extrem unterschiedlichen Anforderungen, was die Integrationsfähigkeit älterer Arbeitnehmer/innen angeht.

Die Kategorie „personelle Bezugsgrößen“ bezieht sich unter der Kategorie „Mitarbeiter“ auf die Anforderungen, die die Personalentwicklungsspezialisten hinsichtlich der Beurteilung älterer Mitarbeiter in Rechnung zu stellen hätten. Die Kategorie „individueller Lebenszyklus“ mit dem Hinweis auf den Altersbezug richtet sich auf die Phänomene der Sattelberger-Kurve mit dem Bezug auf die Wachstums- bzw. Sättigungsphase des älteren Arbeitnehmer/innens. Die Kategorien „Bildungsniveau“ sowie „Lernfähigkeit und -bereitschaft“ bilden die Problematik der Lernangebote ab, die die Personalverantwortlichen mit adäquater Altersbezogenheit für die Integration älterer Mitarbeiter bereitzustellen hätten. Die Kategorie „Leistungsfähigkeit und -bereitschaft“ erinnert an die Tatsache, dass ältere Mitarbeiter gegebenenfalls auf der physiologischen Ebene eine geringere Leistungsfähigkeit besitzen als Jüngere, hinsichtlich ihrer impliziten Wissenserfahrung letzteren jedoch einen umfangreichen biografischen Betriebslebenszyklus voraushaben.

3.3.3 Personalentwicklungsorientiertes Wissensmanagement in Bezug auf die Fachkräftebedarfe von mittelständischen Unternehmen und ihren Nischenmarktpositionen in der globalen Ökonomie

Da mittelständische Betriebe über Konzernstrukturen verfügen können, besteht für solche Unternehmen die ökonomische Notwendigkeit, sich in den Wachstumsbereichen globaler Märkte ökonomisch zu engagieren (vgl. Handschin 2008, S. 5ff). In seinen Erhebungen „KMU und Globalisierung: Zwischen Mythos und Realität“ gelangten Systemforscher des Fraunhofer-Instituts zu dem Ergebnis, dass KMU mit zwischen 100 und 499 Beschäftigten im Jahre 2001 zu 85% Auslandspräsenz vorweisen konnten (vgl. Kinkel 2007, Folie 5).

Kleine und mittelständische Betriebe mit zwischen 20 und 99 Beschäftigten produzierten zu 46% im Ausland, die Gesamtprozentzahl der im Ausland produzierender KMU betrug 33 Prozent (vgl. Kinkel 2007, F. 5). Das vom Fraunhofer-Institut vorgestellte Stufenmodell der Globalisierung von KMU verdeutlichte, dass die übergroße Mehrheit von Mittelständlern nach und nach die Funktionsbereiche des Vertriebs, der Produktion, des Service sowie der Forschung und Entwicklung in ihre ausländischen Töchter verlegten (vgl. Kinkel 2007, F. 6). Der ökonomische

Zwang zur Ausweitung operativer Produktions-, Vertriebs- und Geschäftsfelder besteht für KMU besonders hinsichtlich des Faktums, dass konzernstrukturgeleitete Mittelständler sich in großer Vielfalt in globalen Nischenmärkten ökonomisch engagieren. Laut Informationen des KFW-Mittelstandpanels operiert etwa ein Viertel der 3,55 Millionen Mittelständler aus der Bundesrepublik im Zuge der Internationalisierung im Ausland. Etwa 16 Prozent des Gesamtumsatzes dieser Mittelständler wird also im Ausland erwirtschaftet. Die sogenannten Hidden Champions, also Mittelständler aus der Bundesrepublik, haben sich dabei auf den internationalen Märkten Führungspositionen erarbeitet. Dies bedeutet, dass sie Weltmarktanteile von zwischen 70 und 90 Prozent erreichen und damit selbst transnationale Großunternehmen hinter sich lassen (vgl. Horsch 2003, S. 10).

Treiber dieser Globalisierungseffekte von Mittelständlern bestehen aus politischen Elementen, zum Beispiel aus der Reduktion von Handelsbarrieren, aus technologischen Effekten, etwa der beschleunigten Entwicklung von Informationstechnologie, die Kommunikationskosten reduziert sowie aus wirtschaftlichen Bezugsgrößen, zum Beispiel erhöhten Aufwendungen für Forschung und Entwicklung sowie der globalen Angleichung von Konsumentengewohnheiten. Kamenz stellt in seinen Untersuchungen zur globalen Nischenmarktpositionierung von KMU fest, dass die im globalen Bereich operierenden KMU Nischen bearbeiten, die von „hohen Preisen und hoher Qualität“ gekennzeichnet sind (Kamenz 2006, S. 887). Berücksichtigt man zusätzlich die von H. Simon konstatierte Tatsache, dass die in globalen Nischenmärkten operierenden KMU eine fünfmal größere Patentanzahl pro tausend als multinationale Konzerne realisieren, so ist daraus zu schließen, dass sowohl das Qualifikationsniveau der Personalverantwortlichen als auch die in diesen KMU operierenden Fachkräfte höchste Ansprüche erfüllt (vgl. Simon 2012, S. 8ff).

Die Spezialisierung, der Qualitätsstandard und die Hochpreisigkeit der in globalen Nischenmärkten operierenden Unternehmen erzeugt, was die Employability der in solchen Unternehmen beschäftigten Mitarbeiter angeht, besondere Problemfaktoren. Meyer gelangt in seinen Untersuchungen zu den Internationalisierungsstrategien kleinerer sowie mittlerer Unternehmen zu dem Schluss, dass die dort herrschende Konzentration auf Nischenmärkte zugleich die Leistungs- und Kostenführerschaft dieser Unternehmen beinhaltet (vgl. Meyer 2010, S. 487). International operierende Unternehmen bedürfen zur ökonomischen Durchsetzungsfähigkeit angesichts solcher Höchstansprüche, wie das Hamburgische Weltwirtschaftsinstitut betont, extrem spezifische Know-How-Formen (vgl. Geyer / Uriep 2012, S. 2).

Unter den Bedingungen des Wissensmanagements für die Rekrutierung von Fachkräften angesichts solcher Höchstansprüche der Produktivität in den mittelständischen Unternehmen-Nischenmärkten der globalen Ökonomie stellen sich unter dem Aspekt der Employability von älteren Arbeitnehmer/innen eine Reihe von Problemen. Letztere betreffen grundsätzlich auch das Personalmanagement, das weltweit Fachkräfte mit entsprechenden Qualifikationen rekrutieren muss. Der Begriff Employability, übersetzbar mit Beschäftigungsfähigkeit, beschreibt die Bandbreite beschäftigungspraktischer Anforderungen, die das Profil der Fähigkeiten eines für eine nachhaltige Anstellung geeigneten Arbeitnehmer/innens beinhaltet.

Hierzu gehören die Fähigkeit zu effizienter Kommunikation, Belastbarkeit, Konfliktfähigkeit, Aufgeschlossenheit gegenüber Innovation, Selbstreflexion, zielgerichtete Handlungsfähigkeit, eigenständiges Gesundheitsmanagement, Fachkompetenz, Chancenfähigkeit usw. Luczak / Frenz haben sich unter arbeitswissenschaftlichen Aspekten mit dem Begriff der Beschäftigungsfähigkeit älterer Arbeitnehmer/innen beschäftigt. Grundsätzlich lässt sich laut Luczak / Frenz Beschäftigungsfähigkeit als „… das interne Potential (intrinsisch oder ausbildungs- und erfahrungsorientiert)“ betrachten, „eine Handlung durchzuführen bzw. ein physisches oder mentales Arbeitsergebnis zu erzielen“ (Luczak / Frenz 2008, S. 25).

Beispielunternehmen für die sogenannten Hidden Champions auf den Nischenweltmärkten global operierender mittelständischer Unternehmen sind Hanni, der global führende Zigarettenmaschinenproduzent, Stihl, ein Mittelständler, der als Weltmarktführer Motorsägen herstellt, Hydac, global führender Produzent von Filtertechnik und Wasserspeichern, Britta, globaler Marktführer und Produzent für Haushaltswasserfilter (globaler Anteil 80%) sowie Vebasto, führender Produzent von Zusatzheizungen für Automobile und Fahrzeugschiebedächern. Wie verschiedenartig die Größenstrukturen von Mittelständlern ausfallen können, ergibt sich daraus, dass auch die Firma Schott Glaswerke, die ebenfalls als Global Player operiert, ebenfalls zum Mittelstand gerechnet wird.

Damit solche Nischenhersteller wie die oben aufgezählten am Weltmarkt bestehen können, bedarf es der Entwicklung von personalorientierten Strategiekonzepten, die sich mit der Komplexität der internationalen Personalrekrutierung auseinandersetzen müssen. Bezieht man die Kompliziertheit internationaler Markterschließungsstrategien ein, also die Problematik der Direktinvestitionen, der Vertragsausfertigung, der Import-Export-Thematik des Warentausches, so lässt sich ermessen, mit welcher Arbeitsbewältigung die Mitarbeiter solcher Unternehmen konfrontiert sind. Die Anforderungsproblematik erweitert sich auf der internationalen Ebene dahingehend, dass zwischen den Unternehmenstöchtern im Ausland und auf der nationalen Ebene interkulturelle Kooperation gefordert ist, die sich mit den Gewohnheiten verschiedenartiger Arbeitskulturen und Arbeitsfaktoren auseinandersetzen muss (vgl. Hofstede, 2006, S. 167).

Betrachtet man die Zielstellung der Personalentwicklung unter den Aspekten der Internationalisierung von Mittelständlern, so sind in Erweiterung des in Kapitel 3.3.1.1 dargestellten Wissensmanagements zusätzliche Ebenen der Wissensvermittlung zu thematisieren, die auf solche hoch spezialisierten Produktionsbetriebe zutreffen. Die in der Personalentwicklung erfolgende Potentialanalyse von potentiellen Mitarbeitern bzw. Bewerbern, besonders Älterer, hätte sich einerseits auf die entwickelten Kriterien der Eignung älterer Arbeitnehmer/innen zu konzentrieren (erhöhte Mobilität gegenüber Jüngeren), andererseits hinsichtlich fachlicher Qualitäten, wie das berufsspezifische Wissen, das unternehmerische Denken, die Fähigkeit Projekte zu organisieren, die Handhabung von Werkzeugen usw. in Bezug auf die Internationalisierungsfähigkeit dieser Kenntnisse.

Die Internationalisierungsprozesse von Mittelständlern und ihrer Produktion, ihrem Vertrieb und Kostenrechnungsstrukturen lassen sich mit Schiersmann / Thiel als Anforderungen „organisationaler Veränderungsstrategien“ betrachten (Schiersmann / Thiel 2010, S. 160).

Solche Veränderungsstrategien der Internationalisierung von Betriebsprozessen zur Bedienung globaler Nischenmärkte erfordern hinsichtlich des Wissensmanagements in der Personalentwicklung offensichtlich Strategieüberlegungen, die den konventionellen Prozess des Wissensmanagements „auflockern“.

Schiersmann / Thiel bringen zur Bewältigung solcher Aufgaben ein umfangreiches Sortiment betrieblicher Wissensverbreitung in den wissenschaftlichen Diskurs der betrieblichen Organisationsentwicklung ein. Ihre Vorschläge reichen von Workshops, Großgruppenverfahren, dem Unternehmenstheater sowie die Action Learning (vgl. Schiersmann / Thiel 2010, S. 108–217). Schiersmann / Thiel treffen hinsichtlich der Anforderung, komplexe Produktionsleistungen unter Zeitdruck zu erstellen, die Feststellung, dass mit wachsendem Konkurrenzdruck und Innovationsanforderungen „auf globalen wie lokalen Märkten“ die Zusammensetzung von produktiven Hochleistungsteams in den 80er und 90er Jahren des vorigen Jahrhunderts begann (Schiersmann / Thiel 2010, S. 218). Die im Rahmen der Internationalisierung mittelständischer Produktivität erforderlichen Veränderungs- und Organisationsprozesse lassen sich mit folgender Ausführung von Schiersmann / Thiel hinsichtlich ihrer Bedeutung charakterisieren:

> „Entscheidungen über komplexe, mit hohem Unsicherheits- und Risikopotential behaftete Problemstellungen können nur durch ebenenübergreifende Teams effizient bearbeitet werden. Bei komplizierten Produktentwicklungsvorhaben oder Problemstellungen mit einem hohen Maß an Nichtwissen sind das Zusammenwirken von ansonsten scharf

getrennten Aufgabenfeldern bzw. die Verknüpfungen geografisch weit auseinander liegender Organisationseinheiten wichtig. Dabei ist die Suche nach ungewöhnlichen Lösungen durch Managementteams entscheidend." (Schiersmann / Thiel 2010, S. 219).

Das obige Zitat lässt sich bis zu gewissen Graden als implizite Anleitung für die Zusammensetzung von Projektentwicklungsteams betrachten, wie sie sich in hoch spezialisierten Produktanforderungen für in globalen Nischenmärkten operierende mittelständischen Unternehmen darstellt. Das verschiedene Ebenen übergreifende Effizienzwissen der Teammitglieder, der Zwang zur intensiven Kooperation, die Organisationsanforderung, „geografisch weit auseinander" befindlichen Organisationselementen zusammenzuführen, bilden die Kernelemente von Hochleistungsteams. Eine Betrachtung der wichtigsten Personaleigenschaften, wie sie die Potentialanalyse erfordert, also die Volumina an berufsspezifischen Kenntnissen, das Denken in unternehmerischen Kategorien, das Qualitätsbewusstsein, die Organisationsfähigkeit für das Projektmanagement, das Vorhandensein analytischen Denkens, der Umfang von Ordnungs- und Planungswissen (vgl. Becker et al. 2002), so lässt sich schließen, dass etliche dieser Qualifikationen bei älteren Arbeitnehmer/innenn in deutlich größerem Ausmaß vorhanden sein können als bei Jüngeren.

Ähnliches lässt sich hypothetisch für die sozialen Qualifikationen von Bewerbern aussagen, die zu Hochleistungsteams global operierender mittelständischer Unternehmen gehören können. Zu den sozialen Kompetenzen gehören Führungsqualitäten, Innovationsinteresse, Fähigkeit zur Zusammenarbeit, Fähigkeit zum Motivieren, Fähigkeit, Konflikte und Kritik zu bewältigen, Bewusstsein von Fairness, Kenntnisse von Fremdsprachen, Gruppenengagement, Fähigkeit zum Selbstmanagement usw.

Unter den Aspekten des sogenannten narrativen Wissensmanagements ergeben sich hinsichtlich der Integrationsfähigkeit älterer Arbeitnehmer/innen in Bezug auf ihre Einsetzbarkeit in Hochleistungsteams global operierender KMU potentiell ähnliche Möglichkeiten wie in den oben angesprochenen Teams, die komplexe Produktionsentwicklungen vornehmen. Das Story-Telling-Model der Wissenskommunikation konzentriert sich auf die dialogische Kommunikation, bei der das Wissen in der Form eines ganzheitlichen Geschichtenerzählens aus dem impliziten Bereich ansatzweise in den expliziten überführt wird.

Mit Story-Telling lassen sich im Unternehmen Themen anreißen, die die Vergangenheit, die Zukunftsprojekte, unverarbeitete Problemebenen, Handlungsanleitungen, Kooperationsprobleme und Probleme der Organisationsentwicklung zur Sprache bringen (vgl. Reinmann / Vohle 2005, S. 77). In den USA existiert mittlerweile eine umfangreiche Fachliteratur, die sich mit dem Einfluss des

Story-Telling und der Learning History von Unternehmen beschäftigt. Unter den Aspekten der Explizitmachung impliziten Wissens, d. h. Erfahrungswissens für die Kommunikations- und Kooperationsfähigkeit von Betriebsmitarbeitern lässt sich ebenfalls schlicht aus Gründen der längeren Berufserfahrung älterer Mitarbeiter davon ausgehen, dass die Anzahl an Geschichten, mit denen Ältere aufwarten können, hinsichtlich ihrer Tiefe und Struktur aufschlussreicher ist, als das, was jüngere Kollegen in diesem Bereich beitragen können.

Auch in einer solchen Wissensvermittlung wären ältere Mitarbeiter bis zu gewissen Graden integrationsfähiger was Leistungsanforderung und Produktivität betrifft, als Jüngere. Altersgerechter Personaleinsatz hinsichtlich der Integrationsfähigkeit älterer Arbeitnehmer/innen bestünde darin, dass man in altersgemischten Gruppen eine Psychodynamik der Informationsverteilung entwickelt, die den möglichen Vorsprüngen Älterer in Bezug auf ihr Wissens- bzw. Leistungspotential entspricht (vgl. Morschhäuser et al. 2003, S. 95ff). Lassen sich zwar die Leistungsanforderungen der Qualitätsführerschaft, Kostenführerschaft und des Managements der Hidden Champions nicht generell auf KMU übertragen, so ist mit der Internationalisierung der Ökonomie auch für die Personalwirtschaft von kleinen-und mittelständischen Unternehmen auf der nationalen Ebene ein Wettbewerbsdruck entstanden, der die Anforderungen permanent erhöht. Dies erhöht den Ausbildungsbedarf von Personalmanagern, die sich zusätzlich einem demografiebezogenen Fachkräftemangel zukünftig gegenübersehen.

Die Thematik der Schulungsbedarfe für Personalverantwortliche gehört infolgedessen in den Themenkreis der berufspädagogischen Integrationsfähigkeit älterer Arbeitnehmer/innen, was ihre Leistungsfähigkeitsbeurteilung angeht.

3.4 Schulungsmöglichkeiten und Schulungsbedarf von Personalentwicklung in Bezug auf den Qualifikationsbedarf bei mittelständischen Unternehmen

Die dargestellten Höchstansprüche an die individuelle und gruppendynamische Leistungsfähigkeit von Mitarbeitern in mittelständischen Unternehmen bedarf bei den Personalverantwortlichen solcher Unternehmen umfangreicher Kenntnisse, die sich auf die Personalpsychologie, Arbeitspsychologie, Wirtschaftspsychologie, unterschiedliche Formen der Pädagogik bzw. Erwachsenenpädagogik, der Bedarfserfassung, was Personal angeht, der Methoden der Eignungsdiagnostik und der Umsetzung entsprechender Maßnahmen beziehen. Die entsprechenden Kenntnisse sind einerseits bei der Rekrutierung neuen Personals, andererseits bei der Betreuung und Entwicklung vorhandenen Personals erforderlich. Die drei generellen Bereiche der Personalentwicklung, nämlich Bildung des Personals, Förderung des Personals und personalorientierter Organisationsentwicklung, bestehen ihrerseits wieder aus Subkategorien mit umfangreichen Teilgebieten. So gehören zum Bildungssektor die Kategorien der Anlernung, der Umschulung, der Berufsausbildung sowie der Weiterbildung. Zur Personalförderung gehören Auswahl und Einarbeitung von Personal, Betreuungen beim Arbeitsplatzwechsel, Organisation von Auslandseinsätzen, Karriereplanung, Leistungsbeurteilungen und Coaching. Zur personalorientierten Organisationsentwicklung gehören die Konstruktion von Arbeitsteams, die Betreuung von Projektarbeit (vgl. Becker 2005, S. 4).

Die Beurteilungsfähigkeit von Personalentwicklern muss sich sowohl auf die fachlichen Qualifikationen als auch auf die sozialen Fähigkeiten der Mitarbeiter richten. Unter den Aspekten der Integrationsfähigkeit älterer Arbeitnehmer/innen, die in unterschiedlichen Karrierephasen befindlich sein können (vgl. Sattelberger 2003), erhöht sich die Kompliziertheit der Rekrutierung und Entwicklung fachlich qualifizierten Personals weiter. Wie einschneidend sich offensichtlich der Fachkräftemangel in der Bundesrepublik gestaltete und gestaltet, lässt sich an den bereits von der Rot-Grünen Regierung im Jahre 2002 initiierten Green-Card-Initiative zur Anwerbung ausländischer Fachkräfte ablesen. Im Jahre 2012 wiederholte die Regierungskoalition der CDU-CSU und FDP einen analogen Versuch mit der sogenannten Blue-Card. Etliche Bundesländer bieten Förderprojekte für die Potentialberatung bzw. für die Personalentwicklungsberatung für Mittelständler an. Personalentwickler stammen im Normalfall aus einer unterschiedlichen Anzahl von Grundberufen, die von der Jurisprudenz über die Pädagogik bis hin zur Sozialwissenschaft oder Arbeitswissenschaft und Wirtschaftswissenschaft reicht (vgl. Mudra 2004, S. 282). Da aus den unterschiedlichen Grundprofessionen die Personalentwickler ihrerseits bestimmte Deutungsmuster in die Personalentwicklung und ihre Aufgaben hineintragen, stellt sich die Frage der Professionalisierung von Personalverantwortlichen angesichts ihrer zunehmenden Belastungsproblematik in besonderer Form. Professionalisierung ergibt sich einerseits aus einem effizient und erfolgreich zur Anwendung gebrachten Wissen, andererseits aus der daraus erwachsenen Anerkennung für die Betroffenen (vgl. Hartmann 1972, S. 36ff).

Oertig macht in seinen Ausführungen zum Personalwesen darauf aufmerksam, dass sich die Personalentwicklung in vielen Unternehmen nicht auf die Rekrutierung geeigneter Mitarbeiter und ihre Integration in die Betriebsarbeit beschränkt, sondern dass sie engagiert im Change Management des Unternehmens aktiv ist, dass die Grenzen der Verantwortungsbereiche von Personalentwicklern kaum definiert sind (vgl. Oertig 1995, S. 25). Professionalisierung der Personalarbeit bedeutet im Sinne der Rekrutierung und Pflege von Elitepersonal, das sich in KMU durch die Konkurrenz von transnationalen Unternehmen durchsetzen können müsste, die Anlage eines umfangreichen Wissens und Wissensmanagements, das auf die langfristige Leistungsfähigkeit der Fachkräfte Wert legt und sie entsprechend unterstützt.

Der Konkurrenzzusammenhang zwischen Großunternehmen und Mittelständlern ist umso interessanter, was die Personalentwicklung und die Personalpflege anbetrifft, als sie Global Player, etwa der Autoindustrie, die bereits in den 90er Jahren des vorigen Jahrhunderts Personalentwicklungsabteilungen mit weit über 40 dort in Hauptarbeit beschäftigten Personalverantwortlichen betrieben (vgl. Olesch 1992, S. 815).

Die Ausbildungsanforderungen für Personalentwickler setzen Hochschul- bzw. Fachhochschulstudium im Bereich Sozialwissenschaft oder Wirtschaftswissenschaft voraus, Qualifizierung in arbeitspädagogischen Ausbildungsbereichen, Fachwissen im Arbeitsrecht, in der Betriebssoziologie, in der Betriebspsychologie, in der Organisationsentwicklung sowie in Personalentwicklungsmethoden. Als Berufserfahrung werden mindestens drei Jahre Praxis in der Personalentwicklung erwartet. Personalverantwortliche müssen sich außerdem mit unterschiedlichen Konzeptionen der Personalpflege auseinandersetzen, die in den jeweiligen Unternehmen vorherrschen.

Man unterscheidet zwischen einer Konzeption reaktiver Personalentwicklung (1), synchronisierter Personalentwicklung (2) sowie der pro-aktiven-innovationsorientierten Personalentwicklung (3). Die Konzeption reaktiver Personalentwicklung (1) richtet sich auf eine Personalrekrutierung, die sich an den jeweils situativ anfallenden Personalbedarfen orientiert. Das Konzept der synchronisierten Personalentwicklung (2) sucht die Personalrekrutierung und die Personalentwicklung in Parallelität mit dem Unternehmensbedarf und den Umfeldveränderungen des Unternehmens synchron zu lösen. Infolgedessen wird in der synchronen Konzeption größerer Wert auf die Beobachtung der Umfeldansprüche des Unternehmens und der Arbeitsmarktsituation hinsichtlich des Personalangebots gelegt. Die Konzeption der proaktiven und innovationsorientierten Personalentwicklung richtet sich zusätzlich auf den Zukunftsbedarf des Unternehmens an Personal, unter Berücksichtigung möglicher veränderter Ansprüche, seien diese technischer, sozialer oder ökonomischer Art.

Weitere Methodenkonzeptionen der Personalentwicklung bilden die kompetenzgerichtete Personalentwicklung (1), die systemische Personalentwicklung (2) sowie als Unterkategorie der systemischen Konzeption die Generationendifferenzierung (3). Das kompetenzorientierte Methodenschema der Personalentwicklung operiert mit hierarchisierten Bewertungsstrukturen der Qualifikationen und Kompetenzen der Unternehmensmitarbeiter. Bestimmte Verhaltensmuster der Mitarbeiter ergeben zusätzliche Informationen, die auf Einzelkompetenzen und die entsprechende Hierarchisierung dieser Kompetenzen transponiert werden, um ein valides Kompetenzmodell der Stellenbewerber bzw. der vorhandenen Mitarbeiter hinsichtlich der ihnen zu offerierenden Weiterbildungsangebote zu klassifizieren (vgl. Kunzmann / Schmidt / Biesalski, 2006, S. 21ff).

Das systemische Modell der Personalentwicklung richtet sich deutlicher als die oben dargestellten Methoden auf die Partizipation der Mitarbeiter, die ihre impliziten und expliziten Wissensqualifikationen in die unterschiedlichen Strukturbereiche des Unternehmens einbringen können. Entsprechend umfangreich sind die Ansprüche, die dieses Modell an das Funktionieren der Kommunikation zwischen den einzelnen Unternehmensabteilungen stellt. Stellt man die Vielzahl der Personalentwicklungskonzeptionen und den Umfang der erforderlichen beruflichen Voraussetzungen und Kenntnisse für die Personalentwickler in Rechnung, so lässt sich der große Schulungsbedarf ermessen, der für die Personalentwicklung konkurrenzfähiger KMU besteht, besonders wenn sie sich in den Konkurrenzzwängen der Internationalisierung der Ökonomie notgedrungen zu Global Playern entwickeln wollen und es daher mit den beschriebenen Hidden Champions wenigstens tendenziell aufnehmen können sollen. Die Angebote für Weiterbildung und Schulung von Personalentwicklern sind infolgedessen kaum übersehbar. Die etwa im Internet offerierten Weiterbildungen reichen von Motivationsarbeit auf psychologischer Ebene, dem Einsatz als Business Coach, dem Personalreferenten, dem Betriebsmanager, bis hin zum strategischen Personalmanager, der systemischen Beratung, des Altersteilzeitmanagers, zu Datenschutzproblemen, den Bereichen des Employer Branding für die Arbeitgebermarke usw. (www.fortbildung.com, S. 1).

3.4.1 Arbeitsmarktbedingungen und Integrationsfähigkeit älterer Arbeitnehmer/innen unter Bezug auf die Personalentwicklung von mittelständischen Unternehmen

Die Arbeitsmarktbedingungen, die sich auf die Integrationsfähigkeit älterer Arbeitnehmer/innen beziehen, waren auf der politischen Ebene noch in den 70er und 80er Jahren des vorigen Jahrhunderts auf eine möglichst frühzeitige und reibungslose Ausgliederung Älterer gerichtet. W. Franz stellt in seiner Darstellung der Arbeitsmarktpolitik hierzu fest:

> „Seit den 70er Jahren ist mit einer Reihe von sozialpolitischen und arbeitsmarktpolitischen Maßnahmen eine vorzeitige Beendigung des Erwerbslebens mit Hilfe finanzieller Anreize attraktiv gemacht worden. Angesichts der damit einhergehenden Belastungen der Haushalte von Staat und Sozialversicherungen hat spätestens seit Mitte dieses

Jahrhunderts (also des 20., der Verfasser) ein deutliches Umsteuern begonnen." (Franz 2009, S. 57).

Für ältere Arbeitnehmer/innen war es 1973 möglich, mit Vollendung des 60. Lebensjahres eine Frühverrentung zu erreichen, die ohne Abschläge erfolgte. Die Umsteuerungstendenzen, die Franz konstatiert, führten jedoch nicht dazu, dass sich die disproportional höhere Arbeitslosigkeit Älterer langfristig deutlich reduzierte (vgl. Naegele, 1992). Die Veröffentlichungen der Bundesagentur für Arbeit weisen in diesem Zusammenhang nach, dass die durchschnittliche Arbeitslosigkeitsdauer mit wachsendem Alter immer stärker zunimmt. 34% der Arbeitslosen im Alter zwischen 55 und 64 Jahren haben eine Arbeitslosigkeitsperiode, die zwei Jahre anhält. Bevölkerungsgruppen geringeren Alters verfügen über deutlich kleinere Zeitperioden der Nichtbeschäftigung (Bundesagentur für Arbeit, 2007). Ältere Arbeitnehmer/innen sind im Durchschnitt also deutlich länger von Arbeitslosigkeit betroffen als Jüngere, haben sie ihren Arbeitsplatz einmal eingebüßt. Nur 12,3 / 10,3 Prozent der Arbeitnehmer/innen im Alter zwischen 55 und 64 Jahren sind drei Monate bzw. sechs Monate lang ohne Arbeit. Die Arbeitslosigkeitsperiode der Durchschnittsbevölkerung endet nach etwa 41,9 Wochen. Bei Älteren endet sie im Durchschnitt erst nach 66 Wochen. Es ist also für ältere Arbeitnehmer/innen deutlich problembelasteter als für Jüngere, erneut Arbeit zu finden, sind sie ihrer Stelle einmal verlustig gegangen. Ältere unterliegen, wie die Darstellungen belegen, infolgedessen einem höheren Risiko der Langzeitarbeitslosigkeit.

Das generell frühzeitige Ausscheiden alternder bzw. älterer Arbeitnehmer/innen aus dem Produktionsgeschehen hat unterschiedliche Erklärungsansätze hervorgerufen. So versucht die sogenannte Arbeitsmarktthese den frühen Renteneintritt Älterer durch eine Arbeitsmarktsituation zu erklären, die aufgrund des permanent steigenden Qualifikationsanspruchs ältere Arbeitnehmer/innen mehr oder minder zwangsläufig in die schnellstmögliche Verrentung führt (vgl. Clemens 2001, S. 37). Eine andere Erklärungsgrundlage für das frühzeitige Ausscheiden Älterer aus dem Arbeitsmarkt liefert die sogenannte Homogenitätsthese. Dieser Erklärungsansatz unterstellt, dass ein mehr oder minder verdeckter, aber sowohl von Arbeitnehmer/innen, dem Unternehmensmanagement und den Betriebsräten gewollter Ausscheidungsprozess vor sich geht, der die Zwänge des alltäglichen Arbeitsdrucks stillschweigend als Begründung für das Ausscheiden älterer Arbeitnehmer/innen akzeptiert. Clemens erklärt hierzu: „Dies gelingt nur, wenn die betroffenen Arbeitnehmer/innen das gemeinsame Ziel übernehmen und die Frühausgliederung als ihre Option verstehen. Je nach betrieblicher Problemlage werden die Handlungsoptionen als differenzierte Personalpolitik eingesetzt." (Clemens 2001, S. 38–39).

Die Homogenitätsthese beinhaltet also, dass eine reduzierte Lebensarbeitszeit, etwa in der Form der Vorruhestandsregelung, sich als ein Einstellungsphänomen festgesetzt hat, das gesamtgesellschaftlich akzeptiert ist. Der Gesamttendenz einer negativen Beschäftigungslage Älterer im Sinne einer möglichst gründlichen Reduktion ihrer Arbeitsbeteiligung widersprechen allerdings die jüngsten Darstellungen der Bundesagentur für Arbeit. In den entsprechenden Statistiken der Arbeitsagentur lautet die Zusammenfassung der Ergebnisse dahingehend, dass Ältere „immer häufiger am Erwerbsleben" partizipieren (Bundesagentur für Arbeit 2012, S. 4). Die weitere Auskunft der Arbeitsagentur zur Arbeitspartizipation Älterer lautet: „Die Erwerbstätigkeit der Personen zwischen 50 und unter 65 ist stärker gestiegen als die der 15 und unter 65jährigen" (Bundesagentur für Arbeit 2012, S. 4).

Auch das Wirtschaftsforum kommt in seinen Ausführungen zu dem Resultat, dass angesichts der demografischen Problematik einer alternden Unternehmensbelegschaft, diese immer mehr an Stellenwert auf dem Arbeitsmarkt gewinnt. Wörtlich heißt es zu der Thematik: „Sie (die älteren Arbeitnehmer/innen, der Verfasser) verfügen über großes Wissen und zum Teil jahrzehntelange Erfahrung und sind deshalb ein unschätzbares Kapital. Arbeitnehmer/innen, die den demografischen Strukturwandel unbeschadet überstehen wollen, sollten sich dieser Tatsache bewusst sein. Dabei gilt es auch, lang gehegte Vorurteile über Bord zu werfen." (Wirtschaftsforum 2010, S. 1)

Angaben über die Arbeitslosenquoten in der Bundesrepublik aus der Bundesagentur für Arbeit stellen für das Bundesgebiet West bei den Altersgruppen zwischen 55 und 60 Jahren eine Quote von 17,2% fest (vgl. IABA / Walwei 2006, S. 3). Bei den Jüngeren im Alter zwischen 25 und 30 Jahren liegt die Quote der Beschäftigungslosen dagegen nur bei 14,2%. Am niedrigsten ist sie bei den Altersgruppen zwischen 40 und 45 Jahren. Walwei macht in seiner Darstellung der Arbeitslosenproblematik bei Älteren darauf aufmerksam, dass die Arbeitsmarktpolitik die Nachfrage nach älteren Arbeitnehmer/innen auf zwei Ebenen beheben könnte: Senkung der Arbeitskosten durch die Senioritätsentlohnung sowie präzise Anpassungen im Arbeitsrecht (1), Steigerung der Arbeitsproduktivität durch Weiterbildungsangebote und die zielgerichtete Ausnutzung des Erfahrungswissens Älterer (2) (vgl. IABA / Walwei 2006, S. 11). Die Gesamtdarstellung der Arbeitsmarktbedingungen für die Einstellung älterer Arbeitnehmer/innen lässt erkennen, dass die Beschäftigungslage für Ältere hinsichtlich ihrer Aussichten in der Ambivalenz verbleibt: Auf der einen Seite ist die Arbeitsfähigkeit älterer Mitarbeiter gefragt, auf der anderen Seite bleibt ihre Beschäftigungslage in den Unternehmen prekär, da sich die Mehrheit des Personalmanagements deutscher

Unternehmen kaum für eine einheitliche Beurteilung der Einsetzbarkeit und der Nutzbarkeit des Wissens Älterer entscheiden kann.

Walwei macht darauf aufmerksam, dass ältere Betriebe auch größeren Formats der Tendenz nach mehr ältere Arbeitnehmer/innen beschäftigen. Die höchsten Raten der Beschäftigung älterer Arbeitnehmer/innen existieren im öffentlichen Dienst und im verarbeitenden Gewerbe, die niedrigsten Raten liegen im privaten Dienstleistungssektor und in der Bauwirtschaft vor. Außerdem haben Unternehmen mit einem Betriebsrat höhere Anteile an der Beschäftigung Älterer (vgl. IABA / Walwei 2006, S. 12). Solche Auskünfte lassen darauf schließen, dass zwar Tendenzen in der bevorzugten oder nicht bevorzugten Beschäftigung Älterer erkennbar sind, dass jedoch von Branche zu Branche differenziert werden muss und auch die politische Verfasstheit eines Unternehmens (Betriebsrat) Einfluss auf die Beschäftigung Älterer hat. Walwei betont, dass Umsteuerungsanforderungen in der Arbeitsmarktpolitik hinsichtlich der Beschäftigung Älterer „als gesellschaftliche Herausforderung" zu betrachten sind (IABA / Walwei 2006, S. 2).

Im Zusammenhang mit der obigen Darstellung der arbeitsmarkttheoretischen und teilweise arbeitsmarktpolitischen Konstellation der Verrentung und Frühverrentung älterer Arbeitnehmer/innen und der Veränderung dieser Konstellation ist die Forschungsfrage 3 in Anschlag zu bringen: Welches sind die bevorzugten arbeits- und beschäftigungspolitischen Instrumente, die Personalentwickler in mittelständischen Unternehmen nutzen? Etwas anders formuliert:

Wie lassen sich die aktuellen Instrumente des Arbeitsmarktes für Personalentwickler in mittelständischen Unternehmen (Renteneintrittsalter / Kombilohn usw.) effizient nutzen?

Die einerseits erkennbare Tendenz, ältere Arbeitnehmer/innen aufgrund ihrer Arbeitsrisiken (höherer Krankheitsstand usw.) im Anschluss an ihre Reifephase möglichst rasch aus der Produktivität auszugliedern und durch jüngere Arbeitskräfte zu ersetzen, führt offensichtlich dazu, dass Personalentwickler die entsprechenden Arbeitsmarktvorgaben nutzen, um ihr Deutungsmuster bei älteren Arbeitnehmer/innen, also die nachlassende Leistungsfähigkeit, zu bestätigen. Andererseits müsste der wachsende Konkurrenzdruck einer sich immer stärker internationalisierenden Ökonomie dazu führen, dass solche Deutungsmuster sich abschwächen und durch wachsende Angebote des lebenslangen Lernens (life long learning) ersetzt werden, die besonders für ältere Arbeitnehmer/innen ihre Integrationsfähigkeit steigern.

3.4.2 Life-Long-Learning-Programme als wissensmanagementorientierte Personalentwicklungsmaßnahme zur betrieblichen Integration älterer Arbeitnehmer/innen

Die bisher dargestellten Faktoren des zunehmenden Leistungs- und Komplexitätsdrucks der Produktivität bzw. der Serviceleistung der demografischen Verengung des Arbeitsangebots der Jüngeren und der entsprechenden Mehrbeanspruchung älterer Arbeitnehmer/innen führt unweigerlich zur Thematik des sogenannten lebenslangen Lernens (life long learning). Die Bildungskonzeption des life long learning richtet sich auf das Prinzip, dass Individuen im Verlauf ihrer vollständigen Lebensspanne sowohl eigenverantwortlich als auch gruppenorientiert sich in Lernprozesse einbinden, die sowohl auf beruflichen als auch auf privaten Ebenen stattfinden. Die Europäische Kommission bezeichnet life long learning als „jede zielgerichtete Tätigkeit, die einer kontinuierlichen Verbesserung von Kenntnissen, Fähigkeiten und Kompetenzen dient" (Europäische Kommission 2001, S. 1). Volkswirte wie Dedering / Feig betrachten die Zielstruktur des life long learning unter wirtschaftlichen Aspekten und bezeichnen die Konzeption als eine an wirtschaftlichen Zielstellungen orientierte Einstellung, die den Arbeitnehmer/innen die Anstellungsfähigkeit einbringen können muss (vgl. Dedering / Feig 1991, S. 39).

Unter ökonomischen Aspekten sieht die Europäische Kommission in ihrer Charakterisierung der Zielstellungen lebenslangen Lernens die Thematik der Employability (Beschäftigungsfähigkeit) des Arbeitnehmer/innens als bedeutend an (vgl. Europäische Kommission 2001, S. 33). Die Europäische Kommission bezeichnet Beschäftigungsfähigkeit als „die Fähigkeit von Menschen, einen Arbeitsplatz zu finden: Der Begriff bezieht sich nicht nur auf die Angemessenheit der Kenntnisse und Kompetenzen, sondern auch auf die Anreize und Möglichkeiten, die den betreffenden Personen bei der Arbeitssuche geboten werden" (Europäische Kommission 2001, S. 33). Die Definitionsinhalte der Europäischen Kommission in Bezug auf das lebenslange Lernen beziehen sich also weitgehend auf die Situation von Arbeitnehmer/innen, auf ihre Kompetenzen, die sie speziell für ihr Funktionieren in der wachsenden Komplexität des Produktionsprozesses geeignet machen und weiter auf den Arbeitsmarkt, auf dem die Betreffenden ihre Arbeitskraft anbieten.

Life long learning bildet auch deshalb eine zentrale didaktische Position der Beanspruchung, da sich im Verlaufe eines Arbeitslebens nicht wie früher eine einzige Produktgeneration zum Tragen bringt, sondern eine Vielfalt solcher Generationen, und zwar im Zusammenhang mit permanent zunehmender technischer Komplexität. Diese Veränderungszusammenhänge führen automatisch zu einer Priorisierung zeitlich unbefristeter Lernprozesse, bei der die Schulbildung bzw. eine bestimmte Berufsausbildung nicht mehr ausreichen, sondern der Begriff einer kontinuierlichen Weiterbildungsgesellschaft das Feld dominiert (vgl. Geißler /Wittwer 1989, S. 93). Die Fachliteratur demonstriert Konsens hinsichtlich lebenslanger Lernanforderungen, wollen Unternehmen und besonders Mittelständler dem wachsenden Konkurrenzdruck, der sich nicht zuletzt aus der Komplexität der Berufswelt ergibt, dauerhaft standhalten. Juch formuliert hierzu:

> „Da zwischen der beruflichen Leistungsfähigkeit (älterer) Beschäftigter und Weiterbildung enge Zusammenhänge bestehen und kontinuierliche Lernprozesse die Voraussetzung für den Erhalt der Lernfähigkeit auch in späteren Lebensphasen bilden, erscheint eine Weiterbildung notwendig, die am Leitbild des lebenslangen Lernens orientiert ist.“ (Juch 2009, S. 150)

Der Praxisumsetzung solcher Lernanforderungen müssen alle Unternehmensebenen so offenstehen, dass sich die Wissensvermittlung als transparentes Wissensmanagement im Sinne der in Kapitel 4.3 beschriebenen Vorgehensweisen verstehen lässt. Die Vernachlässigung solcher Lernanforderungen führt zu einer Reihe von ökonomisch definierbaren Wettbewerbsnachteilen, da das Unternehmenspersonal erstens bei einem passiven Lernverhalten langfristig seine kognitiven Qualitäten einbüßt, zweitens einem Dequalifizierungsvorgang ausgesetzt wird und drittens intergenerationelle Kohortendifferenzen eintreten, die dazu führen, dass die ältere Workforce gegenüber der jüngeren mit ihren modernisierten Ausbildungsgängen in ein fachliches Defizit gerät (vgl. Wachtler et al. 1997, S. 25).

Programme eines lebenslangen Lernens im Unternehmen können dazu führen, dass ältere Arbeitnehmer/innen ihre betriebliche Integrationsfähigkeit erhalten und damit den negativen Kohorteneffekt vermeiden. Ältere wären also gehalten, in den unternehmensweiten Betriebsangeboten zur permanenten Fortbildung die Qualifikationsrückstände aufzuholen, die sich aus ihren „überholten“ bzw. nicht angepassten Ausbildungsgängen gegenüber Jüngeren automatisch ergeben. Die Teilnahme an Programmen des life long learning reduziert bei älteren Arbeitnehmer/innen zusätzlich die Halbwertszeiten des Wissensverfalls, die in technischen Bereichen besonders groß ist (vgl. Bittlingmayer 2001, S. 19).

Die Lernpsychologie konstatiert ihrerseits, dass kognitive Qualitäten, die nicht trainiert werden, sich generell reduzieren und sich daher offensichtlich auf die Vorgänge der Dequalifizierung verstärkend auswirken (vgl. Lehr 2005, S. 23). Lehr richtet das Augenmerk auf die Anforderung, dass die Fortbildungsangebote für ältere Arbeitnehmer/innen der Institutionalisierung bedürfen, sodass eine Stabilisierung flankierender Weiterbildungsmaßnahmen über die gesamte Erwerbsbiografie hin entstehen kann (vgl. Lehr 2005, S. 23). In Bezug auf die

Sattelberger-Kurve des Betriebslebenszyklus (siehe Kap. 3.3.1) ergibt sich die Frage, in welcher Phase dieses Zyklus Fortbildungsmaßnahmen greifen sollen, die sich über den Rest der Erwerbsbiografie des jeweiligen Arbeitnehmer/innens erstrecken. Da sich in der Wachstumsphase (siehe Sattelberger-Kurve) kaum ältere Arbeitnehmer/innen befinden, sieht sich ein Betrieb, der Ältere in den Arbeitsprozess integrieren möchte vor die Frage gestellt, zu welchem Zeitpunkt der Erwerbsbiografie die angesprochene Institutionalisierung von Weiterbildungsangeboten greifen sollen. In der Reifephase der Erwerbsbiografie (siehe Sattelberger-Kurve) besteht die Gefahr, dass Weiterbildungsmaßnahmen zu spät kommen, bedenkt man die rapiden Halbwertszeiten der unterschiedlichen Wissensbereiche.

Beginnt man mit den institutionalisierten Weiterbildungsmaßnahmen im Sinne lebenslanger Lernprogramme bereits in der Phase des Wachstums der Erwerbsbiografie, die die Frühfluktuation enthalten kann, so stellt sich die Frage, ob solche Maßnahmen nicht mit den bereits angepassten Ausbildungs- bzw. Wissensniveaus der jüngeren Arbeitnehmer/innen kollidieren.

Genaugenommen müssten Programme des lebenslangen Lernens bereits mit dem Eintritt eines/r Arbeitnehmer/in in den Betrieb beginnen. Was die organisatorischen Anforderungen einer solchen Institutionalisierung von Fortbildungsangeboten auf der Basis eines lebenslangen Lernens angeht, so stellt sich die Frage, ob der jeweilige mittelständische Betrieb mit seinen spezifischen Anforderungen diese organisatorischen Probleme überhaupt lösen kann. Ältere Arbeitnehmer/innen, für deren betriebliche Integrationsfähigkeit mit lebenslangen Lernprogrammen gesorgt werden soll, würden intergenerationelle Lern-Communities bilden, in denen ein Ausgleich zwischen den Vorsprüngen impliziten Wissens der Älteren mit dem expliziten Ausbildungswissen Jüngerer stattfinden kann. Die Aufwände an Wissensmanagement, die zur Durchführung lebenslanger Lernangebote, seien sie institutionalisiert oder nicht, notwendig sind, dürften erheblich sein.

Hier liegt der Bezug auf die schematische Übersicht der Personalentwicklung mit ihren unterschiedlichen Anforderungsebenen, dass ein Mittelständler, der eine lebenslange Bildungsentwicklung seines Personals anstrebt, ein umfangreiches Wissensmanagement betreiben muss. Dieses muss sich auf die von außen einwirkenden Bedingungen (Arbeitnehmer/innenweiterbildungsgesetze usw.), auf die Gestaltung der Arbeitsbedingungen sowie auf die Technologieausstattung und nicht zuletzt auf die Organisationsstruktur des Unternehmens richten.

Zwischen den in dem Schema der Personalentwicklung aufgeführten Ebenen der Führungskultur des Unternehmens, seiner konkreten Personalpolitik, seines Angebots materieller Anreizsysteme und der Gestaltung der jeweiligen Lernbedingungen für jüngere und ältere Arbeitnehmer/innen entsteht mit der Implementierung lebenslanger Lernprogramme ein umfangreicher Abstimmungsbedarf, der eine intensive Wissensvermittlung zwischen allen diesen Ebenen erforderlich macht.

Der intergenerationelle Ausgleich bzw. Austausch zwischen den Vorsprüngen impliziten Wissens bei Älteren und expliziten Wissens bei Jüngeren lässt sich mit der sogenannten Wissensspirale hinsichtlich seiner Praktikabilität demonstrieren, wie sie in Bezug auf japanische Unternehmen von den Autoren Nonaka / Takeuchi in ihrer Darstellung des Wissensmanagements unternommen wurde (Nonaka / Takeuchi, 1997). Da sich seit den 80er Jahren des vorigen Jahrhunderts japanische Produzenten auf einer großen Anzahl innovativer Gebiete als führende Hersteller erwiesen haben, lässt sich die Darstellung des Wissensmanagements bzw. der Wissensverbreitung im Unternehmen bis zu hohen Graden als modellhaft verstehen.

Da sich die Wissensausbreitung und Wissensvermittlung im Unternehmen gemäß dem Modell von Nonaka / Takeuchi zwischen den Ebenen der Austausche zwischen implizitem und explizitem Wissen bewegt, lässt es sich auf die Anforderungen eines intergenerationellen Wissensaustausches (auch auf institutionalisierter Basis) im Unternehmen übertragen. Das Zusammenspiel jüngerer und älterer Arbeitnehmer/innen über den Zeitraum einer ganzen Erwerbsbiografie hinweg lässt sich als lebenslanges Lernen nicht zuletzt auf den Wissensaustausch zwischen den Vorsprüngen impliziten Wissens bei Älteren mit den expliziten Wissensvorsprüngen bei Jüngeren beziehen. Ein solcher Austausch kann gemäß dem Modell von Nonaka / Takeuchi auch auf institutionalisierter Ebene im Unternehmen entstehen, sofern die Kostenstruktur eines Mittelständlers ausreicht, um ein solches Bildungsangebot zu finanzieren.

Die Fachliteratur zum Wissensmanagement legt in Bezug auf den wechselseitigen Wissensaustausch zwischen den Generationen den Begriff einer Wissensgemeinschaft zugrunde, den auch Nonaka / Takeuchi in ihrer Darstellung der Wissensvermittlung im Unternehmen verwenden (vgl. Probst et al. 2001, S. 29). Nonaka / Takeuchi legen in ihrer Darstellung der Wissensverbreitung im Unternehmen als einer Wissensgemeinschaft vier wesentliche Kategorien zugrunde. Diese sind „Sozialisation“ (1), „Externalisierung“ (2), „Internalisierung“ (3) sowie „Kombination“ (4) (Nonaka / Takeuchi 1997, S. 84). Das unten abgebildete Schema stellt die Bewegungsrichtung des spiralförmigen Vorgangs dar, in der sich laut Nonaka / Takeuchi die Wissensverbreitung im Unternehmen zwischen den Kategorien „implizit“ und „explizit“ abspielt.

Abbildung 9: Verbreitung von Wissen im Unternehmen von impliziten Ebenen zu expliziten Ebenen

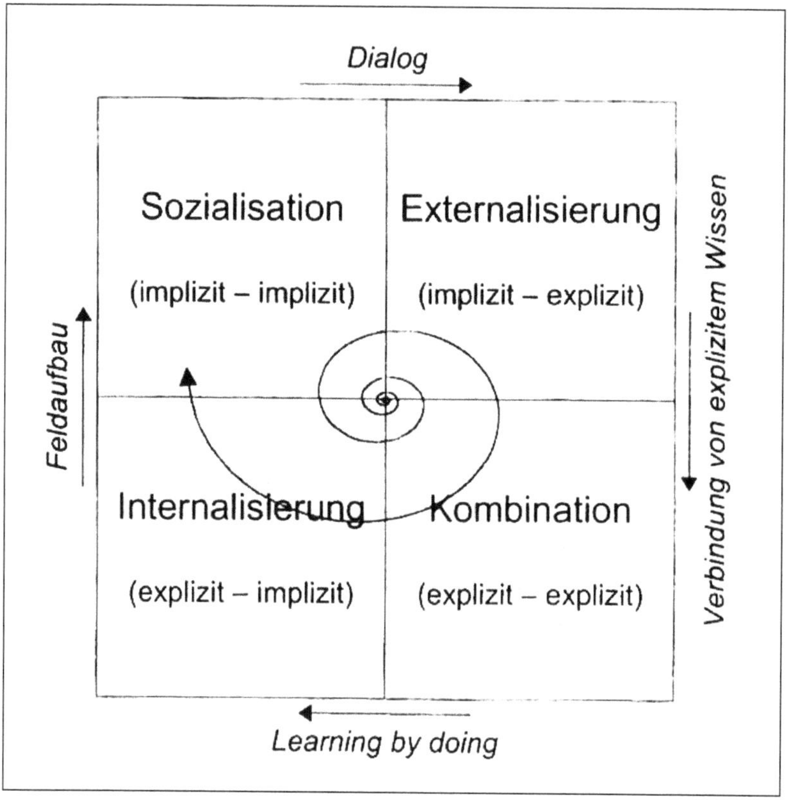

Quelle: Nonaka / Takeuchi, 1997, S. 84.

Der Prozess der „Sozialisation" (1) (links oben im Schema) beruht auf der Kommunikation zwischen Unternehmensmitarbeitern, die ihr implizites Wissen kommunikativ austauschen. Der Wissensvorsprung, den ältere Arbeitnehmer/innen gegenüber jüngeren in diesem Bereich haben, führt bereits zu einer Wissensverbreiterung, der die Älteren über die Wissensrückstände jüngerer Mitarbeiter aufklärt, den Jüngeren zugleich die Wissensvorsprünge Älterer vermittelt und Ausgleiche herstellt. Nonaka / Takeuchi betrachten dies als Austausch von Erfahrungen, der durch Imitation oder Beobachtung von Arbeitsvorgängen ablaufen kann.

Hier läge hinsichtlich der Verwendungsfähigkeit älterer Arbeitnehmer/innen einer der ersten Schritte zu einer Integration durch die Sozialisationsformen lebenslangen Lernens. Die zweite Kategorie „Externalisierung" (2) bildet einen Transformationsprozess, in welchem das Wissen der Mitarbeiter von impliziten zu expliziten Formen vorgeht. Wie in Kapitel 4.1.1 und 4.1.2 dargestellt, bildet explizites Wissen solches, das sich kodifizieren und dokumentieren lässt, also einen wesentlichen Bestandteil des Produktivwissens in Unternehmen darstellt. Bezogen auf ihre Ausbildungsvorsprünge können im intergenerationellen Austausch und zugleich im Sinne der Integrationsfähigkeit Älterer letztere in diesem Bereich aufgrund ihrer modernisierten Ausbildungsvorsprünge von den Jüngeren lernen. Nonaka / Takeuchi bezeichnen das aus dem impliziten Wissen entstandene explizite Wissen als Modelle, Analogiebildungen und Hypothesenformen.

Mit der dritten Kategorie „Internalisierung" (3) bewegt sich das unternehmensinterne Wissen zunächst wieder von der expliziten zur impliziten Ebene, bildet also einen Lernvorgang, der sich gemäß dem Lernmodell „on the job" als Lernen im Arbeitsprozess (learning by doing) bezeichnen lässt. Das vorher explizite Wissen, das sich beispielsweise auf eine innovative Produktform beziehen kann, wird in einer Spiralbewegung von den Mitarbeitern internalisiert, also zunächst wieder ohne Formalisierung zu einem impliziten Wissen. Der Begriff des „learning by doing" charakterisiert diesen Wissensabschnitt als einen, bei dem das formalisierte Wissen der Externalisierung nicht verloren geht. Ältere Mitarbeiter, die sich systematisch in diese Wissensbewegung (Spirale) einbringen können, werden also von Schritt zu Schritt der Wissensverbreitung integrationsfähiger. Auf der letzten Ebene, der der „Kombination" (4), entsteht aus dem expliziten Wissen der Externalisierung durch die Kombination der dort angesammelten expliziten Wissenselemente neues Explizitwissen, das sich laut Nonaka / Takeuchi dann auf die höchste Form der Formalisierung bezieht, also auf den Einsatz von IT-Technologie, Dokumentationen und Netzwerken (vgl. Nonaka / Takeuchi 1997, S. 84ff).

Nonaka / Takeuchi konstruieren in ihrer Theorie der Wissenserzeugung sodann eine weitere Spirale der Wissensverbreitung, die eine Erweiterung des oben abgebildeten Schemas darstellt. Die Sozialisationsphase (1) des Austauschens impliziten Wissens lässt sich mit Nonaka / Takeuchi auf den Wissensaustausch durch eigenständige Arbeitsteams in Unternehmen beziehen, in welchem sich Mitarbeiter, die aus gemischten Arbeitsteams von Jungen und Alten bestehen können, zum Beispiel auf die Entwicklung eines innovativen Produktes verständigen. Der Externalisierungsprozess (2) leitet explizite Konzeptionen ein, in dem sich die Mitarbeiter unterschiedlicher Altersstufen auf neue Reflexionsebenen hinsichtlich des innovativen Produktes begeben und sich mit Hilfe visueller Muster, Analogien und Metaphern auf explizite Produktebenen verständigen.

Die Kombinationsebene (4) lässt sodann aus den Artikulationsstufen der drei vorausgegangenen Phasen eine Art Prototyp des innovativen Produkts entstehen, die naturgemäß weitere Akzeptanz im Unternehmen, etwa beim Management, erst einmal finden muss. Die Wissensverbreitung auf weiteren Unternehmenebenen beschreiben Nonaka / Takeuchi in ihrer zweiten Spirale der Wissensverbreitung (vgl. Nonaka / Takeuchi 1997, S. 87). Das japanische Autorenteam ergänzt seine Darstellung der Verbreitung von Wissen im Unternehmen durch spiralförmige Bewegungen in einem Modell der Wissensschaffung, das in fünf Phasen unterteilt ist. Von zentraler Bedeutung für die Thematik möglicher Integration älterer Arbeitnehmer/innen lässt sich zur Verdeutlichung die erste Phase heranziehen, nämlich der Austausch impliziten Wissens. Nonaka / Takeuchi gehen für die Darstellung dieser Phase auf die Problematik ein, dass Teams, die an Projekten arbeiten, aus Mitarbeitern zusammengesetzt sind, die aus sehr verschiedenen Herkunftsbereichen in das Unternehmen gelangen. Der Austausch impliziten Wissens (Phase der „Sozialisation"), den Nonaka / Takeuchi für die erste Generierungsphase von Wissen ansetzen, besteht aus dem Informationsaustausch, den die Mitarbeiter aus den unterschiedlichsten Funktionssektoren des Unternehmens in dieser Phase betreiben (vgl. Nonaka / Takeuchi 1997, S. 100).

Projektteams, die aus Mitgliedern unterschiedlicher Herkunftsbereiche zusammengesetzt sind, und die zur Entwicklung innovativer Produkte implizites Wissen austauschen, lassen sich als solche denken, die als altersgemischte Gruppen genau diesen Wissensaustausch betreiben. In diesem Sinne bietet das Modell der Wissensgenerierung von Nonaka / Takeuchi ein Beispiel für die Möglichkeit, ältere Arbeitnehmer/innen in den Prozess der Wissensgenerierung zu integrieren. Zu dieser Thematik lassen sich ergänzend die Ausführungen Bucks heranziehen, der die Kooperation älterer und jüngerer Beschäftigter als eine positive Komplementärfunktion für die Wissensgenerierung im Unternehmen betrachtet. Buck sieht die entsprechenden Komplementärfunktionen in den Wissensvorsprüngen Jüngerer, was neue Technologien angeht, etwa Programmiersprachen, und stellt diesem Vorsprung die soziale Kompetenz höherer Kommunikationsfähigkeit bei Älteren als positive Ergänzungsmöglichkeit einer produktiven Gruppenarbeit gegenüber (vgl. Buck 2001, S. 24). Jüngere Mitarbeiter weisen einen Enthusiasmus für technische Innovationen vor, Ältere können, wie Buck anmerkt, diesen Enthusiasmus durch ihre Schlüsselqualifikationen und ihr Praxiswissen dahingehend ergänzen, dass sich solcher Enthusiasmus in eine produktive Projektstrategie umsetzt (vgl. Buck 2001, S. 24).

Probst et al. schlagen in ihren Modellen des Wissenstransfers im Unternehmen die Konstruktion von Wissensgemeinschaften vor, in welchen intergenerationeller Wissensaustausch produktiv betrieben werden kann. Solche

Wissensgemeinschaften müssen sich laut Probst et al. um die strategisch bedeutenden Wissenssektoren des Betriebes herum anordnen lassen (vgl. Probst et al. 2001, S. 41). Sporket führt eine Reihe von Beispielen auf, die belegen, dass kleine und mittelständische Unternehmen in ganz Europa im Bereich des intergenerationellen Wissensmanagements Programme auflegen, die den Wissenstransfer zwischen älteren und jüngeren Mitarbeitern in den jeweiligen Unternehmen mit Erfolg durchführen. Die Personalverantwortlichen dieser Programme sind dabei für die Implementierung der Wissenskooperation verantwortlich (vgl. Sporket 2009, S. 187, 188).

Die dargestellten Ansätze eines intergenerationellen Wissensaustausches, einschließlich der diesbezüglichen Implikationen im Modell von Nonaka / Takeuchi, lassen sich unter dem Aspekt eines lebenslangen Lernens so interpretieren, dass ein solcher Austausch grundsätzlich zwischen einer nachrückenden jüngeren Unternehmensbelegschaft und der alternden Workforce in Permanenz, also lebenslang, geschieht, oder zumindest solange, wie die Erwerbsbiografie der Mitarbeiter anhält. Die Thematik eines lebenslangen Lernens lässt sich, wie unter anderem das Modell des Wissensmanagements von Nonaka / Takeuchi zeigt, nicht mit einigen spezifischen Weiterbildungsangeboten im Unternehmen erledigen, sondern bedarf einer strategischen Gesamtstruktur, die das Unternehmen als Ganzes mit seiner Integrationsfähigkeit älterer Arbeitnehmer/innen als lernende Organisation betrachtbar macht (vgl. Sattelberger 1996, S. 13).

3.4.3 Bildungsaktivierung älterer Arbeitnehmer/innen zur Stärkung ihrer Integrationsfähigkeit

Schmidt weist in seinen Ausführungen „Weiterbildung und informelles Lernen älterer Arbeitnehmer/innen“ darauf hin, dass die Problematik der Integrationsfähigkeit älterer Arbeitnehmer/innen in den Arbeitsprozess sich auf bestimmte Veränderungstendenzen der Produktivität beziehen lässt. Schmidt konstatiert hierzu:

> „Die unter den Schlagwörtern Informatisierung, Internationalisierung und Individualisierung zusammenzufassenden Entwicklungen auf dem Arbeitsmarkt haben die Anforderungen an die Arbeitnehmer/innen nachhaltig und branchenspezifisch geprägt. In vielen Bereichen hat die Bedeutung eigenverantwortlichen Handelns auch in den unteren Hierarchieebenen zugenommen und fachübergreifende Kompetenzen sind stärker in den Mittelpunkt von Qualifikationsanforderungen gerückt.“ (Schmidt 2009, S. 28, 29).

Altersspezifische Weiterbildungsangebote, die zudem den Sektor lebenslangen Lernens abdecken sollen, bedürfen, wenn sie auch noch altersspezifisch angepasst werden sollen, eines umfangreichen Organisationsaufwandes, den besonders Mittelständler wegen der Kosten nicht grundsätzlich in Kauf zu nehmen bereit sind. Schmidt plädiert in seinen Ausführungen zur Weiterbildung älterer Arbeitnehmer/innen für die Gestaltung eines lernförderlichen Arbeitsplatzes, der informelle Lernangebote vorhält (vgl. Schmidt 2009, S. 130). Die Thematik informellen Lernens lässt sich auf die entwickelte Austauschebene impliziten Wissens zwischen jüngeren und älteren Arbeitnehmer/innen beziehen. Wo implizite Wissensformen, auch in konkreten Produktentwicklungen, durch Projektgruppen ausgetauscht werden, findet informelles Lernen statt, das laut Schmidt eine motivationsfördernde Lernform älterer Arbeitnehmer/innen bildet (vgl. Schmidt 2009, S. 131). Auch unter den Aspekten lebenslangen Lernens lässt sich jedoch kaum ausschließen, dass älteren Arbeitnehmer/innen klar umrissene Fortbildungsangebote unterbreitet werden müssen, die kodiertes Explizitwissen enthalten, also nicht auf gruppenspezifische Kommunikation, sondern besonders auf einem praxisorientierten Lehrbuchwissen beruhen. Letzteres wäre zugleich so zu organisieren und zu vermitteln, dass die Altersanforderungen einer entsprechenden Fachdidaktik und die Problemorientiertheit der Lerninhalte in Bezug auf die vorhandenen Arbeitsprozesse des Unternehmens berücksichtigt werden.

Die Forschungsfrage 4 lautet in diesem Sinne: „Welche Weiterbildungsaktivitäten werden verfolgt, um ältere Arbeitnehmer/innen in mittelständische Unternehmen in laufende Arbeitsprozesse zu integrieren?"

In zusammengeraffter Form lässt sich die Frage verkürzen: „Welche Weiterbildungsaktivitäten für ältere Arbeitnehmer/innen werden verfolgt oder sind geplant?". Grundsätzlich existieren drei Lernkonstruktionen einer Personalentwicklung, die auf die Weiterbildung älterer Arbeitnehmer/innen konzentriert ist, die Konzeption einer Personalentwicklung mit Lebensphasenorientierung (1), die Konzeption eines altersgerechten und erfahrungsorientierten Lernens (2) sowie die Konzeption eines intergenerationellen Wissens- und Erfahrungstransfers (3).

Die lebensphasenorientierte Personalentwicklung bezieht sich mit ihren Weiterbildungsangeboten für ältere Mitarbeiter an den jeweiligen Phasen des betrieblichen Lebenszyklus. Die Wachstumsphase, Reifephase bzw. Sättigungsphase eines Arbeitnehmers/in (siehe Sattelberger-Kurve) bedürfte gemäß dieser Konzeption jeweils deutlich unterschiedlicher Bildungs- und Weiterbildungsangebote, die zusätzlich auf die Halbwertszeit des Wissens Rücksicht nehmen müssten. Die Konzeption der altersgerechten und erfahrungsorientierten Lernangebote berücksichtigt die existierenden Kompetenzen älterer Arbeitnehmer/innen, was ihren Lernstand betrifft, und konzentriert den Lernprozess auf konkrete Arbeitsvorgänge (vgl. Hörwick 2003, S. 12).

Die Konzeption intergenerativen Wissens- und Erfahrungstransfers (3) konzentriert sich auf den Wissensaustausch zwischen jüngeren und älteren Arbeitnehmern/innen und bringt besonders die Verwendung altersgemischter Arbeitsgruppen in Anschlag. Die unten folgende schematische Darstellung bietet eine Übersicht von Weiterbildungsmaßnahmen, die ein Unternehmen auf unterschiedliche Altersgruppen zentriert, zur weiteren Qualifizierung seiner Mitarbeiter anbieten kann.

Abbildung 10: Einsatzebenen von Weiterbildungsmaßnahmen zur Personalentwicklung

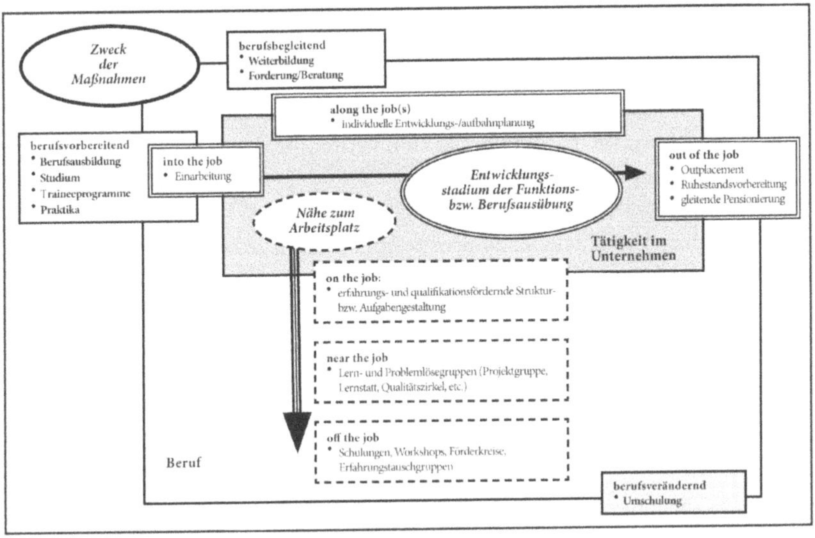

Quelle: Mudra, 2004, S. 215.

Die Übersicht fasst schematisch die unterschiedlichen Personalentwicklungsmaßnahmen in der Form von bestimmten Ebenen der Fortbildung zusammen. Die Einsatzfelder solcher Maßnahmen lassen sich, wie die Übersicht demonstriert, in zwei große Abteilungen untergliedern: 1. Berufsbegleitende Weiterbildungsmaßnahmen (wie Weiterbildung / Förderung / Beratung) 2. arbeitsorientierte Fortbildung, die sich an der Art der Unternehmensproduktivität bzw. der Geschäftsfeldaktivität des Unternehmens orientiert: Into the job, on the job, near the job, off the job, out of the job. Die Sektoren „into the job" (Einarbeitung) und „out of the job" (Outplacement, Ruhestandsvorbereitung) sind unter den altersspezifischen Aspekten möglicher Eingliederung älterer Arbeitnehmer/innen in den Betriebsablauf und besonders unter Aspekten der Anforderungen lebenslangen

Lernens nicht von spezieller Bedeutung. So wäre für ein Unternehmen, das hoch spezialisiertes Fachpersonal braucht, und sich dieses im Sinne einer demografieorientierten Arbeitsplatzgestaltung langfristig erhalten möchte (siehe Sattelberger-Kurve, Fluktuation) bereits in der Phase „into the job" eine bestimmte Pädagogik der Weiterbildung angesagt. Letztere hätte sich auf die Möglichkeit zu beziehen, bereits in der Einarbeitungsphase „into the job" jüngere Arbeitnehmer/innen in Ergänzung ihrer Berufsvorbereitung (Schema links außen) mit älteren Arbeitnehmer/innen zusammenzubringen, sodass ein effizienter Austausch des Wissens von implizit zu implizit (gemäß Nonaka / Takeuchi) produktiv stattfinden kann. Schon in dieser Phase ergäben sich infolgedessen gemäß dem obigen Schema Möglichkeiten, ältere Arbeitnehmer/innen in den Arbeitsprozess so zu integrieren, dass sie erstens jüngere Arbeitnehmer/innen durch learning by doing unterrichten und sie zusätzlich mit einer Erwachsenenpädagogik konfrontieren, die den Jüngeren deutlich macht, welche Fähigkeiten auch im Alter für den Betrieb noch relevant, interessant und produktiv sind.

Die Einsatzmöglichkeiten älterer Arbeitnehmer/innen lassen sich in den Ebenen „along the job" (individuelle Entwicklungs- / Laufbahnplanung) sowie auf denen „on the job", „near the job", „off the job" weiter fortsetzen. Die Wissensspirale gemäß Nonaka / Takeuchi lässt sich in der Einführung gemischter Arbeitsgruppen so konkretisieren, dass das explizite Wissen jüngerer Arbeitnehmer/innen den Älteren im Bereich „on the job" produktiv zugutekommt. Zugleich könnten sich im Bereich „on the job" die Jüngeren den Aufgaben widmen, die größeres physiologisches Engagement erfordern, also für Ältere aufgrund ihrer nachlassenden Körperkraft nur noch schwer zu meistern sind. Gleiches gälte für die Kognitionsrückstände, die hinsichtlich der Lernschnelligkeit bei Älteren gegenüber Jüngeren teilweise nachweisbar sind (vgl. Schmidt 2009, S. 47ff).

Auch im Bereich „near the job" wo „Lern- und Problemlösegruppen" zur Anwendung gelangen, lassen sich Elemente der Wissensverbreitung gemäß Nonaka / Takeuchi in der Beziehung zwischen Älteren und Jüngeren realisieren. Jüngere haben aufgrund ihrer an die Fortschritte der IT-Technik angepassten Ausbildung einen definitiven Vorsprung, was die formalisierten Anteile expliziten Wissens angeht. Betrachtet man solche Vorsprünge im Sinne Nonaka / Takeuchi als produktiv für die Wissensverbreitung im Unternehmen nutzbar, so können die entsprechenden Wissenssteigerungen ihrerseits von Älteren auf der nächsten Stufe einer möglichen Projektebene positiv verwendet werden.

Das gleiche gilt für den Bereich „off the job", also den Bereich, in dem Workshops und Schulungen zum Einsatz kommen. Das Schema macht auf „Erfahrungsaustauschgruppen" (Mitte unten) aufmerksam. Solche Austauschgruppen bilden ebenfalls einen Raum, in welchem ältere Arbeitnehmer/innen ihre Vorsprünge an implizitem Wissen zur Geltung bringen können. Um die Bedeutung des Gesamtzusammenhangs der Wissensvorsprünge älterer Arbeitnehmer/innen im impliziten Bereich zu demonstrieren, lässt sich auf ein Beispiel verweisen, dass Mandl / Gerstenmaier in ihrer Darstellung „Die Kluft zwischen Wissen und Handeln" zu dieser Problematik aufführen. Mandl / Gerstenmaier erklären in dem Beispiel, dass teilweise graduierte Betriebswirte das angelernte ökonomische Wissen nicht in eine Problemlösefunktion umsetzen konnten, was die Funktionsformen einer Jeans-Fabrik anging (Mandl / Gerstenmaier 2000, S. 141).

Das Problemlösungswissen, das in dem impliziten Wissensvorrat älterer Arbeitnehmer/innen vorhanden ist, könnte bei solchen und ähnlichen Problemen seine Anwendungseffizienz erweisen. Ähnliches lässt sich für den Bereich „individuelle Entwicklungs- / Laufbahnplanung" (along the job) konstatieren. Geht man mit der Sattelberger-Kurve (siehe weiter oben) davon aus, dass sich altersbedingte Abnutzungserscheinungen mit der Wachstumsphase und spätestens mit der Reifephase der Betriebssozialisation eines Arbeitnehmer/innens einstellen, so lassen sich ältere Arbeitnehmer/innen in die Überlegungen zur Laufbahnplanung von Jüngeren durch Beratungsfunktionen integrieren. Für die Bereiche „out of the job" (Outplacement usw.) wären bestimmte Altersgrenzen so aufzuheben, dass Teilzeitarbeit für ältere Arbeitnehmer/innen im Ausgleich mit anderen Einsätzen von Jüngeren möglich werden. Begreift man die dargestellte Kooperation zwischen jüngeren und älteren Arbeitnehmer/innen als eine Kooperationsgemeinschaft „along the job", also als eine Verlaufsgemeinschaft betrieblicher Sozialisation, so lässt sich von einer Wissensgemeinschaft sprechen, wie sie die Fachliteratur als Produktivform möglicher Erzeugung von ökonomischen Wettbewerbsvorteilen vielfach thematisiert (vgl. Katenkamp 2011, S. 336).

Unabhängig von den oben charakterisierten möglichen Wissensgemeinschaften, die die Integrierbarkeit älterer Arbeitnehmer/innen in die Wissensgenerierungsprozesse des Unternehmens einbinden, existiert ein umfangreicher Bereich von Empfehlungen, der sich auf altersgerechte Lernangebote und Lehrmethoden auf Seiten der Arbeitgeber bezieht (vgl. Juch 2009, S. 167). Solche Hinweise richten sich auf die optimale Größe von Lerngruppen, in denen ältere Arbeitnehmer/innen weitergebildet werden, auf ihre Zusammensetzung, auf Lehr- und Lernmethoden für Ältere, auf die Praxisorientiertheit der Weiterbildungsangebote sowie auf die Berücksichtigung kognitiver Fähigkeiten Älterer (vgl. Juch 2009, S. 175ff). Beim Lernen „off the job", das rechnergestützt erfolgt, sollten Ältere laut Juch ihre Lerngeschwindigkeit nach Möglichkeit selbst definieren können (vgl. Juch 2009, S. 174). Die Lernmedien sollten in den Arbeitsprozess so integriert sein, dass sie die älteren Arbeitnehmer/innen auf ihrem jeweiligen

Wissensstand „abholen“, sodass ihre Lernmotivation auf der intrinsischen Ebene durch die entsprechende Passung gestärkt wird. Weiterbildungsangebote können sich in Kleingruppenarbeit als sogenannte Qualitätszirkel oder als Lerngruppen konkretisieren. Im Falle der Lerninsel liegt eine Qualifizierungsart vor, die den Lernprozess auf reale Arbeitssituationen konzentriert. Lerninseln stellen den Beteiligten bestimmte Arbeitsaufgaben, die von einem Fachausbilder begleitet werden, zusätzlich aber in den jeweiligen Teams eigenständig bearbeitet werden. Die in einer Lerninsel operierenden Teams bearbeiten einerseits Produktionsbereiche, andererseits aber auch Planungssektoren, mit den jeweils zugehörigen Kontrollfunktionen (vgl. Schanz 2000, S. 572).

Das Wissensmanagement des Unternehmens hätte mit bestimmten Arbeitsarrangements organisational dafür zu sorgen, dass in möglichst vielen Bereichen, wie sie in dem oben dargestellten Organigramm aufgeführt sind, altersgemischte Arbeitsteams existieren, sodass sich Lernpartnerschaften in der Wissensgemeinschaft des Unternehmens entwickeln können. Dies erfordert weiter ein hohes Ausmaß an Intensität der Interaktionsbeziehungen zwischen älteren und jüngeren Arbeitnehmer/innen (vgl. Nonaka / Takeuchi 1997, S. 114). Mit Juch lassen sich die dargestellten Anforderungen der möglichen Eingliederung älterer Arbeitnehmer/innen in eine Vielzahl produktionsbezogener Arbeitsprozesse folgendermaßen zusammenfassen:

„Im demografischen Szenario besteht die Notwendigkeit, insbesondere das implizite Erfahrungswissen älterer Mitarbeiter an jüngere Beschäftigte zu transferieren, sodass die organisationale Wissensbasis trotz personeller Diskontinuitäten erhalten werden kann. Die Gestaltung des Wissenstransfers bzw. der Wissensverteilung zwischen den betrieblichen Arbeitsgruppen ist dabei Aufgabe des betrieblichen Wissensmanagements und verfolgt somit das Ziel, jüngeren Beschäftigten den Zugang zu den spezifischen Wissensbeständen der langjährig Beschäftigten und Ausscheidenden zu ermöglichen.“ (Juch 2009, S. 192). Der Zusammenhang von Wissensmanagement, Weiterbildungsangeboten und der Aktivierung des Wissens älterer Arbeitnehmer/innen in Bezug auf die Thematik der Halbwertszeit gestaltet sich bis zu gewissen Graden problematisch, da die Personalverantwortlichen bzw. Personalentwickler in einer großen Anzahl von Fällen gegenüber älteren Arbeitnehmern/innen mit Deutungsmustern und Mustern trägen Wissens operieren, die eine adäquate Einschätzung der Wissensbefähigung älterer Arbeitnehmer/innen nicht adäquat zum Einsatz bringt. Da die Beurteilungsfähigkeit des expliziten und impliziten Wissens älterer Arbeitnehmer/innen nicht zuletzt zum Wissensmanagement eines Unternehmens gehört, und sich auf der Ebene der Einstellungsentscheidungen von Personalverantwortlichen gegenüber älteren Arbeitnehmern/innen konkret umsetzt, sind im Folgenden die Probleme darzustellen, die Personalverantwortliche in einem Unternehmen hinsichtlich ihrer eigenen Wissenskategorien und ihrer Umsetzung bestimmen und gegebenenfalls auch einschränken.

4 Personalentwicklungsstrategien unter Aspekten der Deutungsmuster von Personalentwicklern hinsichtlich der Integrationsfähigkeit älterer Arbeitnehmer/innen

4.1 Entwicklungsstrukturen von Seiten der Personalentwickler in Bezug auf ältere Arbeitnehmer/innen

Da die vorliegende Arbeit sich mit der betrieblichen Integration von Arbeitnehmer/innen auseinandersetzt, ist die Instanz des „Personalentwicklers" hinsichtlich ihrer Problematik ein zu analysierendes Feld. Die Aufgaben der Personalentwicklung, bzw. der in dieser Abteilung eines Unternehmens beschäftigten Personalentwickler lassen sich als vielschichtig und vielfältig bezeichnen. Personalentwickler sind für die Feststellung der Eignung neu einzustellender Mitarbeiter in Bezug auf ihre Betriebsfunktionen verantwortlich, führen also unter Einsatz ihrer personalen und psychologischen Kenntnisse die Selektion neuen Personals durch, nehmen Beratungsfunktionen wahr, setzen Bildungs- bzw. Förderungsmaßnahmen an, koordinieren den Personaleinsatz, üben planerische und organisatorische Dispositionen für den Betrieb aus und bedürfen dazu eines relativ umfangreichen Sortiments an psychologischer und pädagogischer Kenntnisse und Fähigkeiten (vgl. Mentzel 1997, S. 32).

Um die Problematik von Seiten der Personalentwickler adäquat darstellen zu können, ist mit der wissenschaftlichen Literatur zur Personalentwicklung darauf hinzuweisen, dass das Berufsbild des Personalentwicklers nicht über ein präzises Profil verfügt, das bestimmte Ausbildungsstandards repräsentiert und daher eine spezifische Professionalität verkörpert, so dass es sich aus solcher Perspektive mit der Aktivierbarkeit des trägen Wissens in Bezug auf die Personalauswahl beschäftigt. Mudra konstatiert in diesem Sinne:

> „Mit Blick auf die recht unterschiedlichen PE-Strukturen in den Unternehmen lässt sich keine allgemeingültige Aufgabenbeschreibung, geschweige denn eine institutionalisierte Festlegung auf bestimmte, gegeneinander abgrenzbare Fähigkeitsmuster und Aufgabenfelder im Sinne eines Berufsbildes (des Personalentwicklers, der Verfasser) ermitteln. Interessant ist allerdings, dass die Ausbildungsberufe der in der Personalentwicklung tätigen Personen recht unterschiedlich sind. So findet man Mitarbeiter, die nach einer Berufsausbildung und einer unterschiedlich ausgedehnten Praxisphase in die Personalentwicklung – häufig zunächst in den Ausbildungs- und anschließend

in den Weiterbildungsbereich – gewechselt sind, genau wie Wirtschaftswissenschaftler, Pädagogen, Psychologen, Soziologen, Juristen und andere Akademiker. Aufgrund des Fehlens eines einheitlichen Qualifikationsstandards erfolgt die Vermittlung von Basiskompetenzen für ein professionelles Handeln der Personalentwickler i.d.R. eher individuell und berufsbegleitend." (Mudra 2004, S. 282, 283).

Neuberger weist zusätzlich auf die Problematik hin, dass sich Personalentwickler in einem grundsätzlichen Dilemma befinden: Sie müssen einerseits die Ansprüche ihrer Arbeitgeber auf die möglichst präzise Auswahl höchst möglicher Qualität bei den Mitarbeitern berücksichtigen, andererseits die Ansprüche potentieller Mitarbeiter ebenfalls befriedigen und die mögliche Qualität solcher Mitarbeiter in einem Einstellungsverfahren erfolgreich beurteilen können (vgl. Neuberger 1994, S. 182). Ein drittes Problem, dem sich Personalentwickler bei der Personalentwicklung und späteren Integration von Arbeitnehmer/innen in den Betrieb ausgesetzt sehen, besteht in der erwähnten permanenten Umfeldänderung von Arbeitswelten und Wissensanforderungen in der Produktivität (vgl. Lehky 2003, S. 18.).

Der Aspekt der Einstellungs- bzw. Verwendungsfähigkeit älterer Arbeitnehmer/innen in einem Betrieb setzt bei den Personalentwicklern also präzises Wissen in den Bereichen der Lerntheorie, der kognitiven Psychologie und speziell der Lernfähigkeit älterer Menschen voraus. Diese Kenntnisse müssen eine betriebsintegrative Passung ergeben, da sie auf die Arbeitsplatzumfelder in den betreffenden mittelständischen Unternehmen hinsichtlich der Produktivitätskomplexität und den dort herrschenden Anforderungen umgesetzt werden müssen. In den 80er und 90er Jahren des vorigen Jahrhunderts wurden Alterungsprozesse des Individuums weitgehend mit einem Leistungsabfall kognitiver Intelligenz identifiziert (vgl. Oswald 2000, S. 109).

Jüngere Forschung zur Entwicklung von Altersintelligenz weist darauf hin, dass kognitive Funktionen sich im Alter nicht mindern, sondern lediglich dedifferenzieren, sich also unterschiedliche intellektuelle Fähigkeiten im Alter nicht in dem Ausmaß voneinander unabhängig entwickeln, wie es im jugendlichen Alter geschieht (vgl. Oswald 2000, S. 112). Baltes macht darauf aufmerksam, dass ältere Menschen mit der Aufnahmegeschwindigkeit neuer Informationen und ihrer memorierenden Verarbeitung nicht das gleiche Tempo erreichen wie jüngere. Auf die Problemlösungsfähigkeit Älterer, bzw. die Anwendung vorhandener Wissensvorräte hat dieses Nachlassen aber keinen negativen Einfluss (vgl. Baltes 1993, S. 584). Schmidt charakterisiert zusammenfassend die Wissensleistung älterer Arbeitnehmer/innen am Arbeitsplatz in Bezug auf die mehrfach angesprochene wachsende Komplexität der Arbeitsumwelt in folgender Form:

> „Wissen kann aber dazu beitragen, altersbedingte Entwicklungsverluste im Hinblick auf die Geschwindigkeit der Informationsverarbeitung und eine längere Reaktionszeit effektiv zu kompensieren, wie z. B. Untersuchungen zur Arbeit Älterer am Computer zeigen. Auch an Arbeitsplätzen, die primär auf moderne Informations- und Kommunikationstechnologien zurückgreifen, zeigt sich zwar ein leichter Rückgang der Leistungsfähigkeit mit steigendem Alter, die meisten der älteren Erwachsenen sind aber durchaus in der Lage, den Arbeitsplatzanforderungen, die in der Regel keine permanenten Höchstleistungen einfordern, gerecht zu werden“ (Schmidt 2009, S. 51, 52).

Im Folgenden ist zur Vorbereitung der Darstellung wissensmanagementorientierter Betriebsbildung für ältere Arbeitnehmer/innen der Begriff des Wissens weiter zu präzisieren.

4.1.1 Die Struktur des menschlichen Wissens

Auf einer abstrakten und allgemeinen Ebene lässt sich humanes Wissen als gespeicherte Information begreifen. Letztere wird mental in kognitiven Strukturen als Wahrnehmungsmuster teilweise im Kurzzeitgedächtnis oder im Langzeitgedächtnis konzentriert. Eine weitere grobe Unterteilung von Wissensformen beschreibt letztere entweder als deklaratives Wissen (1) oder als prozedurales Wissen (2). Deklaratives Wissen äußert sich in der Fähigkeit, komplexe Sachverhalte wie mathematische Formeln im Gedächtnis zu speichern. Prozedurales Wissen beschreibt dagegen handlungsorientierte Fähigkeiten des Individuums, die sich auf rational durchgeführte Vorgänge und Fertigkeiten beziehen. Meinsen unterteilt die Wissensstruktur in ein konstruktivistisches und ein ontologisches Erklärungsmodell. (vgl. Meinsen 2003, S. 22).

Der Konstruktivismus betont die subjektive Komponente aller humanen Wissenskonstruktionen, da letztere grundsätzlich vom Organisations- und vom Verwendungsinteresse der Beobachter abhingen. Wissen ist in diesem Sinne von Interessen geleitete Konstruktion. Die ontologische Darstellung von Wissensstrukturen nimmt eine vom Beobachter unabhängige Realitätsdimension an, deren erkenntnismäßige Durchdringung mit dem Vorstoßen zu einem objektiven Realitätsbild nicht verneint.

Das unten in schematischer Form dargestellte Objekt-Prozess-Modell des Wissens entspricht in seiner Auffassung von Wissen eher der konstruktivistischen Richtung. Dieses Modell von Reinmann-Rothmeier setzt seinen Wissensbegriff aus einer informationsbezogenen Objekt-Perspektive der Informationsverarbeitung und einer prozessorientierten Perspektive des Handelns zusammen.

Abbildung 11: Prozedurales Wissensmodell gemäß Reinmann-Rothmeier

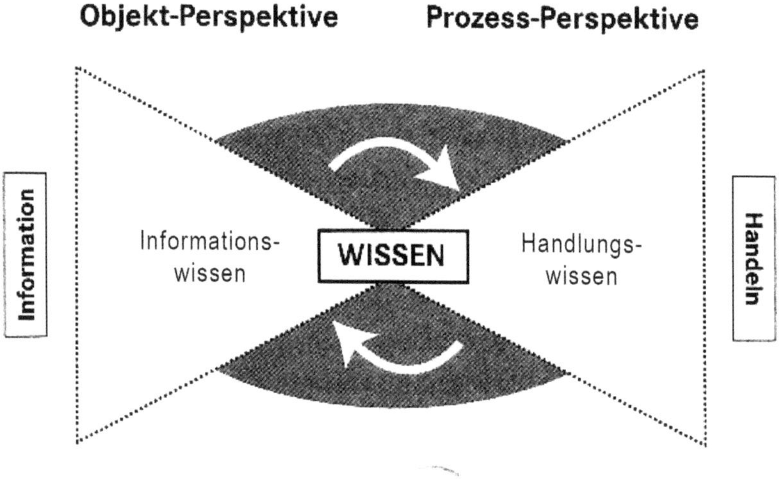

Quelle: Reinmann-Rothmeier, 2001, S. 17.

Das Strukturmodell der Darstellung des Wissens gemäß Reinmann-Rothmeier betont die Interdependenz von abstraktem Informationswissen im Sinne eines Objektverständnisses der Phänomene und der Generierung von Wissen durch die Intersubjektivität menschlichen Handelns. Das Modell bezieht also die beiden oben angesprochenen Wissensdimensionen des deklarativen und des prozeduralen Wissens aufeinander, da sich beide Ebenen in permanenter wechselseitiger Beeinflussung voneinander befinden. In dem unten schematisch abgebildeten Paket-Interaktions-Modell von Schneider finden sich die ontologische Komponente und die konstruktivistische in kombinatorischem Bezug aufeinander.

Abbildung 12: Das Wissensmodell Paket-Interaktion gemäß Schneider

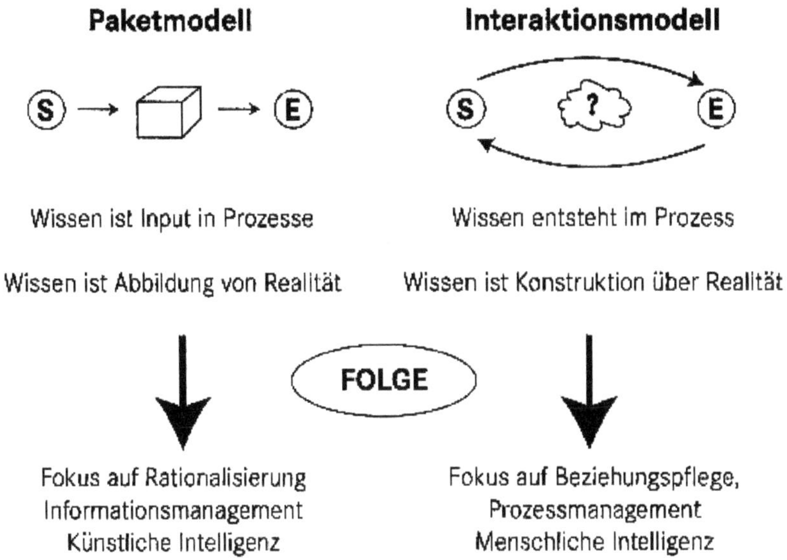

Quelle: Schneider, 1996, S. 19.

Das Strukturmodell zur Wissensbeschreibung von Schneider richtet sich mit der Paketauffassung der Weitergabe von Wissen von einem Sender (S) zu einem Empfänger (E) eher nach dem ontologischen Kontext (siehe oben). Die Versendung, bzw. Weitergabe von Wissensgehalten in paketgebundener Form setzt voraus, dass die entsprechenden Wissensfaktoren unabhängig vom intersubjektiven Zusammenhang den Realitätsbestand von Weltgehalten wiedergeben. Das „Wissenspaket", das seinen Weg von S zu E nimmt, ist nicht ausschließlich auf die intersubjektiven Kontexte bezogen, die zwischen S und E herrschen. Das Interaktionsmodell (rechte Seite des Schemas) betont dagegen den konstruktivistischen Aspekt der Wissensbeziehung zwischen S und E. Wissen entsteht hier aus den prozessualen Vorgängen zwischen S und E, also aus einem Wissensmanagement, das aus der Interaktivität zwischen S und E entsteht und an diesen Sender und diesen Empfänger gebunden bleibt.

Als Wissensaspekte lassen sich mit U.A. Roumois operative von kognitiven Wissensgehalten unterscheiden. Operative Wissensmerkmale sind solche, die aus „körperlichem Tun und Erfahrungen resultieren" also Können, bzw. Handlungswissen verkörpern (vgl. Roumois 2007, S. 62). Kognitive Wissensaspekte sind solche, die durch „Denkprozesse strukturiert und artikuliert werden können", also inhaltliches Wissen, bzw. Kompetenz verkörpern (Roumois 2007, S. 62). Wissensdimensionen lassen sich in implizite und explizite Formen unterteilen. Explizite Wissensformen realisieren sich materiell, treten in Datenform kodiert bzw. formalisiert auf. Implizite Wissensformen bilden immaterielle Einheiten, die im Gehirn des Individuums gespeichert sind. In der Mehrheit der Fälle sind diese Formen unbewusst. Hierzu zählt Erfahrungswissen, das nur partiell artikulierbar ist, sowie auch Denkmuster und Überzeugungen. Weiter lassen sich stilles Wissen und latentes Wissen als implizite Wissensformen bezeichnen. Bewusste Elemente dieser Wissensformen sind nur partiell kognitiv in eine Fertigkeitspraxis umsetzbar.

Wissensarten unterteilen sich hinsichtlich ihrer Merkmale in „know-that" (1), „know-about" (2), in „know-how" (3), in „know-why" (4) sowie in „know-what-to-do" (5). „Know-that" (1) lässt sich mit Roumois als deklaratives Sach- bzw. Theoriewissen beschreiben (Roumois 2007, S. 63). „Know-about" (2) gilt als „Faktenwissen im Sinne von Ereigniswissen", das Orientierung in Raum und Zeit ermöglicht (Roumois 2007, S. 63). „Know-how" (3) bildet Funktionswissen, das sich, kombiniert mit Erfahrungswissen, in fachlicher Hinsicht als „Anwendungswissen, Können, Fertigkeit bezeichnen lässt (Roumois 2007, S. 63). „Know-why" (4) bildet „Reflexionswissen, Metawissen, explikatives Wissen" (Roumois 2007, S. 63). „Know-what-to-do" (5) lässt sich mit Roumois als „strategisches Wissen, Entscheidungswissen, Methodenwissen, Expertenwissen" bezeichnen (Roumois 2007, S. 63).

4.1.2 Implizites Wissen – explizites Wissen, Differenzierungsmöglichkeiten

Um die Problemstrukturen der vorliegenden Arbeit hinsichtlich des Wissensmanagements, seiner Anforderungen und seiner Implementierungsformen in Bezug auf die Integrationsfähigkeit älterer Arbeitnehmer/innen in das Betriebswesen vollständig abdecken zu können, sind weitere Differenzierungen von Wissenskategorien zu entwickeln. Sowohl die Personalentwickler als auch die Arbeitnehmer/innen lassen sich als „Wissensakteure und Wissensträger" in einem Betrieb betrachten, der über bestimmte organisationale Strukturen verfügt (vgl. Katenkamp 2011, S. 77). Die Unterscheidung der Kategorien eines impliziten und expliziten Wissens ist auch deshalb für die Thematik der vorliegenden Arbeit von Bedeutung, da sich die Fachliteratur in ihrer Darstellung des Wissensmanagements, wie es für intelligente Organisationen erforderlich ist, in herausragender Form um die Problematik bemüht, wie sich die Erfahrungswerte impliziten Wissens organisationsrelevant und organisationseffizient implementieren lassen (vgl. Porschen 2008, S. 67ff).

Die Differenzierung zwischen implizitem und explizitem Wissen dient zusätzlich der Vorbereitung der Darstellung der so genannten Deutungsmuster, wie sie den Personaleinstellungspraktiken von Personalverantwortlichen zugrunde liegen. In seiner Entwicklung des Begriffs der Deutungsmuster bezeichnet Arnold letztere als „Teil des alltäglichen Routinewissens" (Arnold 1985, S. 32).

Das routinemäßige „Alltagswissen", das Arnold zufolge eine Art intuitives Orientierungswissen bildet, verhilft dem Individuum zu einer korrekten Interpretation seiner Alltagsumwelt (vgl. Arnold, 1985, S. 33). Das von Gruber / Mandl / Renkl konstatiert „Misslingen der Wissensanwendung in betriebswirtschaftlichen Domänen" lässt sich unter anderem auf die mangelhaft ausgeprägte Fähigkeit von Personalverantwortlichen zurückführen, ihr Implizitwissen nicht in ein organisationsweites Wissensmanagement überführen zu können, das sämtliche Ebenen des Human Resources Management erfasst, in Bewegung bringt und dem Change Management effizient aussetzt. Die Bedeutung des Zusammenhangs von implizitem und explizitem Wissen schlägt sich unter anderem in der Wissensspirale des lernenden Unternehmens nieder, wie sie 1997 von Nonaka / Takeuchi entwickelt wurde (Nonaka / Takeuchi, 1997). Sowohl Stieler-Lorenz et al., Plesinka als auch Behr / Semlinger greifen in ihren Darstellungen des Wissensmanagements auf Nonaka / Takeuchi zurück (vgl. Stieler-Lorenz et al. 2003; Plesinka 2002, S. 3; Behr / Semlinger 2004).

Katenkamp zeigt auf, dass „implizites Wissen (…) das unerlässliche Wissen für das explizite Wissen" ist (Katenkamp 2011, S. 63). Als implizites Wissen lässt sich dasjenige Wissen bezeichnen, das in unterschiedlichen Prozessvorgängen von Denkhandlungen, Entscheidungen, Wahrnehmungsformen und Erwartungen auftritt. Dieses Wissen lässt sich jedoch nicht adäquat und komplett durch Verbalisierung, Objektivierung oder Formalisierung explizit machen (vgl. Porschen 2008, S. 57).

Schreyögg / Geiger geben für die Kategorie implizites Wissen humane Fähigkeiten an, die körperliche Gebundenheit dieses Wissens, die Unmöglichkeit seiner Verbalisierung, seine Unbegründbarkeit, seine fehlende Verallgemeinerungsfähigkeit, seine Transfermöglichkeit in der Form der Sozialisation oder in Übungsformen (vgl. Schreyögg / Geiger 2003, S. 16).

Rüdiger / Vanini untersuchen das implizite Wissen unter den Aspekten seiner Artikulationsfähigkeit, Verbalisierbarkeit und Formalisierbarkeit. Rüdiger / Vanini betrachten implizites Wissen als der Formalisierbarkeit kaum zugänglich, also als eine informelle Wissensart. Implizites Wissen ist weiter abhängig von

Kontexten, seine Speicherung liegt auf unbewussten Ebenen vor, es ist nicht körperlich, immateriell, hat jedoch laut Rüdiger / Vanini kognitiv-technische Bestandteile, ist jedoch grundsätzlich an das jeweilige Subjekt und seine personalen Eigenschaften gebunden (vgl. Rüdiger / Vanini 1998, S. 469).

Der Begriff des expliziten Wissens beschreibt dagegen diejenigen Wissensgehalte, die dem Individuum in kognitiver Form bewusst und zugänglich sind, deren Verbalisierbarkeit und Formalisierbarkeit es erkennt (vgl. Roumois 2007, S. 50). Wo implizites Wissen individuell organisiert ist, besteht explizites bzw. expliziertes Wissen aus codierten und artikulierten Wissensformen, die kognitiv „in Form von Daten … materialisiert, formalisiert" existiert (Roumois 2007, S. 51). Explizites Wissen besteht also im Gegensatz zu impliziten Wissensgehalten nicht aus Erfahrungen und wie immer gearteten Geschicklichkeiten, sondern aus kognitiv erfassbaren Inhalten, die sich aus „Fakten, Sachwissen, Geschichten, Erinnerungen, Regeln, Theorien, Anweisungen, Schemata … Formeln etc." zusammensetzen (vgl. Roumois 2007, S. 51). Wo implizite Wissensformen sich im Verlaufe von Sozialisation durch Imitation, Kommunikation und Erlebnisse herauskristallisieren, entsteht explizites Wissen nur auf der Basis kognitiv formulierbarer Wissensgehalte, die allerdings vor ihrer Formulierung und Formalisierung implizit waren (vgl. Roumois 2007, S. 51).

Explizites Wissen lässt sich durch mediale Vermittlung von einem Sender zu einem Empfänger übermitteln, implizites Wissen hingegen durch Zeigevorgänge und Demonstration. Explizites Wissen lässt sich in Datenbanken, auf Tonträgern und auf Papier speichern, während implizites Wissen sich nur in der Individualität des humanen Wissensträgers vorfindet.

4.1.3 Der Begriff „Deutungsmuster" in Bezug auf die Interpretation von Wissen

Der Begriff des Deutungsmusters entstammt den Arbeiten des Soziologen A. Schütz. Schütz zufolge bildet sich der Alltagsvorrat, den ein Individuum an Wissen im Laufe seiner Sozialisation akkumuliert, aus Erfahrungstypisierungen, erfolgreichen Problemlösungsansätzen und entsprechenden Typologien, in die sich aktuelle Anforderungen interpretatorisch einpassen lassen (vgl. Schütz, 1974). Da der Begriff des Deutungsmusters im berufspädagogischen Fortbildungsbereich eine wesentliche Rolle spielt, bedarf er hier der Explikation. Bestimmte Deutungsmuster liegen den unterschiedlichen Einstellungen zugrunde, die Personalentwickler gemäß der Darstellung Mudras aus ihren unterschiedlichen Bildungssozialisationen in die Beurteilung und betriebliche Integrationsmöglichkeit älterer Arbeitnehmer/innen hineintragen. Arnold betrachtet den

Begriff des Deutungsmusters in diesem Sinne als „Schlüsselkategorie einer Sozialpsychologie der Erwachsenenbildung" (Arnold 1985, S. 19ff).

Fortbildungsangebote, die sich zur Integration älterer Arbeitnehmer/innen in die Berufswelt etablieren und bewähren sollen, sind teilweise ihrerseits ebenfalls von bestimmten Deutungsmustern abhängig, die die entsprechende Berufsdidaktik der Personalentwickler solchen Ausbildungsangeboten zugrunde legt. Arnold bezeichnet Deutungsmuster als „Teil des alltäglichen Routinewissens" (Arnold 1985, S. 32). Das Individuum systematisiert seine Realitätserlebnisse mit Hilfe von Deutungsmustern, Problemlösungsanforderungen „in einer für es selber und für seine soziale Umgebung mehr oder weniger plausiblen Weise" (Arnold 1985, S. 32).

Deutungsmuster bilden also Elemente einer Realitätsstrukturierung, die sich in Handlungsformen und gegebenenfalls in Entscheidungsformen umsetzen lässt.

In den 70er Jahren des vorigen Jahrhunderts machte Oevermann den Begriff der Deutungsmuster der empirischen Analyse zugänglich (Oevermann, 2001). Mit der von Arnold konstatierten Tatsache, dass Deutungsmuster Elemente eines alltäglichen Routinewissens bilden, lässt sich die These verbinden, dass Zweifel und Reflexion den von Deutungsmustern geprägten Einstellungen zunächst fern liegen. Arnold weist in diesem Sinne auf die Beobachtung Bergers und Luckmann hin, dass sich die Alltagswelt der Deutungsmuster einer reflexiven Veränderung zunächst verschließt (vgl. Berger / Luckmann 1980, S. 26, nach Arnold 1985, S. 33).

Arnold konstatiert im Sinne des möglichen negativen Beharrungsvermögens von Deutungsmustern die Anforderung „dass ein wirklichkeitstransformierender Umgang mit Deutungsmustern" statt haben müsste, soll Erwachsenenpädagogik im Sinne einer Integrationsfähigkeit von Arbeitnehmer/innen in Betriebsanforderungen generell überhaupt Wirksamkeit erzeugen (Arnold 1985, S. 42). Unter Bezug auf die Kapitel 4.1.1 und 4.1.2 entwickelten Wissenskategorien lässt sich das in Deutungsmustern enthaltene Erfahrungswissen (Arnold) bis zu gewissen Graden mit der Kategorie des impliziten Wissens analogisieren. Andererseits enthält der Begriff des Deutungsmusters auch solche Interpretationsschemata der Alltagsrealität, die sich als eine Art implizites Pseudowissen bezeichnen lassen, da diese Muster lediglich einer aktuellen Problembewältigung dienen, also gerade nicht an die Kommunikationsanforderungen gebunden ist, die eine mögliche Kompetenzentwicklung von Arbeitnehmer/innen bzw. älteren Arbeitnehmer/innenn fördert (vgl. Schreyögg / Geiger 2007, S. 74ff; Schiersmann Thiel 2010, S. 341).

Auch Unger stellt in seinen Ausführungen zum Begriff des Deutungsmusters fest, dass „Deutungsmuster (…) vom Subjekt in gewissem Sinne nicht direkt reflektiert und expliziert" werden, sondern „auf einer latenten Ebene wirksam" sind (Unger 2007, S. 161).

Interpretatorische Beharrungselemente, die in Deutungsmustern existieren, lassen sich demzufolge mit den Elementen trägen Wissens analogisieren, wie sie in Kapitel 3.2 entwickelt wurden. Dies umso mehr, als die betreffende Elemente weder reflektiert noch expliziert werden, da sie einen Latenzcharakter im interpretatorischen Selbstverständnis, in diesem Fall dem des Personalentwicklers, bilden. Unter den Aspekten der Beurteilungspraxis älterer Arbeitnehmer/innen durch Personalentwickler in kleineren und mittleren Unternehmen lässt sich in diesem Zusammenhang auf die Vorurteile „gegenüber älteren Mitarbeitern" verweisen, die ihnen von meist jüngeren Personalentwicklern bzw. Führungskräften entgegengebracht werden (vgl. Deller et al. 2008, S. 81). Unreflektierte Deutungsmuster führen laut Deller et al. in der Mehrheit einstellungspraktischer Verfahrensweisen dazu, dass besonders das Erfahrungswissen älterer Mitarbeiter keine Wertschätzung erfährt. Deller et al. merken zur Unreflektiertheit der Deutungsmuster an:

> „Das gängige Vorurteil lautet in diesem Fall, von der eingefahrenen Vorgehensweise werde nicht abgewichen, es könne nicht flexibel auf Veränderungen reagiert werden". (Deller et al. 2008 S. 81).

Die Arbeitsleistung älterer Mitarbeiter wird in diesem Sinne meist negativer eingeschätzt, als sie erwiesenermaßen ist (vgl. Deller et al. 2008, S. 80). Empirische Untersuchungen bestätigen dieses Defizitmodell eines leistungsschwachen Alters jedoch nicht (vgl. Yearta / Warr 1995, S. 15ff).

Die teilweise aus den vorhandenen Deutungsmustern resultierenden Fehleinschätzungen der älteren Workforce gehen mit der Beurteilung einher, dass jüngere Kräfte sich stärker für innovative Anforderungen des Unternehmens einsetzen würden. Diese Einschätzung führt ebenfalls zu einer indirekten Abwertung älterer Arbeitnehmer/innen (vgl. Birkner 2004, S. 9ff).

Unter Bezug auf die Fallstudie, die im empirischen Teil der Arbeit sich mit den Deutungsmustern von Personalentwicklern in kleinen und mittelständischen Unternehmen beschäftigt, lässt sich auf der hier erreichten Darstellungsstufe der Analyse die erste Forschungsfrage formulieren. Sie lautet: Nach welchen Deutungsmustern bzw. Kriterien rekrutieren mittelständische Unternehmen ältere Arbeitnehmer/innen am Arbeitsmarkt? In erweiterter Formulierung: Welche Deutungsmuster bestehen bei Personalentwicklern in kleinen und mittelständischen Unternehmen in Bezug auf die Rekrutierung älterer Arbeitnehmer/innen am Arbeitsmarkt?

Mit T. Unger ist bei der möglichen empirischen Beantwortung dieser Forschungsfragen davon auszugehen, dass die entsprechenden Deutungsmusteranalysen „die unter Umständen inkonsistenten Interpretationslinien der Probanden (Personalentwickler, der Verfasser) herausarbeiten und nicht ausschließlich einzelne Deutungselemente zugunsten eines vereinheitlichten Deutungsbildes selektieren" sollen (Unger 2007, S. 170). Die mögliche Interpretation der empirischen Nachweise des Vorhandenseins bestimmter Deutungsmusterelemente in der Einstellungspraxis (siehe Mudra) folgt also eher der Erklärung und Aufklärung bestimmter innerer Tendenzen, die ein logisches Raster aufeinander bezogener Elemente repräsentieren (vgl. Unger 2007, S. 170). Zur Beantwortung der beiden Forschungsfragen sind weitere Explikationen von unterschiedlichen Wissenskategorien nötig, die sich in die Bereiche des Wissensmanagements in einer Personalentwicklung integrieren lassen müssen, die sich für kleine und mittlere Unternehmen als effizient erweisen soll. Die Kategorien des impliziten und expliziten Wissens, die sich teilweise mit Elementen des Deutungsmusters decken, sind daher im weiteren Verlauf der Analyse wieder aufzunehmen.

4.2 Definition und Kategorien von Deutungsmustern im Modell von Oevermann

Im Kapitel 4.1 wurde der Begriff der Deutungsmuster in Bezug auf die Interpretation von Wissensbeständen bereits vorbereitend diskutiert. Wie in Kapitel 3.4.3 besonders erkennbar wurde, bietet die Integrationsarbeit für ältere Arbeitnehmer/innen für das Management und für das Wissensmanagement eines Unternehmens, das hier ganzheitlich vorgehen möchte, eine umfangreiche Bandbreite an Anforderungen. Es geht bei der Integrationsfähigkeit Älterer nicht nur um die Entwicklung einer schlüssigen Gesamtstrategie, um die Sensibilisierung unterschiedlicher Unternehmensebenen für die entsprechenden Aufgaben, um die Gewinnung von Verantwortlichen und die Einbindung der unterschiedlichsten Teilnehmer, sondern auch um die Entwicklung einer entsprechenden Unternehmenslernkultur (vgl. Murschhäuser 2003, S. 129ff).

In Kapitel 4.1 ließ sich in Bezug auf die Beurteilung von Arbeitsleistungen älterer Mitarbeiter bereits feststellen, dass Personalverantwortliche solche Arbeitnehmer/innen generell als weniger leistungsfähig einschätzen als Jüngere. Bildungs- bzw. Weiterbildungsangebote, seien sie fachspezifisch oder arbeitsgruppentechnisch auf ältere Arbeitnehmer/innen ausgerichtet, unterliegen ebenfalls bis zu hohen Graden einer bestimmten Interpretation, die sich an den Einschätzungen der Bildungsfähigkeit älterer Arbeitnehmer/innen unter bestimmten Deutungsmustern orientiert.

Mit dem jetzigen Stand der Arbeit lässt sich in Bezug auf die Forschungsfragen 1 der Deutungsmusteransatz erweitert diskutieren. Die Forschungsfrage 4 lautet in erweiterter Form: „Wie wird unter Bezug auf die arbeitsspezifischen Anforderungen älterer Arbeitnehmer/innen eine entsprechende Programmatik problemorientierten Lernens eingesetzt, um ältere Arbeitnehmer/innen besser in die laufenden Arbeitsprozesse zu integrieren?". Diese Forschungsfrage enthält eine Reihe von Begrifflichkeiten, die bestimmten Deutungsmustern von Personalverantwortlichen unterliegen können, nämlich die Begrifflichkeit der Facharbeit, des Lernens, des problemorientierten Lernens, der Aktivierungsfähigkeit älterer Arbeitnehmer/innen. In den Klärungsbereich der Deutungsmuster lässt sich die Forschungsfrage 1 einbeziehen. Sie lautet: „Nach welchen Deutungsmustern rekrutieren mittelständische Unternehmen ältere Arbeitnehmer/innen am Arbeitsmarkt?". Deutungsmuster können in Bezug auf die Wissensbestände, auf die Lernfähigkeit, auf die Kognitionsfähigkeit, auf die Lernschnelligkeit und auf die Lernmotivation älterer Arbeitnehmer/innen in der Beurteilung durch Personalverantwortliche Einfluss haben.

Diese Konstellationen sind in den folgenden Begriffsentwicklungen der Deutungsmuster mit zu berücksichtigen. Neben Arnold hat sich besonders U. Oevermann mit der Konstituierung des Begriffs von Deutungsmustern und mit der Entwicklung ihrer Bedeutung beschäftigt (Oevermann, 1973). R. Arnold thematisiert den Deutungsmusterbegriff unter Nutzung der von Oevermann entwickelten Formen als „Schlüsselkategorie einer Sozialpsychologie der Erwachsenenbildung" (Arnold 1985, S. 19ff). Unter diesem Aspekt untersucht Arnold, welche Deutungsmuster dem pädagogischen Verstehen von Erwachsenen durch die Didaktiker der Erwachsenenbildung in Fortbildungsprozessen zugrunde liegen. Oevermanns Interesse in der Entwicklung des Deutungsmusterbegriffs ist dagegen grundlegender.

Oevermann charakterisiert in seiner Abhandlung über Deutungsmuster letztere als eine Gesamtheit von sozial vermittelbaren Deutungen der sozialen und physikalischen Umwelt des Individuums (Oevermann 1973, S. 4). Diese kommunizierbaren Deutungen bilden „nach allgemeinen Konsistenzregeln strukturierte Argumentationszusammenhänge" (Oevermann 1973, S. 3). Deutungsmuster bilden weiter „Weltinterpretationen mit generativem Status, die prinzipiell entwicklungsoffen sind" (Oevermann 1973, S. 9). In Analogie zu den Regeln der generativen Transformationsgrammatik Schomskys setzt Oevermann Deutungsmuster als „generative Regeln" an, die „den intersubjektiv verstehbaren Sinn einer Handlung" generieren (Oevermann 1973, S. 8). Deutungsmuster bilden also auf sozialer Ebene kollektiv verstehbare Sinneinheiten, die eine Funktionsbeziehung zu tatsächlichen Handlungsproblemen haben. Weiter verfügen sie über eine Geltungskraft, die sich als normativ betrachten lässt. Deutungsmuster verfügen innerhalb ihres Geltungsbereichs über eine konsistente Struktur, die generativen Regeln ähnelt. Die psychische Schicht, die Deutungsmuster enthält, entzieht sich teilweise der Reflexivität, da sie latent und tiefen strukturell angesiedelt sind.

Zwar sind Deutungsmuster entwicklungsoffene Strukturen, sie verfügen jedoch im Bewusstsein des Individuums über einen quasi autonomen Status, der eine im gewissen Sinne eigenständige Gültigkeit sozialer Realität beansprucht. Aus dem oben Gesagten lässt sich schließen, dass Deutungsmuster Elemente typisierender Interpretationsformen bedingen, die sich den jeweiligen subjektiven Interessen der sie Anwendenden unterwerfen. In diesem Sinne lassen sich Deutungsmusteranalysen unter anderem als aufklärungsorientiert und ideologiekritisch betrachten (vgl. Meuser / Sackmann 1992, S. 15). Die Deutungsschemata von Deutungsmustern beruhen auf Sinnzusammenhangskonstruktionen, die auch wahrnehmungsstrukturell relevant sind und die solche Interpretationsmöglichkeiten vermeiden, die in der jeweiligen Situationsproblematik der sie verwendenden Person keine Rolle spielen.

Mit Deutungsmustern wird weiter Handlungsfähigkeit der Person auf der sozialen und individuellen Ebene aufrecht erhalten. Deutungsmuster bilden andererseits nicht bloß schematische Interpretationsraster, sondern lassen die je persönliche Ausdifferenzierung zu, ohne sich in ihrer Tiefenstruktur deshalb fundamental ändern zu müssen. Unger konkretisiert die Aufgabe der Analyse sozialer Deutungsmuster in folgender Form:

> „Die Analyse sozialer Deutungsmuster zielt nun darauf ab, die Regeln zur Aufrechterhaltung von Konsistenz zu rekonstruieren, welche es letztlich ermöglicht, dass die unterschiedlichen Elemente von Deutungsmustern im Handlungsalltag der Handlungssubjekte miteinander harmonieren." (Unger 2007, S. 167).

Personalverantwortliche, die in bestimmten Situationen über die Fähigkeiten eines anderen Individuums (älterer Arbeitnehmer/innen) vielschichtige Urteile fällen müssen, können sich also mit der Hilfe der ihnen zugänglichen Deutungsmuster von Widersprüchlichkeiten lösen, die aus „Inkompatibilitäten bestehen", die die unmittelbare Situation auf der sozialen Ebene mit sich bringt (Unger 2007, S. 167). In Deutungsmustern, deren Latenz kaum reflektiert werden kann, sind für Oevermann „Meinungen, Interpretationen und Argumente" enthalten, die die angesprochene Inkompatibilitätsproblematik in sozialen Situationen verkörpern und auf diese Weise zu Widersprüchlichkeiten in Handlungssituationen führen (vgl. Oevermann 1973, S. 26). Unter Bezug auf die bereits mehrfach dargestellte Unterschiedlichkeit der Grundberufe, aus denen Personalverantwortliche im

Normalfall herkommen, lässt sich zur Klärung der Gesamtproblematik zu diesem Punkt die Interpretation Ungers heranziehen. Sie lautet:

> „So können Unvereinbarkeitsprobleme beispielsweise dann auftauchen, wenn Deutungsmuster, die aus verschiedenen Bereichen gesellschaftlichen Handelns stammen, zusammengeführt werden bzw. vom Handlungssubjekt einzelne Deutungsmuster einer Kritik unterzogen werden und infolgedessen ihr handlungsleitender Status variieren kann. Deutungsmuster werden beispielsweise im Laufe von Berufsbiografien permanenten Ausdeutungsprozeduren unterworfen und sind demnach zwar berufsbezogen zentrale, aber eben auch veränderbare Interpretationsrahmen der Handelnden". (Unger 2007, S. 168).

Mit dieser Interpretation der Deutungsmuster ist in Bezug auf die Problematik der Personalverantwortlichen, die eine adäquate bildungsorientierte Personalpolitik betreiben möchten, das Dilemma angesprochen, in dem Personalverantwortliche sich bei der Konstruktion einer produktiven Personalentwicklung gegenübersehen: Sie verfügen über bestimmte Deutungsmuster hinsichtlich solcher Begriffe wie Alter, Leistungsfähigkeit bei Älteren, Jugend, jugendlichen Arbeitnehmer/innen, modernisierte Ausbildungsgänge, jugendliche Leistungsfähigkeit, Lernfähigkeit und Lernschnelligkeit bei älteren Mitarbeitern, Erwerbsbiografie, Integrationsfähigkeit, Unternehmenskultur usw. Diese Begriffe können hinsichtlich ihrer Interpretierbarkeit durch Personalwirtschaftler in Bezug auf die Integrationsfähigkeit älterer Arbeitnehmer/innen deutlich unterschiedlich ausfallen, zumal solche Deutungsmuster wie Oevermann anmerkt, auch noch aus Meinungen und damit aus Vorurteilen oder Elementen bestimmter Vorurteile bestehen können.

Außerdem sitzen solche Deutungsmuster zusätzlich auf den unterschiedlichen Grundberufen auf, aus denen sich das Personalmanagement im Normalfall rekrutiert (vgl. Mudra, 2004, S. 229). Ein Personalverantwortlicher, der aus dem juristischen Bereich in die Personalentwicklung gelangt ist, wird also andere Deutungsmuster aufweisen als ein Soziologe oder ein Pädagoge.

Die Deutungsmusterthematik wird umso bedeutsamer für die Beurteilung der Integrationsfähigkeit älterer Arbeitnehmer/innen im Sinne einer produktiven Personalentwicklung, als sich die Integrationsproblematik älterer Arbeitnehmer/innen besonders bei mittelständischen Unternehmen über den Zeitraum der gesamten Erwerbsbiografie eines Mitarbeiters erstrecken kann. Schon aufgrund der Fluktuation in den Berufsfeldern liegt es nahe, dass der Personalmanager ein anderer sein kann, der sich in der Wachstumsphase um die Integrationsfähigkeit eines Arbeitnehmer/innens bemüht, und wieder ein anderer, der letzteres in der Reifephase tut.

Entwickeln solche Personalverantwortliche aufgrund eines wenig ausgeprägten Wissensmanagement im Unternehmen ihre Beurteilungsformen auf der Basis jeweils unterschiedlicher Deutungsmuster, so entstehen neue Inkompatibilitätsprobleme (vgl. Unger 2007, S. 168).

Die Deutungsmusterproblematik bezieht sich naturgemäß auch auf solche Begrifflichkeiten wie Gruppenarbeit, Motivation und lebenslanges Lernen. Schütze demonstriert an den historischen Variationen, denen der Begriff „Mutterliebe" in verschiedenen historischen Zeiträumen ausgesetzt war, die Vielschichtigkeit des Deutungsmusterbegriffs (Schütze, 1992). Die historische Darstellung des Begriffes „Mutterliebe" ist, wie Schütze klarmacht, vom 16. Bis ins 21. Jahrhundert einer großen Anzahl unterschiedlicher Deutungsmuster ausgesetzt gewesen. Der Begriff „Mutterliebe" variierte hinsichtlich seiner pädagogischen Ausformungen vom Dienst am Kind bis disziplinbezogenen Erziehungsmethoden (Schütze, 1992, S. 42, 43). Die Kinderpsychologie verfügt hinsichtlich des Begriffs der Mutterliebe über deutlich andere Deutungsmuster als etwa die Familiengerichtsbarkeit. Differenzierende Deutungsmuster, die sich historisch miteinander abwechseln, lassen sich auch in der Sozialethik, in Gerechtigkeitsbegriffen, in Lebensstilen, in Rationalitätsbegriffen sowie in der Interpretation solcher Begriffe wie „Biografie" und „Generation" auffinden (Meuser, 1995). In diesem Sinne lässt sich das Deutungsmusterkonzept als eine kritische Analyse von Paradigmata lesen, die in den Orientierungen der Geisteswissenschaft sich in der historischen Abfolge ihrer jeweiligen historischen Paradigmata immer wieder verändern und infolgedessen ihre Objektivität einschränken. Mit dieser Erklärung schließt sich der Kreis zu der oben angemerkten Tatsache, dass Oevermann mit seinem Deutungsmusterkonzept Ideologiekritik betreiben wollte (Meuser, 1995, S. 15). Das übergreifende Deutungsmuster, das den Gedankengängen von Personalwirtschaftlern bei ihren Eingliederungsbemühungen älterer Arbeitnehmer/innen zugrunde liegen dürfte, ist das der ökonomischen Effizienz.

Auch dieses Deutungsmuster ist der historischen Bedingtheit unterlegen. Seine historische Interpretationsfähigkeit orientierte sich vor der ökonomischen Internationalisierung (Globalisierung) an anderen Kriterien als in der Gegenwart mit ihren diesbezüglichen wirtschaftlichen Wettbewerbszwängen. Unter Bezug auf die Deutungsmusterproblematik, wie sie in der vorliegenden Arbeit zu klären ist, lässt sich mit Unger folgende produktive Fragestellung zu den Deutungsmustern von Personalwirtschaftlern formulieren:

> „Deutungsmusteranalysen müssen die unter Umständen inkonsistenten Interpretationslinien der Probanden (Personalverantwortlicher, der Verfasser) herausarbeiten und nicht ausschließlich einzelne Deutungselemente zugunsten eines vereinheitlichten Deutungsbildes selektieren. Vielmehr stellen die aufgedeckten Unstimmigkeiten und Unverträglichkeiten innerhalb der Deutungshorizonte der Probanden einen wichtigen Bezugspunkt weiterführender wissenschaftlicher Analyse dar. Das Aufdecken der „inneren Logik" der

Deutungsmuster, das heißt, das Sichtbarmachen der Regeln, nach denen die jeweiligen Deutungsmusterelemente untereinander aufgeordnet sind, ist gerade ein wichtiger Bestandteil von Deutungsmusteranalysen." (Unger 2007, S. 170).

Unter Bezug auf die Praxisstudien der Eingliederungsfähigkeit älterer Arbeitnehmer/innen soll im Folgenden der Deutungsmusterbegriff weiter exemplifiziert werden. Schon der Begriff „ältere Arbeitnehmer/innen" lässt sich hinsichtlich seiner Interpretierbarkeit durch Personalverantwortliche unter unterschiedlichen „Deutungshorizonten" (siehe Unger) einordnen. Personalmanager, die auf die möglichst langfristige Beschäftigung älterer Arbeitnehmer/innen im Sinne einer ganzheitlichen Erwerbsbiografie Wert legen, werden den Beginn einer Reifephase einer Erwerbsbiografie als Altersphase in ihre Deutungsmuster anders integrieren als Personalmanager, denen das möglichst frühe Ausscheiden älterer Arbeitnehmer/innen sinnvoller erscheint. Die Strukturen der Erwachsenenpädagogik, die Unternehmen im Sinne einer integrierenden Personalentwicklung ihren älteren Arbeitnehmer/innen anbieten, sind ebenfalls bestimmten Deutungsmustern ausgesetzt, die mit den von Unger angemerkten „Unstimmigkeiten und Unverträglichkeiten" verbunden sein können.

Unger gibt in seinen Ausführungen weiter den Hinweis, dass die „Rekonstruktion von Deutungsmustern" sich auch auf die „Auslegung der subjektiven Meinungen" beziehen muss. In diesem Sinne, so Unger, werden die Befragten „vom Forscher als grundsätzlich diskursfähige Interaktionspartner wahrgenommen ..." (Unger 2007, S. 170). Einer der zentralen Deutungsmusterbegriffe hinsichtlich der nach wie vor feststellbaren Bevorzugung jugendlicher Arbeitnehmern/innen auf dem Arbeitsmarkt dürfte sich in der Feststellung und Interpretation des Begriffs „Leistungsfähigkeit" Älterer niederschlagen. Was mit dem Begriff „Jugendwahn" bei der Einstellungspraxis bei Unternehmen bezeichnet wird, bildet ein weiteres Element eines Deutungsmusters, das davon ausgeht, dass grundsätzlich jüngere Arbeitnehmer/innen die erforderliche Einstellungsmotivation zu ihrem Beruf und seiner Praxis besitzen. Wie stark dieser Begriff der Einstellungspraxis von Vorurteilselementen der Deutungsmuster geprägt ist, lässt sich auf triviale Art schon daran ablesen, dass eine erhebliche Zahl von Jugendlichen aufgrund von Demotivierung oder falschen Erwartungen ihre Berufsausbildungsgänge abbricht.

4.3 Kompetenzentwicklung älterer Arbeitnehmer/innen und Deutungsmuster betriebskultureller Art in der Praxis

Die Fachliteratur zur Integrationsfähigkeit älterer Arbeitnehmer/innen wartet mit Beispielen auf, in denen die Betriebsstruktur von kleinen-und mittelständischen

Unternehmen sich mit deutlichen Anstrengungen um die Kompetenzentwicklung älterer Arbeitnehmer/innen bemühte, jedoch insgesamt nicht erfolgreich war. Zimmermann zitiert in ihrer Darstellung zu den Bedingungen für die Kompetenzentwicklung älterer Arbeitnehmer/innen zwei Darstellungen, die demonstrieren, dass selbst produktiv betriebene Kompetenzentwicklung Älterer aufgrund bestimmter Deutungsmuster nicht notwendig zu einer erfolgreichen Integration solcher Arbeitnehmer/innen führt (vgl. Zimmermann 2009, S. 55–60). Der erste Betrieb war ein Maschinenbau-Mittelständler, der einen Jahresumsatz von 1,2 Milliarden aufwies und in der Bundesrepublik in vier Werken 4.000 Mitarbeiter beschäftigte.

Die jährlichen Investitionen in die Weiterbildung der Mitarbeiter lagen bei 1,5 Millionen für 7.500 Weiterbildungstage. Ein Drittel der Beschäftigten war über 50 Jahre alt, befand sich also in Bezug auf die Sattelberger-Kurve teils in der Wachstums- teils in der Reifephase (vgl. Zimmermann 2009, S. 55). Die Produktionsform des Maschinenbaubetriebes entsprach bis zu hohen Graden den Qualitätsanforderungen, wie sie oben unter Bezug auf die Hidden Champions dargestellt wurden. Es handelte sich um ein Familienunternehmen. Der zweite Betrieb war ebenfalls ein Maschinenbauer, der sich auf Steuerungstechnik spezialisiert hatte. Der Jahresumsatz lag bei 646 Millionen, in Deutschland existierten 3.000 Beschäftigte, 18% der Belegschaft hatten ein Alter von über 50 Jahren. Beide Unternehmen waren wachstumsintensiv, die Mitarbeiterfluktuation fiel gering aus, worauf sich auf den hohen Stand der Zufriedenheit des Personals schließen ließ.

Das erste Unternehmen konstruierte eine spezielle Konzeption für die Altersintegration, bot besonders in den IT-Techniken altersspezifische Fortbildung an, nahm bei Schichtdiensten auf Ältere Rücksicht und beschäftigte ältere Mitarbeiter unter besonderer Berücksichtigung ihrer Qualifikation. Auch die finanziellen Ausgleiche für ausfallende Schichtarbeit bei Älteren waren vorhanden. Zimmermann zitiert den Personalleiter des Unternehmens zwei, der ausdrücklich Weiterbildung älterer Arbeitnehmer/innen in ein ganzheitliches Personalentwicklungskonzept älterer Arbeitnehmer/innen integriert wissen wollte (vgl. Zimmermann 2009, S. 57).

Im ersten Unternehmen lässt sich der hohe Anteil älterer Arbeitnehmer/innen bei den Beschäftigten (50%) so interpretieren, dass die Deutungsmuster der Personalverantwortlichen sich in Bezug auf ältere Arbeitnehmer/innen positiv auswirkten. Andererseits ließ sich in Bezug auf dieses Unternehmen von einem gewissen Überwiegen Älterer sprechen. Das zweite Unternehmen (ältere Arbeitnehmer/innen 18%) verfügte jedoch über einen proportionalen Anteil Älterer und zeigte zugleich einen gesunden Marktstand. Zimmermann beschreibt die

Anstrengungen, die das zweite Unternehmen für die Integration älterer Arbeitnehmer/innen betrieb ausführlich: „So hatte das Unternehmen 2 bereits vor den tariflich herbeigeführten Weiterbildungsvereinbarungen eine sehr innovative weiterbildungsbezogene Betriebsvereinbarung geschlossen und entwickelte seine Personalentwicklungsinstrumente im Hinblick auf horizontale Mitarbeiterentwicklung, Vereinbarkeit von Beruf und Familie, Förderung von Selbstlernkompetenz etc. permanent weiter. Diese Bemühungen wurden auch vom Vorstand des Unternehmens unterstützt. So erschien hier die Weiterbildung Älterer eingebunden in eine Philosophie altersunabhängiger betrieblicher Lernkultur." (Zimmermann 2009, S. 57).

Die Personalleiter beider Unternehmen, so Zimmermann, gaben in Übereinstimmung ihre Ansicht zu Protokoll, dass das Unternehmen eine ganzheitliche Veränderungsbereitschaft aufweisen müsse, was die Integrationsfähigkeit älterer Arbeitnehmer/innen angehe. Man könne letztere nicht erst mit 50 Jahren in die Integration einbeziehen, sondern bedürfe einer solchen Integration von Anfang an, also ganzheitlich, d. h. im Sinne der Konzeptionen, wie sie in den vorigen Kapiteln der Arbeit bereits dargestellt wurden(vgl. Zimmermann 2009, S. 58). Trotz der hohen Beschäftigtenzahl Älterer berichtet Zimmermann, dass die Integrationsanstrengungen des Unternehmens sich „eher als isolierter Ansatz" erwiesen (Zimmermann 2009, S. 58). Die Betriebskonzepte zur Integration Älterer konnten sich gegen die „Rahmenbedingungen der unternehmensinternen Durchsetzungsmacht innovativer Personalarbeit" nicht behaupten (Zimmermann 2009, S. 58). Stichworte für den Einfluss bestimmter Deutungsmuster, die hinter einer solchen Desintegration älterer Arbeitnehmer/innen stehen, beziehen sich auf die Bereiche möglicher fehlender Leistungsfähigkeit Älterer, ihrer fehlenden Motivation, ihrer Vorbereitung auf den Ruhestand, auf die Vorruhestandspolitik des Unternehmens usw. (vgl. Zimmermann 2009, S. 58).

Zimmermann spricht von der „überkommenen Denkweise" solcher Deutungsmuster (Zimmermann 2009, S. 58). Andererseits entgeht Zimmermann nicht, dass Unternehmen wie die beiden dargestellten, offensichtlich Kostenzwängen unterworfen sind, die die Integrationsfähigkeit älterer Arbeitnehmer/innen finanziell begrenzen, da umfangreiche Förderungsmaßnahmen im Weiterbildungsbereich, die auf die gesamte Erwerbsbiografie gerichtet sind, naturgemäß einen hohen Kostenaufwand erzeugen (vgl. Zimmermann 2009, S. 58). Welche konkreten Deutungsmuster in den beiden mittelständischen Unternehmen entgegen den positiven Einstellungen des Personalmanagements zur Integration älterer Arbeitnehmer/innen zum geringen Erfolg der entsprechenden Maßnahmen führte, ist in der Darstellung Zimmermanns nur bruchstückhaft erschließbar. Offensichtlich arbeiten unterschiedliche Unternehmensabteilungen nicht synchron, sodass wenn die Kostenseite der Integration Älterer Probleme bereitet, sich das Personalmanagement einschränken muss. Es bleibt andererseits fraglich, ob sich die mangelnde Durchsetzungsfähigkeit der Integration älterer Arbeitnehmer/innen, wie in den beiden Beispielen beschrieben, ausschließlich auf Kostenproblematiken zurückführen lässt.

Es besteht auch die Möglichkeit der Hypothese, dass die von den Personalverantwortlichen in den dargestellten Unternehmen aufgrund bestimmter Deutungsmuster den älteren Arbeitnehmer/innen eine berufliche Fortbildung geboten haben, die den Rahmen der pädagogischen Rentabilität überschritt. Aufgrund des möglichen Vorliegens bestimmter Deutungsmuster bei den Personalverantwortlichen (siehe Mudra) sind unter erwachsenenpädagogischen Gesichtspunkten Deutungsmuster von Personalwirtschaftlern in erweiterter Form zu thematisieren.

4.4 Deutungsmuster von Personalverantwortlichen und Weiterbildungsangebote zur beruflichen Integration älterer Arbeitnehmer/innen

Die oben dargestellten umfangreichen Formen der Weiterbildung „on the job", „near the job", „off the job", „out of the job" usw. formen ein Spektrum von Bildungs- bzw. Weiterbildungsmaßnahmen, die sich auf die erwachsenenpädagogische Thematik konzentriert, da es sich bei den Ansprechpartnern eben um ältere Arbeitnehmer/innen handelt. Eines der hier anfallenden Deutungsmuster, an denen sich Personalverantwortliche hinsichtlich der Weiterbildungsangebote orientieren, betrifft schon die Problematik der Begriffsbestimmung „ältere Arbeitnehmer/innen".

Die Phasen des Wachstums und der Reife (Sattelberger-Kurve) unterliegen mit der steigenden Lebenserwartung grundlegenden Verschiebungen. Die sogenannten Best Agers verfügen gegenwärtig in vielen Fällen mit 60 Jahren über eine Leistungsfähigkeit, die man vor 20 oder 30 Jahren 50jährigen zusprach. Nicht zuletzt aufgrund der gesteigerten Lebenserwartung brachte die Rot-Grüne Regierung 2004/2005 die Rente mit 67 Jahren in den öffentlichen Diskurs ein. Die Problematik der Begriffsbestimmung bestimmter Altersgrenzen setzt sich in Bezug auf die Weiterbildungskonzeptionen für spätere Erwerbslebensphasen fort. Die Konzeption der lebensphasenorientierten Personalentwicklung wird, sofern sie sich in kleinen und mittelständischen Unternehmen durchsetzt, hinsichtlich der Didaktik der Weiterbildungsangebote ebenfalls von bestimmten Deutungsmustern zum Begriff „älterer Arbeitnehmer/innen" abhängig sein. Gleiches gilt für die Konzeptionen eines altersgerechten Lernens und des intergenerativen Wissens-und Erfahrungstransfers.

Zimmermann stellt fest, dass sich, was die Konzeption von Weiterbildungsangeboten für ältere Beschäftigte angeht, sich das Personalmanagement an „Lebensphasen- und Berufsphasenmodellen" orientiert (Zimmermann, 2009, S. 37). Diese Orientierung hängt hinsichtlich des Ausmaßes an Weiterbildungsofferten ebenfalls von Deutungsmustern ab, die sich im Bewusstsein der Personalverantwortlichen konkretisieren. Mit dem Begriff der Deutungsmuster, die der Gestaltung beruflicher Erwachsenenbildung zugrunde liegen können, hat sich ausführlich Arnold auseinandergesetzt (Arnold, 1985).

Arnold betrachtet unter indirektem Bezug auf die oben dargestellten Arbeiten von Oevermann den Begriff Deutungsmuster „als Schlüsselkategorie einer Sozialpsychologie der Erwachsenenbildung" (Arnold, 1985, S. 19). Im Sinne der sozialpsychologischen Zielstellungen der Aufklärung von Deutungsmustern ist Arnold an der Klärung gelegen, welche Deutungsmuster bestimmten sozialen Gruppen hinsichtlich ihrer „Denk-, Wahrnehmungs-, Gefühls- und Bewusstseinsstrukturen" zugrunde liegen (Arnold 1985, S. 19). Arnold sieht die wichtige Chance der „Erwachsenenbildung" darin, „durch alternative und tragfähige Deutungsangebote zu einer Differenzierung und Weiterentwicklung der fragwürdig gewordenen Deutungsmuster beizutragen" (Arnold 1985, S. 72). Arnold konstatiert für das menschliche Bewusstsein weiter eine hierarchische Anordnung von Deutungsmustern, die sich nach bestimmten Ordnungssystemen, „grundlegenden Situations-, Beziehungs- und Selbstdefinitionen" ausdifferenzieren.

Die in der obigen Übersicht (gemäß Mudra) aufgeführten Bildungs- bzw. Weiterbildungsangebote („on the job", „near the job" usw.) richten sich Arnold zufolge auch auf die Deutungsmuster von Personalverantwortlichen aus, um deren Problembewusstsein es in den Forschungsfragen der vorliegenden Arbeit geht. Die Forschungsfrage 4 bezieht sich auf die Thematik, ob Personalverantwortliche des befragten Unternehmens ein spezifisches Weiterbildungsangebot einsetzen, um Ältere in laufende Arbeitsprozesse besser zu integrieren. Die Frage der Bedeutung von Deutungsmustern, die den Entscheidungen für Weiterbildungsangebote bei Personalwirtschaftlern zugrunde liegen, erweitert sich, wenn man im Weiterbildungsbereich „along the job" angesichts der steigenden Lebenserwartung keine festen Altersgrenzen mehr bestimmen kann. Die Frage, wem und welchen Altersstufen im Betrieb solche Ausbildung angeboten wird, unterliegt zwar der individuellen Prüfung der Leistungsfähigkeit der betreffenden Arbeitnehmer/innen, andererseits aber auch dem Deutungsmuster „leistungsfähiges Alter unter Aspekten steigender Lebenserwartung".

Riedl geht in seinen Untersuchungen zu Begründungsmöglichkeiten von handlungsorientiertem Unterricht in der Berufsbildung auf eine Reihe von Bedingungen ein, die die Veränderungsproblematik solcher Berufsbildung betreffen. So stellt Riedl eine Reihe von Kategorien in den Vordergrund, die die ökonomischen, technischen und lernspezifischen Veränderungen auf kultureller Ebene bei jungen und älteren Arbeitnehmer/innenn angehen (vgl. Riedl 2011, S. 186ff). Riedl konstatiert, dass sich in der Berufsbildung die Erwachsenenpädagogik seit den 80er Jahren des vorigen Jahrhunderts dahingehend gewandelt habe, dass Handlungsorientiertheit in den Vordergrund gerückt sei:

> „Die Bildungspolitik propagiert die Handlungsorientierung auf der Leitbildebene beruflicher Bildung als angemessene Reaktion auf veränderte Anforderungen in der Arbeitswelt. Gleichzeitig sollen erkennbare Mängel im Bereich der beruflichen Handlungskompetenz, die mit einem Theorie-Praxis-Transferproblem gleichgesetzt werden, durch handlungsorientierte Bildungskonzepte aufgefangen werden." (Riedl 2011, S. 185).

Die Handlungsorientiertheit der Erwachsenenbildung unter pädagogischen Aspekten zielt darauf ab, nicht mehr traditionell nach Kopf- und Handarbeit zu trennen, sondern die Arbeitnehmer/innen „zur Bewältigung systemisch-ganzheitlicher, geschäftsprozessorientierter Arbeitsanforderungen" zu befähigen (Riedl 2011, S. 187). Personalwirtschaftler, die altersintegrative Personalpolitik betreiben möchten, sind einerseits gehalten, sich über die Umfeldveränderungen, wie Riedl sie angibt, permanent auf dem Laufenden zu halten und diese Veränderungen zugleich mit den benötigten Weiterbildungsangeboten des Unternehmens abzugleichen und planerisch zu strukturieren. Riedl gibt folgende Charakteristika für einen handlungsorientierten Unterricht an:

> „Handlungsorientierter Unterricht bestimmt als konzeptionelle Grundausrichtung des Unterrichts die Makrostruktur einer Lehr-Lern-Einheit. Als mehrdimensionales Unterrichtskonzept mit verschiedenen Planungs-, Gestaltungs- und Zieldimensionen können in einen handlungsorientierten Unterricht unterschiedliche Methoden bzw. methodische Teilkomponenten einfließen." (Riedl 2011, S. 185).

Die Ansätze der Darstellung der Erwachsenendidaktik von Riedl, die hier nur skizzenhaft dargestellt werden können, machen auf ein Komplexitätsproblem aufmerksam, die Urteilsfähigkeit in Bezug auf das Ausmaß von Weiterbildungsangeboten an Arbeitnehmer/innen und ältere Arbeitnehmer/innen bei gegebenenfalls fließenden Altersdefinitionen hängt von weiteren Deutungsmustern bei Personalentwicklern ab. Die unten folgende schematische Darstellung sogenannter kreisförmiger Dependenz von Handlungsleitung, Kontrolle und Rechtfertigung von Deutungsmustern, wie Arnold sie präsentiert, lässt sich für die

Deutungsmusterthematik von Personalentwicklern in Bezug auf ihre Weiterbildungsangebote verwenden.

Abbildung 13: Deutungsmuster in zirkulärer Anordnung ihres Einflusses auf Handlungsformen: Kontrolle und Rechtfertigung

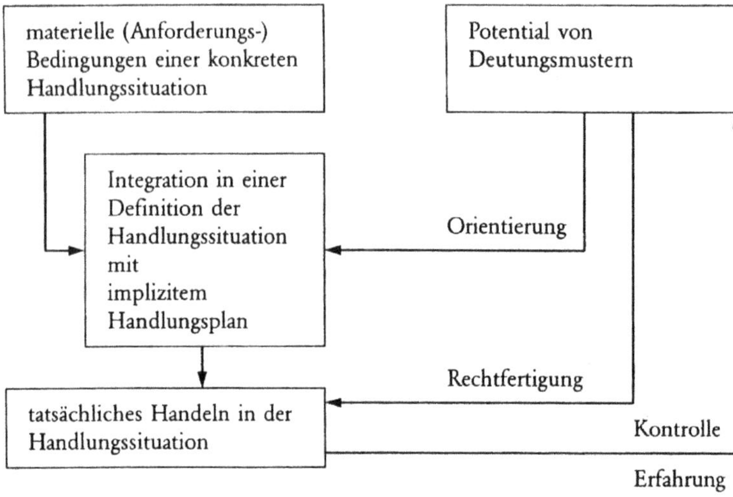

Quelle: Arnold, 1983, S. 184.

Das obige schematische Modell einer Deutungsmusterstruktur stellt den zirkulären Prozess dar, in welchem Deutungsmuster sich von einer bestimmten Anforderungssituation aus bis hin zu ihrem Übergang in bestimmte Erfahrungsmuster darstellt. Arnold bezeichnet die Prozessualität der einzelnen Elemente des obigen Schemas als zirkulär, weil sie sich wechselseitig aufeinander beziehen und bedingen. In Bezug auf die Handlungsformen von Personalverantwortlichen, was Weiterbildungsangebote an ältere Arbeitnehmer/innen bzw. Arbeitnehmer/innen überhaupt angeht, liegt mit dem Baustein im Schema rechts oben ein „Potential an Deutungsmustern“ vor. Dieses dient, wie die Pfeilrichtung klarmacht, einer Orientierung, die der Klärung einer „Anforderungs-Bedingungen einer konkreten Handlungssituation“ dienen kann. In vielen Fällen greifen auch Personalwirtschaftler, wie Arnold feststellt, auf Stereotypen und Alltagswissen zurück (Arnold 1985, S. 23).

Diese Deutungsmusterelemente werden sodann in eine „Handlungssituation mit implizitem Handlungsplan“ integriert (siehe Schema Mitte links).

Die Integration führt sodann zu einem bestimmten tatsächlichen Handeln „in der Handlungssituation", in der beispielsweise das Ausmaß einer Fortbildungsmaßnahme für einen bestimmten Arbeitnehmer/innen älteren Jahrgangs durch den Personalwirtschaftler festgelegt wird. Der rechts außen stehende Bereich „Kontrolle von Deutungsmustern", der sodann zur von Arnold zitierten Korrektur überalterter Deutungsmuster führen kann, lässt sich in Bezug auf die Erfolge von Weiterbildungsmaßnahmen offensichtlich in einem Erwerbszeitraum nur schwer durchführen, da solche Weiterbildungsmaßnahmen hinsichtlich ihrer Erfolgswirkung kaum zeitnah zu evaluieren sind.

Arnold richtet das Augenmerk auf die Tatsache, dass sich der Begriff des Deutungsmusters zwar großer Popularität in den pädagogischen Literaturformen erfreut, er jedoch genau genommen keine hinreichende Klarheit „hinsichtlich der Bedeutungselemente", die dieser Begriff umschließt, existiert (Arnold 1985, S. 20). Andererseits bildet er methodisch dennoch produktive Hilfestellung für die in der vorliegenden Arbeit durchzuführende Forschungsthematik. So wäre unter Bezug auf die durch Zimmermann dargestellte Thematik des Scheiterns der Integration älterer Arbeitnehmer/innen bei den in Kapitel 3.3.3 beschriebenen Unternehmen anzumerken, dass bei einer 50 prozentigen Beschäftigung älterer Arbeitnehmer/innen (siehe Kapitel 3.3.3) ein offensichtliches Ungleichgewicht der Altersstruktur der Beschäftigten in dem betreffenden Unternehmen einstellen konnte.

Das dort vorherrschende Deutungsmuster könnte so ausgesehen haben, dass die Personalwirtschaft des Unternehmens schon aufgrund solcher Disproportionalität die Finanzabteilungen des Unternehmens von der Sinnhaftigkeit der Integrationsfähigkeit älterer Arbeitnehmer/innen durch Fortbildungsangebote nicht überzeugen konnte.

4.5 Das Unternehmen als lernende Organisation und seine Fähigkeit zur Integration älterer Arbeitnehmer/innen und ihrer Wissenspotentiale

Die im Kapitel 3 der vorliegenden Arbeit entwickelten Begriffe zum Wissensmanagement, zur Wissensakkumulation und zur Wissensdistribution in kleinen und mittelständischen Unternehmen entwickelten Kategorien lassen sich in dem Begriff eines Unternehmens als lernender Organisation sinnvoll zusammenfassen. Ein Unternehmen, das vom intergenerationellen Wissenstransfer profitieren kann, lässt sich nicht nur auf dieser Ebene als lernende Organisation bezeichnen (vgl. Buck et al. 2002, S. 58). Der Begriff der lernenden Organisation entstammt der Organisationsentwicklung. Zu dem Begriff lässt sich eine große Bandbreite an Definitionsansätzen aufführen. Merchel stellt fest, dass lernfähige Organisationen sich dadurch auszeichnen, „dass sie die Wirkungen der individuellen Lernprozesse nicht allein dem Zufall überlassen wollen, sondern bestrebt sind, die individuellen Lernprozesse und Lernergebnisse aufeinander zu beziehen und in prozessual verankerten, also institutionalisierten Verfahren, Lernprozesse zu initiieren, die die gesamte Organisation erfassen, und die mehr sind als die Summe der jeweils individuellen Lernvorgänge" (Merchel 2005, S. 147).

Im Grundsatz charakterisieren sich lernende, d. h. lernfähige Organisationen dadurch, dass ihre Flexibilität, ihre prozessorientierte Anpassungsfähigkeit, ihre Konfliktlösungsmöglichkeiten, ihre flachen Hierarchien, ihre ausgeprägte Selbstreflexion, ihre Aufmerksamkeit in Risikosektoren sich in einer Personalentwicklung niederschlagen, die integrativ ausfällt und sich den obigen Kategorien tatsächlich stellt. Der Definitionsansatz Merchels macht darauf aufmerksam, dass eine der wichtigsten Qualitäten einer lernenden bzw. lernfähigen Organisation sich dadurch auszeichnet, individuelle Lernebenen, seien sie implizit oder explizit, mit den Lernmechanismen der Gesamtorganisation zusammenzuführen. Die so entstehende kollektive Lernebene bildet einen Innovationsmotor, der die Integrationsfähigkeit älterer Arbeitnehmer/innen mit ihrem impliziten und expliziten Wissen kaum vernachlässigen dürfte. Mit dem Definitionsansatz Sattelbergers lässt sich die Darstellung Merchels einer lernenden Organisation ergänzen. Sattelberger formuliert drei zusätzliche Kategorien, die die lernende Organisation auszeichnen. Es handelt sich dabei um die Ebenen der „Responsiveness" (1), um die „Lernfähigkeit" als Wissensakkumulation (2) sowie um „Handlungsfähigkeit" als effiziente Form der Bedarfsbefriedigung eines Unternehmens (3) (Sattelberger 1996, S. 13).

Die gesamt organisatorische Koordinierung von Lernprozessen, die Merchel in seiner Darstellung der lernenden Organisation ansetzt, macht deutlich, dass die Personalverantwortlichen sich in einer Unternehmensposition befinden, die mit der Einstellung kompetenter Mitarbeiter, eben auch Älterer, auf der institutionellen Ebene des Unternehmens für den Einzug von entsprechendem Wissen Verantwortung tragen. Katenkamp macht seinerseits darauf aufmerksam, dass die Wissensaneignung einer Organisation „keine passive Aufnahme von Informationen" bildet (Katenkamp 2011, S. 420). Katenkamp nennt vier Grundelemente, die die Wissensaneignung eines Unternehmens als lernender Organisation bestimmen: „Eine gemeinsame Sprache ..., eine organisatorische Wissensbasis, ein Prozess von Akquisition und Assimilation neuen Wissens sowie von Prozeduren von Problemlösungen" (Katenkamp 2011, S. 420). Zusätzlich ist eine permanente Aktualisierung und Neustrukturierung vorhandener Wissensbestände nötig, die ihrerseits durch Einordnungsprozesse neuer Wissenselemente ergänzt werden muss (vgl. Al-Laham 2005, S. 407).

Mit der Betonung des permanenten Aktualisierungsbedarfs, der Neustrukturierung und der Innovativität von Wissen und seiner Handhabung im Unternehmen ist eine der wesentlichen Probleme angesprochen, die die Integrationsfähigkeit älterer Mitarbeiter besonders betreffen: Innovativität ist ein Beispielfeld, auf dem die Employability älterer Arbeitnehmer/innen am deutlichsten in Frage steht. Jasper et al. betonen, dass Unternehmen, die eine größere Anzahl älterer Mitarbeiter beschäftigen, keine Einschränkung ihrer Innovativkraft erfahren müssen, dies jedoch mit den Mitteln der Organisation absichern müssen, was besonders die Verantwortung der Personalentwicklung anspricht (vgl. Jasper et al. 2001, S. 71). Im Sinne der oben entwickelten Kategorien der Organisation als lernende Einheit stellt sich, wie Astor ausführt, gerade für das Personalmanagement auf dem Innovationsbereich die Anforderung, den intergenerationellen Kooperationskontakt im Unternehmen herzustellen, unterschiedliche Altersgruppen mit ihrem jeweiligen Knowhow in den Innovationsprozess zu integrieren, Handlungseinschränkungen aufzuheben und ein permanentes Change-Management in Richtung auf die Förderung von Innovativität im Unternehmen zu betreiben (vgl. Astor 2002, S. 11). Buck et al. weisen zusätzlich auf die Ergebnisse des Projekts „Wachsende Innovativität mit allen Altersgruppen – Beratung von KMU" der Unique GmbH darauf hin, dass sich Arbeitsumgebungen so ausrichten lassen, dass eine Kombination von „altem und neuem Wissen" erleichtert wird (Unique GmbH in Buck et al. 2002, S. 62).

Die Strukturen einer möglichen intergenerationellen Kooperation in einem Mittelstandsunternehmen lassen sich in die weiter oben dargestellten Verbreitungsstrukturen von Wissen gemäß dem Spiralmodell von Nonaka / Takeuchi integrieren. Wo ältere Arbeitnehmer/innen aufgrund ihres umfangreicheren Erfahrungswissens über ein größeres Ausmaß an implizitem Wissen verfügen, während jüngere Arbeitnehmer/innen aufgrund der an die moderne Arbeitswelt angepassten Strukturen ihrer Studien über ein größeres Ausmaß an explizitem Wissen verfügen, ließe es sich als Aufgabe der Personalentwicklung beschreiben, eine dem Wissensaustausch förderliche Kommunikation zwischen jüngeren und älteren Arbeitnehmer/innen herzustellen (vgl. Dörner 2005, S. 186ff).

Einer aufgeklärten Innovativitätspraxis, die sich auch in der Einstellungspraxis des mittelständischen Unternehmens niederschlägt und Demografiesensibilität beweist, steht jedoch das Problem des Ageism als Problem in vielen Fällen entgegen. Die Konzeption des Ageism geht auf den US-Gerontologen R. Butler zurück, der sie in den 60er Jahren des vorigen Jahrhunderts entwickelte (vgl. Butler 1969, S. 243ff).

Butler definierte Ageism als ein Sozialschema, das ältere Menschen mit stereotypen Beurteilungen in die Altersdiskriminierung rückt. Butlers genaue Definition von Ageism lautet: „A process of systematic stereotyping and discrimination against people because they are old, just as racism and sexism accomplish this for skin color and gender" (Butler 1969, S. 244). Butlers Definitionen der Altersdiskriminierung (Ageisim) wurden in der Fachliteratur später erweitert und präzisiert (Traxsler, 1980). Brauer arbeitet in seinen Ausführungen zum Ageism, wie er sich als Stereotypisierung älterer Arbeitnehmer/innen, in möglichen Beurteilungen von Personalverantwortlichen finden kann, sechs wesentliche Kategorien möglicher Stereotypisierung heraus: Den „traditionalistischen bzw. Altersrollen-Ageism" (1), den „ökonomischen bzw. Kosten-Ageism" (2), den „naturalistischen bzw. Anforderungs-Ageism" (3), den „Mode- und Jugendtrend-Ageism" (4), die „altersstrukturbasierte Ausgrenzung" (5) sowie den „Vorruhestands-Konservatismus" (6) (Brauer 2010, S. 43ff). Mit dem Begriff „traditionalistischen bzw. Altersrollen-Ageism" (1) beschreibt Brauer ein starres Denken in Altersrollen, die sich etwa an der traditionsbezogenen Karriereleiter des Aufstiegs zum Meister orientieren (vgl. Brauer 2010, S. 43). Der ökonomiebezogene Ageism beschreibt als Kategorie Stereotypisierungen eines ökonomistischen Denkens, die mit älteren Mitarbeitern im Betrieb den Aufwand höherer Kosten in Verbindung bringt, während jüngere Mitarbeiter als preiswerter eingestuft werden (2). Der auf die Arbeitsanforderungen bezogene Ageism (3) bezieht sich auf die Stereotypisierung, ältere Mitarbeiter seien den erhöhten und innovativen Veränderungsanforderungen des Unternehmens nicht gewachsen. Jüngeren traut man dagegen eine solche Bewältigung zu.

Der jugendorientierte Ageism (4) beschreibt die Stereotypisierung, dass Jugendlichkeit von vielen Unternehmen als förderlich für ein repräsentatives Image betrachtet wird. Die auf Altersstrukturen basierte Ausgrenzung (5) beziehen sich laut Brauer in der Mehrheit der Fälle auf die Nachfolgeregelungen in der Betriebsorganisation (Brauer 2010, S. 45).

Der auf den möglichst früh einzurichtenden Vorruhestand älterer Mitarbeiter (6) richtet sich auf die Tatsache, dass viele Personalverantwortliche in stereotyper Form mögliche Verlängerungen der Erwerbsbiografie in Bezug auf Ältere nicht in ihr Denken einbeziehen, also ein Altersstereotyp hegen, das sich an den bürokratisch-politischen Ebenen und Maßnahmen der Frühverrentung orientiert.

Brauer konstatiert, dass neben den sechs dargestellten Kategorien des Ageism etliche Mischformen dieser Stereotypisierung existieren (vgl. Brauer 2010, S. 45ff). Die sechs Kategorien des Ageism und ihre Mischformen lassen sich hinsichtlich der unterschiedlichen Stereotypisierungsformen auf die in den Kapiteln 4.2 und 4.3 und 4.4 der vorliegenden Arbeit entwickelten Deutungsmuster von Personalverantwortlichen in Unternehmen übersetzen.

In Bezug auf die Kategorialanalyse der Deutungsmuster (Oevermann) würde das Deutungsmusterpotential von Personalverantwortlichen gegenüber älteren Arbeitnehmer/innen unter anderem zu einem Auswahlprinzip führen, das letztere zur Reduktion von Komplexität, sei es bewusst oder unbewusst, in eine der Ageism-Kategorien einordnet und auf diese Weise zu einer Altersdiskriminierung führt. In Bezug auf die Ageism-Kategorien macht Brauer darauf aufmerksam, dass „Stereotype und Diskriminierungen mit schicksalhaften Zwängen ökonomischer, biologischer und gesellschaftlicher Art legitimiert werden, denen sich der Betrieb oder der Akteur ausgesetzt sieht" (Brauer 2010, S. 46).

Die oben dargestellten Anforderungskriterien an ein Change Management des Unternehmens, das die Integrationsfähigkeit des Wissens älterer Arbeitnehmer/innen als Innovativkraft in Betracht ziehen müsste, stehen im Widerspruch zu den dargestellten sechs Kategorien des Ageism. In der Forschungsliteratur findet sich zudem die sogenannte Invisibilitätsthese. McVittie et al. stellten in ihren Interviews mit Personalwirtschaftlern fest, dass letztere sich in ihren Aussagen in Bezug auf die Einstellung und mögliche Integration älterer Arbeitnehmer/innen hinsichtlich der Altersproblematik ausweichend verhielten, um die Problematik nach Möglichkeit nicht kommunizieren zu müssen (vgl. McVittie et al. 2003, S. 597).

Mit diesen Darstellungen lässt sich zur Thematisierung der Forschungslücke in Bezug auf Deutungsmuster bei Personalverantwortlichen in Bezug auf die Einstellung und Integrationsfähigkeit älterer Beschäftigter überleiten.

4.6 Darstellung der Forschungslücke: Deutungsmuster bei Personalentwicklern in Bezug auf die Einstellung und Integrationsfähigkeit älterer Arbeitnehmer/innen

In Bezug auf die Forschungslücke, also der verdeckten Altersdiskriminierung im Rahmen von Ageism und im Zusammenhang mit entsprechenden Deutungsmustern bei Personalverantwortlichen, lässt sich das Allgemeine Gleichbehandlungsgesetz (AGG), das seit 2006 in der Bundesrepublik in Kraft ist, thematisieren (Alenfelder, 2006). Das AGG verbietet Benachteiligung im Anwendungsbereich der Erwerbstätigkeit in Bezug auf Religion, Weltanschauung, Behinderung, Rasse, Geschlecht, Alter, womit jedes Lebensalter angesprochen ist. Schimkat macht in ihren Analysen zum Ageism darauf aufmerksam, dass sich Altersdiskriminierung in der Einstellungspraxis von Unternehmen und Personalverantwortlichen nur schwer nachweisen lässt, da die Betreffenden mittlerweile über eine „AGG-sichere" Sprache verfügen (vgl. Schimakt 2010, S. 227).

Eine „AGG-sichere Sprache“ (Schimkat) führt dazu, dass sich die sechs Kategorien des Ageism (Brauer) in den Einstellungsgesprächen von Personalverantwortlichen unter scheinbarer Beachtung des Gleichbehandlungsgesetzes auf eine indirekte Form ausprägen, die der Invisibilität teilweise zuzurechnen ist. Die Ageism-Kategorien kommen bei den entsprechenden Diskurstechniken infolgedessen nur implizit zum Tragen, „ohne dass sie explizit erwähnt werden“ (Schimkat 2010, S. 227). So entsprechen bestimmte Bewerberinnen fortgeschrittenen Alters im Sinne der Ageism-Kategorien zum Beispiel nicht in „das konservative Frauenbild der Firma“ (Schimkat 2010, S. 227). Am Beispiel einer 1958 geborenen Bewerberin demonstriert Schimkat in ihrer Befragung von Personalverantwortlichen, dass solche Metaphern wie „Passfähigkeit“ dazu Verwendung finden, eine indirekte Form der Altersausgrenzung in der Einstellungspraxis zu vollziehen (vgl. Schimkat 2010, S. 224). Die sogenannte Passfähigkeit wird, wie Stößel in seinen Erhebungen konstatiert, von vielen Personalverantwortlichen mit dem Begriff der „Persönlichkeit“ in Verbindung gebracht. Die „Persönlichkeit“ des Bewerbers lässt sich dann mit der Passfähigkeit des Bewerbers nicht vereinbaren (vgl. Stößel 2006, S. 9).

Eine zwölf Jahre jüngere Bewerberin aus der empirischen Untersuchung Schimkats wird vom Personalverantwortlichen dagegen mit der Charakterisierung „zurückhaltende Souveränität, die super hierher passt“ in ein positives Deutungsschema bzw. Deutungsmuster hinsichtlich ihrer Einstellungsfähigkeit eingeordnet (vgl. Schimkat 2010, S. 220).

Die Metapher „zurückhaltende Souveränität …“ verdeckt die Tatsache, dass der betreffende Personalleiter ein bestimmtes Altersbild auf dem Hintergrund eines bestimmten Frauenbildes pflegt. In Bezug auf die Bevorzugung der jüngeren Kandidatin (Frau Voss vor Frau Karp) lässt sich hypothetisch auf eine Mischform der Ageism-Kategorien der ökonomischen, der anforderungsbezogenen und der konservativen Vorruhestandsthematik schließen.

In den Analysen ihrer Erhebung zur Altersproblematik bei Personaleinstellungen gelangt Schimkat hinsichtlich des Altersunterschiedes der Bewerberinnen Voss und Karp zu folgender Gesamteinschätzung:

> „Frau Karps Alter von 49 Jahren wird im Gespräch (dem Vorstellungsgespräch, die Verfasserin) mit keinem Wort thematisiert. Weder die Kandidatin selbst noch der Personalleiter beziehen sich auf Altersbilder, wie es in vorherigen Vorstellungsgesprächen beobachtet werden konnte. Dennoch sind indirekte Bezüge auf das Alter zu finden: So berücksichtigte der Personalleiter mit seiner Aufforderung, die Erwerbsbiografie chronologisch darzustellen, nicht die langjährigen wechselnden Berufserfahrungen der Kandidatin, die ein gezieltes Nachfragen verlangen würden. Insofern ist es denkbar, dass Frau Karp als Alibi-Kandidatin eingeladen worden ist, denn der Altersunterschied

zwischen ihr und den nächst jüngeren Kandidatinnen beträgt über 10 Jahre." (Schimkat 2010, S. 223).

Die interpretierende Passage Schimkats zum Einstellungsgespräch zweier Bewerberinnen unterschiedlichen Alters bei demselben Personalleiter weist einerseits auf die Invisibilität der Altersproblematik bei Einstellungsverfahren hin, andererseits auf die in den Metaphern der Passfähigkeit u. a. angelegten Deutungsmuster des Personalentwicklers. Da sich mit starren Deutungsmustern in Bezug auf Altersgrenzen und Altershierarchien die Anforderungen sich rasch verändernder Arbeitsmärkte von Unternehmen angesichts der demografischen Probleme kaum bewältigen lassen, ist die Feststellung Brauers, dass die dargestellten Kategorien des Ageism in der Mehrheit der ökonomischen Arbeitsbereiche „alltäglich" auftritt, bedeutsam (vgl. Brauer 2010, S. 46). Über die fünf bereits formulierten konkreten Forschungsfragen hinaus lässt sich infolgedessen die generelle Forschungslücke auf die Fragestellung beziehen, welche Deutungsmuster in Bezug auf die sechs oben dargestellten Kategorien des Ageism und ihre Mischformen bei Personalverantwortlichen in den zu befragenden Unternehmen in Bezug auf die Einstellbarkeit (employability) und Integrationsfähigkeit älterer Arbeitnehmer/innen vorhanden sind.

Um die konkreten Auswirkungen der Bedeutung von Deutungsmustern bei Personalentwicklern in Bezug auf die wissensorientierte Integrationsfähigkeit älterer Arbeitnehmer/innen genau bestimmen zu können, ist der Einsatz einer Empirie nötig, die sich aus den Methoden der qualitativen Sozialforschung speist. Eine präzise Eruierung derjenigen Kategorien, die von Personalverantwortlichen angelegt werden, wenn sie die Einstellungsfähigkeit älterer Arbeitnehmer/innen beurteilen sollen, ergibt sich aus problemzentrierten Interviews: Die systematische Befragung der impliziten und expliziten Kategorien, mit denen Personalverantwortliche hinsichtlich ihrer Beurteilung der Employability älterer Arbeitnehmer/innen vorgehen, ergibt eine dichte Beschreibung der Voraussetzungen, die den möglichen Ausschluss älterer Arbeitnehmer/innen von einem demografisch adäquaten Einstellungsprozess erklären können. Die Auswahl der Interviewpartner aus dem Bereich der Personalverantwortlichen setzt ein Forschungsdesign voraus, in dem eine repräsentative Auswahl möglichst aussagekräftiger Partner abläuft.

5 Methodische Vorgehensweise und Forschungsdesign der empirischen Untersuchung

5.1 Darstellung und Begründung der ausgewählten Forschungsmethoden

Die Vorgehensweise mit dem Einsatz des problemzentrierten Interviews verortet sich im Raum der qualitativen Sozialforschung. Die Typologie der zugehörigen Vorgehensweise impliziert gegenüber ihren Untersuchungsobjekten eine Offenheit, die darauf beruht, dass im Forschungsprozess selbst Hypothesen und Theorien konzipiert werden können, die beim Auftreten neuer Erkenntnisse der Modifikation unterliegen können.

Die qualitative Forschung versucht sich dem Phänomen der Wahrheit im Rahmen eines Diskurses zu nähern und nutzt dazu soziale und kommunikative Prozesse. Für die Datenerhebung gelangt also keine standardisierte Methode zur Anwendung. Vielmehr geht sie von den Voraussetzungen des Dialoges aus. Die Auswertung der Daten erfolgt sodann später durch interpretative Verfahren (Flick, 1995, S. 170). Die qualitative Forschungsrichtung hebt auf die gesellschaftlichen Bezüge vor dem Hintergrund des subjektiven Erlebens, also auf eine Innenperspektive der Interviewten ab (Lamnek, 2005, S. 262).

Die Zielstellung qualitativer Forschung richtet sich also auf das Beschreiben, das Interpretieren und das Verstehen von Zusammenhängen, die sodann die Aufstellung von Klassifizierungen und die Generierung von Hypothesen ermöglichen sollen. Die gewonnenen Erkenntnisse ermöglichen es, relevante Beurteilungskriterien für die in Frage stehenden Sachverhalte und gegebenenfalls intervenierende Folgemaßnahmen abzuleiten (Lamnek, 2005, S. 32ff). Für Kelle besteht das Ziel der qualitativen Sozialforschung darin, die Realität anhand der subjektiven Sicht der Gesprächspersonen abzubilden, um mögliche Ursachen für ihr Verhalten nachvollziehen zu können (Kelle, 2008, S. 228).

Mit Atteslander lassen sich unter den Vorgehensweisen der empirischen Sozialforschung „die geregelte und nachvollziehbare Anwendung von Erfassungsinstrumenten wie Befragung, Beobachtung, Inhaltsanalyse“ verstehen (Atteslander, 2010, S. 5). Die qualitative Vorgehensweise bedient sich im Gegensatz zur quantitativen einer mündlichen Befragungsform, der ein Interviewleitfaden mit möglichst „offenen“ Fragen zugrunde liegt. Qualitative Interviews lassen sich mit Hopf „als teilstrukturierte, semistrukturierte oder auch Leitfaden-Interviews“

betrachten (Hopf, 1995, S. 177). Der Interviewleitfaden des qualitativen Interviews mit seinen offenen Fragen ist implizit so konstruiert, dass immer neue Erzählimpulse an den Interviewpartner gegeben werden, wenn der freie Fluss der Mitteilungen bzw. der Erzählung ins Stocken gerät. Das qualitative Interview quantifiziert keine Durchschnittswerte wie das quantitative, sondern richtet seine Aufmerksamkeit auf Informationen über die subjektive Sichtweise der befragten Person / Personen. Die Qualität des erfragten Materials hängt bei solchen Interviews eng mit der Interpretierbarkeit der subjektiven Informationen der interviewten Person / Personen zusammen. Je informativer die Interpretierbarkeit dieser Erzählungen ausfällt, desto größer ist der Informationsgewinn. Diese Vorgehensweise steht in deutlichem Gegensatz zu den Messbarkeitskriterien, die sich aus einer bestimmten Anzahl von Fragebögen im quantitativen Interview mit statistischen Mitteln ergeben. Schmidt-Grunert weist darauf hin, dass beim qualitativen Interview gerade die „ganz persönliche Antwort auf eine Frage gefordert" ist, und sich der interviewte Partner „mit möglichst geringen Fremdvorgaben erzählend äußern" soll (Schmidt-Grunert, 1999, S. 39).

Die Kategorien des qualitativen Interviews reichen vom biografischen Interview, über das Experteninterview, das narrative, das diskursive bis hin zum klinischen Interview und dem problemzentrierten Interview, das in der vorliegenden Arbeit verwendet wird. Letzterer Interviewtyp sucht einen „Zugang zu thematisch begrenzten Problembereichen" (Schmidt-Grunert, 1999, S. 38), im vorliegenden Fall das der Deutungsmuster von Personalverantwortlichen von mittelständischen Unternehmen gegenüber der möglichen Einstellung und Integration älterer Mitarbeiter in den Betrieb. Das in der vorliegenden Arbeit zur Anwendung gelangte problemzentrierte Interview leistet hinsichtlich der Anforderungen, die sich zur Feststellung möglicher Deutungsmuster bei Personalverantwortlichen eignen, die höchst mögliche Validität. Das Prozessmodell induktiver Kategorienbildung, wie Mayring es entwickelt, impliziert je nach Stand der Materialzusammensetzung und seiner Information eine Anpassung der Kategorien. Mehrere Materialdurchgänge garantieren eine solche Verdichtung der Information, dass die Information und Auswertung auf einem höchst möglichen Validitätsniveau stattfinden können. In Ergänzung dieser Vorgehensweise gelangt die Konzeption der Deutungsmuster Ullrichs zur Anwendung. Mit der Aufdeckung, Klassifizierung und Interpretation von Deutungsmustern lässt sich die Logik alltäglicher Denkschemata freilegen, mit denen das Individuum seine sozialen Erfahrungen in einen Funktionszusammenhang bringt, der sowohl sinnstiftend als auch identitätsstiftend wirkt und zugleich, die individuelle biografische Konstellation und den sozialen Handlungsanforderungen in Einklang zu bringen.

5.1.1 Sampleauswahl

Im Rahmen der vorliegenden Untersuchung erfolgte eine Rekrutierung der Interviewpartner nach einer theoretischen Vorüberlegung. Weil ein möglicher Zusammenhang mit der Einstellungspraxis von hochqualifizierten älteren Arbeitnehmer/innen betrachtet werden sollte, war es obligatorisch nur Personalverantwortliche aus mittelständischen Unternehmen zu befragen. Insgesamt wurden in der Befragung 15 Personen beider Geschlechter im Alter von 30 bis 64 Jahren anhand eines Leitfadens durch die Verfasserin der vorliegenden Studie befragt.

Das problemzentrierte Interview, das im Rahmen der vorliegenden Arbeit verwendet wird, befragt die Interviewpartner zu bestimmten Problemsektoren, die von sozialer Bedeutung sind. Witzel macht darauf aufmerksam, dass die Resultate „individuelle und kollektive Handlungsstrukturen und Verarbeitungsmuster gesellschaftlicher Realität" eruieren sollen, die sich aus den Erzählungen der Befragten ergeben (Witzel, 1982, S. 67). Die Bedeutung der Problemzentrierung des Interviews mit der Bedingung der sozialen Relevanz des betrachteten Problems erweitert sich im qualitativen Interview durch die Notwendigkeit der Orientierung am Objekt des Interviews. In diesem Sinne sind die im Interviewleitfaden der vorliegenden Arbeit zum Tragen kommenden Fragestellungen einerseits an der Situation der Personalverantwortlichen in ihrem beruflichen Alltag und andererseits an möglichen Kriterien der Bewerberauswahl in Bezug auf ältere Arbeitnehmer/innen orientiert (siehe Interviewleitfaden).

Im Verlauf des gesamten Forschungsprozesses sucht der Interviewer permanent zu reflektieren, ob und in welcher Form sich aus den weiteren Antworten der Interviewpartner neue Informationen bzw. Erkenntnisse ergeben können. Dies geschieht durch das jeweilige Nachfassen im Verlauf des Interviews und zu einer entsprechenden Integration solcher Erkenntnisse in den weiteren Interviewablauf. Ullrich weist auf die Bedeutung der Tatsache hin, dass die Interviewfragen in vielen Fällen Kompromisse zwischen Verständlichkeit und präziser Formulierung bilden müssen (Ullrich, 1999, S. 14). Ullrich stellt klar, dass die Prozessstruktur, der die Interviewsituation unterliegt, dazu führen muss, dass sämtliche Fragestellungen des Interviews angepasst werden müssen, wenn sich beim Pretest des Leitfadens neue Informationen und Frageanregungen zur Disposition stellen lassen (Ullrich, 1999, S. 21).

Die Interviewpartner wurden über einen Emailverteiler kontaktiert. Die Kontakte wurden über den Wirtschaftsrat im Main-Kinzig-Kreis hergestellt. Der Wirtschaftsrat ist eine bundesweiter Berufsverband von Unternehmern, der sich zum Ziel gesetzt hat wirtschaftliche und gesellschaftspolitische Interessen im Sinne Ludwig Erhards zu vertreten. Die jeweiligen Interviews wurden am Arbeitsplatz der befragten Personalverantwortlichen durchgeführt. Die Interviews wurden mit einem digitalen Diktiergerät aufgenommen und anschließend vollständig transkribiert.

5.1.2 Forschungsfragen der Arbeit, Interviewleitfaden und Deutungsmusteranalyse nach Ullrich

Der Interviewleitfaden besteht aus fünf unterschiedlichen thematischen Blöcken. Der Block I bezieht sich generell auf die Thematik der Personalrekrutierung in mittelständischen Unternehmen. Der Block II des Interviewleitfadens bezieht sich auf die Forschungsfrage 1 bis 4. Anhand der Fragen 2.1 aus Block II ist allgemein die Thematik zu klären, nach welchen Deutungsmustern mittelständische Unternehmen gegebenenfalls ältere Arbeitnehmer/innen am Arbeitsmarkt rekrutieren (Forschungsfrage 1).

Wie die Frage 3.2 (Block III) demonstriert: „Welche Rolle spielen ältere Arbeitnehmer/innen?“, sind die Fragen so offen gehalten, dass von Seiten des Interviewpartners (Befragten) ein zwangloser Erzählfluss entstehen kann. Mit diesem Verfahren schließt sich der Interviewleitfaden an das Modell des diskursiven Interviews an, wie Ullrich sein Modell eines solchen Leitfadens nennt (Ullrich, 1999, S. 9). Die Fragen des Leitfadens der Blöcke I bis VII sind so konzipiert, dass sie im Sinne der Technik eines diskursiven Interviews in möglichst umfangreicher Form die von Ullrich sogenannten „Derivationen“ ermöglicht (Ullrich, 1999, S. 9). Der Block I fragt zunächst lediglich nach den möglichen Schwierigkeiten, denen sich Personalverantwortliche von mittelständischen Unternehmen gegenübersehen könnten, wenn sie hinreichend qualifizierte Mitarbeiter suchen.

Mit der Frage 3.2 wird die Rolle der älteren Arbeitnehmer/innen in einem entsprechenden Rekrutierungszusammenhang ins Spiel gebracht (Block III, 3.2). Mit der Frage 3.3 erfolgt mit dem allgemeinen Ansatz „Wo schätzen Sie ältere Arbeitnehmer/innen als leistungsfähiger ein ...?“ das Vergleichsmoment zwischen jüngeren und älteren Arbeitnehmer/innen in Bezug auf die Einschätzung von Personalverantwortlichen in den Diskurs eingebaut. Mit der Frage 3.7: „Welche Bedeutung hat langjährige Berufserfahrung?“ wird die Aufmerksamkeit auf die Thematik der möglichen Integrierbarkeit älterer Arbeitnehmer/innen in den betreffenden Betrieb indirekt angesprochen (Block III). Mit dieser indirekten Technik der Befragung lassen sich, wie Ullrich konstatiert, in Bezug auf die Deutungsmuster, die den Auskünften zugrunde liegen, auf konsistente Art Rückschlüsse auf die „Handlungsorientierungen und Situationsdefinitionen“ ziehen, nach denen sich die Befragten möglicherweise in ihren Narrativen richten (Ullrich, 1999, S. 10).

Da sich die Thematik der vorliegenden Arbeit mit der betrieblichen Integration älterer Arbeitnehmer/innen und ihrer entsprechenden Beschäftigungsfähigkeit (employability) auseinandersetzt, richtet der Interviewleitfaden in offener Form entsprechende Fragen im Sinne der Forschungsfragen 3 und 4 an die Interviewpartner. Die Forschungsfrage 3 erkundigt sich nach dem beschäftigungspolitischen Instrumentarium, das Personalmanagern, die ältere Arbeitnehmer/innen überhaupt rekrutieren möchten, zur Verfügung steht. Die Fragen des Blocks V richten sich in diesem Sinne in freier Form auf das Feld beschäftigungspolitischer Maßnahmen, die Personalverantwortlichen von mittelständischen Unternehmen in Bezug auf ältere Arbeitnehmer/innen und ihre mögliche Integration in den Betrieb bekannt sein könnten (Block V, 5.3). In der Frage 5.2 (Block V) lässt sich eine etwas direktere Frage nach den betriebsspezifischen Weiterbildungsmöglichkeiten für ältere Mitarbeiter nicht umgehen (Block V, 5.2). In Verbindung mit der Frage 5.1 (Block V), wo der Interviewpartner größere Herausforderungen bei der Einstellung älterer Mitarbeiter sehen könnte, lässt die Frage 5.2 genügend Freiraum, um Deutungsmuster bzw. Derivationen von Deutungsmustern der Personalverantwortlichen zu ermöglichen.

Die Unsicherheitsproblematik bei der möglichen Einstellung älterer Mitarbeiter fördert möglicherweise das Deutungsmuster zutage, Ältere seien wenig belastbar. Aus der Ergänzungsfrage 5.2 nach betriebsspezifischen Weiterbildungsangeboten für Ältere lässt sich in derivativer Form das Ausmaß möglicher Deutungsmuster ablesen, da, je weniger ein Betrieb Weiterbildung für Ältere anbieten wird, desto deutlicher sich das Deutungsmuster, Ältere seien Jüngeren von der Leistungskraft her unterlegen, verifizieren oder falsifizieren lassen wird.

5.1.3 Qualitative Inhaltsanalyse und Auswertung der Interviews gemäß P. Mayring

Im Folgenden sind nunmehr im Rahmen der Theorie der qualitativen Sozialforschung die Kategorien gemäß Mayring zu entwickeln. Gemäß dem Modell der qualitativen Inhaltsanalyse, das auf die 15 vorliegenden Interviews mit Personalverantwortlichen anzuwenden ist, ist im Verlauf der auswertenden Analyse einerseits Kategorienbildung auf der deduktiven Ebene, andererseits auf der induktiven Ebene vorzunehmen (vgl. Mayring 2000, S. 3,5). Auf der deduktiven Ebene entsteht die Kategorienbildung durch „vorher festgelegte, theoretisch begründete Auswertungsaspekte", die aus dem Bereich des Erkenntnisinteresses des Fragestellers stammen (vgl. Mayring 2000, S. 4). Die induktive Entwicklung von Kategorien ergibt sich dagegen aus der Ergiebigkeit des Textmaterials, das die vorliegenden Interviews mit den Personalverantwortlichen von mittelständischen Unternehmen festlegt. Die Festlegung solcher deduktiven Kategorien findet sich in der unten folgenden Liste als „Oberkategorien" (A). Diese Oberkategorien dienen als „Kodierleitfaden", um an ihm die Validität der sich aus dem Textmaterial der Interviews ergebenden Kategorien zu überprüfen (vgl. Mayring 2000, S. 5). Die Analyse konzentriert sich sodann auf „prototypische Textstellen" und stellt kontextuelle Verbindungen zwischen den bezüglichen Ober- und Unterkategorien auf der induktiven Ebene her (vgl. Mayring 2000, S. 6.).

5.2 Auswertung der Fälle

Die einzelnen Interviewschritte folgen chronologisch den sechs Blöcken des Interviewleitfadens. Im Folgenden wird die Qualitative Auswertung des Interviews Nr. 1 zu den Kriterien der Bewerberauswahl in Bezug auf die Problematik der Einstellung älterer Arbeitnehmer/innen dargestellt. Der Interviewer (I) gibt dem Interviewpartner (B) zunächst deutlich Auskunft über seine Erkenntnisinteressen (S. 1, Zeile 7, 8). Bei dem mittelständischen Unternehmen, das im Engineering-Bereich operiert, sind die Bereiche Maschinenbau, Wirtschaftsingenieurwesen und Elektrotechnik zu besetzen (Z. 28, 29). Die grundlegendste Erwartungsanforderung der Personalverantwortlichen (B) bezieht sich auf den Studiengang der Bewerber, die in dem Betrieb zu 80–90 Prozent „Absolventen" sind (Z. 24). Die Personalverantwortliche differenziert bei der Frage nach der Altersstruktur der Beschäftigten des Unternehmens im Anschluss an die Betonung, Studiengänge seien bewerbungsentscheidend, nach dem Alter eines Bachelor-Abschlusses des Bewerbers (23 Jahre, 24 Jahre), nach dem Alter eines Masterstudiengangabschlusses (25 Jahre, 26 Jahre) und nach einem Spätstudiengangabschluss (30 Jahre). Implizit ergeben diese Aussagen, dass das Unternehmen ältere Arbeitnehmer/innen (40 Jahre und über 40 Jahre) bevorzugt nicht einstellt (S. 2, Z. 8). Die Oberkategorie Nr. 3 „Hohe Bedeutung des Erfahrungswissens" eines Bewerbers soll sich laut Interviewer (S. 2, Z. 14) auf Menschen im Alter vor etwa 50 Jahren beziehen (S. 2, Z. 4). Die Personalverantwortliche bezieht in Beantwortung dieser Frage das Alter von 50 Jahren automatisch auf berufliches Erfahrungswissen, da letzteres bei einem Bewerber mit Bachelor- bzw. Master-Abschluss kaum vorhanden sein kann (S. 2, Z. 18, 19).

Die Bedeutung des Erfahrungswissens älterer Bewerber (Mitarbeiter) in Bezug auf die entsprechende Oberkategorie (Nr. 3) bezieht die Personalverantwortliche aus Interview 1 automatisch auf die Bedeutung der Oberkategorie Nr. 5

„Kundenzentrierte Bewerberprofile" (S. 2, Z. 26, 27). Demzufolge ist die Kundenerwartung in Bezug auf den Mitarbeiter so gelagert, dass letzterer sein Erfahrungswissen genau in dem Bereich akkumuliert haben muss, den der Kunde abgedeckt haben möchte (S. 2, Z. 27). Liegt ein anderer Erfahrungsbereich des Wissens vor, so handelt es sich hierbei um eine unbrauchbare Spezialisierung, der die Nichteinstellung nach sich zieht (S. 2, Z. 28, 29). Die Akkumulationszeit eines für die Einstellung brauchbaren Erfahrungswissens beträgt 10 Jahre (S. 2, Z. 31). Die Übertragbarkeit von Erfahrungswissen ist laut der Personalverantwortlichen gegeben, wenn der Bewerber projektbezogene Voraussetzungen mit seinen Kenntnissen erfüllt (S. 3, Z. 10, 11). Es besteht also die Möglichkeit, einem Bewerber Weiterbildung anzubieten, die sich aus einem Mitlaufen in einem analogen Projekt ergibt (S. 3, Z. 11). Weitere Schulungen ergeben sich im Sinne der Oberkategorie Nr. 10 „Weiterbildungs- bzw. Schulungsproblematik – kunden-, projektzentriert". Die Personalverantwortliche stellt in diesem Sinne fest, dass, sofern der Bewerber sich in einem Mitläuferprojekt bewährt, der auch eine Zeitmanagementschulung (MTM) erhalten kann (S. 3, Z. 12).

Bei vorauszusetzendem Erfahrungswissen und einem kundenzentrierten adäquaten Profil erhält also ein älterer Arbeitnehmer/innen zusätzliche Schulungsangebote in dem Betrieb. Die Anzahl solcher Fälle wird zahlenmäßig nicht spezifiziert. Beim Methods-Time-Measurement (MTM) handelt es sich nicht um eine Weiterbildungsmaßnahme, die die Halbwertszeit bestimmter Berufskenntnisse verkürzt, sondern lediglich um ein Schulungsprogramm, das bestimmte Arbeitsabläufe einer präzisen Zeitanalyse unterwirft, um sie rationaler, standardisierbarer und damit quantifizierbarer zu machen.

In Bezug auf berufliche Weiterbildung in den Bereichen, die das Unternehmen auf hohem technischen Niveau anbietet, bleibt die Auskunft der Personalverantwortlichen wage (S. 3, Z. 20, 21, 22). Die Personalerin macht ihre Angabe in diesem Bereich davon abhängig, ob der Betreffende Mitarbeiter eine solche Weiterbildungsmaßnahme annehmen will (S. 3, Z. 22). Mögliche Aufstiegsmöglichkeiten in einen anspruchsvolleren Arbeitsbereich, also außerhalb der „normalen Logistikplanung, Montageplanung" (S. 3, Z. 27), macht die Personalverantwortliche von einer Probezeit des Mitarbeiters abhängig, die er erfolgreich absolvieren muss (S. 3, Z. 24, 25). In Bezug auf die Oberkategorie 10 „Weiterbildungs- bzw. Schulungsproblematik – kunden-, projektzentriert" existieren laut Auskunft der Personalverantwortlichen also etliche Einschränkungen in dem Angebot, die sich auf zu absolvierende Probezeiten des Bewerbers und seine dortige Bewährung sowie die Kostenthematik beziehen (S. 3, Z. 19). Die Personalverantwortliche erkennt in Bezug auf die Oberkategorie 10, dass eine extrem hohe Halbwertszeit von Berufswissen existiert (S. 3, Z. 20).

Die Gründe für den hohen Stand an Arbeitslosigkeit von hoch Qualifizierten sieht die Personalverantwortliche bei zunehmendem Alter darin, dass bei den Betroffenen ein Nischenwissen entstanden, das spezialisiert sein kann und eben deshalb keine rasche der Halbwertszeit entsprechende Umorientierung durch Weiterbildung mehr möglich macht (S. 4, Z. 1, 2). In diesem Zusammenhang kommt die Kategorie Nr. 6 „Hohe Mobilitätsanforderungen" (Flexibilität) ins Spiel. Dabei stehen Mobilität (Oberkategorie Nr. 6) und Flexibilität in einem engen Zusammenhang. Die Begriffe lassen sich im Verständnis der Personalverantwortlichen analogisieren. Entsprechend ist eine Einstellungsbedingung für neue Mitarbeiter, sich kundenorientiert sowohl deutschlandweit als auch interkontinental flexibel verhalten zu können, also bereit zu sein, auch in China zu arbeiten, wenn der betreffende Kunde einen solchen Bedarf anmeldet (S. 4, Z. 10,11).

Die Personalverantwortliche stellt in diesem Zusammenhang in Bezug auf ältere Mitarbeiter fest, dass genau hier das Problem solcher Mitarbeiter liegt. Die Oberkategorie „Hohe Mobilität" erfüllen sie in der Mehrheit der Fälle nicht (S. 4, Z. 19). Ein ähnliches Problem ergibt sich für ältere Bewerber bzw. Anstellungen suchende aus der Oberkategorie Nr. 4 „Sprachlich globalisierte Wissensanforderungen: Expertenenglisch". Die Anforderungen bestehen darin, dass als globalisierte Kommunikationssprache in der Mehrheit der Projekte bei einem international aufgestellten Unternehmen mit mittelständischen Standard Expertenenglisch verlangt wird. Die Problematik verschärft sich dahingehend, dass über das Expertenenglisch hinaus meist auch noch Projektenglisch erforderlich ist, also weitere spezialisierte Vokabelkenntnis verlangt wird (S. 4, Z. 30, 31).

Im Zusammenhang mit der Oberkategorie Nr. 4 steht in den Aussagen der Personalverantwortlichen die Oberkategorie Nr. 9 „Leistungsfähigkeitsbeurteilung junger – alter Arbeitnehmer/innen". Die Personalverantwortliche stellt fest, dass junge Mitarbeiter, die aus dem Studium kommen, geübter darin sind, Lernschnelligkeit zu erzeugen (S. 5, Z. 1). Ältere Mitarbeiter erfüllen die Kategorie entsprechender Lernleistungsfähigkeit (Nr. 9) weniger, da ihnen die Lernübung fehlt (S. 5, Z. 2).

In Bezug auf die Oberkategorie Nr. 10 „Weiterbildungs- bzw. Schulungsproblematik – kunden-, projektzentriert" wird festgestellt, dass der Betrieb als mittelständisches Unternehmen keinen allgemeinen Katalog von Weiterbildungsmaßnahmen anbietet, sondern jeweils projektbezogen entschieden wird, welche Schulung dem Bewerber, sofern er die anderen Kriterien erfüllt, jeweils angeboten werden kann (S. 5, Z. 8, 9). In Bezug auf die Oberkategorie Nr. 11 „Generelle Inadäquatheit arbeitsmarktpolitischer Maßnahmen für Bewerber" stellt die Personalverantwortliche fest, dass solche Maßnahmen die Spezifika der Bedarfe des Unternehmens nicht erfüllen (S. 5, Z. 19, 20). Unter den Oberbegriff „Bewerberpersönlichkeit“ (Nr. 12) subsummiert die Personalverantwortliche eine Anzahl von Äußerlichkeiten, zu denen das Erscheinungsbild der Bewerber gehört (S. 6, Z. 12, 20, 21).

Die formalen Aspekte der Informationen über einen Bewerber ergeben sich aus Zeugnissen, Lebenslauf und Referenzen (S. 6, Z. 27). Der Jahresumsatz des Unternehmens beläuft sich auf zwischen 10 und 12 Millionen Euro (S. 7, Z. 6). Das Unternehmen profitierte im Jahre 2013 von den Wachstumsmärkten auf internationaler Ebene (S. 7, Z. 9). Die Mitarbeiterzahl liegt bei 120, davon sind 90 fest angestellt (S. 7, Z. 13, 14).

Das Alter der Personalleiterin ist 40, ihre Mitarbeit in dem Unternehmen liegt bei zwei Jahren. Im Abschluss des Interviews weist die Personalverantwortliche darauf hin, dass die Zufriedenheit der Belegschaft ein wichtiges Anliegen für sie bilde (S. 8, Z. 2, 3).

5.2.1 Auswertung Fall 1

In Bezug auf die in 3 entwickelten Oberkategorien „Hohe Qualifikationsanforderungen“ und „Präferenz Universitätsabschluss“ ergibt sich induktiv die erste Unterkategorie aus dem Interviewmaterial in Bezug auf die Problemstellung der Integrationsfähigkeit älterer Arbeitnehmer/innen in KMU „weitgehender Ausschluss älterer Arbeitnehmer/innen aufgrund von Studienpräferenz“ (S. 1, Z. 18). In Bezug auf die Oberkategorie Nr. 3 „Bedeutung des Erfahrungswissens“ ergibt sich aus den Ausführungen der Personalmanagerin die induktive Kategorie Nr. 2 „Verwertbares Erfahrungswissen spezifiziert auf den Kundenanforderungsbereich“ (S. 2, Z. 19–30). Liegt der Erfahrungsbereich des Wissens des Bewerbers nicht genau im Automobilsektor, ist dieses Wissen nicht einstellungsverwertbar (S. 2, Z. 25–29) (induktive Kategorie Nr. 1). In Bezug auf die Oberkategorie „Weiterbildungs- bzw. Schulungsproblematik – kunden-, projektzentriert“ (Nr. 10) ergibt sich die induktive Kategorie „projektorientierte Mitläufermaßnahmen unter Schulungsvorbehalt“ (induktive Kategorie Nr. 2).

In Bezug auf die Oberkategorien Nr. 5 „Kundenzentrierte Bewerberprofile“ und Nr. 8 „Projektzentrierter Arbeitseinsatz der Bewerber“ ergeben sich aus dem Interviewmaterial die induktiven Kategorien „Bewusstsein rascher Wissensentwertung“ (induktive Kategorie Nr. 3) und die „Bewusstsein Kostenintensität von Weiterbildungsmaßnahmen“ (induktive Kategorie Nr. 4).

In Bezug auf die Oberkategorie Nr. 1 „Hohe Qualifikations- bzw. Spezialistenanforderungen“ lässt sich aus dem Interviewmaterial die induktive Kategorie

„negative Nischenspezialisierung“ (induktive Kategorie Nr. 5) ableiten. Die extreme Spezialisiertheit hoch qualifizierten Wissens ist so gelagert, dass sie sich von einem bestimmten Alter ab unabhängig von der sonstigen Qualifikation des Bewerbers, nicht mehr einstellungsfähig umstrukturieren lässt (S. 3, Z. 31; S. 4, Z. 1–4).

Die deduktive Oberkategorie „Hohe Mobilitätsanforderungen“ Nr. 6) bzw. Flexibilität führt im Interviewmaterial zur Ableitung der induktiven Kategorie „reduzierte Einstellungsfähigkeit älterer Mitarbeiter – hoch qualifizierter – aufgrund angenommener Inmobilität / Unflexibilität“ (induktive Kategorie Nr. 6) (S. 4, Z. 8–20). In Bezug auf die Oberkategorie Nr. 10 „Weiterbildungs- bzw. Schulungsproblematik – kunden-, projektzentriert“ und in besonderem Bezug auf die Kategorie „Sprachlich globalisierte Wissensanforderungen: Expertenenglisch“ lässt sich die induktive Kategorie „Voraussetzung schneller Lernfähigkeit hoch spezialisierter projektorientierter Lernanforderungen Englisch“ (induktive Kategorie Nr. 7) ableiten (S. 4, Z. 29–33).

In Bezug auf die Oberkategorie „Leistungsfähigkeitsbeurteilung junger – alter Arbeitnehmer/innen“ (Nr. 9) ist die induktive Kategorie „größere Lernfähigkeit jüngerer Arbeitnehmer/innen aufgrund von Lerngeübtheit“ (induktive Kategorie Nr. 8) abzuleiten (S. 5, Z. 1–2). Die Problematik der Oberkategorie „Generelle Inadäquatheit arbeitsmarktpolitischer Maßnahmen für Bewerber“ (Nr. 11) ergibt die induktive Kategorie „Eigenverantwortung des Unternehmens für kundenspezifische Schulungsmaßnahmen“ (induktive Kategorie Nr. 9). In Bezug auf Oberkategorie Nr. 12 „Der Begriff Bewerberpersönlichkeit – Repräsentation – Passung“ lässt sich aus dem Interviewmaterial des ersten Interviews die induktive Kategorie „Einstellungsvoraussetzung spezifische Team-Passung des Bewerbers“ (induktive Kategorie Nr. 10) ableiten (S. 6, Z. 3–7). Der Persönlichkeitsbegriff wird zusätzlich unter dem irrationalen Kriterium der „Sympathie“ (S. 6, Z. 4) gefasst. Die Oberkategorie „Der Begriff Bewerberpersönlichkeit – Repräsentation – Passung“ erfüllt sich weiter mit Charakterisierungen der Kleidungsform, der möglichen Nervosität beim Interview usw. (S. 6, Z. 20–22).

Die für die vorliegende Arbeit etablierten Forschungsfragen beziehen sich auf die Problematik der Deutungsmuster, mit denen sich Personalverantwortliche mittelständischer Unternehmen älteren Arbeitnehmer/innenn in ihren Bewerbungen gegenüber einstellen (1). Die Forschungsfrage 2 fragt nach den impliziten Kriterien, gemäß denen mittelständische Unternehmen ältere Arbeitnehmer/innen rekrutieren. Die in Kapitel 4.4 der Arbeit entwickelten Deutungsmuster beziehen sich nicht zuletzt auf bestimmte Stereotypisierungen, die aus der ökonomischen Zwangslogik von Unternehmen resultieren, die um die effizientesten, leistungsfähigsten und zugleich ökonomischsten Mitarbeiter konkurrieren. Der letzte Punkt betrifft die Entlohnung. Das Deutungsmuster Nr. 1 des ersten Interviews ergibt sich in Bezug auf die mögliche Einstellung älterer Arbeitnehmer/innen auf die Fixierung der Personalmanagerin auf die Bewerber mit Hochschulausbildung (S. 1, Z. 8). Hochqualifizierung ergibt sich im Deutungsmuster der Personalwirtschaftlerin deutlich lediglich aus dem entsprechenden Studienabschluss, den ältere Mitarbeiter (ab 40 Jahren) naturgemäß nicht vorweisen können. Mit diesem Deutungsmuster liegt das erste deutliche Ausschlusskriterium für die Einstellung bzw. Integration älterer Arbeitnehmer/innen in den Betrieb vor. Mit der Bestätigung, die induktive Kategorie der Studienpräferenz verfestigt ihre Wertigkeit in diesem Deutungsmuster (induktive Kategorie Nr. 1). Die Auskunft der Personalwirtschaftlerin, 80 bis 90 Prozent der für das Unternehmen tätigen Arbeitnehmer/innen besitzt einen Hochschulabschluss, bestätigt dieses Deutungsmuster zusätzlich (S. 1, Z. 24, 25). Weitere Bestätigung findet dieses Deutungsmuster in der Wichtigkeit interdisziplinärer Studiengänge, die sich aus der Auskunft „Betriebswirtschaftslehre mit technischer Ausrichtung" automatisch ergeben (S. 2, Z. 1, 2). Der Studienbereich Wirtschaftsingenieur ließ sich für ältere Arbeitnehmer/innen (40 bis 50 Jahre) kaum realisieren, da seine anfängliche Institutionalisierung in den 90er Jahren liegt.

Aus den Anforderungen der Studienstruktur (Bachelor – Master) ergibt sich die Altersstruktur der Belegschaft des Unternehmens automatisch unter dem überwiegenden Ausschluss älterer Arbeitnehmer/innen. Ausnahmen bilden solche Bewerber, die ihr Studium erst im Alter von 30 Jahren begannen (S. 2, Z. 7).

Das zweite erkennbare Deutungsmuster der Personalwirtschaftlerin aus Interview 1 lässt sich aus der Auskunft der Bedeutung des Erfahrungswissens (induktive Kategorie Nr. 2) ableiten. Die induktive Kategorie 2 ergab, dass Erfahrungswissen, soll es wirklich verwertbar sein, sich lediglich in der vom Kunden spezifizierten Form sinnvoll verwerten lässt. Der ältere Bewerber braucht die „richtigen Erfahrungen" (S. 2, Z. 19). Das Deutungsmuster Nr. 2 der Personalwirtschaftlerin setzt also voraus, dass die technische Sparte auf Seiten des älteren Bewerbers hinsichtlich entsprechender Anforderungen erfüllt ist (S. 2, Z. 28, 29). Am Beispiel eines auf „Recycling" spezialisierten älteren Arbeitnehmer/innens nützt auch das „richtige Studium" (S. 2, Z. 29) nichts, um den technischen Rückstand dieses Bewerbers erfolgreich auszugleichen. Das Deutungsmuster verläuft hier so, dass das Erfahrungswissen eines älteren Arbeitnehmer/innens vollkommen in die technischen Anforderungen der jeweiligen Spezifizierung auf Kundenseite passen muss, um sich als für eine Einstellung bzw. Integration als brauchbar zu erweisen. Tendenziell bestätigt sich hier die induktive Kategorie dahingehend, dass die kundenspezifischen Anforderungen von Erfahrungswissen Ältere von der Einstellung eher ausschließen. Es ergibt sich mit diesem Deutungsmuster ein Widerspruch zum Deutungsmuster 1, denn ein frisch von der Universität kommender Bachelor oder Master jüngeren Alters kann über kein kundenspezifisches Erfahrungswissen in Technik verfügen, wird aber trotzdem von dem Unternehmen von 80 bis 90 Prozent bevorzugt eingestellt (S. 1, Z. 24). Es findet keine Reflexion darüber statt, nicht das Erfahrungswissen des älteren Arbeitnehmer/innens in Bezug auf die große Bandbreite der Angebote des Unternehmens (Maschinenbau, Wirtschaftsingenieurwesen, Elektrotechnik) auch ältere Arbeitnehmer/innen zu einer schnellen Umstrukturierung ihres Wissens und damit einer entsprechenden Einsatzfähigkeit zugänglich wären.

Das dritte Deutungsmuster schränkt unter Bezug auf die induktive Kategorie Nr. 2 „projektorientierte Mitläufermaßnahmen unter Schulungsvorbehalt" den deutlichen Ausschluss älterer Arbeitnehmer/innen in Einstellungsverfahren etwas ein. Die Personalverantwortliche konzediert, dass für ältere Arbeitnehmer/innen Möglichkeiten des „Mitlaufens" in bestimmten Projekten des Unternehmens in Kombination mit einer MTM-Schulung angeboten werden können (S. 3, Z. 8–13). Die Tatsache, dass die Personalwirtschaftlerin die Abkürzung MTM nicht vollständig erklären kann, deutet auf ein Deutungsmuster hin, dass sie sich gerade mit diesen Schulungsmaßnahmen nur unzureichend auseinandergesetzt hat (S. 3, Z. 15). Eine erneute Einschränkung dieser „Maßnahme" ergibt sich aus der Angabe, dass solche Prozesse aufwendig und kostenintensiv seien (S. 3, Z. 19). Die induktive Kategorie Nr. 4 „Bewusstsein Kostenintensität von Weiterbildungsmaßnahmen" lässt sich in das Deutungsmuster überführen, dass solche Maßnahmen in Bezug auf ältere Arbeitnehmer/innen gründlich abgesichert werden müssen, da ein Bezug auf die Tauglichkeit solcher Arbeitnehmer/innen in diesem Rahmen grundsätzlich Zweifel aufkommen (S. 3, Z. 19–22).

In Bezug auf die induktive Kategorie Nr. 7 „Voraussetzung schneller Lernfähigkeit hoch spezialisierter projektorientierter Lernanforderungen Englisch" lässt sich im Interviewtext mit der Personalleiterin ein Deutungsmuster erkennen, das sich auf die Thematik der Sinnhaftigkeit arbeits- und beschäftigungspolitischer Maßnahmen für ältere Arbeitnehmer/innen bezieht. (S. 5, Z. 12–13). Die Personalverantwortliche stellt fest, dass die Bedarfe ihres Unternehmens in Bezug auf hoch spezialisierte Sprachniveaus durch arbeitsmarktpolitische Maßnahmen nicht abzudecken sind, sondern aufgrund ihrer Spezifizierung („Montageplanung", Z. 26) nur vom Unternehmen selbst geleistet werden können, da andernfalls keine Passung entstehe (S. 5, Z. 28). In Bezug auf Denkmuster der Personalleiterin für die Integrationsfähigkeit älterer Arbeitnehmer/innen hinsichtlich des Themas Lerngeübtheit lässt sich die weiter oben angesprochene Tendenz der diesbezüglichen Ungeübtheit älterer Mitarbeiter wiederholen: Je anspruchsvoller und spezifischer die geforderte Lernleistung ist, desto mehr wird die Personalleitung dieses Unternehmens „Absolventen“ einstellen, da sie „geübt im Lernen“ eher und schneller „Wissen aufnehmen“ als ältere Mitarbeiter (S. 5, Z. 1–2).

Die Personalleiterin wird, da der Unternehmenslehrer, den sie als präzisen Koordinator für die Bildungsmaßnahmen erwähnt (Z. 28) die genaueste Bildungsabstimmung vornehmen muss, kaum ältere Mitarbeiter in Maßnahmen vermitteln, die eine hohe Lernbereitschaft und Lernanforderung in den Nischenbereichen (Montageplanung usw.) erfordern, die das Unternehmen bedient (S. 5, Z. 26). Ein umfangreiches Deutungsmuster, das zugleich subjektive Einschätzungsmuster enthält, die die Personalverantwortliche vorträgt, ist das der „Persönlichkeit“ (S. 6, Z. 3). Da es um die Frage der Integrationsfähigkeit besonders hoch qualifizierter älterer Mitarbeiter in Betrieben geht, ist dieses eines der entscheidenden Deutungsmuster, da hier das geringste Ausmaß an Objektivität nicht der möglichen Qualifikation von Mitarbeitern vorliegt. Die subjektiven Kategorien steigern sich in der Auskunft der Personalverantwortlichen, dass Sympathie eines der entscheidenden Auswahlkriterien bildet (S: 6, Z. 4).

Die Deutungsmusterkategorien „Persönlichkeit“ und „Sympathie“ übertreffen hinsichtlich ihrer Bedeutung für die Einstellung selbst die der Qualifikation (S. 5, Z. 29–31). Ergänzt werden die Deutungsmuster „Persönlichkeit“ und „Sympathie“ durch das Muster der Team-Passung, denn wer nicht zum Team passt, also kein gutes Einverständnis zwischen dem Teamleiter und den Arbeitsteams in seiner Arbeit herstellen kann, scheidet bei der Einstellung aus (S. 6, Z. 6–7). Stellt man im Sinne der Analysebemühung der vorliegenden Arbeit gemäß dieser Deutungsmuster einen älteren und einen jüngeren Bewerber in die Einstellungsproblematik, so ist erkennbar, dass der Jüngere schon aufgrund seiner offensichtlich dynamischeren, unverbrauchteren, frischeren Erscheinung die größeren Sympathiewerte erreichen wird. Da das Deutungsmuster „Sympathie“ durch das der Team-Passung entscheidend ergänzt und bestärkt wird, erhöht sich die Wahrscheinlichkeit, dass der jüngere Bewerber bevorzugt werden wird, denn das Unternehmen stellt, wie die vorherigen Auskünfte der Personalleiterin beweisen, ohnehin bevorzugt „Absolventen“, also Jüngere, ein.

Das Deutungsmuster „Team-Passung“ impliziert also, dass ältere Bewerber mehr oder minder automatisch gar nicht erst in die engere Auswahl gelangen können. Die Widersprüchlichkeit der Deutungsmuster der Personalleiterin (siehe Arnold / Oevermann usw.) ergibt sich daraus, dass sie dennoch behauptet, dass die Qualifikation der Bewerber vor den Persönlichkeitswerten rangiert (S. 6. Z. 6–7). Begriffe der Sympathie und der Team-Passung lassen auch insofern vorurteilsbelastete Deutungsmuster auf Seiten der Personalführerin erkennen, als sich die

Frage, ob sich ein eventuell auch älterer Bewerber in die Teams des Unternehmens sinnvoll einpassen kann, sich erst im Prozess der Arbeit erweist und nicht in der Prozedur der Bewerbung und der Selbstdarstellung im Interview. Geht die Personalverantwortliche also davon aus, dass ein Bewerber, speziell ein älterer Bewerber, den ihr bekannten Teamleitern des Unternehmens „sympathisch" sein muss, so projiziert sie ihr inneres Bild mögliche Ansprüche der Teamleiter des Unternehmens auf den betreffenden Bewerber und befindet sich damit in einer Kategorie der Subjektivität, aus der ältere Arbeitnehmer/innen eher früh ausscheiden dürften, da sich auch unter den Teamleitern des Unternehmens in der Mehrzahl keine älteren Arbeitnehmer/innen befinden werden (S. 6, Z. 5). In Bezug auf das „Erscheinungsbild" der Bewerber (S. 6, Z. 12) konstatiert die Personalverantwortliche hinsichtlich der Bewerber, dass sich in diesem Bereich eher keine einstellungsrelevanten Merkmale finden ließen.

Die Personalleiterin konstatiert allerdings zusätzlich, dass man Personen bevorzuge, „die gut gekleidet sind" und die keine Anzeichen größerer Nervosität aufwiesen (S. 6, Z. 20). Die Personalverantwortliche rechnet diesen Teil der Einstellungsfähigkeit von Bewerbern allerdings eher der Routine zu, die die Bewerber im Verlaufe ihrer Bewerbungskarriere allmählich erhalten. Andererseits ist das Deutungsmuster „gut gekleidet" (S. 6, Z. 20) ein Hinweis darauf, dass auch in diesem Bereich ein Deutungsmuster vorliegt, dass die Subjektivität des Deutungsmusters „Persönlichkeit" vertieft: Die Personalverantwortliche hebt indirekt darauf ab, dass ein Bewerber sich im Verlauf seiner Bewerbungskarriere nach offensichtlich etlichen vergeblichen Versuchen, Arbeit zu erhalten, ein spezielles Erfahrungswissen aneignet, dass zusätzlich zum Einreichen von Lebensläufen, Zeugnissen und Referenzen Vorteile für die Einstellungschance mit sich bringt.

Die Personalleiterin aus dem Interview Nr. 1 arbeitet in einem Betrieb, der jährlich zehn bis zwölf Millionen Euro Umsatz erwirtschaftet. Das Unternehmen beschäftigt zur Zeit des Interviews etwa 90 feste Mitarbeiter (S. 7, Z. 13). Weitere 30 Mitarbeiter sind als freie Mitarbeiter beschäftigt. Das Unternehmen weist eine hohe Wachstumsrate auf (S. 7, Z. 9). Das Alter der Personalplanerin liegt bei 40 Jahren. Sie hält ihre Position in dem Unternehmen seit etwa zwei Jahren inne. In Anbetracht ihrer Altersstufe dürfte von der Personalleiterin anzunehmen sein, dass sie die Reife des Erfahrungswissens älterer Arbeitnehmer/innen korrekt einschätzen kann. In Bezug auf ihre Deutungsmuster ist die Aussage von Wichtigkeit, dass sie sich in ihrer Auswahlpraxis von Bewerbern darum bemüht, erstens die Mitarbeiter „zufrieden zu stellen und zu halten" (S. 7, Z. 28, 29), passgenaue Team-Mitarbeiter einzustellen (S. 7, Z. 30) sowie Weiterbildung anzubieten (S. 7, Z. 31). Auch in diesen Schlussbemerkungen bezieht sich die Personalverantwortliche mit ihren Deutungsmustern an keiner Stelle auf die bewerbungsbezogene Integrationsfähigkeit älterer Arbeitnehmer/innen, obgleich sie von der Interviewerin am Anfang des Gesprächs auf die Bedeutung dieser Thematik hinsichtlich hoch qualifizierter Bewerber aufmerksam gemacht wurde (S. 2, Z. 13–14). Da sich die sukzessive Analyse der Deutungsmuster der Personalverantwortlichen dahin zusammenfassend interpretieren lässt, dass ältere Bewerber tendenziell ohnehin nicht in ihre Einstellungspraxis passen, bestätigt sich dieser subjektive Deutungsmusterfaktor am Ende des Interviews.

Die generelle Struktur, in der die Deutungsmuster der Personalwirtschaftlerin verlaufen, bezieht sich auf den Kontext, dass fast ausschließlich Universitätsabsolventen eingestellt werden, die über ein aktualisiertes Technikwissen verfügen, deren Wissenshalbwertzeit also deutlich robuster ist als die von älteren Arbeitnehmer/innen. Gegenüber dem Spezialistentum, das in den technischen Studiengängen der Universität vermittelt wird, können sich ältere Arbeitnehmer/innen infolgedessen wenig behaupten. Der implizite Ausschluss älterer Arbeitnehmer/innen aus der Einstellungsverwendbarkeit umfasst im Deutungsmuster der Personalwirtschaftlerin den weiteren Umkreis der Lernfähigkeit älterer Arbeitnehmer/innen.

5.2.2 Auswertung Fall 2

Das Unternehmen, dessen Personalwirtschaft im Interview Nr. 2 untersucht wird, der für ein international operierendes Unternehmen der Raumfahrttechnik und der Raumfahrtoperationen hoch spezialisiertes Fachpersonal rekrutiert (S. 1, 2). Diese Rekrutierung geschieht weniger in der Form öffentlicher Ausschreibungen als vielmehr über die Website des Unternehmens oder über solche Arbeitsportalplattformen wie XING und LinkedIn (S. 3). Die Bandbreite von technischen Spezialkräften, die das Unternehmen rekrutiert, reicht vom Space-Craft-Operations-Engineer bis hin zum Spezialisten, der Monitoring von Satelliten betreibt, sich aber auch und zusätzlich im IT-Bereich auskennen muss (S. 1, 2). In Bezug auf die deduktive Oberkategorie „hohe Qualifikations- bzw. Spezialistenanforderungen" (1) finden sich in den Interviewauskünften des Interviewpartners (der Firma 2) (3.4.2013) etliche Hinweise, die eine entsprechende induktive Kategorienbildung erlauben. Am Beispiel des Satellitenmonitoring beschreibt der Personalverantwortliche umfangreiche Spezialistenkenntnisse aus der Fernmeldetechnik, dem IT-Bereich sowie der Informatik, die sich nur aus Berufserfahrung erwerben lassen (S. 3, Z. 83–86). Die Besonderheit an dem hier verlangten Spezialistentum besteht darin, dass sich diese Kenntnisse nicht in bestimmten Studiengängen erwerben lassen, seien sie auch noch so spezifisch zugeschnitten (S. 9, Z. 245–246).

Andererseits gelten diese Auskünfte, wie sich der Personalverantwortliche später korrigiert, eher nur für den Controllingbereich.

In der Softwareentwicklung sind eher jüngere Mitarbeiter im Alter von 30 Jahren und darüber beschäftigt (S. 9, Z. 261–262). Der Arbeitskräftevermittler ist hinsichtlich seiner Personalbandbreite also umfangreicher aufgestellt als das Unternehmen aus dem ersten Interview. Diese breitere Aufstellung bringt es mit sich, dass sowohl jüngere als auch ältere Spezialisten, die über eine umfangreiche technikorientierte Arbeitsbiografie verfügen, vermittelt werden und in den verlangten Raumfahrtbereichen Einstellung finden. Die deduktive Oberkategorie Nr. 1 „hohe Qualifikations- bzw. Spezialistenanforderungen" verliert jedoch nicht ihre Bedeutung für die Einstellungsfähigkeit (employability) der Bewerber. Die Vermittlungs- bzw. Verwendungsfähigkeit älterer Mitarbeiter ergibt sich laut Auskunft des Personalverantwortlichen daraus, dass das spezifische Erfahrungswissen, das ältere Techniker in diesem Bereich erworben haben, in den geforderten Bereichen mehr zählt (S. 9, Z. 246; Z. 262–263).

Der Bereich „Software-Entwicklung für Helikopter-Flugtraining" bleibt dagegen den jüngeren Mitarbeitern vorbehalten, da für diese Bereiche ein entsprechendes Informatikstudium unabdingbare Voraussetzung ist (S. 9, Z. 259–261). Nur aus diesem Grund existieren in der Firma 124 Mitarbeiter im Alter zwischen 36 und 45 Jahren (S. 10, Z. 281). Andererseits ist auch in diesem Unternehmen der „überwiegende Teil … unter 45" Jahre alt (S. 10, Z. 282). Die Oberkategorie Nr. 2 „Bewerberpräferenz: Universitätsabschluss" lässt sich für diese Firma nicht als wesentlicher Einstellungsgrund betrachten. Dagegen liegt eine hohe Bedeutung der Oberkategorie Nr. 3 „hohe Bedeutung des Erfahrungswissens in Kombination mit Berufserfahrung" vor (S. 8, 9).

Die Bedeutung umfangreicher Berufserfahrung ergibt sich für den Personalleiter auch daraus, dass an deutschen Universitäten der gesamte raumfahrttechnische Sektor nur in geringem Ausmaß als Studium angeboten wird (S. 8, Z. 226–229). Aus diesem Zusammenhang ergibt sich für das Interview Nr. 2 die induktive Kategorie „Bedeutung spezifischen Erfahrungswissens in hoch spezialisierten praxistechnischen Bereichen". Die deduktive Kategorie Nr. 4 „sprachlich globalisierte Wissensanforderungen: Expertenenglisch" bestätigt sich in dem Interview Nr. 2 mit der spezifizierten induktiven Kategorie „Englisch als internationale Umgangssprache unter spezifiziertem Bezug auf die jeweiligen Fachgebiete der Raumfahrtkunden" (S. 20, Z. 575–593; S. 21, Z. 601–602). Die für eine erfolgreiche Bewerbung nötigen Englischkenntnisse im umgangssprachlichen Bereich ergeben sich bei dem Unternehmen daraus, dass es fast ausschließlich im internationalen Raum und Sprachraum operiert. Die Muttergesellschaft hat ihren Sitz in Italien.

Zum Bedarf an umgangssprachlichem Englisch gesellt sich sodann der spezifische Bedarf an englischen Fachkenntnissen in den einzelnen technischen Sektoren. Aus der deduktiven Kategorie Nr. 5 „kundenzentrierte Bewerberprofile" ist im Interview Nr. 2 die induktive Kategorie „spezialisierte Kundenanforderungen in äußerst flexibler Zeitnähe" abzuleiten. Der Personalleiter gibt in diesem Zusammenhang die Auskunft, dass das Unternehmen permanente Einsatzbereitschaft für die Bereitstellung einer extrem individuellen Employability nachweisen muss (S. 21, Z. 595–602; S. 22, Z. 618–634). Die besondere Bereitschaft der Zeitnähe ergibt sich aus der Tatsache, dass das Vermittlungsunternehmen einen relativ schmalen Technikbereich der Raumfahrt und der IT-Technologie bedient, in dem nur ein relativ kleiner Bewerberpool überhaupt existiert (S. 13, Z. 369–380). In diesem Sinne macht der Personalverantwortliche darauf aufmerksam, dass sein Unternehmen Schwierigkeiten hat, hinreichend „qualifiziertes Personal zu finden" (S. 13, Z. 369).

Dieser Sachverhalt ist dadurch begründet, dass in einer hoch spezialisierten Technik wie der der Raumfahrt ein hoher Konkurrenzdruck zwischen den unterschiedlichen Vermittlungsdienstleistern herrscht (S. 13, Z. 374–380). Aus der deduktiven Kategorie Nr. 6 „hohe Mobilitätsanforderungen" ergibt sich für das vorliegende Interview die induktive Kategorie „spezifische Mobilität innerhalb der Marktnischenprojekte" (S. 15, Z. 415–428). Der Personalverantwortliche macht in diesem Bereich darauf aufmerksam, dass die Bewerber, die erfolgreich sein wollen, den nationalen Raum verlassen können müssen und zugleich bereit sein müssen, in sehr „verschiedenen Subsystemen" der Technik projektgebundene Erfahrung sammeln wollen (S. 14, Z. 397–401; S. 15, Z. 415–428). Zusätzlich bringt es die europaweite Aufstellung der Firma offensichtlich automatisch mit sich, dass mögliche erfolgreiche Bewerber nationale Grenzen überschreiten können müssen, um dann in eng begrenzten Projekten der Raumfahrttechnik sowie anderen technischen Bereichen berufsspezifische Erfahrung zu sammeln.

Die Oberkategorie Nr. 7 „Bewusstsein demografischen Wandels bei den Personalverantwortlichen (Facharbeitskräftemangel)" lässt sich für das Interview mit mehr als einer induktiven Kategorie belegen.

Die demografische Problematik des Fachkräftemangels liegt für das Unternehmen bereits vor (S. 13, Z. 369–380). Die diesbezügliche Kategorie Nr. 1 lautet also: „Fachkräftemangel liegt als demografisches Problem bereits vor" (S. 13, Z. 369). Die zweite diesbezügliche induktive Kategorie lautet: „daher ist bei der Firma ein relativ hoher Altersdurchschnitt bei dem Unternehmen vorhanden" (S. 9, 10). Ein explizites Bewusstsein für dieses sich in Zukunft möglicherweise deutlich verschärfende Problem lässt der Personalentwickler jedoch nicht erkennen (S. 9, 10). Für die deduktive Kategorie Nr. 8 „projektzentrierter Arbeitseinsatz der

Bewerber“ findet sich ähnlich wie im Interview Nr. 1 die induktive Kategorie „kundenzentrierte Einstellungspraxis auf der Basis extrem spezifischer technischer Anforderungen aus Raumfahrt“ (S. 14, Z. 407–414).

Die Oberkategorie deduktiver Art Nr. 9 „Leistungsfähigkeitsbeurteilung junger / alter Arbeitnehmer/innen“ ergibt in dem Interview die induktive Kategorie „positive Wertschätzung älterer Arbeitnehmer/innen aufgrund der in der Praxis angesammelten technischen Expertenwissens“ (S. 9, Z. 260–264; S. 14, Z. 397–401). Im Verlauf des Interviews gibt der Personalmanager keine direkte Beurteilung der Leistungsfähigkeit jüngerer oder älterer Arbeitnehmer/innen ab. Vielmehr betont er wiederholt die Bedeutung eines auf die kundenspezifische Technikanforderung gerichtete Bedeutung des Erfahrungswissens, aus dem sich automatisch eine bestimmte positive Wertschätzung älterer Arbeitnehmer/innen ergibt. Andererseits ist nicht erkennbar, ob diese Äußerungen eine direkte Wertschätzung solcher Arbeitnehmer/innen enthält, die über 50 oder weit über 50 Jahre alt sind. Die Thematik von Arbeitnehmer/innen die 60 Jahre oder älter sind, existiert in dem Interview nicht. Die deduktive Oberkategorie Nr. 10 „Weiterbildungs- bzw. Schulungsproblematik – „Kundenprojekt zentriert“ ergibt in dem Interview die induktive Kategorie „individuelle Eigenverantwortung technischer Weiterbildung in unterschiedlichen Subsystemen“ (S. 15, Z. 440–446; S. 18, Z. 512–514). Der Personalmanager weist ausdrücklich darauf hin, dass sein Unternehmen kein Weiterbildungsbetrieb ist, also in keiner Form fehlendes technisches Wissen vermittelt. Zusätzlich hängt es von dem Bedarf des Kunden ab, welches jeweilige technische Wissen gefragt ist (S. 19, Z. 545–546). Solches Wissen betrifft auch Englischkenntnisse (S. 19, Z. 552–556).

Ein Bewerber, der dem Kunden also ein bestimmtes Wissen nicht vorweisen kann, findet keine Verwendung, da der Kunde auf vollendeten Wissensbedingungen besteht (S. 19, Z. 545–546; S. 20, Z. 585–590). Die Oberkategorie Nr. 11 „generelle Inadäquatheit arbeitsmarktpolitischer Maßnahmen für Bewerber“ entwickelt sich in dem Interview zur induktiven Kategorie „spezielle Arbeitsmarktplattformen für die Arbeitsvermittlung von Bewerbern“. Das Unternehmen vermittelt seine Arbeitskräfte nicht auf den gängigen Arbeitsmärkten und nicht über staatliche Arbeitsagenturen. Vielmehr existieren aufgrund der extrem spezifischen Arbeitsanforderungen sogenannte „Kontaktmanager“, die Vakanzen an die in Frage kommenden Bewerber versenden (S. 22, Z. 630–634).

Der Bewerberkreis der Arbeitsvermittlung wird zusätzlich dadurch beschränkt, dass das Unternehmen seinerseits überhaupt erst einmal bestimmte Dienstleister akzeptiert haben muss, damit deren Bewerber in den engeren Kreis der Auswahl gelangen können (S. 22, Z. 626–630). Es existieren also „Rahmenverträge“ (S. 22, Z. 644), über die mit bestimmten weiteren Sub-Kontraktoren

(S. 22, Z. 644) weitere stufenweise Auswahl von Bewerbern getroffen wird. Wenn Bewerber sich in diesem komplexen Vertragssystem bewegen, tritt sodann das Internet als weitere Vermittlungsebene in Operation (S. 22, Z. 627–629). Das Auswahlverfahren ist offensichtlich deshalb so kompliziert, als man sich damit von Anfang an auf einen Bewerberkreis möglicher Mitarbeiter konzentrieren kann, der eine umfangreiche Selektion aus einem zu großen Pool von Mitarbeitern überflüssig macht und damit Kosten spart.

Die deduktiven Kategorien Nr. 12 und Nr. 13 „der Begriff Bewerberpersönlichkeit – Repräsentation – Passung" sowie „der Begriff soziale Kompetenz (Beispiel Teamfähigkeit)" lassen sich in dem Interview Nr. 2 zur induktiven Kategorie „soziale Kompetenz auf Spezialistenniveau" zusammenfassen. Den Begriff der „Persönlichkeit" spricht der Personalmanager des Interviews wiederholt implizit indem der Arbeitserfahrung an, die in diesem Technikbereich ihre besondere Bedeutung hat (S. 9, Z. 261–264).

Der Personalmanager macht keine expliziten Unterschiede zwischen der Bedeutung der Bewerberpersönlichkeit und der sozialen Kompetenz, die ein Mitarbeiter in diesem Unternehmen aufbringen muss. Der Personalmanager bringt den Begriff der Persönlichkeit mit dem der „soft skills" in Verbindung, was die Bedeutung der Fähigkeit in internationalen Teams zu operieren beinhaltet (S. 5, Z. 146–149). Der Nachweis sozialer Kompetenz besteht allerdings weitgehend in der Fähigkeit, englisch zu kommunizieren, da sämtliche Arbeitsabläufe in Englisch vorgegeben sind (S. 5, Z. 150–152). Zusätzlich lässt sich der Begriff der Sozialkompetenz mit dem Problem der Schichtarbeit in Verbindung bringen, da besonders das Monitoring der komplexen Raumfahrtanlagen einen reibungslosen Schichtwechsel vom Morgen in den Nachmittag und von dort in die Nacht erfordert (S. 6, Z. 174–178).

Die deduktive Oberkategorie 14 „soziale Ausgewogenheit der Arbeitsteams" ergibt für das Interview keine spezifische Relevanz, da sich die Arbeitsverteilung aufgrund der hohen Spezialisierung der unterschiedlichen Arbeitsbereiche mehr oder minder zwingend in unterschiedliche Altersgruppen verteilt: Der Softwarebereich wird von jüngeren Mitarbeitern bearbeitet, da er ein aktuelles Universitätsstudium erfordert, der Bereich der Konstruktion und des Monitoring insgesamt von älteren Arbeitnehmer/innen dominiert, da hier eine Wissensakkumulation stattgefunden haben muss, für die ein Universitätsstudium keine Praxis anbieten kann (S. 9, Z. 258–264). Im Controller-Bereich finden sich infolgedessen Mitarbeiter, die eine 20-, 25- oder 30-jährige Arbeitserfahrung besitzen (S. 9, Z. 261–264). Da der überwiegende Mitarbeiteranteil laut Auskunft des Personalmanagers jedoch unter 45 Jahre alt ist, ist die Altersverteilung in Bezug auf einzelne Arbeitsbereiche aus dem Interview nicht entnehmbar.

Im zweiten Interview ist ein Mittelständler repräsentiert, der auf internationalem Niveau operiert. Infolgedessen liegen die Strukturen der Arbeitskräfterekrutierung hier anders als in den Verhältnissen des ersten Interviews. Die normalen arbeitsmarktpolitischen Kriterien (Arbeitsagenturen usw.) gelangen gar nicht in die Fragestellung, da ein „Space-Craft-Operations- Engineer" (S. 2, Z. 49) auf dem normalen Arbeitsmarkt nicht ausgeschrieben wird. Der Bezug zur Forschungsfrage 3, nach welchen bevorzugten arbeits- und beschäftigungspolitischen Instrumenten Personalentwickler Arbeitskräfte rekrutieren, verengt sich auf einen keinen Bewerberpool, der nur über spezifische Vermittlungsplattformen, etwa einem privaten Accountmanager, in Arbeit gebracht wird. Dabei herrscht ein heftiger Konkurrenzkampf zwischen den Vermittlungsstellen, da die gesuchten Arbeitskräfte in ihrem Spezialistentum selten sind und Universitäten den Studiengang der Raumfahrttechnik in der Bundesrepublik nur in äußerst geringem Ausmaß anbieten.

Das beschäftigungspolitische Instrument (Forschungsfrage 3), nach dem der befragte Personalmanager vorgeht, besteht also in seiner spezifischen Fähigkeit, sich permanent mit den Kunden nach gefragten Vakanzen abzustimmen und sodann auf den kleinteiligen Vermittlungsplattformen in der Form einer Art Headhunter tätig zu werden. Die Forschungsfrage 1 bezieht sich auf Deutungsmuster, nach denen mittelständische Unternehmen ältere Arbeitnehmer/innen rekrutieren. Die Rekrutierungsbedingungen der Mitarbeiter ergeben sich für dieses Unternehmen aus der Logik der technischen Anforderungen, die jedoch nicht zwingend ein Universitätsstudium erfordern (S. 3, Z. 84–87). Innerhalb der von dem Unternehmen bedienten Raumfahrttechnik existiert andererseits eine technische Bandbreite, die vom Controller bis zum Softwareentwickler reicht (S. 3, Z. 80–87). Deutungsmuster, die infolgedessen der Personalauswahl des Personalmanagers zugrunde liegen, richten sich weitgehend auf die Verwendbarkeit der Bewerber für die spezifischen technischen Anforderungen, die der jeweilige Kunde verlangt. Da das Unternehmen Mitarbeiter aus 25 verschiedenen Nationen beschäftigt, sind die Bewerbungskonstellationen sehr komplex. Nach dieser Komplexität richtet sich das Deutungsmuster der Einstellungspraxis des Personalmanagers, d. h. wo aktuelles Wissen des letzten Standes benötigt wird, etwa in der Softwareentwicklung, geht der Manager davon aus, dass nur junge Arbeitnehmer/innen, die direkt von der Universität kommen, Employability aufweisen (S. 9, Z. 260–261). Eher mechanisch orientierte Arbeit, wie das Controlling vor Monitoren, werden diesem Deutungsmuster gemäß von älteren Arbeitnehmer/innen besser erledigt, da hier eine Praxiserfahrung verlangt wird, über die Jüngere in dem Ausmaß nicht verfügen können (S. 9, Z. 261–264). Da nur ein sehr enger Spezialistenkreis überhaupt zur Auswahl steht, die Aufgabenstellungen sehr unterschiedlich sind, herrscht eine hohe Fluktuationsrate in dem Unternehmen. Darauf lässt die Auskunft schließen, dass Ende Dezember (2012) „nur vier Leute unter 25“ angestellt waren (S. 10, Z. 276–277). Andererseits existierten 2012 in dem Unternehmen „17 Leute über 60“ (S. 10, Z. 277). 124 Beschäftigte waren 2012 in dem Unternehmen zwischen 36 und 45 Jahren alt (S. 10, Z. 281). 87 Mitarbeiter sind im Alter zwischen 46 und 55 Jahren in dem Unternehmen vorhanden, 20 Mitarbeiter sind im Alter zwischen 56 und 60 Jahren (S. 10, Z. 284). Der Personalmanager entnimmt diese bezifferte Altersverteilung in dem Interview aus einem Report, den er für das Ende des Jahres 2012 erstellt hat (S. 10, Z. 272–273).

Der Personalmanager macht keine Angaben darüber, in welchen Arbeitsbereichen die älteren Beschäftigten („17 Leute“) beschäftigt sind. Der Altersdurchschnitt der Beschäftigten, den der Manager präsentiert, läuft darauf hinaus, dass die Mehrheit der Arbeitnehmer/innen unter 45 Jahren als ist (S. 10, Z. 282). Die Personalauskünfte des Managers entsprechen hinsichtlich ihrer Altersdifferenzierung bis zu hohen Graden der äußerst differenzierten Technikanforderung der unterschiedlichen Arbeitsbereiche: Ältere Arbeitnehmer/innen mit viel Berufserfahrung werden in eher mechanischen Arbeiten wie dem Monitor-Controlling eingesetzt, jüngere dagegen in der Konstruktion, dem Ingenieurwesen und der Entwicklung von Software.

Das implizite Deutungsmuster, das sich aus dieser Informationsstruktur ergibt, besteht darin, dass der Personalverantwortliche sich bemüht, eine Altersdifferenzierung der Beschäftigten in dem Betrieb zu demonstrieren, die den differenzierten Arbeitsanforderungen bzw. Kundenanforderungen in Technik entspricht. Das Deutungsmuster impliziert weiter, dass der Manager die Einstellungspraxis in seine Auskunftstechnik auf die vorher von ihm dargestellte Komplexität der technischen Anforderungen übersetzt, sodass eine Art konsistent erscheinende Verteilungslogik entsteht, die sich ausschließlich auf die unterschiedlichen Zwänge der technischen Anforderungen beziehen lässt. Auf diese Weise entsteht der Eindruck, dass subjektive Faktoren bei der Einstellungspraxis nicht in Erscheinung treten bzw. nicht in Erscheinung treten sollen, was die Interviewöffentlichkeit angeht. Gleiches gilt hinsichtlich der Deutungsmusterstruktur des Managers für die von ihm betonte höchste Komplexität und Differenzierung der Arbeitsaufgaben. Nur indirekt ist das Deutungsmuster erkennbar, dass ältere Arbeitnehmer/innen eher mechanische Aufsichtsarbeiten wie das Monitoring von Satelliten verrichten, während jüngere mit Universitätsstudium in anspruchsvolleren technischen Entwicklungen wie der Softwareentwicklung beschäftigt werden (S. 9, Z. 257–263).

Die Entscheidungsverantwortung für die tatsächliche mögliche Einstellung auch älterer Arbeitnehmer/innen delegiert der Manager ähnlich wie die Personalverantwortliche des ersten Interviews nahezu vollständig auf den Kunden (S. 11, Z. 296–302). Das Deutungsmuster dieser Auskunftsgebung verläuft infolgedessen so, dass der Personalmanager selbst, ähnlich wie die Personalverantwortliche aus dem ersten Interview, keine eigenständige Entscheidungsverantwortung besitzt, was die Altersauswahl von Bewerbern betrifft. Vielmehr liegt eine solche Entscheidung bei dem im Interview nicht befragbaren Kunden des Managers. Mit der Betonung, dass der Personalmanager unabhängig von Altersbegrenzungen sicherlich Bewerber einstellen würde, die 50 Jahre alt sind, sofern man mit ihnen „jetzt Geld verdienen" könne (S. 11, Z. 302), legt der Personalverantwortliche die Denkstruktur an den Tag, die mögliche Bevorzugung jüngerer Arbeitnehmer/innen von der möglichen Verdiensthöhe des Bewerbers abhängig zu machen.

Die Einstellungsfähigkeit eines 50jährigen als einem älteren Arbeitnehmer/innen ist also auf seine Einkommensfähigkeit beziehbar. In Bezug auf die Forschungsfrage 4, welche Weiterbildungsaktivitäten der Mittelständler verfolge, um ältere Arbeitnehmer/innen in laufende Arbeitsprozesse zu integrieren, ergibt die Bedeutung des Wissenstransfers, der grundsätzlich nur von ältere auf jüngere Arbeitnehmer/innen erfolgen kann (S. 11, Z. 311–323). Ein Schichtteam könne, so der Personalverantwortliche, schon deshalb nicht nur aus Älteren bestehen, weil ein solches Team, da alle diese Arbeitnehmer/innen mehr oder minder zum gleichen Zeitpunkt in Rente gehen, kein weiteres Wissen mehr vermitteln können, was bedeutet, dass dem Unternehmen „viel Wissen verloren" geht (S. 11, Z. 320–321). Die angesprochene induktive Kategorie, der Betrieb biete keine Weiterbildung an, geht hier in eine Deutungsmusterstruktur über, mit der der Personalverantwortliche voraussetzt, dass durchaus Wissenstransfer in den Arbeitsteams von Älteren zu Jüngeren stattfindet. Ältere Arbeitnehmer/innen verfügen also schon aufgrund ihres Wissensvorsprungs und ihres Erfahrungswissens über eine verantwortliche Position, deren Bedeutung der Personalmanager in seinen Antworten nicht explizit macht. Der Manager verfolgt eine Auskunftsstrategie, die die Bedeutung von Erfahrungswissen, also zugleich die Bedeutung der Beschäftigung älterer Arbeitnehmer/innen nur implizit mitteilt, zugleich aber darauf verweist, dass von den 400 Mitarbeitern des Unternehmens lediglich „17 Leute über 60" Jahre alt waren bzw. sind (S. 10, Z. 277). Die Lernmotivation älterer Arbeitnehmer/innen beurteilt der Personalverantwortliche eher negativ (S. 16, Z. 447–450).

Dieses Deutungsmuster ergibt sich indirekt aus den hohen fachlichen Ansprüchen, die die Spezialisten in den Raumfahrtarbeitsfeldern bzw. in Satellitenmissionen vorweisen können müssen. Ältere schrecken vor weiteren zusätzlichen

Lernaufgaben angesichts der Halbwertszeit ihres Wissens zurück (S. 16, Z. 447–451). In Bezug auf die Kategorie des Bewusstseins des demografischen Wandels konzediert der Manager, dass das Unternehmen bereits unter Fachkräftemangel leide, beschreibt aber an keiner Stelle der Befragung irgend eine konkrete Bemühung des Unternehmens, diesem Mangel durch bestimmte Bildungsaufwendungen abzuhelfen.

Vielmehr lautet die generelle Auskunft so, dass das Unternehmen eben kein Weiterbildungsbetrieb sei. Die Bemühung angesichts des bereits vorhandenen Arbeitskräftemangels im Konkurrenzkampf um die besten Köpfe doch positiv abzuschneiden, besteht darin, auf den mehr oder minder informellen Arbeitsvermittlungsplattformen (Accountmanager) der schnellste Headhunter zu sein (S. 13, Z. 369–380).

Da es eher grundsätzlich der Kunde ist, nach dem sich die Einstellungsentscheidung des Personalmanagers richtet, bleiben konkrete Bildungs- bzw. Weiterbildungsmöglichkeiten zur Wissensakkumulation unklar. Vielmehr ist der betreffende Ingenieur eigenverantwortlich in der Pflicht, sein Wissen permanent auszuweiten, damit er für weitere Posten ein erfolgreicher Bewerber bleiben kann (S. 24, Z. 696–705).

Trotz Anfragen gibt der Manager keine Auskunft darüber, ob er auch nichtdeutsche Techniker in die Bundesrepublik vermittelt. Auf diese Weise bleibt die konkrete Vermittlungsarbeit des Managers trotz seiner umfangreichen Aussagen bis zu gewissen Graden intransparent. Für zusätzliche Intransparenz in Bezug auf die Einsatzfähigkeit älterer Arbeitnehmer/innen sorgt die Tatsache, dass das Unternehmen Technikfelder mit Arbeitskräften bedient, die international in sehr unübersichtlicher Weise auf unterschiedliche Bereiche verstreut sind. Diese Intransparenz setzt sich in den Auskünften des Managers über die Weiterbildungsmöglichkeiten, die sein Unternehmen anbietet, bis zu gewissen Graden fort. Einerseits lautet die Auskunft in diesem Bezug, dass Unternehmen sei „kein Ausbildungsbetrieb" (S. 9, Z. 245). Andererseits ist an anderen Stellen mehrfach von Training die Rede, das auch Techniker für Satellitenmissionen definitiv erhalten (S. 4, Z. 112–113). Offensichtlich entsteht bei den komplexen technischen Aufgaben, die das Unternehmen bedient, ein so hoher Wissensbedarf und eine so hohe Halbwertzeit des Wissens, dass ohne ein einführendes Training, das die Bewerber auf den letzten Stand der Technik bringt, sie ihre Aufgaben kaum würden erfüllen können, zumal, wenn sie eine Zeit lang nicht in den entsprechenden Bereichen gearbeitet haben, wodurch man offensichtlich den Anschluss an die aktuelle Arbeitswelt der Technik extrem rasch verliert. Die diesbezüglichen Widersprüche der Interviewauskünfte des Personalverantwortlichen können einerseits mit der Unüberschaubarkeit seiner Arbeitsfelder zusammenhängen, die sich aus dieser Unüberschaubarkeit zwangsläufig ergeben. Unverständlich bis intransparent bleiben auch die Auskünfte, die der Personalverantwortliche über die Altersdifferenzierung und die entsprechenden Mobilitätsanforderungen des Unternehmens erteilt. Wie im ersten Interview spricht der Manager die Tatsache an, dass jüngere Mitarbeiter, die „noch keine Familie … noch keine Kinder" haben, mobiler sind als Ältere, bei denen dies der Fall (S. 15, Z. 419–422).

Andererseits sind aber jüngere Mitarbeiter gerade für viele Arbeitsfelder eben deshalb nicht geeignet, weil ihnen die Arbeitswelterfahrung in der Technik fehlt, die man auf Universitäten ohnehin kaum lernen könne.

Dies betrifft zum Beispiel das Monitoring von Satelliten. Aus dieser Widersprüchlichkeit etlicher Auskünfte lässt sich kein sehr klares Bild der konkreten Arbeitsvermittlung ableiten, die der Personalmanager betreibt. Die Gesamtauskunft hinsichtlich der Altersverteilung der Mitarbeiter geht dahin, dass die Mehrheit der Belegschaft unter 45 Jahre alt ist (S. 10, Z. 282). Lediglich 17 Beschäftigte des Unternehmens sind über 60 Jahre alt (S. 10, Z. 277).

Der interviewte Personalmanager ist 45 Jahre alt und arbeitet seit fünf Jahren für das Unternehmen (S. 26).

5.2.3 Auswertung Fall 3

Das Interview Nr. 3 wird mit einem Personalmanager geführt, der die Arbeitsvermittlung in einem mittelständischen Unternehmen betreibt, welches eine große Bandbreite an Ingenieurtätigkeiten abdeckt (S. 1, Z. 20; Z. 32). Auch dieses Unternehmen bedarf der Einstellung von hoch spezialisierten Fachleuten in über 100 unterschiedlichen Positionen (S. 5, Z. 161). Zu diesen Positionen gehören beispielsweise „Brandschutzfachplaner für Geotechnik" (S. 6, Z. 172). Das Unternehmen ist deutschlandweit aufgestellt und hat seine Zentrale in Darmstadt. Der Umsatz des Unternehmens lag 2011 bei 34,9 Millionen Euro, von denen ein Teil durch Subunternehmen zugesetzt wird (S. 7, Z. 222).

In Bezug auf die deduktive Kategorie Nr. 1 „hohe Qualifikations- bzw. Spezialistenanforderungen" lässt sich die induktive Kategorie „weitgehender Ausschluss älterer Arbeitnehmer/innen aufgrund von Studienpräferenz" (S. 1, Z. 25, Z. 11–12) ableiten. Das Unternehmen beschäftigt weitgehend Studenten, die nach einem Praktikum im Übernahmeverfahren im Unternehmen eingestellt werden (S. 1, Z. 11–13). Mit diesem Bereich ist auch die deduktive Kategorie Nr. 2 „Bewerberpräferenz: Universitätsabschluss" abgedeckt. Die Oberkategorie Nr. 3 „hohe Bedeutung des Erfahrungswissens in Kombination mit Berufserfahrung" ergibt in dem Interview Nr. 3 die induktive Kategorie „reduzierte Bedeutung von Erfahrungswissen aufgrund der Bewerberpräferenz von Studienabsolventen". Die deduktiven Oberkategorien Nr. 4, Nr. 5 und Nr. 6 werden in dem Interview nicht thematisiert. Die Oberkategorie Nr. 7 „Bewusstsein demografischen Wandels bei den Personalverantwortlichen (Facharbeitskräftemangel)" ergibt im Interview Nr. 3 die induktive Kategorie „weitgehende Abhängigkeit von jüngeren Arbeitskräften mit spezialisiertem Universitätsabschluss" (S. 1, 2, 3). Die Bedeutung des Universitätsabschlusses für die Employability der Bewerber ergibt automatisch den Tatbestand, dass bei den Neueinstellungen fast nur jüngere Bewerber für das Unternehmen in Frage kommen. Andererseits gibt der Personalmanager die Auskunft, dass, sofern entsprechende Qualifikationen vorhanden sind, auch ältere Arbeitnehmer/innen eingestellt würden (S. 3, Z. 62–63). Der Personalmanager konzediert weiter, dass das Unternehmen Schwierigkeiten habe, „momentan gutes Personal zu finden" (S. 3, Z. 70). In den weiteren Interviewauskünften ist jedoch keine Strategie erkennbar, dieses Problem zu lösen. Die entsprechende Auskunft bleibt wage, da der Personalmanager angibt, „im Endeffekt" würde das Unternehmen schon „kriegen … was wir wollen" (S. 3, Z. 71). Betrachtet man auf dem Hintergrund dieser Auskünfte die Altersstruktur des Unternehmens, so ergibt sich eine entsprechende Minderheit älterer Arbeitnehmer/innen, die im Unternehmen angestellt sind. Bei den über 60jährigen sind es lediglich 5,5%, wo hingegen die 40jährigen mit 30% die eindeutige und deutliche Mehrheit ausmachen (S. 2, Z. 32–34). Die 50jährigen bzw. über 50jährigen bilden mit 22–23% den weiteren großen Anteil von Arbeitnehmer/innen, während die 30jährigen 22% bilden und die über 18jährigen etwa 19% (S. 2, Z. 33–34). Die Tatsache, dass der Anteil sehr junger Beschäftigter (über 18 Jahre) fast dreimal so groß ist wie der älterer Arbeitnehmer/innen mit über 60 Jahren deutet darauf hin, dass das Unternehmen Studienabsolventen schon in einem sehr frühen Stadium ihres Universitätsstudiums in das Unternehmen aufnimmt, um ihren Werdegang zu verfolgen oder hinsichtlich ihrer späteren Employability zu begleiten. Da die Beschäftigtenzahl der über 18jährigen mit 19% fast die 22% der 30jährigen Beschäftigten erreicht, liegt die Hypothese nahe, dass die Firma besonderen Wert auf jugendliche Arbeitnehmer/innen legt.

Die deduktive Oberkategorie Nr. 10 „Weiterbildungs- bzw. Schulungsproblematik – kunden-, projektzentriert" ergibt die induktive Kategorie im Interview Nr. 3: „Schulungsmaßnahmen bei Weiterbildungsbedarf entsprechend neuer Anforderungen" (S. 4, Z. 127–129). Diese Kategorie lässt erkennen, dass trotz der weitgehenden Beschäftigung jüngerer Studienabsolventen durch Übernahme in das Unternehmen (zum Beispiel nach Praktika) ein Schulungsbedarf herrscht, der sich durch Universitätsstudien nicht abdecken lässt. Der Personalmanager gibt in diesem Zusammenhang Auskunft über eine Qualifikationsliste der Belegschaft, die etwa 100 unterschiedliche Positionen enthält und damit den extremen

Spezialisierungsgrad bestimmter Arbeitsfelder repräsentiert (S. 5, Z. 160–162). Die Schulungsmaßnahmen dürften angesichts der komplexen Arbeitsfelder des Unternehmens daher relativ umfangreich ausfallen. Die Oberkategorie Nr. 11 „generelle Inadäquatheit arbeitsmarktpolitischer Maßnahmen für Bewerber" ergibt in dem Interview die induktive Kategorie „eigenständiges unternehmensbezogenes Inserieren für Stellenausschreibungen auf lokaler Ebene" (S. 3, Z. 94–95). An keiner Stelle des Interviews lässt der Personalverantwortliche erkennen, dass sich das Unternehmen an arbeitsmarktpolitischen Maßnahmen (Arbeitsagenturen usw.) in irgendeiner Form orientiert. Die Rekrutierung erfolgt größtenteils über regionale Blätter wie das „Echo", das nur in Darmstadt erscheint (S. 3, Z. 95). Auch die Frankfurter Allgemeine Zeitung wird vom Personalmanager nicht als adäquates Medium für eine erfolgreiche Stellenausschreibung des Unternehmens betrachtet (S. 3, Z. 94).

Die deduktive Kategorie Nr. 12 „der Begriff Bewerberpersönlichkeit – Repräsentation – Passung" ergibt im Interview Nr. 3 die induktive Kategorie „Einstellungsrelevanz durch Repräsentationsfähigkeit und persönlich-sympathisches Auftreten" (S. 6, Z. 178–202). Der Personalmanager beschreibt in diesem Zusammenhang ein Bündel gefühlsorientierter Passungsvorlagen, die direkt mit dem Begriff der Persönlichkeit in Verbindung zu bringen sind. So betont er die Bedeutung des ersten Eindrucks, der gegenseitigen Sympathie und der Passung des Betreffenden in die „Mannschaft" (S. 6, Z. 179–181).

Der Persönlichkeitsbegriff, den der Manager betont, ist zugleich mit dem der Fähigkeit zum „Repräsentieren" verbunden, soll der Bewerber Employability aufweisen (S. 6, Z. 189–190). Die Repräsentationsfähigkeit, die die Ingenieure des Unternehmens besitzen müssen, erklärt sich laut Auskunft des Managers daraus, dass sie „dauernd mit den Kunden zu tun" haben (S. 6, Z. 194). Der wichtige Begriff des sympathischen Auftretens ist mit dem der Passung verbunden, da die Passung „in die Mannschaft" nicht funktioniert, wenn der Sympathiewert nicht stimmig ist (S. 6, Z. 196–198). Der Personalverantwortliche bezieht seine eigene Arbeit in dem Unternehmen in diesen Sympathiezusammenhang ein und erklärt, dass generell „sehr gute Arbeitsverhältnis" indirekt auch mit seiner langjährigen Arbeit für das Unternehmen (S. 6, Z. 181–183). Zur Oberkategorie Nr. 9 „Leistungsfähigkeitsbeurteilung junger – alter Arbeitnehmer/innen" ergibt sich die induktive Kategorie „jugendliche Arbeitnehmer/innen – neuer Schwung, neue Ideen für das Unternehmen" (S. 4, Z. 101–102; S. 6, Z. 208). Der Personalmanager beantwortet jedoch die konkrete Frage nach seiner Beurteilung unterschiedlicher Leistungsfähigkeit von jüngeren und älteren Arbeitnehmer/innen nicht direkt, sondern verweist auf den möglichen Schwung und die neuen Ideen, die von jüngeren Mitarbeitern eingebracht werden können (S. 7, Z. 209–215).

Die allgemeine ausweichende Antwort bescheidet der Manager im Vorfeld mit einer Antwort allerdings deutlich negativ mit „das möchte ich so nicht beantworten ..." (S. 6, Z. 207).

Die Oberkategorie Nr. 13 „der Begriff soziale Kompetenz (Beispiel Teamfähigkeit)" ist bis zu hohen Graden in den bereits angesprochenen induktiven Kategorien des Interviews enthalten und reduziert sich in den Aussagen des Managers weitgehend auf die Begriffe der Persönlichkeit, der Sympathie und der Fähigkeit das Unternehmen nach außen zu repräsentieren

In der Beantwortung der Interviewfragen durch den Personalverantwortlichen fällt auf, dass letzterer wiederholt seine Unwissenheit sowohl in Bezug auf spezifische Fragen seines Arbeitsbereichs als auch in Bezug auf allgemeine ökonomische Probleme bekundet. Dies geschieht trotz seines relativ hohen Alters (51 Jahre) und seiner langjährigen Arbeitszeit von 14 Jahren bei dem Unternehmen. Am Beginn des Interviews sieht sich der Manager außerstande genauere Auskünfte zu den einzelnen Arbeitsfeldern des Unternehmens zu geben (S. 1, Z. 20–22). Auf die Frage, ob er von möglichen Mitarbeitern „spezifische Fachkenntnisse" erwarte, gibt er die Auskunft, dass sei nicht sein Gebiet (S. 2, Z. 26–28). Er begründet seine Auskunftsunfähigkeit mit dem Hinweis, dass das Unternehmen keine „Statistik" in dieser Beziehung führe (S. 2, Z. 30–31). Zu den prozentualen Altersverteilungen des Unternehmens macht er die Aussage, dass er solche Berechnungen nicht „genauer" gemacht habe (S. 2, Z. 36).

Zur Interviewfrage, ob sich das Unternehmen, das einen Umsatz von 34,9 Millionen Euro (2011) macht, auf den demografischen Wandel vorbereite, gibt er die Auskunft, der „falsche Ansprechpartner" zu sein (S. 2, Z. 50). Die Frage, ob er sich genauer zu einem Bewerbungsgespräch mit „einem hoch qualifizierten Bewerber, der ungefähr 50 Jahre alt ist" äußern könne, erklärt er seine generelle Unwissenheit (S. 2, Z. 52–60). Auf die Frage, ob er Ältere oder Jüngere als leistungsfähiger einschätze, gibt er die Auskunft, „die gute Mischung macht's, aber kann ich nichts zu sagen" (S. 3, Z. 86). In Bezug auf die Bedeutung von Erfahrungswissen gibt der Manager keine präzisen Informationen, sondern spricht davon, dass hier eine Wichtigkeit bestehe, „die dann nur neue Richtungen angeben oder Möglichkeiten eröffnen" (S. 4, Z. 107–109). Die Frage nach den Gründen permanenter Arbeitslosigkeit bzw. verfestigter Arbeitslosigkeit kann er nicht beantworten (S. 4, Z. 110–115). Die Interviewfrage nach dem Angebot von Weiterbildungen beantwortet der Personalmanager ebenfalls nicht und verweist darauf, dass solche Belange zum „Ingenieurbüro" gehören (S. 5, Z. 150–151). Auf die Frage, ob er sich zu den Ingenieurpositionen und den spezifischen Qualifikationen, die hier erforderlich wären, äußern kann, antwortet er mit der Aussage, dass er als „Laie" damit „teilweise gar nichts anfangen kann" (S. 5, Z. 169). In

Bezug auf die dargestellten induktiven Kategorien des Interviews ergibt sich aus den umfangreichen Wissenslücken des Personalmanagers nur ein sehr abstrakter Aussagewert seiner Beantwortung der Fragen: Die Informationen bleiben allgemein und lassen Spezifität kaum erkennen. Die Tatsache, dass er mögliche größere Leistungsfähigkeit jüngerer Mitarbeiter allgemein mit der Bedeutung ihres Einbringens neuer Ideen und mehr Schwungs beantwortet, widerspricht der Auskunft, dass das Unternehmen überwiegend Bewerber aus den unternehmensadäquaten Studiengängen rekrutiert (S. 1, Z. 10–13). Aus den weiteren Beantwortungen von Weiterbildungsangeboten für Arbeitnehmer/innen des Unternehmens geht nicht hervor, in welcher Form auch ältere Arbeitnehmer/innen in diese Maßnahmen einbezogen werden. Der Personalverantwortliche weist für den Gesamtzusammenhang darauf, dass die weiteren GmbHs des Unternehmens, die an anderen Orten (Berlin, Karlsruhe) tätig sind, eigenständig arbeiten, was die Einstellung von Bewerbern betrifft (S. 3, Z. 74–79).

Diese Art von Kompetenztrennung lässt darauf schließen, dass trotz des offenkundigen Mangels an Fachkräften (S. 3, Z. 70), innerhalb des Unternehmens keine Informationsvernetzung hinsichtlich der demografischen Problematik stattfindet. Das Unternehmen versteht sich laut Auskunft des Personalmanagers also deutlich als Weiterbildungsbetrieb, ohne dass klar wird, welche Weiterbildungsmöglichkeiten bzw. betriebsspezifischen Weiterbildungsangebote tatsächlich vermittelt werden (S. 5, Z. 160–170). In Bezug auf solche Weiterbildungsangebote zitiert der Personalleiter eine Positionsliste, die er nicht zur Hand hat, und in Bezug auf deren Positionen er sich „als Laie“ bezeichnet, der dazu kein Wissensverhältnis besitze (S. 5, Z. 169). So bleibt unklar, wie der interviewte Personalmanager überhaupt die Qualifikation und damit die Employability eines Bewerbers entscheiden können will, wenn er den Weiterbildungsbedarf, den der Betreffende haben könnte, nicht beurteilen kann. Diese generelle Unklarheit bestätigt sich in seiner Darstellung des persönlichen Vorsprechens und der dort deklarierten Schwierigkeit, Kompetenzen aus den Selbstdarstellungen der Bewerber herauslesen zu können (S. 4, Z. 131–134). Ein problematischer Widerspruch hinsichtlich der Einstellungsfähigkeit älterer Mitarbeiter durch das Unternehmen und durch den betreffenden Personalmanager ergibt sich aus der Tatsache, dass einerseits eine Liste mit über 100 einzelnen Arbeitsfeldern existiert, die der Personalverantwortliche nicht überblickt (S. 5, Z. 169). Andererseits gibt er die Auskunft, dass generell „durchaus auch ältere Mitarbeiter dabei sind, wenn die entsprechende Qualifikation da ist …“ (S. 3, Z. 61–62). Letztere Auskunft lässt auf eine simplifizierende Deutungsstruktur bei dem Personalmanager schließen, denn die von ihm früher angesagten Qualifikationen entstehen weitgehend nur aus aktuellen Studienabschlüssen (S. 1, Z. 11–13).

Sind einerseits weitgehend Studienabsolventen mit ihrem aktualisierten Wissen im Unternehmen einstellungsfähig, so bleibt die Auskunft, dass ältere Mitarbeiter dann „dabei sind“, wenn sie die nötige Qualifikation aufweisen, unverbindlich und unklar, da man dann voraussetzen würde, dass sie entweder ein Zweitstudium absolviert haben, was in den seltensten Fällen der Fall sein dürfte oder aber sie ausreichend qualifizierende Berufsinformation und Berufswissen mitbringen. Der Personalmanager ergänzt diese Unklarheit durch die Auskunft, er habe für die Einstellung älterer Arbeitnehmer/innen „keine Order oder sonst was, dass es heißt über 50 oder so stellen wir nicht ein“ (S. 3, Z. 65–66). Die Unklarheit hinsichtlich der Employability älterer Arbeitnehmer/innen vergrößert sich in den Auskünften des Personalmanagers dadurch, dass er konzediert, die Firma habe Schwierigkeiten „momentan gutes Personal zu finden“ (S. 3, Z. 70). In Bezug auf die Forschungsfrage 4 hinsichtlich der Weiterbildungsangebote für ältere Arbeitnehmer/innen lautet die Antwort zwar grundsätzlich positiv, jedoch ist in den Auskünften des Personalmanagers nicht erkennbar, in welcher Form sich solche Ausbildungsangebote konkret realisieren, da doch die Bandbreite der Arbeitsfelder des Unternehmens mit über 100 Bereichen extrem weit gespannt ist. In diesem Sinne ist den Auskünften des Personalverantwortlichen nicht zu entnehmen, welche weiteren Spezialisten Schulungen (S. 4, Z. 129), die nötig werden, tatsächlich vornehmen. Die Frage nach „betriebsspezifischen Weiterbildungsangeboten“ des Unternehmens beantwortet der Personalverantwortliche mit dem Hinweis auf die Unübersichtlichkeit der Vielfalt der Qualifikationen bei dem Unternehmen („fast 100 Positionen“, S. 5, Z. 161). Der Hinweis auf die zu große Komplexität der Unternehmensqualifikationen („ich als Laie“) als „Beantwortung“ der Frage, welche betriebsspezifischen Weiterbildungsangebote in dem Unternehmen existierten, ergibt in Bezug auf die Forschungsfrage 4 (Weiterbildungsaktivitäten des Unternehmens für ältere Arbeitnehmer/innen) das Deutungsmuster: Kompetenzaufgabe bzw. Kompetenzbestreitung aufgrund von Überkomplexität der Aufgabenstellungen. Teilweise können diese Zusammenhänge erklären, warum das Unternehmen Schwierigkeiten hat, Arbeitskräfte mit passenden Qualifikationen zu finden.

5.2.4 Auswertung Fall 4

Das Interview Nr. 4 wird mit zwei Personalverantwortlichen eines Unternehmens geführt. Das Unternehmen bietet Projektberatung für umfangreiche Ingenieursektoren an, wobei die Thematik vom Brückenbau bis zur Erschließung großer Industrieansiedlungsprojekte und Statikberechnungen für ICE-Strecken reicht (S. 10). Der Umsatz dieses Mittelständlers liegt bei 3,5 Millionen im Jahr

(S. 21, Z. 606). Die hauptverantwortliche Personalmanagerin des Interviews ist 60 Jahre alt und gelangte über eine Praktikumsstelle in ihre Position als Personalmanagerin. Sie arbeitet in der Sparte seit neun Jahren (S. 19, Z. 558). Sie verfügt über ingenieurtechnische Berufserfahrung, da sie in dem Bereich längere Zeit gearbeitet hat, bevor sie in dem Unternehmen, das infrage steht, Personalmanagerin wurde (S. 20, Z. 572). Die Auskunftsbeiträge der beiden Managerinnen werden in der Interviewauswertung nicht in differenzierter Form behandelt.

In Bezug auf die erste deduktive Kategorie „hohe Qualifikations- bzw. Spezialistenanforderungen" ergibt sich im Interview Nr. 4 die induktive Kategorie „Notwendigkeit gründlicher Berufserfahrung auf der Basis technischer Variabilität und Flexibilität" (S. 2, Z. 56–60). In diesem Sinne bezeichnet die Personalmanagerin die „aktuelle Berufserfahrung" des Bewerbers als „einen starken Schwerpunkt" der Bewerbung (S. 2, Z. 56). Da das Unternehmen auf die Beratung technischer Projekte spezialisiert ist, bedarf es bei den Bewerbern nicht nur technischer Detailkenntnisse, sondern auch der organisatorischen Fähigkeiten im Umfeld der jeweiligen Projekte. Die deduktive Kategorie Nr. 2 „Bewerberpräferenz: Universitätsabschluss" ist in diesem Interview mit der induktiven Kategorie „Wichtigkeit von Berufserfahrung auf der Basis ingenieurtechnischen Wissens unter Berücksichtigung individueller Fähigkeiten" abgedeckt. Hierzu führt die Personalleiterin aus, dass sie Bewerber deutlich in Bezug auf individuelle Extravertiertheit und Introvertiertheit hin unterscheidet und auswählt (S. 9, S. 247–258). Der extrovertierte Typ eignet sich der entsprechenden Aussage zufolge eher für mögliche Führungspositionen im Projektmanagement, während der „introvertierte Typ" eher auf seine speziellen Fachkenntnisse hin eingestellt wird (S. 9, Z. 253–254). Die geforderte Berufserfahrung lässt sich laut Auskunft weder im Bachelor- noch im Master-Studiengang an Universitäten erwerben, da „Gewerbeprojektmanagement", das das Beratungsunternehmen anbietet, das erforderliche Wissen nicht vermittelt (S. 14, Z. 413; S. 8, Z. 241–244).

Das Beispiel des Bedarfs eines „Großprojektleiters", wie ihn die Managerin darstellt (S. 5, Z. 153), macht die Bedeutung umfangreicher Berufserfahrung auch auf dem organisatorischen Niveau für das Unternehmen verständlich. Studienabgänger können diese Erfahrung nicht vorweisen. Die Oberkategorien Nr. 3 sowie Nr. 4 kommen in dem Interview nicht zum Tragen. Die deduktive Kategorie Nr. 5 „kundenzentrierte Bewerberprofile" ergibt hier die induktive Kategorie „kundenzentrierte Flexibilität unterschiedlichen organisatorisch-technischen Anspruchsniveaus" (S. 7, Z. 206). Der kundenspezifische Anspruch, den das Unternehmen erfüllen muss, bezieht sich im Gegensatz zu den Kundenprofilen der ersten drei Interviews weniger auf nur konkrete technische Ansprüche der Kunden, sondern auf ein Gesamtbild, das organisatorisch-technische Ansprüche einschließt. Die

Managerin nennt hier „Bahninfrastruktur“ (S. 7, Z. 206), statische Großberechnungen, die organisatorisch-technische Vorbereitung von Einkaufszentren, und zwar auf der Ebene der Projektberatung (S. 9, Z. 248–249).

Die Beratungskooperation mit einem Unternehmen, das in China den Drei-Schluchten-Stausee mit konzipierte, weist auf die extreme Variabilität des Anspruchsniveaus in Bezug auf die Profilierung vor dem Kunden (China) hin (S. 10, Z. 284–287). In Bezug auf die deduktive Kategorie Nr. 6 „hohe Mobilitätsanforderungen“ ergibt sich konsequent für das Interview die induktive Kategorie „hohe Flexibilität und Handlungsfähigkeit der Bewerber“ (S. 10, Z. 297–301). Das besondere an diesen Flexibilitätsanforderungen besteht im Interview Nr. 4 darin, dass diese Flexibilität nicht nur geografisch (China) zu verstehen ist, sondern auch den geistigen individuell persönlichen Horizont des Bewerbers betrifft. Die Tatsache, dass das Unternehmen zur Zeit des Interviews lediglich 35 Mitarbeiter beschäftigt, jedoch über eine extreme Bandbreite an Unternehmensberatung verfügt, lässt darauf schließen, dass die wenigen Mitarbeiter über extrem umfangreiche sowohl organisatorisch-technische als auch individuell-interkulturelle Wissensbreiten verfügen müssen. In Bezug auf die deduktive Kategorie Nr. 7 „Bewusstsein demografischen Wandels bei den Personalverantwortlichen (Facharbeitskräftemangel)“ ergibt sich im Interview Nr. 4 die induktive Kategorie „spezielle Bedeutung der Berufserfahrung bildet spezifischen Wert etwas älterer Arbeitnehmer/innen“ (S. 11, Z. 302–326). In diesem Sinne betont die Personalmanagerin in Bezug auf Arbeitnehmer/innen im Alter von 50 Jahren, dass diese „noch viel jugendlichen Elan“ hätten (S. 11, Z. 303). In Kombination mit der deduktiven Kategorie Nr. 9 „Leistungsfähigkeitsbeurteilung junger / alter Arbeitnehmer/innen“ ergibt sich induktiv die positive Aussage „flexible Berufserfahrung geht vor Studienabschluss“ (S. 14, Z. 404–414). Aus der Bedeutung der Berufserfahrung leitet sich weiter die Tatsache ab, dass für die Employability selbst auch „Geografen oder Germanisten“, sofern bei ihnen das fachliche und berufliche Erfahrungswissen „in dem Gewerbeprojektmanagement“ auf der Beratungsebene tatsächlich vorliegt (S. 14, Z. 411–414).

Die deduktive Kategorie Nr. 8 „projektzentrierter Arbeitseinsatz der Bewerber“ lautet im Interview Nr. 4 „flexible Beratungsfähigkeit auf projektindividueller Basis für den Kunden“ (S. 14, Z. 405–418). Da es sich bei den Unternehmensprojekten um komplexe, nicht nur technische, Entwicklungsprojekte handelt, die eben organisatorisches Wissen erfordern, ergibt sich aus der deduktiven Kategorie Nr. 10 „Weiterbildungs- bzw. Schulungsproblematik – kunden-, projektzentriert“ die induktive Kategorie „individuelle Weiterbildungsangebote bei entsprechender Berufserfahrung in Abhängigkeit vom Potential des Bewerbers“ (S. 6, Z. 171–184; S. 18, Z. 516–524).

Im Zusammenhang mit den ausdrücklich vorhandenen Weiterbildungsangeboten des Unternehmens bringt die Personalverantwortliche den Begriff „Bereitschaft zum Generalismus" ins Spiel (S. 6, 186). Dies ist so zu interpretieren, dass die von den Kunden angefragte Beratungstätigkeit sehr breit angelegt ist und eben offensichtlich nicht nur mechanische Wissensenergien gefragt sind, sondern Führungsqualitäten auf breiter Ebene zum Beispiel mit dem deutlichen Gefühl für die unterschiedlichen kollegialen Führungsstrategien, die den Mehrwert eines Projekts bilden können. In dem Zusammenhang weist die Personalverantwortliche auf die Einstellung von Kindern mit dem Asperger-Syndrom hin, die in großer Anzahl bei dem Softwareentwickler SAP eingestellt wurden, weil sie eine bestimmte nicht qualifikationsgebundene Fähigkeit der Konzentration besitzen (S. 6, Z. 177–184). Dieser Argumentationskontext der Personalverantwortlichen weist auf eine relativ organische Sichtweise der Bewerberbeurteilung hin, der die Entwicklungsfähigkeit auch informeller Potentiale und Qualifikationen berücksichtigt (S. 6, Z. 180–184). Diese Ebene der individuellen Förderung informeller Qualitäten und Stärken kommt bei den ersten drei Interviews als Denkfigur bei den Personalverantwortlichen nicht vor. Sie wird nicht erwähnt, obgleich die Fragekonstellation der Fragebögen insgesamt so angelegt ist, das sie, sofern sie von Bedeutung sein sollte, zur Erwähnung kommen müsste, wie es im Interview Nr. 4 der Fall ist. die deduktive Oberkategorie Nr. 12 „der Begriff Bewerberpersönlichkeit – Repräsentation – Passung" gelangt in dem Interview zur induktiven Kategorie „Persönlichkeit als Element ganzheitlicher Eignungsbeurteilung des Bewerbers" (S. 3, Z. 7–90). In den Gesamtbemerkungen der Personalverantwortlichen ist hinsichtlich der Passung wenig vom Begriff der Teamfähigkeit der Bewerber die Rede, als vielmehr von seiner individuellen Entwicklungsfähigkeit in Bezug auf ein breit angelegtes Erwartungsspektrum, das einerseits seine Fachkompetenzen andererseits seine Karrierebedürfnisse und schließlich seine organisatorischen Qualitäten und seine Führungsqualitäten betrifft (S. 3, Z. 87–90; S. 4, Z. 108–125). Die Passung, die für die Personalmanagerin einen Bewerber einstellungsfähig macht, bildet also ein breites Spektrum an Fähigkeiten, die teilweise aus der Intuition der Personalverantwortlichen heraus beurteilt werden. In diesem Sinne beantwortet sie die Frage, wie sie sich zwischen zwei gleich qualifizierten Bewerbern unabhängig von ihrem Alter entscheidet mit „dann entscheidet halt der Bauch …" (S. 8, Z. 220–223). An diesem Punkt ist in einschränkender Form die deduktive Kategorie Nr. 6 „hohe Mobilitätsanforderungen" nachzuholen, denn trotz der Entscheidung des Bauchgefühls würde man sich bei zwei gleich qualifizierten Bewerbern für den flexibleren Bewerber entscheiden (S. 8, Z. 227–228).

Die Altersproblematik spielt in den Überlegungen der Bewerberbeurteilung der Personalmanagerin insofern doch eine Rolle, als sie davon ausgeht, dass 50jährige weniger flexibel sind als jüngere Mitarbeiter (S. 11, Z. 306–312). Von Bedeutung ist für die Employability zusätzlich die Tatsache, dass der betreffende Bewerber kein „Job-Hopper gewesen ist" (S. 11, Z. 312–313). Aus der Tatsache, dass ein Bewerber immer nur kurzfristige Arbeitsverträge erhielt, schließt die Personalmanagerin auf ein eher negatives Persönlichkeitsbild des Job-Hoppers. Da das Unternehmen Karriereplanung in seine Unternehmensstruktur integriert, sind solche Job-Hopper eher Ausschlusskandidaten (S. 5, Z. 129–132). Das Unternehmen ist angesichts seiner relativ geringen Mitarbeiterzahl (35) bei seinem dennoch breiten Kundenangebot offensichtlich an langfristigen Festanstellungen interessiert, die auch dazu führen, dass jemand mit viel Berufserfahrung und entsprechender Wissensakkumulation überhaupt erst für das Unternehmen existiert. In diesem Sinne ist die Bedeutung der Karriereplanung zu verstehen, wobei die Personalmanagerin das kritische Alter der Fluktuation zwischen „35 und 45" ansetzt (S. 5, Z. 132). Aufgrund der sehr spezifischen Personalstruktur, die durch die Notwendigkeit längerer Berufserfahrung in dem Unternehmen gegeben ist, entwickelt die Personalmanagerin Programme, mit denen Bewerber für das Unternehmen gewonnen werden sollen. Dieses System bezeichnet die Personalmanagerin allerdings als „untypisches Thema, was wir bisher so noch nicht gemacht haben" (S. 4, Z. 97–100). Diese Ausführungen lassen darauf schließen, dass die Thematik der deduktiven Kategorie Nr. 14 „soziale Ausgewogenheit der Arbeitsteams" in die induktive Kategorie „gewisse Unausgewogenheit in der Alterszusammensetzung der Arbeitsteams des Unternehmens" zu übersetzen ist (S. 4, Z. 96–106). Aufgrund der Bedeutung von Berufserfahrung liegt bei dem Unternehmen eine offensichtliche Tendenz der mehrheitlichen Beschäftigung solcher Arbeitnehmer/innen vor, die tendenziell das von der Personalmanagerin bezeichnete „kritische Alter … zwischen 35 und 45" allmählich erreichen (S. 5, Z. 131–132).

Die Analyse der Deutungsmuster des vierten Interviews unter Bezug auf die dargestellten induktiven Kategorien gibt Hinweise auf die unterschiedlichen Urteilsformen männlicher und weiblicher Personalverantwortlicher. Das vierte Interview wird mit zwei weiblichen Personalverantwortlichen geführt. Eine der auffallendsten kategorialen Beurteilungsunterschiede zwischen den männlichen und weiblichen Beurteilungsformen besteht im vierten Interview darin, dass die Personalverantwortliche wiederholt die Wichtigkeit ganzheitlich orientierter Intuition betont, die zum möglichen Einsatz von Bewerbern in ihren Arbeitsfeldern führt. Der zentrale Begriff ist in diesem Zusammenhang der des

„Bauchgefühls", das entscheidet, wenn zwei ähnlich qualifizierte Bewerber zu beurteilen sind (S. 8, Z. 221–223). Diese Deutungsmusterstruktur erhärtet sich durch weitere Aussagen der Personalverantwortlichen, wie der, dass Unternehmen wie SAP Bewerber einstellt, die am Asperger-Syndrom leiden, jedoch trotz dieser Schwäche Stärken zeigen können (S. 6, Z. 179–184). Dieses Deutungsmuster nimmt mehr Rücksicht auf die Formbarkeit der Bewerberpersönlichkeit, was durch die Aussage der Personalverantwortlichen bestärkt wird, man könne die „Stelle" um das Potential des Kandidaten „drumformen" (S. 6, Z. 171–173). Die Deutungsmusterstruktur der Personalverantwortlichen lässt erkennen, dass nicht das Anforderungsprofil einer möglichen Arbeitsposition die Einstellungsmöglichkeit dominiert, sondern dass vielmehr teilweise umgekehrt das individuelle Potential des Bewerbers, Qualifikation selbstverständlich eingeschlossen, seine Verwendungsfähigkeiten definiert (S. 6, Z. 181–184). In die indirekte Betonung emotional-intuitiver Beurteilungsformen fügt sich die Bemerkung der Personalverantwortlichen ein, dass die Bewerber „Bereitschaft zum Generalismus mitbringen" sollten (S. 6, Z. 186). Der Begriff der Ganzheitlichkeit, den die Personalverantwortliche ebenfalls einführt, was die Persönlichkeitsbeurteilung des Bewerbers angeht, ergänzt diesen Kontext weiter (S. 3, Z. 85–88). Der Versuch, sich ein ganzheitliches Bild der Bewerberpersönlichkeit zu machen, lässt auf ein Deutungsmuster schließen, das die organische Seite der Vermittlung in eine Arbeitsstelle mit berücksichtigt: Im Zentrum steht nicht zunächst eine bestimmte Qualifikation, sondern die persönliche Individualität des Bewerbers als Ganzes.

Aus dieser Grundkonstellation heraus ergibt sich in dem Interview und den Angaben der Personalverantwortlichen die auffallende Bereitschaft, Bewerbern, die nicht direkt ausreichende Qualifikationen für die gesuchte Stelle aufbieten können, umfangreichere Weiterbildungs- bzw. Schulungsmöglichkeiten anzubieten (S. 18, Z. 512–524). Diese Weiterbildungsangebote gelten selbst noch für Bewerber im Alter von 40 Jahren (S. 18, Z. 518–524). Die Deutungsmusterstruktur in Bezug auf die induktiven Kategorien der Altersproblematik ist im Unterschied zu den Interviews Nr. 2 und Nr. 3 hier so gelagert, dass Weiterbildung auch solchen Bewerbern angeboten wird, die nicht mehr zu den Jüngeren zählen. In dieses Deutungsmuster passt weiter hinein, dass die Personalverantwortliche besonderen Wert auf die Berufserfahrung der Bewerber legt (S. 13, Z. 378), und entsprechend auch 50jährigen, die auf dem normalen Arbeitsmarkt kaum noch Chancen haben, „jugendlichen Elan" zuspricht (S. 11, Z. 303).

Implizit ist aus den Angaben der Personalverantwortlichen also zu entnehmen, dass sie die Probleme des demografischen Wandels in ihre Bewerberauswahl systematisch einplant (S. 15, Z. 424–425). Der gewissermaßen organische

Konsistenzzusammenhang dieser Deutungsmuster ergänzt sich durch die Auskünfte der Personalmanagerin, dass sie zusätzlich individuelle Karriereplanung anbietet, und zwar auf der Basis psychologischer Kategorien wie Extrovertiertheit und Introvertiertheit (S. 9, Z. 247–258). Mit der Einbeziehung psychologischer Kategorien in die Bewerberauswahl und die Karriereplanung entwickelt sich ein Deutungsmuster der Personalverantwortlichen, das die Bedeutung der intuitiven Elemente verstärkt. Diesen intuitiv-emotionalen Deutungsmusterelementen steht in Bezug auf die induktive Kategorien des Interviews eine gewisse Unterbewertung der Bedeutung akademischer Abschlüsse, besonders seit dem Reformprozess der Bologna-Bewegung mit den neuen Bachelor- und Master-Abschlüssen gegenüber (S. 8, Z. 241–244). Diese Unterbewertung akademischer Abschlüsse, die in der Bewerberauswahl der Personalverantwortlichen eine offensichtlich sehr untergeordnete Rolle spielt, lässt auf hohe Unwissenheit schließen, die zugleich einen Widerspruch zur Wichtigkeit der verlangten Qualifikationen der Bewerber bildet: Ohne die gründliche Beachtung und Bewertung der neuen Bologna-Studiengänge Bachelor und Master dürften zukunftsfähige Karriereplanungen durch Personalverantwortliche angesichts des demografischen Wandels kaum noch möglich sein. Die Aussage, es dauere „fünf bis acht Jahre" bis der Akademikernachwuchs in den Beruf gelange (S. 15, Z. 429), lässt bei der Personalverantwortlichen in Bezug auf die Dauer von Qualitätserwerb an den Universitäten im Rahmen der Bologna-Reformen schließen: Ein Bachelor-Studium dauert nur noch drei Jahre, danach kann das Sammeln von Berufserfahrungen beginnen. Die von der Personalverantwortlichen angesetzten 17 Jahre (S. 15, Z. 430–431) bis zur vollständigen Akkumulation von Berufserfahrungen ergeben kein sinnvolles Beurteilungsbild der möglichen Qualifikationen von Bewerbern.

In diesem Sinne liegt ein Deutungsmuster bei der Personalverantwortlichen nahe, dass die positive Beurteilung und ansatzweise Bevorzugung älterer berufserfahrener Bewerber bei der Personalverantwortlichen sichtbar wird. Zusammenfassend ergibt sich für das vierte Interview eine Konstellation an Deutungsmustern, die in Bezug auf die induktiven Kategorien generell Altersbegrenzung für die Employability deutlich weiter nach oben verschiebt, als dies bei den Interviews Nr. 2 und Nr. 3 der Fall ist. Die Darstellung der Deutungsmuster der Personalverantwortlichen des Interviews Nr. 4 beantwortet die erste und die zweite Forschungsfrage. In Bezug auf die dritte Forschungsfrage ergeben die dargestellten Deutungsmuster Elemente intuitiv-emotionaler Beurteilungsformen, die die Bedeutung der Berufserfahrung von Bewerbern betonen, also ältere Mitarbeiter hinsichtlich ihrer Einstellungsfähigkeit bis zu gewissen Graden bevorzugen.

5.2.5 Auswertung Fall 5

Die Vermittlungsbereiche des Personalverantwortlichen des Interviews Nr. 5 richten sich auf die Sektoren der klassischen Industrie, wie den Maschinenbau, die Elektrotechnik, die Automobilproduktion, den Bausektor, aber auch auf solche Bereiche wie Gefahrguttransporte, Konzernrevision und Geschäftsführer (S. 1, Z. 21; S. 2, Z. 71–72). Der Interviewpartner bezeichnet sich nicht als Personalleiter bzw. Personalverantwortlicher, sondern als Personalberater, ist in diesem Sinne also nicht der Personalverantwortliche eines bestimmten Unternehmens, sondern ein Personaldienstleister, dem die Bewerberauswahl für eine große Bandbreite unterschiedlicher Unternehmensrichtungen obliegt. Das Dienstleistungsunternehmen beschäftigt etwa 15 Personalberater (S. 18, Z. 663).

In Bezug auf die deduktive Kategorie Nr. 1 „hohe Qualifikations- bzw. Spezialistenanforderungen“ ergibt sich in diesem Interview die induktive Kategorie „grundsätzliche Wichtigkeit qualitativ hochwertiger Fachabschlüsse ohne besondere Betonung des Spezialistentums“ (S. 12, Z. 428–441). Dieser Zusammenhang impliziert, dass die deduktive Kategorie Nr. 2 „Bewerberpräferenz: Universitätsabschluss“ keine entscheidende Rolle für die Employability spielt, also eher das berufliche Erfahrungswissen und die individuellen Fähigkeiten hinsichtlich der Einstellungschancen überwiegen (S. 3, Z. 103–108). Dies schließt selbstverständlich die Bedeutung entsprechender Qualifikationen nicht aus, die in der Bandbreite der Vermittlung vom Konzernrevisor zum Maschinenbauer naturgemäß extrem unterschiedlich gelagert sind.

Die deduktive Kategorie Nr. 4 „sprachlich globalisierte Wissensanforderungen: Expertenenglisch“ lässt sich in dem Interview in die induktive Kategorie „generell hohe sprachliche Anforderungen an Vielsprachlichkeit, Deutschsprachigkeit und Englisch“ überführen (S. 13, Z. 455–469; S. 15, S. 16 u. a.). Gute Englischkenntnisse, wenn auch nicht notwendig mit Spezialistenform, werden auch in dieser Arbeitsvermittlung als Qualifikation als selbstverständlich vorausgesetzt (S. 13, Z. 455–457). In Bezug auf Mobilitätsanforderungen, so der Personalberater, wird öfter auch eine zweite Sprache verlangt (S. 13, Z. 457).

Im Zusammenhang mit der Employability von Zuwanderern nimmt die Thematik von Deutschkenntnissen in dem Interview einen breiteren Raum ein (S. 15, 16). Die generelle Aussage lautet in diesem Bereich, dass die Kunden des Arbeitsberaters zwecks sofortiger reibungsloser Verwendbarkeit der Bewerber gute bis hervorragende Deutschkenntnisse voraussetzen und generell keinen Aufschub durch das Nachlernen in Sprachkursen dulden (S. 16, Z. 597–612). Den „sprachlich globalisierten Wissensanforderungen: Expertenenglisch“ (deduktive Kategorie Nr. 4) steht also für den deutschen Arbeitsbereich in dieser

Arbeitsvermittlung in bestimmten Bereichen, die allerdings breit gefächert sind (siehe Kundenprofile), ein kundenprofilbezogener Anspruch auf Deutschkenntnisse kontrastierend gegenüber (S. 16). In Bezug auf die deduktive Kategorie Nr. 7 „Bewusstsein demografischen Wandels bei den Personalverantwortlichen (Facharbeitskräftemangel)“ liegt in dem Interview die induktive Kategorie „deutliche Erfahrung konkreten Fachkräftemangels aufgrund permanenten Bewerberrückgangs“ vor (S. 9, Z. 301–305 u. a.). Der Personalberater gibt die Reduktion der Bewerbungsziffern von über 350 von vor etwa 10 Jahren auf etwa 50 gegenwärtig an (S. 9, Z. 304–307). Das Problem stellt sich bei besonderen Spezialanforderungen noch verschärfter dar, denn in solchen Bereichen reduziert sich das frühere Angebot von 300 bis 400 Bewerbern gegenwärtig in vielen Fällen auf „3 oder 4“ einsetzbare Bewerber (S. 10, Z. 347–352; Z. 357–360). Die deduktiven Kategorien Nr. 5 „kundenzentrierte Bewerberprofile“ und Nr. 8 „projektzentrierter Arbeitseinsatz der Bewerber“ sind für dieses Interview nicht notwendig zu thematisieren, da sie sich automatisch aus den vorauszusetzenden Spezialanforderungen der jeweiligen Kunden ergeben. Die deduktive Kategorie Nr. 9 „Leistungsfähigkeitsbeurteilung junger / alter Arbeitnehmer/innen“ bildet in dem Interview die induktive Kategorie „altersunabhängige Leistungsfähigkeit der Bewerber“ (S. 3, Z. 103–108). Die Deutlichkeit der altersunabhängigen Leistungsbeurteilung durch den Personalverantwortlichen, sofern „der Bewerber das Thema kann“, bildet eine hervorstechende Ausnahme gegenüber der Mehrheit der altersbezogenen Skepsis hinsichtlich der Leistungsfähigkeit in der Beurteilung der Personalvermittler (S. 3, Z. 104). Die Begründung des Beraters für diese Wertschätzung von älteren Mitarbeitern („45, 55 oder Anfang 60“) besteht darin, dass der Berater älteren Arbeitnehmer/innen offensichtlich Aufbaufähigkeiten zutraut, die bei Älteren nicht geringer ausfallen als bei Jüngeren (S. 3, Z. 108). Der Berater konstatiert in Bezug auf die Wertschätzung älterer Arbeitnehmer/innen einen deutlichen Wandel in den letzten zehn Jahren. Dieser Wandel impliziert, dass das kritische Alter, von dem ab sich Kunden für ältere Arbeitnehmer/innen nicht mehr interessieren, sich auf „Mitte oder Ende 50“ verschoben hat (S. 7, Z. 250). In Bezug auf das Bewusstsein des demografischen Wandels (deduktive Kategorie Nr. 7) liegt also bei dem Personalberater eine Einstellung vor, die diesen Wandel und die mit ihm einhergehenden Veränderungen der Altersstruktur berücksichtigt. Auf der induktiven Ebene lässt sich die Oberkategorie Nr. 9 „Leistungsfähigkeitsbeurteilung junger / alter Arbeitnehmer/innen“ mit der deduktiven Kategorie Nr. 7 kombinieren. Der Personalberater beurteilt ältere Arbeitnehmer/innen aufgrund ihrer längeren Arbeitserfahrung als „flexibler, leistungsfähiger“ und mit größerem Knowhow ausgestattet als jüngere Arbeitnehmer/innen (S. 7, Z. 255–256). Diese positive Gesamtbeurteilung

Älterer ergibt sich unter anderem aus den wiederholten Angaben des Beraters, dass er den Mangel an fähigen Arbeitskräften in seinen Vermittlungsbemühungen deutlich spüre (S. 15, Z. 541–564).

Die deduktive Kategorie Nr. 11 „generelle Inadäquatheit arbeitsmarktpolitischer Maßnahmen für Bewerber“ ergibt in dem Interview die induktive Kategorie „Nutzung stellenspezifischer Vermittlungsplattformen auf Nischenbasis“ (S. 8). Auch für den in diesem Interview thematisierten anspruchsvolleren Vermittlungsbereich spielt eine staatlich gelenkte Arbeitsmarktpolitik bzw. Vermittlungspolitik (Arbeitsagenturen) für die erfolgreiche Stellenbesetzung keine Rolle (S. 8). Vielmehr werden solche Plattformen wie „Academics“ (S. 8, Z. 283) und „Experteer“ (S. 8, Z. 291) bevorzugt besucht sowie etliche weitere kleinere Plattformen. Ein wie immer gearteter arbeitsmarktpolitischer Lenkungsimpuls, der sich aus den staatlichen Agenturen ergeben könnte, kommt also auch hier in der Arbeitsvermittlung nicht zum Tragen, da die Kundenansprüche an die Bewerber extrem individuell ausfallen. Die deduktive Kategorie Nr. 12 „der Begriff Bewerberpersönlichkeit – Repräsentation – Passung“ ergibt in dem Interview die induktive Kategorie „Persönlichkeitskonsistenz der Arbeitszeitbiografie“ (S. 4, Z. 125–126; S. 5, Z. 155–162). Die Persönlichkeitskonsistenz einer arbeitszeitkonstanten Arbeitsbiografie bildet in der Auffassung des Beraters ein entscheidendes Einstellungskriterium, weil dort, wo ein bestimmter Bewerber längere Arbeitszeitpausen hat, sich schnell der Verdacht auf einen Persönlichkeitsmangel in Bezug auf seine Durchhaltefähigkeit in einem Unternehmen einstellt (S. 5). Der Eindruck „Job-Hopper“ zu sein, wenn Arbeitszeitlücken von drei bis sechs Monaten in einer Arbeitsbiografie auftreten, wird in der Mehrheit der Fälle als Persönlichkeitsmangel interpretiert, auch wenn, so der Berater, sich solche Lücken auf konjunkturelle Krisenphasen zurückführen lassen könnten (S. 5, Z. 162–168).

In Bezug auf die induktiven Kategorien, die von den deduktiven Oberkategorien abgeleitet werden, ergeben die Aussagen des Personalberaters aus dem Interview Nr. 5 eine Bandbreite neuer Deutungsmuster, die sich von den übrigen Aussagen hinsichtlich der Employability älterer Arbeitnehmer/innen deutlich unterscheidet. Der Interviewpartner betont wiederholt seine Funktion, nicht Personalverantwortlicher zu sein, sondern als Personalberater für die Besetzung von freien Stellen bei Mittelständlern mit anspruchsvollem Niveau zuständig zu sein. In seinen Aussagen fällt hier erstmals das Deutungsmuster ins Gewicht, dass ältere Arbeitnehmer/innen hinsichtlich ihrer Einsatzfähigkeit, ihrer Flexibilität, ihrer Leistungsfähigkeit, ihrer Kompetenz, ihres Knowhows nicht hinter Jüngeren zurückstehen (siehe induktive Kategorien).

In Bezug auf den in den Interviews wiederholt festgestellten Fachkräftemangel entsteht hier erstmals ein Deutungsmuster in Bezug auf ältere Arbeitnehmer/

innen, das eine unvoreingenommene Fortschrittlichkeit hinsichtlich der Einschätzung ihrer Employability und ihrer Teamfähigkeit erkennen lässt. Die Offenheit dieses Deutungsmusters in Bezug auf Ältere umfasst nicht nur einen einzelnen Begriff, wie zum Beispiel in dem Interview Nr. 3 (Berufserfahrung), sondern die gesamte Bandbreite von der Flexibilität, dem Knowhow bis hin zur Leistungsfähigkeit (S. 7, Z. 255–257) und dürfte dem besonderen Vermittlungsinteresse des Interviewpartners geschuldet sein. Allerdings sind auch bei diesem Berater die Deutungsmuster hinsichtlich der Beurteilung älterer Arbeitnehmer/innen deutlich kundenorientiert, sodass man zwar seine persönliche Unvoreingenommenheit gegenüber den Fähigkeiten Älterer rezipieren kann, jedoch auch dieser Berater sich nach den Kundenwünschen richten muss, also eine „Obergrenze" von 50 Jahren nicht überschreiten kann, sofern der Kunde auf einer solchen Grenze besteht (S. 2, Z. 35–38).

In Bezug auf die Forschungsfrage 1 („Nach welchen Deutungsmustern rekrutieren mittelständische Unternehmen ältere Arbeitnehmer/innen am Arbeitsmarkt?") gibt das zutage liegende Deutungsmuster des Beraters die Information, dass Flexibilität, Knowhow und Leistungsfähigkeit Ältere im Alter von bis über 50 Jahren (S. 7, Z. 255–259) jüngeren Bewerbern, was ihre Einsatzfähigkeit betrifft, gleich gut qualifiziert sind. Dieses „positive" Deutungsmuster in Bezug auf die Einsatzfähigkeit älterer Arbeitnehmer/innen ergibt sich bis zu hohen Graden auch aus der zunehmend wirkenden Erkenntnis, dass umfassend qualifizierte Kräfte rar werden (siehe Induktive Kategorien des Interviews Nr. 5).

Ähnlich wie in den ersten vier Interviews bildet der Begriff der „Persönlichkeit" des Bewerbers ein entscheidendes Implizitkriterium, wenn ansonsten vollkommen gleiche Qualifikationsebenen mehrerer Bewerber vorliegen. Die Definierbarkeit des Begriffs „Persönlichkeit" als einstellungsentscheidendes Kriterium bleibt auch in den Aussagen des Beraters des Interviews Nr. 5 relativ schwammig, bedenkt man, dass mit den vorher angesagten Kriterien der Alterskompetenz, der Berufserfahrung, der Flexibilität und des Knowhows genau genommen der Persönlichkeitsbegriff bereits hinreichend definiert ist.

Mit dem Hinweis des Beraters, dass letztlich der Kunde über die Alterspräferenz entscheidet (S. 2, Z. 37–38), wiederholt sich das Deutungsmuster des Personalvermittlers, das bei den ersten vier Interviews überwiegend auch vorliegt, nämlich selbst für die Altersbewertung und den Einsatz älterer Bewerber nicht zuständig und verantwortlich zu sein, sondern diese Verantwortung fast ausschließlich auf den Kunden zu überwälzen (S. 2, Z. 36–38). Der Personalverantwortliche des Interviews Nr. 5 erklärt die auf Seiten der Unternehmen nach wie vor vorhandene Bevorzugung jüngerer Arbeitnehmer/innen mit der Tatsache, dass der „Schmerz" auf der Unternehmensseite hinsichtlich des Umsatzverlustes durch Arbeitskräftemangel noch nicht groß genug sei, um auch ältere Bewerber ausreichend zu berücksichtigen (S. 16, Z. 609–610). Trotz der dargestellten Unterschiede der Beurteilung älterer Arbeitnehmer/innen hinsichtlich ihrer Verwendbarkeit entstehen, was die Kundenzentriertheit der Einsatzfähigkeit älterer Arbeitnehmer/innen angeht, deutliche Parallelen zu den diesbezüglichen Aussagen der ersten vier Interviews: Das Deutungsmuster, nach dem ältere Bewerber Einsatz finden, impliziert grundsätzlich die Kundenorientiertheit ihrer Verwendbarkeit. Trotz vielfältig vorhandener Kompetenzen und großer Flexibilität mancher Bewerber sucht der Kunde des Personalberaters eine Art Idealkandidaten, der sofort einsetzbar ist und daher auch keine sprachliche Fortbildung angeboten bekommt (S. 16, Z. 597–612).

Die im theoretischen Teil der Arbeit angesprochene Tatsache (Mudra), dass ein professionelles Ausbildungsprofil des Personalverantwortlichen bzw. des Personalberaters nicht existiert, lässt sich an dem im Interview Nr. 5 detailliert angegebenen beruflichen Werdegang des Personalberaters ablesen. Letzterer ist studierter Chemiker und gelangte nur durch einen Zufall („Schnapsidee", S. 18, Z. 681) in seine Position. Ähnliches gilt für die Personalberaterin aus dem Interview Nr. 4, die ursprünglich im Ingenieurbereich tätig war. Die fehlende „Professionalität" der Personalverantwortlichen besteht hinsichtlich ihrer Deutungsmuster in Bezug auf die Einstellung älterer Arbeitskräfte infolgedessen darin, ihren möglichen objektiven ökonomischen Wert für den Arbeitseinsatz nicht vermitteln zu können, obgleich sich das Rentenalter in den politischen Vorgaben (Müntefering) die Zukunft bereits auf das Alter von 67 Jahren verschoben hat und die Arbeitsfähigkeit angesichts des sich permanent verlängernden Lebensalters doch kontinuierlich ansteigt.

5.2.6 Auswertung Fall 6

Das Interview Nr. 6 wird von dem Geschäftsführer eines Unternehmens bestritten, das Halbleiter für Elektronik im Bereich der Chip-Industrie herstellt (S. 18, Z. 701–703). Der Mittelständler operiert international, verzeichnet einen Umsatz von 50 Millionen Euro und beschäftigt 120 Mitarbeiter. Die Mutter der Firma ist ein japanisches Unternehmen. (S. 18). Der Geschäftsführer versieht zusätzlich die Rolle des Personalverantwortlichen, ist von Haus aus Physiker und durch einen Headhunter in seine Position gelangt, die allerdings frühere Führungserfahrung voraussetzte (S. 19, Z. 726). Da der Geschäftsführer sämtliche Aufgaben eines Personalverantwortlichen versieht, lässt er sich hinsichtlich seiner Auskünfte parallel zur Aussagefähigkeit der Personalverantwortlichen der anderen Interviews bewerten. Die wesentlichen Personalanforderungsdarstellungen konzentrieren sich in den Auskünften des Geschäftsführers auf den Vertriebsbereich des Unternehmens.

In Bezug auf die deduktive Oberkategorie Nr. 1 „hohe Qualifikations- bzw. Spezialistenanforderungen" bildet das Interview Nr. 6 generell die induktive Kategorie „Fähigkeit zu organisatorischen applikationsorientierten Systemlösungsansätzen auf technischer Basis" (S. 2, Z. 53–68). Diese induktive Kategorie impliziert eine Fähigkeit des Multitasking beim Bewerber, die sich mit universitären Studiengängen nicht hinreichend erwerben lässt (S. 5, Z. 189–190). Die deduktive Kategorie Nr. 2 „Bewerberpräferenz: Universitätsabschluss" reduziert sich in den Auskünften des Geschäftsführers / Personalchefs hinsichtlich ihrer Bedeutung für die Bewerbereinstellung stark, da die Multitasking-Fähigkeiten des Bewerbers, der erfolgreich sein will, nicht nur die technische Passung der angebotenen Produkte vermitteln können muss, sondern auch umfangreiches Geschick in Verhandlungstechnik aufweisen muss (S. 5, Z. 166).

Wie in der Mehrheit der bereits dargestellten Interviews bestätigt sich in den diesbezüglichen Auskünften des Geschäftsführers / Personalchefs, dass die Bandbreite der Ansprüche an mögliche Bewerber den Bereich universitärer Studiengänge mit zugehörigen Abschlüssen überschreitet. Insofern liegt auch hier die Tendenz vor, dass die umfangreichen Fähigkeiten, die einen Bewerber erfolgreich erscheinen lassen, weit eher durch ältere Arbeitnehmer/innen abgedeckt werden könnten als durch jüngere. In den Bedarf der Fähigkeit zum Multitasking ist die induktive Kategorie Nr. 3 „hohe Bedeutung des Erfahrungswissens in Kombination mit Berufserfahrung" einzubeziehen, da ein Bewerber ohne Erfahrungswissen und Berufserfahrung in der Bandbreite der Ansprüche des Unternehmens keine Chancen hätte.

Die deduktive Kategorie Nr. 4 „sprachlich globalisierte Wissensanforderungen: Expertenenglisch" muss für dieses und die weiteren Interviews nicht erneut thematisiert werden, da umgangssprachliches Englisch und Expertenenglisch in Bezug auf die jeweiligen Fachgebiete im globalisierten Sprachverkehr überall und grundsätzlich vorausgesetzt wird.

Die deduktive Kategorie Nr. 5 „kundenzentrierte Bewerberprofile" ergibt in den Gesamtaussagen des Geschäftsführers / Personalchefs die induktive Kategorie „Kundenverständnis und Kundenservice als zentrale Fähigkeitsbedingung für die Employability".

Der Geschäftsführer weist in diesem Sinne wiederholt darauf hin, dass der Kunde des Unternehmens vollkommen im Zentrum der technischen, geschäftlichen und serviceorientierten Fähigkeiten eines einzustellenden Bewerbers steht (S. 5, Z. 203; S. 6, Z. 204, Z. 218–233). Das im Zusammenhang mit der Kundenorientiertheit bedeutende Bewerberprofil charakterisiert der Geschäftsführer /

Personalchef wiederholt mit dem Begriff „Biss" (S. 7, Z. 270). „Biss" bedeutet, dass der Kandidat zusätzlich zu den Multitasking-Fähigkeiten die psychologische Fähigkeit haben muss, den Kunden einerseits mit seinen technischen Lösungen, seinen organisatorischen Angeboten und seinem Service so zu überzeugen, dass er alternative Angebote möglichst kaum noch in Erwägung zieht (S. 7, Z. 262–271).

Die äußere Erscheinung des Bewerbers, seine Körpersprache, sein Auftreten ordnet der Geschäftsführer / Personalchef fast ausschließlich der erfolgreichen Kundenansprache des Bewerbers unter (S. 8, Z. 286–323). Auch die arbeitsbiografische bzw. beschäftigungsbiografische Konstanz wird der Thematik einer konstanten Kundenorientierung untergeordnet, sodass häufigere Anstellungswechsel den Verdacht erzeugen, der Kandidat besitze möglicherweise keine für den Geschäftserfolg des Unternehmens nötige Arbeitsausdauer (S. 10, Z. 371–393).

Die deduktive Kategorie Nr. 6 „hohe Mobilitätsanforderungen" muss für das Interview Nr. 6 nicht zusätzlich thematisiert werden, da sich in einer globalisierten Ökonomie mit einem Unternehmensmuttersitz in Japan wie in fast sämtlichen Interviews der Mittelständler entsprechende Anforderungen fraglos und zwangsläufig stellen. Die deduktive Kategorie Nr. 7 „Bewusstsein demografischen Wandels bei den Personalverantwortlichen (Facharbeitskräftemangel)" überführt sich in dem Interview in die induktive Kategorie „Ambivalenz altersbedingter Leistungseinschränkungen bei älteren Mitarbeitern". Die Gesamtstruktur der Auskünfte des Geschäftsführers / Personalchefs, die Ansprüche an Multitasking-Fähigkeiten der Bewerber, die entsprechend umfangreiche Berufserfahrung und Führungserfahrung, die verlangt werden, lassen ein deutliches Bewusstsein für die zunehmende Problematik entstehen, die sich aus den Zwängen einer rasch alternden Gesellschaft für anspruchsvolle Unternehmen ergibt (S. 12, Z. 444–476).

Trotz des entsprechenden Problembewusstseins bei dem Personalchef existiert im Sinne der induktiven Kategorie eine ambivalente Haltung gegenüber älteren Mitarbeitern, da ihre Belastungsfähigkeit begrenzt sei und ihre Teamfähigkeit gegenüber Jüngeren sich mit zunehmendem Alter offensichtlich reduziert (S. 10, Z. 395–399; S. 11, Z. 411–429).

Diese Ambivalenz führt dazu, dass sich der Geschäftsführer bei gleicher Qualifikation zweier Bewerber grundsätzlich für die Einstellung eines Jüngeren entscheiden würde (S. 11, Z. 420–429). Die deduktive Kategorie Nr. 9 „Leistungsfähigkeitsbeurteilung junger / alter Arbeitnehmer/innen" ist mit dieser Einschätzung des Personalchefs bereits abgedeckt. In Bezug auf die deduktive Kategorie Nr. 10 „Weiterbildungs- bzw. Schulungsproblematik – Kundenprojekt zentriert" lässt sich im Interview Nr. 6 die induktive Kategorie „reduzierte

Ausbildungsangebote unter Bezug auf sofortige Einsetzbarkeit des Bewerbers“ (S. 12) bilden.

Der Personalchef macht mehrfach darauf aufmerksam, dass das Unternehmen grundsätzlich „immer so einen Funktionierenden“ suche, der direkt „vom Markt“ geholt werden kann (S. 12, Z. 456–458). Weiterbildungsangebote sind in dieser Denksystematik nicht adäquat, da man das Risiko nicht eingehen könne, dass solche Kandidaten nachher doch abspringen (S. 12, Z. 462). Die Weiterbildungsproblematik wird von dem Personalchef hauptsächlich auf den möglichen Wechsel von Spezialisten bezogen, da sie offensichtlich kundenorientiert („Spitzen-Vakuumleute“, S. 12, Z. 468) verlaufen muss. Je kundenorientierter und kundenspezifischer (siehe deduktive Kategorie) Weiterbildungsanforderungen sind, desto teurer gestalten sie sich und desto problematischer, gerät die Firma einmal in ökonomisch prekäre Konkurrenzsituationen (S. 12, 13, Z. 485). Die deduktive Kategorie 11 „generelle Inadäquatheit arbeitsmarktpolitischer Maßnahmen für Bewerber“ ergibt in dem Interview Nr. 6 die induktive Kategorie „firmenspezifische Suchkonstellationen für komplexe Arbeitskraftrekrutierung“. Die Firma des Interviews Nr. 6 nutzt an keiner Stelle die offiziell-staatliche Arbeitsmarktpolitik mit den entsprechenden Arbeitsmarktagenturen und ihrer bundesweiten Distribution. Vielmehr schaltet sie auf dem eigenen Portal ihre Suchannoncen, setzt Headhunter ein oder nutzt weitere Internetplattformen, auf denen spezifische Personalangebote lanciert werden (S. 1).

Mit diesen Aussagen des Geschäftsführers / Personalchefs zur Personalrekrutierung verfestigt sich ein Trend, der sich in den vorherigen fünf Interviews ankündigte: Die offizielle staatliche Arbeitskräftevermittlung wird von auf komplexe Produktivität spezialisierten Mittelständlern kaum genutzt, da die von ihnen benötigten Fachkräfte dem dort vermittelten Personal kaum genügen. Gegebene arbeitsmarktpolitische Maßnahmen, die den staatlich ausgerichteten Arbeitsmarkt betreffen, gehen an den Personalbedarfen dieser Mittelständler infolgedessen vorbei. Die deduktive Kategorie Nr. 12 „Der Begriff Bewerberpersönlichkeit – Repräsentation – Passung“ überführt sich in dem Interview Nr. 6 in die induktive Kategorie „problemlösungsorientierte Funktionspersönlichkeit mit radikal kundenbezogener Zugriffsform“ (S. 4, 5, 6 u. a.). Der Begriff der Persönlichkeit, der in den früheren Interviews in vielen Fällen mit der Professionalität des überzeugenden Auftretens gleichgesetzt wird, löst sich in den Informationen des Geschäftsführers / Personalchefs des Interviews 6 in eine Reihe von Qualitäten auf, die sich hauptsächlich in Führungsintensität, Multifunktionalität und „Biss“ gegenüber den Kunden manifestieren (S. 5, S. 6, S. 7, Z. 262–270). Äußerlichkeiten, die beispielsweise den Kleidungstyp betreffen, sind eher sekundär (S. 4, Z. 253–257).

Auch das Erscheinungsbild der Persönlichkeit reduziert sich auf das Kriterium, ob der betreffende Bewerber „gut beim Kunden" ankommt (S. 7, Z. 247). Zum Begriff „soziale Kompetenz" (deduktive Kategorie 13) reduzieren sich die Aussagen des Geschäftsführers / Personalchefs auf die unter „Persönlichkeit" angesprochenen Funktionseigenschaften eines Leiters des Vertriebs, dessen persönliche Eigenschaften die Verkaufsfähigkeit mit den zugehörigen Attributen (siehe oben) bilden.

In Bezug auf die Forschungsfrage 1 lassen sich in dem Interview Nr. 6 mit Hilfe der induktiven Kategorien etliche Deutungsmuster erkennen, nach denen Mittelständler ältere Arbeitnehmer/innen rekrutieren oder eben Jüngere ihnen vorziehen. In Bezug auf die induktive Kategorie 11, nämlich der Adäquatheit arbeitsmarktpolitischer Maßnahmen und überhaupt der Brauchbarkeit der staatlich ausgerichteten Arbeitsvermittlung bestätigt das Interview die Tendenz, dass Mittelständler mit komplexer und global orientierter Produktion sich in diesem Bereich nicht orientieren. Die Rekrutierung verläuft über spezielle Headhunter oder ebenso spezielle Internetportale, auf denen offensichtlich eine gründliche Vorsortierung aussichtsreicher Bewerber stattfindet. Der einheitlich in den Interviews konzedierte Arbeitskräftemangel, das heißt die deutliche Schwierigkeit, in dem komplexen Gewerbe adäquate Kandidaten für das erforderliche Multitasking auf der technischen, der organisatorischen und der ökonomischen Ebene zu finden, führt grundsätzlich jedoch nicht konsequent zu einer Veränderung vorhandener Deutungsmuster: Bei gleicher Qualität werden jüngere Arbeitnehmer/innen älteren vorgezogen („Wenn sie die gleiche Qualität haben, lieber einen Jüngeren", S. 11, Z. 428–429).

Dieses Deutungsmuster schränkt sich im Interview 6 wiederholt dahingehend ein, dass konzediert wird, Führungspositionen bedürften der gründlichen Berufserfahrung, seien also tendenziell mit älteren Arbeitnehmer/innenn besser besetzt (S. 9, Z. 348–351; S. 10, Z. 395–399). Das Deutungsmuster sieht zwar die positiven Aspekte älterer Arbeitnehmer/innen hinsichtlich ihrer Qualifikation und Führungsqualitäten, läuft jedoch fast grundsätzlich auf den Zweifel an der Belastbarkeit Älterer und ihrer Teamfähigkeit hinaus (S. 10, Z. 398–399; S. 10, Z. 404–406 u. a.).

Ein ähnliches ergänzendes Deutungsmuster liegt in der Tatsache vor, dass sowohl der Interviewpartner des Interviews Nr. 6 sowie etliche der vorherigen Interviewpartner sich über das demografische Problem einer alternden Gesellschaft und damit einer knapper werdenden Jugendreserve durchaus im Klaren sind, daraus nicht vorurteilsfrei eine positivere Beurteilung älterer Arbeitnehmer/innen ableiten. So sucht der Geschäftsführer / Personalchef des Interviews 6 bereits ein halbes Jahr nach einem geeigneten Spezialisten für den Betrieb (S. 13,

Z. 491–493). Das Bewusstsein der demografischen Problematik äußert sich darin, dass der Geschäftsführer / Personalchef konzediert, in jeder Hinsicht ältere Arbeitnehmer/innen deutlich gründlicher zu berücksichtigen als früher (S. 14, Z. 559–561). Ältere Arbeitnehmer/innen werden wie in den ersten fünf Unternehmen auch im Unternehmen des Interviews Nr. 6 aber nicht überwiegend beschäftigt. Der Altersdurchschnitt der Angestellten liegt zwischen „40 bis 45 Jahren" (S. 16, Z. 629).

Angesichts des Bewusstseins der Demografieproblematik würde man erwarten, dass verstärkt auf Weiterbildungsangebote gesetzt wird, die auch und vorwiegend Älteren zugutekommen. Das Deutungsmuster in Bezug auf die Forschungsfrage 1 liegt jedoch hier eindeutig so, dass die Kosten- und Zeitproblematik, die aus Weiterbildungsmaßnahmen entstehen, als zu risikoreich eingeschätzt wird (S. 12, Z. 455–458). Trotz des Personalmangels lässt sich auch in diesem Bereich eine Tendenz erkennen, Weiterbildungsstandards dennoch nicht in erhöhter Form anzubieten, da die Konkurrenzlage dies wegen Kosten und Zeitaufwand nicht zulässt (S. 12, Z. 484). Ein zentrales Argument gegen die Einstellung älterer Arbeitnehmer/innen besteht auch in diesem Interview darin, dass man die rentenbezogene Teampassung dringend zu beachten habe. Bei einem ungefähr gleichzeitigen Eintritt ins Rentenalter, der bei einem Team älterer Arbeitnehmer/innen anfällt, sind erstens keine Transferleistungen hinsichtlich der Wissensübertragung mehr möglich und zweitens entsteht ein Betriebsvakuum, wenn sich viele ältere Arbeitnehmer/innen zwangsläufig zu ungefähr gleicher Zeit in die Rente begeben. Den älteren Arbeitnehmer/innen wird aber grundsätzlich implizit die Aufgabe übertragen, Wissenstransfer gegenüber Jüngeren zu übernehmen.

Andererseits ist von Seiten der Personalverantwortlichen darauf zu achten, dass die Mischung der Teams doch altersmäßig balanciert bleibt. Dem Rentenargument widerspricht jedoch, dass die Angaben zum Altersdurchschnitt von Seiten der Personalverantwortlichen überall auf eine Mehrheit jüngerer Arbeitnehmer/innen im Unternehmen schließen lassen (S. 16, Z. 629).

Dem Deutungsmuster, eher Jüngere einzustellen als Ältere, widerspricht die Auskunft des Personalchefs, ein fast 60-Jähriger sei „jetzt einer meiner besten Leute" (S. 10, Z. 395–399). Dieser Mitarbeiter ist seit zehn Jahren in dem betreffenden Unternehmen beschäftigt (S. 10). Ist ein fast 60-Jähriger einer der besten Unternehmensmitarbeiter, so lässt die Klage über die Probleme älterer Mitarbeiter darauf schließen, dass die Haltung gegenüber solchen Mitarbeitern deutlich ambivalent bleibt, obgleich man solcher Mitarbeiter offensichtlich bedarf, um die Jüngeren, denen der Vorzug gegeben wird, vernünftig einzuarbeiten (S. 11, Z. 407–429).

Die einzige Ausnahme gegenüber dem Interview Nr. 6 bildet die Aussage des Personalverantwortlichen im Interview Nr. 5, dass er keinerlei Unterschiede zwischen älteren und jüngeren Arbeitnehmer/innen sehe, was ihre Einstellungsfähigkeit betrifft. Besonders die Aussage, man hole sich am liebsten jemanden vom Markt, der gleich reibungslos funktioniert, bildet ein Deutungsmuster, das einen fast durchgehenden Aussagefaktor in den Interviews 1 bis 6 darstellt.

5.2.7 Auswertung Fall 7

Im Interview Nr. 7 nimmt die Personalverantwortliche eines Global Player mit 16.500 Mitarbeitern und mit einem Umsatz von rund 2 Milliarden Euro an der Befragung teil (S. 14). Das Unternehmen arbeitet in der Glasbranche und fertigt hochkomplexe Glasprodukte für unterschiedliche Technologiemärkte wie den Automobilbereich, den Pharmabereich, Medizin- oder Kosmetikbereiche (S. 13). Die Personalverantwortliche ist seit zweieinhalb Jahren in ihrer Position, studierte Betriebswirtschaft mit dem Spezialbereich Jura. Sie hat einen Diplomabschluss. Als Global Player mit internationaler Arbeitsbesetzung ist dieses Unternehmen das größte der Interviewreihe. In Bezug auf die deduktive Kategorie Nr. 1 „hohe Qualifikations- bzw. Spezialistenanforderungen" bildet das Interview die induktive Kategorie „trotz hoher Spezialistenanforderungen Praxisbedeutung der Lebenserfahrung" (S. 4, Z. 126–139; S. 5, Z. 175–182). Die Personalverantwortliche betont in diesem Zusammenhang, dass erfolgreiche Bewerber ihre Studienzeit durch Praktika ergänzt haben müssen, also konkrete Berufserfahrung besitzen sollen, was grundsätzlich neben den technischen Studienkenntnissen die Kenntnis ökonomischer Zusammenhänge bedeutet (S. 4, Z. 129–133).

Die Personalverantwortliche legt dabei nicht ausschließlich Wert auf die fachliche Qualifikation, sondern berücksichtigt in einer Art ganzheitlicher Personalbetrachtung „die Entwicklungskurve", die der jeweilige Bewerber bereits gemacht hat oder in Aussicht stellt (S. 4, Z. 148–150). In den Qualifikationsbereich rechnet die Personalverantwortliche besonders die Fähigkeit, ein „Kommunikationsverhalten" an den Tag zu legen, das Authentizität und Teamfähigkeit verrät (S. 4, Z. 162–165). Die Personalverantwortliche macht in diesem Sinne darauf aufmerksam, dass der akademische und berufliche Bereich des Kandidaten deutlich nicht das ausschließliche Beurteilungskriterium für die mögliche Einstellung bildet. In diesem Sinne geht es ihr nicht darum, einen Kandidaten karriereorientiert auszusuchen, sondern eher darum, dass er in ein bestimmtes Qualifikationsschema passt. So achtet die Personalverantwortliche darauf, ob sich der Kandidat in einer individuellen „Entwicklungskurve" (S. 4, Z. 150) befindet, die ihn in den Gesamtrahmen der Anforderungen des Unternehmens anpassbar macht (S. 4, Z. 143–156).

Mit dieser Auffassung befindet sich die Personalverantwortliche in der Nähe der organisch-individuellen Personalbeurteilung, wie sie die Projektberaterin des vierten Interviews ebenfalls äußert (siehe Interview-Auswertung Nr. 4). Die deduktive Kategorie Nr. 2 „Bewerberpräferenz: Universitätsabschluss" ist mit den obigen Darstellungen abgedeckt. In Bezug auf die Notwendigkeit akademischer Nachweise weist die Personalmanagerin darauf hin, dass das Unternehmen sowohl Arbeitsbereiche aufweist, die Nicht-Akademiker beschäftigen, als auch solche, die Akademikern vorbehalten sind, weil sie spezielle Fachkenntnisse erfordern (S. 10, Z. 413–415). Der technische Bereich des Unternehmens ist ohne naturwissenschaftliche Universitätsabschlüsse nicht bestreitbar (S. 11, Z. 428–440). In Bezug auf die deduktive Kategorie 3 „hohe Bedeutung des Erfahrungswissens in Kombination mit Berufserfahrung" lässt sich die induktive Kategorie „permanente Wissensaktualisierung in Bezug auf die Halbwertszeit fachspezifisch-technischer Berufskenntnisse und Berufserfahrungen" (S. 11, Z. 442–447) bilden. Im Zusammenhang mit dieser induktiven Kategorie macht die Personalverantwortliche die Angaben, dass sich bei einer hochspezialisierten Produktgestaltung, wie sie das Unternehmen anbietet, „Berufserfahrung" nur als solche nicht halten lässt, es vielmehr darauf ankommt, sich den innovativen Marktentwicklungen permanent neu zu stellen, damit man im Innovationsdruck des Marktes den Anschluss nicht verliert (S. 11, Z. 443).

Die deduktiven Kategorien Nr. 4 „sprachlich globalisierte Wissensanforderungen: Expertenenglisch" sowie Nr. 5 „kundenzentrierte Bewerberprofile" wiederholen sich hinsichtlich ihrer Differenzierbarkeit bei diesem Unternehmen, was die Bewertung keine neuen Ergebnisse bringt.

Die deduktive Kategorie Nr. 7 „Bewusstsein demografischen Wandels bei den Personalverantwortlichen (Facharbeitskräftemangel)" transferiert sich in dem Interview 7 in die induktive Kategorie „Pflege altersorientierten Wissenstransfers in Bezug auf die Entwicklung arbeitssynthetischer Belegschaftszusammensetzung" (S. 11, Z. 450–465). Die Personalverantwortliche lässt an etlichen Stellen des Interviews erkennen, dass sie älteren Bewerbern unvoreingenommen gegenübersteht, weil sie automatisch mehr Berufserfahrung mitbringen als jüngere Kandidaten und auf diese Weise den notwendigen Wissenstransfer innerhalb der Arbeitsteams überhaupt vornehmen können (S. 3, Z. 102–111). Als einzige Interviewpartnerin weist sie im Sinne des demografischen Problems und des anstehenden Personalmangels darauf hin, dass das Unternehmen eine relativ große Bandbreite der Pflege und Gesunderhaltung älterer Arbeitnehmer/innen anbietet (S. 11, Z. 450–465). Dieses Angebot reicht von medizinischen Hilfen bis hin zu Rehabilitationszentren (S. 11, Z. 455–456). Die Personalverantwortliche betont zugleich die Notwendigkeit, den Wissenstransfer von älteren Arbeitnehmer/innen zu Jüngeren umzuschichten (S. 11, Z. 460). Ähnlich wie die Interviewpartnerin des Interviews Nr. 4 steht die Personalleiterin des Unternehmens Nr. 7 etwas unvoreingenommener gegenüber als die männlichen Personalmanager, da sie an etliche Stellen des Interviews den Wert älterer Arbeitnehmer/innen betont und mit Einzelbeispielen die Leistungseffizienz älterer Arbeitnehmer/innen zu belegen versucht (S. 3, Z. 110–125).

Allerdings betont die Personalverantwortliche wiederholt die synthetische Ebene der Anstrengungen der Personalauswahl in Bezug auf eine ausgeglichene Altersstruktur in den Arbeitsteams (S. 7, Z. 285–287). Die Synthetisierung von Arbeitsteams, also das ausgewogene Verhältnis von alten und jungen Mitarbeitern im Unternehmen, bezieht sich hauptsächlich auf den Faktor, dass bei einer gemeinsamen Verrentung vieler älterer Mitarbeiter das Unternehmen plötzlich vor dem Zwang einer umfangreichen Personalrekrutierung steht, die angesichts des ohnehin vorhandenen Personalmangels zusätzliche Probleme schafft (S. 7, Z. 285). Auch in diesem Interview wird implizit wiederholt auf die Bedeutung älterer Mitarbeiter hinsichtlich des „Wissenstransfers" (S. 11, Z. 460) angespielt. Die Personalverantwortliche bezeichnet diesen Prozess als „Bürde" (S. 11, Z. 464), die nach wie vor Schwierigkeiten bereite (S. 11, Z. 461). Die deduktive Kategorie Nr. 9 „Leistungsfähigkeitsbeurteilung junger / alter Arbeitnehmer/innen" übersetzt sich in dem Interview Nr. 7 in die induktive Kategorie „generelle Arbeitsleistung und Arbeitseffizienz ohne spezifische Abwertung älterer Arbeitnehmer/innen" (S. 12, Z. 475–479; S. 3, Z. 113–117).

In diesem Sinne gibt die Personalverantwortliche im Gegensatz zu den Auskünften der anderen Interviews keinen Altersdurchschnitt für die Belegschaft ihres Unternehmens an, da sie darauf beharrt, die Alterskonstellation sei jeweils abhängig vom Umfang und der Qualifikationshöhe der betreffenden Positionen (S. 12, Z. 475–479). Im Zusammenhang mit diesen Auskünften ergibt sich aus der deduktiven Kategorie Nr. 10 „Weiterbildungs- bzw. Schulungsproblematik – kundenprojekt zentriert" die induktive Kategorie „kostenorientierte Rekrutierung höchst möglicher Qualifikation zur Reduzierung von Weiterbildungsmaßnahmen" (S. 12, Z. 498–503). Die deduktive Ebene Nr. 11 „Generelle Inadäquatheit arbeitsmarktpolitischer Maßnahmen für Bewerber" entwickelt sich in dem Interview zu der induktiven Kategorie „Erschwernis der Personaladministration und des Human Resources Management durch arbeitsmarktpolitische Regulierung" (S. 9, Z. 371–389, S. 10, Z. 390–401). Die Personalverantwortliche beschwert sich deutlich über die zu strenge arbeitsmarktpolitische Regulierung der generellen Belegschaftsverwaltung, der Einstellungsverfahren und der Kündigungsfrist von Arbeitnehmer/innen, die teilweise zu geschützt seien (S. 9, Z. 366–369). Die fehlende Flexibilität des Arbeitsrechts bzw. des Arbeitsmarkts repräsentiert für die Personalverantwortliche eine deutliche Erschwernis für ein marktgerechtes Human Resources Management, das den Unternehmen gegebenenfalls Wettbewerbsvorteile leisten könnte (S. 9, Z. 382).

Die deduktiven Kategorien Nr. 12 sowie Nr. 13 lassen sich für das Interview 7 unter der induktiven Kategorie „generelle Ausgewogenheit der Teamzusammensetzung des Unternehmens" zusammenfassen. In Bezug auf die anderen Kategorien geht es der Personalverantwortlichen in diesen beiden Bereichen hauptsächlich darum, dass die Belegschaft des Unternehmens eine ausgewogene Altersstruktur aufweist, die den Wissenstransfer in Richtung auf die jüngere Mannschaft bestreitet.

Im Interview Nr. 7 wiederholen sich etliche der Deutungsmuster, die in den ersten sechs Interviews bereits registriert werden konnten. In Bezug auf die Beurteilung der Erwerbsbiografie von Bewerbern ergibt sich bei der Personalverantwortlichen ähnlich wie in den Aussagen der Personalmanagerin des Interviews Nr. 4 eine implizite Berücksichtigung individuell-organischer Denkmuster: Die Erwerbsbiografie eines Bewerbers wird nicht so ausschließlich wie bei den männlichen Personalverantwortlichen nach konsequenter Lückenlosigkeit, Effizienz und Wissensakkumulation beurteilt, vielmehr wird mehr Rücksicht auf die individuelle Persönlichkeitsentwicklung genommen (S. 2, Z. 42–48). Die Erwerbsbiografie und die zugehörige Akkumulation von Wissen und Berufserfahrung werden also nicht konsequent und mehr oder minder restlos in eine Karrierefunktionsbiografie übersetzt, sondern so interpretiert, dass man mehr von einer individualisierten „Persönlichkeit" bemerken kann, die sich als „Lebenserfahrung" betrachten lässt, und die über bloße „Berufserfahrung" hinausreicht (S. 3, Z. 105). In Bezug auf die Einstellungschancen und die Integrationsfähigkeit älterer Arbeitnehmer/innen gelangen zwar die üblichen Thematiken mäßiger Belastungsfähigkeit und des starren Altersdenkens wieder in die Diskussion (S. 9, Z. 374–383), andererseits erteilt die Personalverantwortliche des Interviews 7 dem sogenannten „Jugendwahn" der Personalverantwortlichen eine deutliche Absage (S. 3, Z. 106).

Positive Deutungsmuster gegenüber der Einstellungsfähigkeit älterer Arbeitnehmer/innen liegen bei der Personalverantwortlichen auch dahingehend vor, dass sie Studenten eher negativ beurteilt, die keine Praktika vorweisen können (S. 5, Z. 204–206). Die Wertschätzung von in Praktika doch angesammelten Berufserfahrungen lassen im Deutungsmuster der Personalverantwortlichen darauf schließen, dass ältere Mitarbeiter mit entsprechend viel praktischer Berufserfahrung jüngeren Bewerbern gegenüber als Vorteil bei der Einstellung dienen könnten. Die gesamte Thematik der Körpersprache und der Äußerlichkeit, etwa die Kleidung bei Vorstellungsgesprächen, spielen wie bei den anderen Interviews in der Beurteilung nur eine untergeordnete Rolle (S. 6). Die Tatsache, dass das Unternehmen das Siegel „Fair Company" erworben hat (S. 5, Z. 207) bestätigt die positive Einschätzung älterer Arbeitnehmer/innen gegenüber Jüngeren bis zu gewissen Graden. In Bezug auf die Forschungsfrage 2, nach welchen impliziten Kriterien mittelständische Unternehmen ältere Arbeitnehmer/innen am Arbeitsmarkt rekrutieren, ergibt sich im Interview Nr. 7 wie auch in weiteren Interviews die grundsätzliche Strategie, das Belegschaftspersonal im Unternehmen so zu synthetisieren, dass ein rationaler Arbeitskräftemix entsteht, der erstens die Transfersituation des Wissens von Jung zu Alt befriedigt, zweitens aber auch das Alter reduziert, damit die Verrentungssituation beherrschbar bleibt.

Die Personalverantwortliche spricht in diesem Sinne davon, die „Altersstruktur wieder glatt zu ziehen" (S. 7, Z. 285). Der Begriff „Arbeitsmarkt" (Forschungsfrage 2) deckt jedoch in den entsprechenden Aussagen nicht den staatlich gelenkten Arbeitskräftemarkt mit den Arbeitsagenturen ab, vielmehr rekrutieren sämtliche mittelständischen Unternehmen der Interviews Nr. 1 bis Nr. 7 ihre Mitarbeiter aus arbeitsspezifischen und anspruchsspezifischen Bewerberportalen, die entweder im Internet plaziert sind oder mit Headhuntern arbeiten. Ein auffallendes, weil sich wiederholendes Deutungsmuster in Bezug auf die Forschungsfrage 1, entwickelt sich aus der Angabe, dass in einem guten Mix aus alten und jungen Arbeitskräften ein Wissenstransfer stattfinde und stattfinden müsse, soll das Unternehmen funktionieren (S. 11, Z. 460–465). Dieser wiederholt zu Protokoll gegebene Wissenstransfer kann sich nur auf Vorgänge beziehen, in denen die älteren Arbeitnehmer/innen gegenüber den jüngeren eine entscheidende Vorreiterrolle spielen: Das in der vorliegenden Arbeit gründlich thematisierte implizite Wissen ist dasjenige Wissen, über welches ältere Arbeitnehmer/innen aufgrund ihrer längeren Berufserfahrung in größerem Ausmaß verfügen als jüngere. Es ist dieses Wissen, das den wiederholt ausgesagten „Transfer" in den Arbeitsteams ausmacht, also den wichtigen Stellenwert älterer Arbeitnehmer/innen begründet. Auffallend ist, dass diese Wissenswerte, die offensichtlich unternehmenserhaltend sind, und gewissermaßen den großen intangiblen Wert älterer Arbeitnehmer/innen bilden, in ihrer Wertschätzung auf Seiten der Personalverantwortlichen an keiner Stelle der Interviews hinsichtlich ihrer Bedeutung thematisiert werden.

Das umfangreichste Deutungsmuster offenbart sich in dieser Widersprüchlichkeit und uneingestandenen Bedeutung des Wissens älterer Mitarbeiter als einem Wissen, das geradezu unternehmenstragend und unternehmenserhaltend zu wirken scheint. Eben deshalb wird auch im Interview Nr. 7 die besondere Bedeutung der Kommunikationsfähigkeit der Bewerber mehrfach betont (S. 4, Z. 165). Die Betonung der Kommunikationsfähigkeit weist implizit erneut auf die Fähigkeit hin, mit der sich die Mitglieder von Teams in der Belegschaft tatsächlich so offen mitteilen und transparent kommunizieren können, dass der Lernprozess von Alten zu Jungen im Sinne des Transfers erst entstehen kann. Ein weiteres Deutungsmuster liegt infolgedessen in der wiederholten Aussage (auch in Nr. 7) vor, dass die Personalverantwortlichen Weiterbildungsangeboten aufgrund von Kosten eher ablehnend gegenüberstehen und stets einen Bewerber suchen, der nach Möglichkeit alle Qualitäten zum sofortigen Funktionseinsatz ohne weiteres mitbringt und keine weiteren Kosten verursacht.

Ein implizites Deutungsmuster in Bezug auf die Integrationsfähigkeit älterer Arbeitnehmer/innen liegt auch in der Aussage der Personalverantwortlichen, der Arbeitsmarkt sei nicht flexibel genug, gesetzliche Regelungen schützten die Arbeitnehmer/innen in zu großem Ausmaß (S. 9, Z. 366–369). Das Plädoyer für die größere und liberalere Befristung von Arbeitsverträgen durch die Personalverantwortliche (S. 9, Z. 366–369), weist darauf hin, dass man auch und besonders älteren Arbeitnehmer/innen gegenüber die größere Freiheit einer Entlassungsfähigkeit hätte, sofern sich die üblichen Vorurteile ihnen gegenüber, sie seien eher unflexibel, altersstarr und weniger leistungsfähig, im Sinne des Deutungsmusters bewahrheiten. Auch dort, wo es um die mögliche vorzeitige Entlassung älterer Arbeitnehmer/innen geht, um mehr Jüngere in das Team zu bringen, deutet die Beschwerde über die zu strenge Gesetzeslage darauf hin, dass die Personalverantwortliche trotz ihrer grundsätzlich positiven Darstellung Älterer mehr Arbeitgeberfreiheit begrüßen würde, um den schwächeren Belegschaftsmitgliedern gegenüber, die eher bei den Älteren zu finden sein werden, robuster und entlassungstechnisch rigider auftreten zu können.

Reflektiert ein Personalverantwortlicher die Bedeutung des Personalmangels, so müsste er bei positiven Deutungsmustern gegenüber älteren Arbeitnehmer/innen verstärkt zu der Erkenntnis gelangen, dass ältere Arbeitnehmer/innen mit ihrem Potential an implizitem Wissen, ihrer Arbeitserfahrung, ihrer biografischen Reife und ihrer verstärkten Langlebigkeit in der gegenwärtigen Lebensperiode eine sehr wertvolle Ressource zum Ausgleich des demografischen Problems und dem damit verbundenen weiter wachsenden Arbeitskräftemangel bilden. Eine Korrektur des Deutungsmusters findet jedoch nicht statt. Stattdessen wird öfter auf die Leistungsfähigkeit jugendlicher Zuwanderer aus den südeuropäischen Ländern abgehoben (Interview Nr. 6, S. 15, Z. 577–589).

5.2.8 Auswertung Fall 8

Bei dem Interviewpartner des Interviews Nr. 8 handelt es sich um einen Geschäftsrepräsentanten, der nur teilweise (15%) für die Personalbeschaffung des Unternehmens zuständig ist.

Das Unternehmen ist ein kleinerer Mittelständler, der im Getreidemühlenbereich operiert. Das Unternehmen erwirtschaftet einen Umsatz von durchschnittlich 225 Millionen Euro pro Jahr, hat 50 Mitarbeiter und ist hinsichtlich seiner ökonomischen Situation von den Preisentwicklungen an den Rohstoffmärkten stark abhängig (S. 8). Es handelt sich hinsichtlich des ökonomischen Umfanges im Vergleich zu den Unternehmen der ersten sieben Interviews also um einen kleineren Mittelständler, dessen Personalrekrutierung größtenteils nicht in die Hochtechnologie und die Spezialbereiche fällt, die in den ersten sieben Interviews weitgehend vorliegen.

Es besteht hinsichtlich der Personalrekrutierung bei diesem Mittelständler eine klare Zweiteilung, was den Arbeitskräftebedarf angeht: So existiert ein Bereich, den ungelernte Arbeitskräfte abdecken können (Palettenbeladung der Produktion) und ein technisierter Bereich, der zum Beispiel die Qualitätssicherung der Produkte durch Laborprüfung sichert (1, 2). Trotz seines kleineren Umfangs ist der Mittelständler auch im internationalen Bereich tätig, da er auch eine Anzahl ausländischer Kunden mit seinen Produkten bedient.

Die deduktiven Kategorien Nr. 1 und Nr. 2 müssen infolgedessen für die qualitative Auswertung des Interviews nicht thematisiert werden. Die deduktive Kategorie Nr. 3 „Hohe Bedeutung des Erfahrungswissens in Kombination mit Berufserfahrung" ist ebenfalls nur sehr begrenzt von Bedeutung, da das technische Spezialniveau des Unternehmens keine umfangreichen Elemente impliziten Wissens bzw. expliziten Wissens auf Erfahrungsbasis erfordert. Die deduktive Kategorie Nr. 4 „Expertenenglisch" trifft ebenfalls nur begrenzt zu und beschränkt sich auf die Korrespondenz mit den ausländischen Kunden des Unternehmens. Ähnliches gilt für die deduktive Kategorie Nr. 5 „Kundenzentrierte Bewerberprofile". Die deduktive Kategorie Nr. 6 „Hohe Mobilitätsanforderungen" lässt sich auf den Geschäftsbereich des Unternehmens beziehen, der den Transportverkehr der Güterbewegung des Unternehmens betrifft. Hier herrscht ein Bedarf an LKW-Fahrern, der jedoch keine hohe Mobilität erfordert, da die Güterbewegung des Unternehmens nicht in größerer Form räumliche Bewegungen der Bewerber erfordert. Von Bedeutung ist die deduktive Kategorie Nr. 7 „Bewusstsein demografischen Wandels bei den Personalverantwortlichen (Facharbeitskräftemangel)".

In diesem Bezug ergibt sich die induktive Kategorie „Ambivalenz zwischen gesteigerter Leistungsfähigkeit älterer Arbeitnehmer/innen aufgrund gesteigerter Lebenszeiterwartung und dem gleichzeitigen Zwang zur Verjüngung der Belegschaft" (S. 7, Z. 298–312). Der Interviewpartner interpretiert die gesteigerte Lebenserwartung älterer Arbeitnehmer/innen positiv zu ihren Gunsten, indem er ihre Leistungsfähigkeit im Beruf deutlich verlängert sieht (S. 7, Z. 310–312).

Zugleich besteht mit den Alterungserscheinungen seiner Belegschaft eine ambivalente Situation: Der bereits mehrfach angesprochene Mix von Jung und Alt in der Belegschaft mit der Einstellung mehr jüngerer Arbeitnehmer/innen gestaltet sich kritisch (S. 7, Z. 298–305). Die ambivalente Situation einer alternden Gesellschaft bzw. einer alternden Belegschaft führt in diesem Fall dazu, dass auch eine „Auszubildende als Industriekauffrau" dazu verhilft, den „Altersdurchschnitt" im Unternehmen „zu drücken" (S. 7, Z. 304). Die ambivalente Situation, die durch das Demografieproblem erzeugt wird, führt in diesem Fall dazu, dass eine Auszubildende in das Unternehmen übernommen wird, was gewöhnlich nicht der Fall wäre (Stichwort „Generation Praktikum").

Im Umfeld dieser Thematik bewegt sich die deduktive Kategorie Nr. 9 „Leistungsfähigkeitsbeurteilung junger / alter Arbeitnehmer/innen", die sich hier in die induktive Kategorie „verlängerte Lebenseinsatzfähigkeit älterer Arbeitnehmer/innen aufgrund gesteigerter Lebensqualität" überführen (S. 7, Z. 307–312) lässt. Mit der erhöhten Wertschätzung der Leistung älterer Arbeitnehmer/innen aufgrund des demografischen Problems ergibt sich eine tendenzielle Gleichstellung der Leistungsfähigkeit Junger und Alter bei dem Personalverantwortlichen. In bestimmten Arbeitsbereichen des Unternehmens, etwa dem Einkauf der Rohstoffe bei Landwirten, bedarf es einer guten Vernetzung der betreffenden Arbeitnehmer/innen, die zugleich mit den Handels- und Umgangsformen der „konservativen Klientel" der Landwirte umgehen können müssen (S. 5, Z. 208–209).

Der Druck des Demografieproblems, also das Bewusstsein, dass einerseits weniger jüngere Arbeitskräfte schnell nachwachsen, infolgedessen andererseits ältere Mitarbeiter hinsichtlich ihrer Leistungs- und Arbeitsqualität positiver als vorher einzuschätzen wären, führt bei dem Personalverantwortlichen zu einer relativ aufgeschlossenen Einstellung gegenüber älteren Bewerbern generell (S. 7, Z. 311–312; S. 8, Z. 313–317). Hinsichtlich der deduktiven Kategorie 10 „Weiterbildungs- bzw. Schulungsproblematik – Kundenprojekt zentriert" ergibt sich die induktive Kategorie „stammbelegschaftorientierte Schulungsmaßnahmen aufgrund reduzierter Ressourcen" (S. 8, Z. 321–337). Der Personalverantwortliche weist im Zusammenhang von möglichen Weiterbildungsmaßnahmen für Bewerber im Allgemeinen auf die Begrenztheit der Unternehmensressourcen eines kleineren Mittelständlers hin (S. 8). Schulungsmaßnahmen existieren zwar, gelten jedoch nur für die Stammbelegschaft (S. 8, Z. 334).

Alles was zum Bewältigen der Arbeitsanforderungen für einen neuen Mitarbeiter gehört, läuft als „Training on the Job" (S. 8, Z. 328). Eine klare Aussage zu dieser Situation bildet der Verjüngungszwang, dem das Unternehmen mit der Übernahme der auszubildenden jungen Industriekauffrau folgt (S. 7, Z. 302).

Hier liegt jedoch keine Weiterbildungsmaßnahme für ältere Arbeitnehmer/innen vor. Die deduktive Kategorie Nr. 8 „projektzentrierter Arbeitseinsatz der Bewerber" ergibt im Interview Nr. 8 die induktive Kategorie „projektzentrierter zeitlich begrenzter Spezialeinkauf von Fachwissen" (S. 2, Z. 64–80). Wo das Unternehmen Spezialprojekte wie Dokumentationen für die Zertifizierung der Laborarbeit zur Qualitätssicherung benötigt, stellt das Unternehmen keine festen Bewerberkandidaten ein, sondern organisiert „ein Praktikantenprogramm", das von lokalen Universitäten mit Studentenkräften bestritten wird (S. 2, Z. 64–69).

Dies deutet darauf hin, dass kleinere Unternehmen wie dieser Mittelständler für Projekte spezieller Art keine Fachkräfte mehr einstellen, sondern sich von Fall zu Fall lediglich Praktikanten mit Fachverstand einkaufen, die offensichtlich preiswert sind. Für diese Praktikanten existiert naturgemäß keine Bildungsproblematik, da sie das nötige Fachwissen von den Hochschulen mitbringen. An diesem Punkt bestätigt sich die Problematik der „Generation Praktikum". Hinsichtlich der Kategorie Nr. 11 „generelle Inadäquatheit arbeitsmarktpolitischer Maßnahmen für Bewerber" ergibt sich die induktive Kategorie „spartenbezogene Ineffizienz arbeitsmarktpolitischer Angebote für Mittelständler" (S. 1, Z. 40–42, S. 2, Z. 43–56). Dieser Bereich betrifft besonders die Problematik niedrig qualifizierter Arbeiten wie den Fuhrpark des Unternehmens. Weder das Kreissozialamt noch die Bundesagentur für Arbeit und staatlich gelenkte Beschäftigungsgesellschaften des Kreises waren und sind fähig, den Mittelständler mit LKW-Fahrern zu versorgen, die die Produkte für die Weiterverarbeitung transportieren müssen. Diese Ineffizienz betrifft besonders die Klientel deutscher Bewerber. Der deutsche Kandidat erwies sich als arbeitsunwillig (S. 1, Z. 42). Für die Lagerarbeit wurde ein Moldawier gewonnen, der kaum Deutsch spricht (S. 1, Z. 17–22). Sowohl für den Fuhrpark als auch für die ungelernte Lagerarbeit erweisen sich die staatlich gelenkten Arbeitsagenturen als ineffizient (S. 1).

Der Mittelständler bildet hier eine Sonderproblematik, da er sowohl im ungelernten Bereich (Lager und Paletten) als auch im anspruchsvolleren Sektor (Industriekauffmann) Arbeitskräfte benötigt. Auch im qualifizierten Einsatzbereich macht der personalverantwortliche Prokurist (Kommanditist) keine Angaben zur Effizienz arbeitsmarktpolitischer Bedeutung der offiziellen Arbeitsvermittlung. Vielmehr werden schriftliche Bewerbungen teilweise über das Internet, über Skype und die Videotelefonie abgewickelt (S. 5, Z. 184–189).

Die deduktive Kategorie Nr. 12 „Der Begriff Bewerberpersönlichkeit – Repräsentation – Passung" sowie Nr. 13 „der Begriff soziale Kompetenz" unterscheiden sich im Wesentlichen bei dem Mittelständler kaum von den Anspruchsniveaus der Auskünfte der anderen Interviews. Die Ansprüche und Bedarfe sind bei dem kleineren Mittelständler etwas reduzierter, da die Internationalität und die

Außenrepräsentanz der Bewerber nicht so im Vordergrund stehen wie bei den Global Playern. Die Bedeutung der Persönlichkeit des Bewerbers äußert sich in den Auskünften des personalverantwortlichen Prokuristen in der Tatsache, dass er eine positive Beurteilung sozialen Engagements vornimmt (S. 3, Z. 115–126).

Hinsichtlich der Forschungsfrage 1 nach den Deutungsmustern der Chancen älterer Arbeitnehmer/innen am Arbeitsmarkt verstetigt sich bis zu gewissen Graden die Tendenz, älteren Arbeitnehmer/innen erhöhte Leistungsfähigkeit und damit gesteigerte Chancen am Arbeitsmarkt zuzusprechen, da sich aufgrund der sozialen Veränderung sowohl Lebensqualität als auch Lebensstandard und damit die Leistungsfähigkeit selbst von 60jährigen Mitarbeitern gegenüber früher deutlich verbesserten. Dieses Deutungsmuster führt bei dem Prokuristen dazu, dass er zwar ältere Mitarbeiter hinsichtlich ihrer Leistungsfähigkeit positiv beurteilt, zumal sie als Stammbelegschaft mit der konservativen Klientel der Landwirte besser zurechtkommen.

Andererseits führt sein Deutungsmuster dazu, dass er verstärkt jugendliche Mitarbeiter für anspruchsvollere Arbeitsbereiche sucht (S. 7, Z. 302– Industriekauffrau). Die Risiken des demografischen Wandels, die eben dazu führen, dass Fachkräfte immer rarer werden, führen insgesamt aber immer noch zu dem Deutungsmuster, den „Altersdurchschnitt" des Unternehmens „deutlich drücken" zu müssen (S. 7, Z. 304) und eine Industriekauffrau als Auszubildende anzustellen, „die erst Anfang zwanzig ist" (S. 7, Z. 304–305).

Die Risiken des demografischen Wandels, die der Prokurist deutlich erkennt, führen auch im Bereich der möglichen Weiterbildungsangebote älterer Arbeitnehmer/innen nicht zu Bemühungen, zum Beispiel „externe Weiterbildungsaktivitäten" anzubieten (S. 8, Z. 333–335). Die Elemente des Deutungsmusters, die sich hier ablesen lassen, beziehen sich auf die Klage des Personalverantwortlichen, deutsche Arbeitnehmer/innen seien eher arbeitsunwillig (S. 1, Z. 40–42). So ließe sich denken, dass mit einem erhöhten Weiterbildungsaufwand auch für diejenigen Arbeitnehmer/innen eine gesteigerte Arbeitsmotivation erzeugt werden könnte, die sich trotz ihrer Vermittlung durch die arbeitsmarktpolitische Struktur relativ rasch aus der Probearbeitszeit bei dem Unternehmen zurückgezogen haben (S. 2, Z. 46–47). Diese Thematik bezieht sich teilweise auf die Forschungsfrage 4, die nach den Weiterbildungsangeboten für ältere Arbeitnehmer/innen fragt, mit welchen letztere in Arbeitsprozesse integrierbar wären.

Vom betriebsrationalen Standpunkt, von der Risikosituation der Demografie her und in Bezug auf ihre anerkannte Leistungsfähigkeit könnte kein Problem darin bestehen, ältere Arbeitskräfte zu motivieren, dass sie an die Stelle derjenigen deutschen Bewerber träten, die sich nach kurzer Probezeit als nicht arbeitswillig erwiesen haben (S. 2). Die Tatsache, dass ein 23jähriger Moldawier mit einem befristeten Arbeitsvertrag für die einfacheren Arbeiten vorgezogen wird, lässt ein Deutungsmuster erkennen, das über die arbeitsrationalen Zwänge fehlender Ressourcen für Weiterbildung nicht hinausreicht. Eine längerfristige Integration des Moldawiers in den Betrieb des Mittelständlers ist auch deshalb wahrscheinlich kaum preiswerter, als die Beschäftigung eines älteren Arbeitnehmer/innens, weil ersterer kaum Deutsch kann und daher für die Integration eines aufwändigen Sprachkurses bedürfte. Die Klage des Personalverantwortlichen über die „Arbeitsunwilligkeit" deutscher Arbeitnehmer/innen, die vom offiziellen Arbeitsmarkt entsendet werden, ist insofern selbst widersprüchlich, als der befristete Arbeitsvertrag des Moldawiers darauf hindeutet, dass gerade die Befristung die Vorteile der sogenannten Leiharbeit (Zeitarbeit) anpeilt, sich also nur sehr indirekt auf eine mögliche Arbeitsunwilligkeit deutscher Bewerber und deutscher Arbeitnehmer/innen beziehen lässt.

Zusammenfassend ist hinsichtlich der Forschungsfragen, des trägen Wissens und der Deutungsmuster in Bezug auf die induktiven Kategorien des Interviews Nr. 8 mit dem Personalverantwortlichen des Mittelständlers erkennbar, dass zwar eine wachsende Anerkennung der Leistungsfähigkeit älterer Arbeitnehmer/innen existiert, jedoch die demografische Problematik nicht generell zu einem konzentrierteren Umdenken in Richtung auf eine breitere Beschäftigungsbasis älterer Arbeitnehmer/innen führt. Dies in Kombination mit der generellen Negation, sich auf umfangreichere Weiterbildungsstrukturen einzulassen, lässt auf Deutungsmuster schließen, die nach wie vor doch jüngeren Arbeitnehmer/innen den Vorzug geben. Letztere werden in Bezug auf die Überlebensfähigkeit des Unternehmens am Markt nach wie vor als bedeutender eingeschätzt. Dies führt im Fall dieses Unternehmens dazu, dass eine erst 20jährige Auszubildende als Industriekauffrau offensichtlich besonders gerne übernommen wird.

Mit diesem konkreten Beispiel bestätigen sich die Deutungsmuster, demzufolge die permanente Verjüngung der Belegschaft von fundamentaler Bedeutung für das Unternehmen ist.

5.2.9 Auswertung Fall 9

Das Interview Nr. 9 wird mit dem Personalverantwortlichen einer Personalagentur bzw. Personal-Service-Agentur geführt. Infolgedessen hat es eine andere Struktur als die übrigen Interviews, da die Personalverantwortlichen hier sogenannte vermittlungsorientierte Arbeitnehmer/innenüberlassung betreiben, die sich nicht auf das eigene Unternehmen, sondern an unterschiedliche externe Kunden und Interessenten richtet. Eine Personalserviceagentur hat eine besondere Stellung am Arbeitsmarkt, da sie ein Element der Agenda 2010 und der

Hartz-Konzeptionen zur Verbesserung der Arbeitskräftevermittlung auf politischer Ebene bildet.

Mit ihrer Personalvermittlung leistet eine solche Agentur Dienste für den Arbeitsmarkt, um durch die Vermittlung befristeter Arbeitsverträge die politische Stagnation dort zu reduzieren. Die Personalagentur vermittelt Leiharbeiter mit Qualifikation, ohne dass letztere eine längerfristige Vertragsbindung in dem sie beschäftigenden Unternehmen erwarten könnten. Die Personalagentur hat als Entleiher-Firma ein Interesse daran, ihre Bewerber nach Möglichkeit langfristig in Unternehmen zu integrieren, denn die Politik belohnt Beschäftigungsdauern der von der Agentur vermittelten Arbeitnehmer/innen mit bestimmten Nachhaltigkeitsprämien.

Der Personalverantwortliche gibt darüber Auskunft, dass ein vermittelter Arbeitnehmer/innen durch die Agentur eingestellt wird, infolgedessen im Namen der Agentur beim Kunden arbeitet, der Kunde das „Weisungsrecht" für den Mitarbeiter besitzt, und zwar für die Zeit des Projektes, an dem der vermittelte Arbeitnehmer/innen beim Kunden teilnimmt (S. 1, Z. 12–19).

Die Personalagentur bemüht sich also einen Bewerber zu finden, der möglichst vollkommen in ein zeitlich begrenztes Projekt des betreffenden Kunden integriert werden kann. Es gilt also für die Informationen des Personalmanagers des Interviews Nr. 9 in Bezug auf die deduktive Kategorie Nr. 5 „Kundenzentrierte Bewerberprofile" die induktive Kategorie „zeitlich befristete, projektorientierte Bewerberprofile in Bezug auf spezielle Kundenprojekte". Diese Kategorie ist mit den einschränkenden Arbeitsbedingungen des Kunden verbunden, da der angenommene Bewerber im Rahmen seiner Leiharbeit (Zeitarbeit) und seiner Bindung an ein bestimmtes Kundenprojekt keine Festanstellung erwarten kann, grundsätzlich im Vergleich zu den Kollegen niedrigeren Lohn erwarten muss und im Normalfall auch von Kundenseite wenig oder geringe Weiterbildungsangebote erhält. Eine Ausnahmesituation für die Bewerberrekrutierung der Leiharbeit besteht laut Auskunft des Managers darin, dass der Kunde (Arbeitgeber bzw. Projektbetreiber) sogar selbst Bewerber vorschlägt, diese zunächst an die Personalagentur vermittelt, um die Agentur sodann das befristete Dienstverhältnis der Zeitarbeit ausarbeiten zu lassen (S. 2, Z. 45–50).

Die deduktive Kategorie Nr. 1 „Hohe Qualifikations- bzw. Spezialistenanforderungen" bildet im Interview Nr. 9 der Personalagentur die induktive Kategorie „Fachlichkeit als zentrales Bewerberelement zum Einstellungserfolg" (S. 2, Z. 77–82). Laut Aussage des Personalmanagers bedeutet die Betonung der Fachlichkeit allerdings nicht höchste Spezialisierung in bestimmten Bereichen. Die Personalagentur vermittelt besonders im IT-Sektor, was voraussetzt, dass ein hohes Ausmaß an „Fachlichkeit" allgemein (S. 2, Z. 77) vorliegt. In Bezug auf die deduktive Kategorie Nr. 2 „Bewerberpräferenz: Universitätsabschluss" ergibt sich die induktive Kategorie „Projektorientiertheit der Vermittlung vor Universitätsabschluss" (S. 8, Z. 290–293).

In diesem Sinne betont der Personalverantwortliche der Agentur, dass in der IT-Branche eine große Variationsbreite an fachlichen Qualitäten existiert, sodass Unterschiede zwischen Bachelor-Studium und Master-Studium für die Bewerberchancen keine entscheidende Rolle spielen (S. 8).

Zusätzlich sind, so der Personalmanager, im IT-Bereich bei bestimmten Kundenprojekten generell nicht mehr nur die Kenntnisse eines hoch spezialisierten Facharbeiters gefragt, sondern auch „Aufgaben in der Administration" (S. 7, Z. 252–254). Bei diesen Entwicklungen handelt es sich deutlich um neue Trends, die früher nicht existierten. Der Personalverantwortliche spricht hier einen Trend zum Multitasking an, der besonders aus Kostengründen entsteht S. 7, Z. 253–255). Aus der deduktiven Kategorie Nr. 3 „hohe Bedeutung des Erfahrungswissens in Kombination mit Berufserfahrung" lässt sich also die induktive Kategorie „Erfahrungswissen als Multitasking-Anwendung aus Berufserfahrung" für das Interview mit der Personalagentur ansetzen.

Die reduzierte Bedeutung spezieller Universitätsabschlüsse trotz der erwarteten „Fachlichkeit" bestätigt sich durch die Aussage, dass die projektorientierten Kunden auch im IT-Bereich „Quereinsteiger … akzeptieren" und gegebenenfalls auch ein Stück von ihren eigenen Vorstellungen abrücken (S. 7, Z. 280–283). Die induktive Kategorie „Bedeutung des Erfahrungswissens in Verbindung mit Multitasking" bestärkt sich durch die Aussage des Personalverantwortlichen, dass die Bewerber keine „generelle Zertifizierung" mitbringen müssten, sondern ein „Konglomerat von unterschiedlichsten Zertifizierungen im IT-Bereich" sinnvoll sei (S. 7, Z. 265–268). Die Auskunft bekräftigt aber die Bedeutung des Erfahrungswissens, da sich unterschiedliche Zertifizierungen nur durch unterschiedliche Berufsabschlüsse realisieren lassen. Der Personalmanager der Agentur weist in diesem Zusammenhang weiter darauf hin, dass trotz der sich permanent beschleunigenden Halbwertszeit des Wissens im IT-Bereich, die Basis des Erfahrungswissens von wesentlicher Bedeutung bleibe, da sie zur Generierung neuen Wissens die wichtigste Motivation bedeute (S. 6, Z. 237–241).

Die Aussagen des Personalvermittlers zur Bedeutung des Erfahrungswissens und des Multitasking führen zu einer erhöhten Wertschätzung älterer Arbeitnehmer/innen, die sich bei Berufsanfängern, also bei sehr jungen Arbeitskräften, entsprechende Fähigkeiten eher nicht vorfinden lassen.

Die deduktive Kategorie Nr. 7 „Bewusstsein demografischen Wandels bei den Personalverantwortlichen (Facharbeitskräftemangel)" wird zur induktiven

Kategorie „zukunftsorientierte Organisationsformen von Arbeit und Arbeitsvermittlung". Im Sinne dieser induktiven Kategorie weist der Personalvermittler darauf hin, dass angesichts des demografischen Problems seine Agentur mit Fachwissenschaftlern wie M. Miegel (Institut in Köln) und M. Horks zusammenarbeitet (S. 8). Der Sozialwissenschaftler Meinhard Miegel beschäftigt sich seit den 90er Jahren des vorigen Jahrhunderts mit der Arbeitsmarktproblematik und legte zur Lösung der demografischen Problematik, d. h. der schwereren Vermittelbarkeit älterer Belegschaften, etliche wissenschaftliche Studien vor. M. Horxs beschäftigt sich als Sozialwissenschaftler mit der Thematik „Arbeit der Zukunft" auf sozialwissenschaftlicher Basis (S. 8. 314–316).

Es liegt nahe, dass gerade eine Personalvermittlung sich mit der Problematik einer alternden Gesellschaft und damit alternden Alterskräften bevorzugt beschäftigt, da sie ihr gesamtes Arbeitsfeld auf die Vermittlung von Arbeitskräften ausrichtet und nicht nur ein einzelnes Betriebselement eines bestimmten Unternehmens bildet. Das gesamte Leistungsprofil einer Personal-Service-Agentur hängt von der erfolgreichen Bewältigung des demografischen Arbeitnehmer/innenkräftewandels ab.

Der Personalverantwortliche betont in diesem Sinne die wissenschaftliche Professionalität der Aufmerksamkeit für das Problem des demografischen Wandels. In Bezug auf die deduktive Kategorie Nr. 9 „Leistungsfähigkeitsbeurteilung junger / alter Arbeitnehmer/innen" ergibt sich konsequent die induktive Kategorie „Unvoreingenommenheit gegenüber vermeintlicher verminderter Leistungsfähigkeit älterer Arbeitnehmer/innen" (S. 6, Z. 212–234). Der Personalvermittler bezeichnet in diesem Sinne das Alter eines Bewerbers als „nebensächlich" (S. 6, Z. 212). Alter sei in diesem Sinne „nur ein einziges Argument von einer Vielzahl von Argumenten", was den Bewerber für eine Stellenbesetzung angeht (S. 6, Z. 219). Wesentlicher als das Alter eines Bewerbers ist seine Fähigkeit zum oben erwähnten Multitasking im Rahmen der vom Kunden erwarteten „Fachlichkeit" (S. 6, Z. 230–234). Der Personalmanager betont seine Vorurteilslosigkeit gegenüber der „klassischen Denke" des Arbeitsvermittlungsmarktes, Ältere seien „häufiger krank, … nicht mehr flexibel, nicht mehr reisebereit, nicht mehr lernbereit" (S. 6, Z. 223–234). Ein Hauptargument des Personalmanagers der Agentur gegenüber den Altersvorurteilen gängiger Personalvermittlung des Marktes ergibt sich aus der Bedeutung der Motivation. Entscheidend sei, so der Personalvermittler, dass Motivation existiere, die dazu antreibe, dass der Bewerber „neues Wissen" in seinem Fach generiere (S. 6, Z. 239–240). Diese Motivation ist als Treiber für den Vermittler altersunabhängig. Die positive Altersbewertung des Vermittlers hinsichtlich der Leistungsfähigkeitsbeurteilung (deduktive Kategorie) ergibt sich im induktiven Bereich aus der Tatsache, dass er der Arbeitserfahrung in Bezug auf

Multitasking und allgemein erweiterte Arbeitsansprüche großen Wert beimisst. Diese höhere Bewertung der Arbeitserfahrung ergibt mehr oder minder automatisch eine positivere Bewertung älterer Arbeitnehmer/innen, sodass die von dem Manager erwähnten generellen Vorurteile dahinter zurückstehen.

Die deduktive Kategorie Nr. 12 „der Begriff Bewerberpersönlichkeit - Repräsentation - Passung" lässt sich im Interview Nr. 9 in die induktive Kategorie „kundenorientierte Passung zwischen der Fachlichkeit des Bewerbers und seinem persönlichen Auftreten" überführen (S. 2). Neben den fachlichen Qualifikationen, die für den Personalvermittler entscheidend sind, spielt der Begriff Persönlichkeit für die Bewerberchancen die entscheidende Rolle in den Aussagen des Vermittlers (S. 2, Z. 77–82). Die personelle „Passung" wird von dem Personalvermittler als wichtiger dargestellt als selbst die Fachlichkeit des Bewerbers (S. 2, Z. 77–82). Diese „Passung" ist besonders auf die Kundenorientiertheit der Vermittlung bezogen. Dies bedeutet auch, dass die Personalagentur das Persönlichkeitsbild des Bewerbers genau prüft.

Der Personalleiter sagt, „70% der Entscheidung" für einen Bewerber gehe auf das Persönlichkeitsbild zurück (S. 2, Z. 73–75). Der Vermittler gibt an, die persönlichen Eigenschaften eines Bewerbers teilweise auch schon aus der Konsistenz der eingereichten Unterlagen und Referenzen erkennen zu können (S. 4, Z. 137–140). Diese Unterlagen und Dokumente ersetzen allerdings niemals das persönliche Gespräch mit dem Bewerber. Wie bei den übrigen Interviews bilden Äußerlichkeiten wie Kleidung und Körpersprache nicht die entscheidenden Kriterien für eine erfolgreiche Bewerbervermittlung, da davon auszugehen ist, dass bei ernstzunehmenden Kandidaten keiner der Bewerber auffallende Nachlässigkeit, Unordnung oder Exzentrik aufweist (S. 4, Z. 148–156).

In Bezug auf die deduktive Kategorie Nr. 11 „generelle Inadäquatheit arbeitsmarktpolitischer Maßnahmen für Bewerber" ergibt sich im Interview Nr. 9 die induktive Kategorie „leiharbeitspolitische Orientiertheit professioneller Zeitarbeitsvermittlung in indirekter Beziehung zum Arbeitsmarkt". Die indirekte Beziehung der Leiharbeitsvermittlung (Zeitarbeitsvermittlung) von Personalagenturen ergibt ihre besondere Stellung gegenüber dem ersten Arbeitsmarkt, da sich solche Agenturen als komplementäre Elemente zum Arbeitsmarkt seit der Agenda 2010 verstehen lassen. Sie stehen infolgedessen unter einem besonderen Personalvermittlungsdruck, was ihren Erfolg angeht. Insofern lassen sich die Vermittlungsmaßnahmen der Personalagentur generell als arbeitsmarktpolitisch adäquat im Sinne der politisch gewollten Ergänzung des ersten Arbeitsmarktes und seiner deutlichen Vermittlungsschwierigkeit betrachten: Sämtliche Interviewpartner weisen darauf hin, dass sie auf die politische Arbeitsvermittlung der Bundesagenturen (Arbeitsagenturen) nicht zurückgreifen, sondern auf spezielle Vermittlungsnetze (Internet usw.), die in den gängigen Arbeitsmarktkategorien und ihren Vermittlungsanstrengungen so kaum vertreten sind.

Der Hinweis des Personalvermittlers der Agentur, dass er vom Kunden vorgeschlagene Bewerber aufgrund der politisch gewollten Sonderkonditionen der Leiharbeit extra unter Vertrag nimmt, weist zusätzlich auf die Ergänzungsfunktion dieser komplementären Arbeitsvermittlung hin (S. 2). Auch die Personalagentur greift jedoch offensichtlich weniger auf die Arbeitsagenturen des standardisierten Ersten Arbeitsmarktes zurück, sondern auf Empfehlungen früherer Bewerber (S. 2, Z. 45–46) und projektorientierte Daten, die vom Kunden vorgegeben werden, und spezielle Arbeitsvermittlungsprofile erfordern (S. 1, Z. 29–33). Diese Auskünfte lassen erkennen, dass zwischen der standardisierten Arbeitsmarktpolitik und den speziellen Vermittlungsbedingungen und Vermittlungsanforderungen der Leiharbeit kaum eine „Passung“ herrscht. Die deduktive Kategorie Nr. 13 „der Begriff soziale Kompetenz-Beispiel: Teamfähigkeit“ ist in den Zusammenhang der Bedeutung und Wichtigkeit der Bewerberpersönlichkeit gemäß deduktiver Kategorie Nr. 12 einzuordnen.

Die besondere Anforderungssituation an die Vermittlungsanstrengungen einer Personalagentur, wie sie im Interview Nr. 9 geschildert wird, ergibt sich aus den politisch gewollten Spezifika befristeter Einstellungen der Bewerber in der Leiharbeit. Die Deutungsmuster der Personalagentur stehen in Beziehung zu dieser politisch gewollten Konstellation der Personal-Service-Agenturen als Ergänzungsmedium zum standardisierten Arbeitsmarkt und seiner Ineffizienz (bis 2003/2005). Da die Personalagentur sich als eigenständiges Unternehmen betrachten lässt, ist in Bezug auf die Forschungsfrage Nr. 2 nach den impliziten Kriterien der Rekrutierung älterer Arbeitnehmer/innen für den Arbeitsmarkt erkennbar, dass die arbeitsmarktpolitische Sonderstellung der Personalagentur zu der besonderen Vorurteilsfreiheit des Personalverantwortlichen in Bezug auf die Altersstruktur und die Akzeptanz älterer Bewerber durch die Agentur führt: Als einziger Partner der bisher analysierten Interviews erklärt der Personalvermittler expressis verbis, dass es sich bei dem üblichen „Jugendwahn“ um die „klassische Denke und die Vorurteile“ des gewöhnlichen Arbeitsmarktes handle (S. 6, Z. 220–223). Mit dieser Betonung weist der Personalvermittler mit seinem Deutungsmuster darauf hin, dass seine arbeitsmarktpolitische Position gegenüber dem Standardmarkt bis zu gewissen Graden progressiver ausfällt. Dieses Deutungsmuster entsteht unter anderem auch daraus, dass die Leiharbeit schon deshalb möglichst wenig Altersbegrenzungen nach oben zulassen kann, weil sie damit die Arbeitskräftereservoirs reduziert und möglicherweise ihre arbeitsmarktpolitische Bedeutung als Alternative zu den Vermittlungsversuchen der normalen Arbeitsagenturen reduziert.

Mit der betonten Aufhebung der Vorurteile gegenüber älteren Arbeitnehmer/innen durch die Personalagentur geht die Betonung der Funktionalität der Bewerber einher: Der Bewerber bedarf der besonderen „Passung“ in den spezifischen Fachprojekten des Kunden, und zwar grundsätzlich in zeitlicher Befristung (S. 6, Z. 230–234). Auch deshalb, so das Deutungsmuster, ist der Personalvermittler, anders als etliche weitere Interviewpartner, eher bereit, über die raschen Verfallszeiten von Wissen (Halbwertszeiten) so hinwegzusehen, dass auch bei älteren Arbeitnehmer/innen trotzdem noch genug Bedeutung für das Erfahrungswissen bleibt, weil daraus ja „neues Wissen zu generieren“ sei (S. 6, Z. 239–241). Die positiv erscheinende geringere Bedeutung eines ausschließlich akademischen Fachwissens erhält im Deutungsmuster des Personalverantwortlichen der Agentur eher dadurch ihren eigentlichen Gehalt, als es für den Kunden um die Einsparung von Kosten geht (S. 7, Z. 248–255). Im Deutungsmuster reduziert sich hier also die Bedeutung von speziellem Fachwissen in der IT-Branche eher deshalb, weil die Agentur dem Kunden möglichst Bewerber andienen muss, die neben ihrer Fachqualifikation auch noch „Administration“ usw. beherrschen (S. 7, Z. 252), um auf diese Weise ihren besonderen leiharbeitspolitischen Fristauftrag besser erfüllen zu können.

Die Implizitkriterien der Vermittlung älterer Arbeitnehmer/innen, ihre überdurchschnittliche Wertschätzung sind hinsichtlich der entsprechenden Deutungsmuster also eher auf den leiharbeitspolitischen Druck zurückzuführen, den eine erfolgreich vermittelnde Personalagentur berücksichtigen muss. Das von dem Personalvermittler der Agentur angesprochene etwas zwanglos erscheinende „Konglomerat von unterschiedlichen Zertifizierungen im IT-Bereich“, die die Bewerber besitzen können (S. 7, Z. 266), lässt sich auch so deuten, dass eine Personalvermittlungsagentur für Leiharbeit eher „Generalisten“ vermittelt, weil sich die Vermittlungschancen dadurch steigern. Gegebenenfalls bleibt es, wie der Vermittler angibt, den Kunden überlassen, Wissenslücken bei den Bewerbern mit Schulungsmaßnahmen auszugleichen. Zusätzlich, so der Personalagent, existieren für die Mitarbeiter des Unternehmens „Online-Akademien“, die für ihre mögliche Fortbildung sorgen und auch Zertifikate anbieten (S. 9, Z. 332–334). In Bezug auf die Kostenübernahme der Weiterbildung und die allgemeine Verantwortung für diese Weiterbildung, macht der Personalverantwortliche jedoch keine klare Aussage (S. 9). Er erklärt hierzu nur: „Wir haben … zum einen die Möglichkeit, dass unsere Mitarbeiter sich in Online-Akademien fortbilden …“ (S. 9, Z. 332–334).

Hinsichtlich der möglichen Kosten solcher Weiterbildungsangebote lässt sich auf die Problematik verweisen, dass Zeitarbeitsfirmen wie Personalagenturen Personalvermittlung für ihren eigenen Gewinn betreiben, die Unklarheit der

Kostenübernahme in der Aussage des Agenten also auch deshalb besteht, weil im Normalfall Personalagenturen keine Weiterbildungsmaßnahmen für ihre Bewerber übernehmen. Diese Kosten sind deshalb für die Agenturen nicht rentabel, weil die befristete Einstellung der Bewerber, ihre unvollständigen Arbeitsverträge sowie die Ungewissheit, ob sie in den Betrieb übernommen werden, einen Weiterbildungsaufwand nicht lohnen würde. Die Auskunft, dass der Kunde in vielen Fällen selbst dafür sorge, dass ein von ihm bereits akzeptierter Bewerber durch die Zeitarbeitsagentur eingestellt wird, lässt darauf schließen, dass der Kunde selbst mit dieser arbeitstechnischen Konstruktion Geld spart, sodass nicht erkennbar sein kann, warum die Zeitarbeitsfirma ihrerseits in einen solchen Bewerber dann noch Weiterbildungskosten investieren sollte. Weiterbildungsaktivitäten in Bezug auf die Forschungsfrage 4 (Welche Weiterbildungsaktivitäten werden verfolgt, um ältere Arbeitnehmer/innen in laufende Arbeitsprozesse zu integrieren?) sind auch deshalb für die Personalagentur kaum kostenmäßig vertretbar, weil die Agentur nicht sicher sein kann, ob nicht andere Kunden gerade ältere Arbeitnehmer/innen, die die Agentur vorschlägt, eher ablehnen, weil gerade dort die vom Personalagenten zitierten Vorurteile gegenüber Älteren doch wieder herrschen.

Zwar arbeitet die Agentur mit „renommierten Unternehmen" für Online-Weiterbildung zusammen, jedoch ist auch in den weiteren Aussagen nicht erkennbar, wer die Kosten für diese Ausbildung trägt (S. 9, Z. 339–348). Die Betonung der Aussagen des Personalagenten, dass gerade Erfahrungswissen von wesentlicher Bedeutung für die Bewerbungschance sei, widerspricht dem Umfang der von der Agentur initiierten „Zwölfhundert unterschiedlichen Kursen" für die Mitarbeiterweiterbildung (S. 9, Z. 346–347). An dieser Auskunft gemessen scheint sich die positive Bedeutung des Erfahrungswissens, das besonders älteren Arbeitnehmer/innen ja zukommt, wieder deutlich zu reduzieren.

Der auffallendste Widerspruch in den positiv erscheinenden Auskünften zum Alter der Bewerber besteht darin, dass die Altersverteilung hier („gaußsche Normalverteilung", S. 9, Z. 327) den Auskünften der übrigen Interviewpartner ähnelt, nämlich zwischen 35 Jahren und Ende 40 Jahre liegt (S. 9, Z. 326). Noch stärker reduziert sich das Einstellungsalter in einer weiteren Durchschnittsaltersauskunft des Agenten in der Form von „über 18, unter 25" (S. 8, Z. 320). Bei letzteren Auskünften handelt es sich um das Durchschnittsalter der „Stellenanwärter" (S. 8, Z. 319). Der Personalverantwortliche gibt keine Auskunft darüber, wie viele von diesen sehr jungen Anwärtern tatsächlich vermittelt werden. Andererseits zeigt sich mit dem extrem jugendlichen Alter von „über 18", dass für die Agentur auch zum Jugendalter hin keine Grenzen gelten, da sie ihre

Verdienstmöglichkeiten schließlich grundlegend aus der Personalvermittlung generiert.

Aus dieser Perspektive relativiert sich, was die Deutungsmuster des Personalvermittlers angehen, seine auffällige Wertschätzung älterer Mitarbeiter und ihre Integrationsfähigkeit in Projekte. Es lässt sich hinzufügen, dass diese Wertschätzung Älterer im Denkmuster des Personalvermittlers auch deshalb Platz hat, weil die begrenzte Verwendung von Zeitarbeitern in bestimmten Projekten auch Ältere nicht unter einen Dauerstress setzt, sodass der Personalvermittler eher als andere Personalmanager davon ausgehen kann, dass auch ältere Mitarbeiter durchhalten.

In Bezug auf die Forschungsfrage Nr. 3 nach den beschäftigungspolitischen Instrumenten der Personalvermittlung bei Älteren ist zur Leiharbeit der Personalagentur anzumerken, dass in diesem Fall das arbeitsmarktpolitische Instrumentarium im Rahmen der Agenda 2010 politisch gewollt unterstützt wird, also nicht die normalen Bedingungen einer unternehmensbezogenen Personalabteilung herrschen.

Die besondere Betonung, die der Personalvermittler im Interview 9 der Persönlichkeit der Bewerber zuordnet (S. 2) und die bedeutend wichtiger sei (S. 2, Z. 74–75) als die Fachlichkeit des Bewerbers, dürfte sich daraus ergeben, dass die persönliche und individuelle Toleranz der Bewerber gegenüber den negativen Bedingungen der Leiharbeit für ihre Verwendungsfähigkeit eine entscheidende Rolle spielt: „Persönlichkeit" bedeutet also nicht unbedingt die individuelle Autonomie und Stärke des Einzustellenden, sondern seine „Toleranz" gegenüber der Tatsache, dass er nur ein befristetes Arbeitsverhältnis erhält, den bekannten geringeren Lohn als seine Kollegen, keine Kündigungssicherung, sich aber dennoch darüber erfreut zeigen sollte, überhaupt eine Arbeit für seine „Fachlichkeit" zu erhalten. Paradox bleibt in diesem Zusammenhang die häufige und wiederholte Erwähnung der Interviewpartner, es herrsche ein deutlicher Facharbeitskräftemangel am Arbeitsmarkt. In Anbetracht der Tatsache, dass die Zeitarbeitsfirma 500 Millionen Euro Umsatz pro Jahr erzielt, dass sie bei den Kunden 10.000 Mitarbeiter und intern 600 Mitarbeiter beschäftigt, ergibt sich hier ein sehr klarer Widerspruch zwischen den Möglichkeiten, sich als gefragte Fachkraft im ersten Arbeitsmarkt selbstständig zu etablieren und sich doch in großem Umfang auf die negativen Bedingungen der Leiharbeit einlassen zu müssen, selbst wenn man offensichtlich ein so gesuchtes Fach wie die IT-Branche vertritt.

Der Personalvermittler gelangte auf klassische Weise (Printanzeige) in seine Position und verfügt über das Diplom des Kaufmanns in der Betriebswirtschaftslehre.

5.2.10 Auswertung Fall 10

Das Interview Nr. 10 bietet Auskünfte über die Personalvermittlung in einer gemeinnützigen GmbH, die Krankenhäuser betreibt, stationäre und ambulante Altenpflege anbietet, Hospizbereiche betreibt und weitere Gesundheitsdienste anbietet (S. 9, Z. 321–323). Der Jahresumsatz liegt bei etwa 60 Millionen Euro, die GmbH beschäftigt insgesamt etwa 1.000 Mitarbeiter. Im weiteren Konzernbereich sind 20.000 Mitarbeiter in unterschiedlichen Gesundheitsdiensten beschäftigt. Der Interviewpartner ist Diplomökonom, hat etliche Trainingsprogramme bei Krankenkassen absolviert und verfügt über langjährige Erfahrungen im Krankenhausbereich und den zugehörigen Personalabteilungen (S. 10).

Besondere Vermittlungsbedingungen bestehen in diesem Gesundheitsbereich in den sehr unterschiedlichen Anspruchsniveaus der jeweiligen Sparten: Bei Ärzten, etwa der Chirurgie, herrschen sehr andere Bewerbungsbedingungen und Einstellungsbedingungen als beim Pflegepersonal, das der Interviewpartner ebenfalls beurteilen muss, um seine Einstellungsfähigkeit zu überprüfen. In Bezug auf die deduktive Kategorie Nr. 1 „Hohe Qualifikations- bzw. Spezialistenanforderungen" ergeben sich je nach Anforderungssparte (Pflegepersonal / Ärzte) unterschiedliche induktive Maßstäbe. Das Pflegepersonal ist weitgehend weiblich besetzt, so die Auskunft des Personalverantwortlichen, während im Arztbereich (Chirurgie usw.) die Männer dominieren (S. 8, Z. 292–296).

Die induktive Kategorie für die Qualitätsanforderungen im Interview Nr. 10 lautet „ärztlich-medizinische Qualifikation in den geforderten Bereichen / Chirurgie usw." Diese Kategorie liegt im Gesundheits- bzw. Krankenhausbereich nahe, sodass sie hier nicht ausführlich differenziert werden muss. Von Bedeutung ist die deduktive Kategorie Nr. 3 „Hohe Bedeutung des Erfahrungswissens in Kombination mit Berufserfahrung", da hier ältere Mitarbeiter wichtig werden. Auf der induktiven Ebene lautet diese Kategorie; „Bedeutung ärztlichen Erfahrungswissens in Bezug auf jeweils benötigte Anforderungsprofile" (S. 2, Z. 53–71).

Die unterschiedlichen Anforderungsprofile des konzernähnlichen Krankenhausbetriebs reichen von der Psychiatrie, über die Chirurgie bis hin zu Pflegekräften, die über Spezialistenwissen verfügen sollen (S. 7). Die deduktive Kategorie Nr. 6 „Hohe Mobilitätsanforderungen" lässt sich in die induktive Kategorie „langfristige Bindungsfähigkeit der Bewerber an ihre Krankenhauspositionen" übersetzen (S. 6, Z. 192–198): Die Anforderungen an die individuelle Mobilität sind in diesem Gesundheitsbereich im Gegensatz zu den anderen Interviewsituationen und den dortigen Anforderungen extrem niedrig, da es dem Haus darum geht, Positionen so zu besetzen, dass eine langfristige Bindung mit den entsprechenden Qualitäten entsteht. Diese Bindung ist auch deshalb von Bedeutung, weil die jeweiligen Abteilungen einen relativ großen Umfang an Einarbeitung und Fortbildung auf der Unternehmensebene anbieten (S. 6, Z. 209–214). In Bezug auf die Altersproblematik weist der Interviewpartner darauf hin, dass im Ärztebereich ohnehin ein geringeres Diskriminierungsproblem bezüglich Alter vorliegt, da Ärzte aufgrund ihrer Erfahrung auch in höherem Alter von Personalabteilungen sehr geschätzt werden (S. 5, Z. 171–173).

Die deduktive Kategorie Nr. 7 „Bewusstsein demografischen Wandels bei den Personalverantwortlichen (Facharbeitskräftemangel)“ ergibt im Interview des Krankenhauskonzerns die induktive Kategorie „Anwerbung medizinischen Personals aus dem Ausland aufgrund teilweise durch Demografieprobleme verursachten Personalmangel“ (S. 5, Z. 181–185). Die demografische Problematik, die dem Personalmanager des Konzerns bewusst ist, richtet sich weitgehend auf den Pflegebereich, da sich besonders in Großstädten ein Ärztemangel im Demografiebereich nicht abzeichnet, zumal viele Ärzte bis ins Alter von weit über 60 Jahren weiter medizinisch tätig sind („Ganz, ganz normaler Standard“; S. 5, Z. 177). Die Thematik des demografischen Wandels schlägt sich in dem Interview an verschiedenen Stellen indirekt nieder, da der Personalleiter mehrfach darauf hinweist, dass „die Zahl der Stellen wesentlich größer ist, als die Zahl der Bewerber“ (S. 2, Z. 70–71). Die Aussage über einen versteckten Personalmangel wird dadurch bekräftigt, dass der Personalmanager angibt, auf dem klassischen Weg mit der Stellenausschreibung schon kein ärztlich qualifiziertes Personal mehr finden zu können (S. 2, 3; Z. 75–86). Die offenkundige Bemühung des Krankenhauskonzerns, möglichst alle eingestellten Ärzte langfristig zu binden, ihnen zugleich durch Imagepflege den Arbeitsplatz attraktiv zu machen (S. 3, Z. 75), lässt ebenfalls darauf schließen, dass Personalmangel herrscht, obgleich nicht eindeutig erkennbar ist, ob dieser auf die demografische Problematik zurückzuführen ist. Die auffällig intensiven Bemühungen, den angestellten Ärzten Arbeitserleichterungen wie die Life Work Balance anzubieten, lässt ebenfalls auf Personalengpässe schließen, was qualifiziertes medizinisches Personal angeht (S. 3, Z. 94–104). Der Hinweis, dass sich der Konzern intensiv darum bemühe, „selbst in Griechenland zum Beispiel“ Pflegepersonal zu suchen, lässt auf weiteren deutlichen Personalmangel schließen, was zumindest den Pflegebereich angeht (S. 5, Z. 181–183).

Eine eindeutige Zuordnung dieses Mangels beim Pflegepersonal zum demografischen Problem, also zum generell ausbleibenden Nachwuchs, ist jedoch nicht herstellbar. Der Personalmangel im Pflegebereich kann sich auch aus der allgemein bekannten Unattraktivität des Pflegeberufs und seiner im Vergleich mit anderen Berufen schlechten Bezahlung ergeben. Andererseits spricht der

Personalverantwortliche aber in Bezug auf den demografischen Wandel von einem „Riesenproblem" (S. 8, Z. 292), was den Pflegebereich angeht. Er bezieht jedoch den demografischen Faktor auf die überwiegende Beschäftigung weiblicher Arbeitskräfte in diesem Bereich („Frauenanteil von 60, 65 Prozent in der Medizin"; S. 8, Z. 294–295). Bei den Ärzten spielt dieser Wandel eine geringere Rolle, da sie selbst über das neu angesetzte Renteneintrittsalter von 67 Jahren hinaus arbeiten können (S. 8, Z. 290). Die deduktive Kategorie Nr. 10 „Weiterbildungs- bzw. Schulungsproblematik – Kunden-, projekt zentriert" ergibt im Interview Nr. 10 die induktive Kategorie „krankenhausinterne Weiterbildung und Schulung des Ärztepersonals zwecks langfristiger Bindung an die Klinik" (S. 8, Z. 282–283 u. a.).

Der Konzern verfügt über eine Weiterbildungsakademie in Heidelberg, die ein umfangreiches Spektrum an Weiterbildungsmaßnahmen im medizinischen Bereich anbietet (S. 8, Z. 282–283). Der Personalverantwortliche weist an mehreren Stellen auf die Bedeutung der krankenhausinternen Weiterbildungsprogramme hin, die auch für Assistenzärzte gelten, und „von größter Bedeutung sind" (S. 7, Z. 240). Die wiederholte Bedeutung der Betonung von Weiterbildungsprogrammen für das ärztliche Personal lässt sich auf die Wichtigkeit der Langfristbindung zurückführen, die sich wiederum auf den latenten Personalmangel zurückführen lässt (S. 8, Z. 265–271). Mit der Vielzahl an Weiterbildungsangeboten intensiver Art sucht das Krankenhaus auch Prävention gegen Personalengpässe, wenn beispielsweise nur „sieben von zehn Stellen besetzt" werden können, weil andernfalls Personal fehlt (S. 7, Z. 238–243). Die Intensität der Weiterbildungsangebote des Konzerns steht auch im Zusammenhang mit der Wichtigkeit qualifiziert einsetzbaren Personals, das nicht über Ausbildungslücken verfügt (S. 7, Z. 245).

Die besondere Beachtung, die der Personalverantwortliche in seinen Informationen der Hervorhebung der Weiterbildungsmaßnahmen des Konzerns widmet, lässt sich auf die parallele Betonung des guten Images des Konzerns beziehen, mit dem er gute Bewerber anzuziehen sucht (S. 2, Z. 74). Die deduktiven Kategorien Nr. 12 und Nr. 13 „Der Begriff Bewerberpersönlichkeit – Repräsentation – Passung" / „der Begriff soziale Kompetenz (Beispiel: Teamfähigkeit)" lassen sich in die induktive Kategorie „Arztpersönlichkeit als positive Wirkungsanforderung im Gesundheitsbereich" überführen. Der Personalverantwortliche betont in diesem Zusammenhang, dass die Persönlichkeit des Arztes, seine Wertorientierung und seine Vertrauensbildungsfähigkeit für die Einstellung von entscheidender Bedeutung sind (S. 3; S. 4, Z. 112–117). Er betont weiter die Bedeutung der „weichen Faktoren", die Ärzte als Gesundheitsfürsorger und Heiler besitzen müssen (S. 4, Z. 121–123).

Die Sozialkompetenz der Ärzte, ihre positive Wirkung auf die Patienten im Sinne ihrer „kommunikativen Kompetenz“ (S. 4, Z. 123) spielt im Gesundheitsbereich eine erheblich wichtigere Rolle als in den Ingenieurwissenschaften, die die Mehrheit der Interviews sonst dominieren.

Die zu „Persönlichkeit“ gehörenden Begriffe „Vertrauen“ und „Gefühl“ bilden eines der Einstellungskriterien, das jedoch hinsichtlich seiner Relevanz von dem Personalverantwortlichen nicht näher charakterisiert wird, was etwa die Auswahl zwischen zwei gleichwertigen Kandidaten angeht (S. 4). Zusätzlich klärt der Personalverantwortliche die Bedeutung des christlichen Weltbildes des Unternehmens (S. 4, Z. 114). Bei zwei Bewerberkandidaten mit „gleicher fachlicher Qualifikation“ (S. 4, Z. 117) würde derjenige eher ausscheiden, der die Christlichkeit seiner Haltung weniger gut belegen kann (S. 4, Z. 117). Mit solchen Einstellungskriterien bildet der Krankenhauskonzern in sämtlichen Interviews eine klare Ausnahme.

Die deduktive Kategorie Nr. 11 „generelle Inadäquatheit arbeitsmarktpolitischer Maßnahmen für Bewerber“ trifft im Interview Nr. 10 wie bei etlichen anderen Interviews auf die induktive Kategorie „ausweichende Personalrekrutierungsmaßnahmen auf bracheninterne Funktionsbereiche“ (S. 3, Z. 75–87). Wie in fast sämtlichen anderen Interviews und den Auskünften der dortigen Personalverantwortlichen ist auch in dem Krankenhauskonzern der standardisierte Arbeitsmarkt mit den Arbeitsagenturen in keiner Weise für die Stellenbesetzung der Krankenhäuser des Konzerns relevant. Im Sinne der induktiven Kategorie werden Stellen durch Internetbörsen, durch interne Netzwerke sowie durch Kooperation mit dem Marburger Bund (Ärztevereinigung) besetzt. Arbeitsmarktpolitische Maßnahmen auf der standardisierten Ebene sind also auch in diesem Bereich nicht von einer bestimmenden Wirkung. Weder die Ingenieure, noch die Baufachleute, noch die Ärzte werden über den normalen ersten Arbeitsmarkt in ihre Positionen vermittelt. Auch die klassischen Stellenausschreibungen in der Presse finden kaum mehr Verwendung. Was überwiegt, ist der bracheninterne Beziehungsmarkt, der unter anderem auf der Attraktivität bestimmter Beschäftigungsstellen beruht.

Qualitative Auswertung des Interviewmaterials Nr. 10 in Bezug auf die Deutungsmuster des Personalverantwortlichen unter Bezug auf die Forschungsfragen und die induktiven Kategorien Die Gesundheitsökonomik kritisiert in den letzten 15 bis 20 Jahren ein ständiges Anwachsen der Kostenexplosionen im bundesdeutschen Gesundheitssektor. Die vielfach eingeleiteten Sparmaßnahmen waren bisher nicht so effizient, dass tatsächliche Kostenreduktionen in irgendeinem Gesundheitsbereich stattfanden. Die Gesundheitskosten werden angesichts der alternden Gesellschaft und des mangelnden Nachwuchses jüngerer Bevölkerung weiter ansteigen. Die Deutungsmuster des Personalverantwortlichen des Krankenhauskonzerns bewegen sich in der Sachzwangslogik permanent steigender Gesundheitskosten, dem Problem innerhalb dieser Logik bezahlbares und zugleich qualifiziertes Personal zu finden und doch das positive Image des Krankenhauses zu wahren (S. 2, Z. 74). Die Deutungsmuster des Personalverantwortlichen in Bezug auf die Forschungsfrage 1 (Rekrutierung älterer Arbeitnehmer/innen) begrenzen sich auf den Denkvorgang, dass im Ärztebereich eine striktere Altersbegrenzung nach oben wenig auftritt, also die Mehrheit der Ärzte auch über die künftig angesetzte Rentenaltersgrenze von 67 Jahren hinaus mehr oder minder problemlos weiter arbeiten kann und wird (S. 5). Die Problematik der Leistungsfähigkeit oder Leistungswilligkeit stellt sich im Gegensatz zu vielen anderen Auskünften aus den Interviews kaum (S. 5, Z. 169).

Stellenwechsel im Alter von 50 Jahren sind „normal" (S. 5, Z. 172). Andererseits beziehen sich die altersbezogenen Auskünfte des Personalverantwortlichen des Krankenhauskonzerns an etlichen Stellen indirekt auf einen Personalmangel, den er jedoch explizit verneint (S. 2, Z. 73–74).

Das klar erkennbare Deutungsmuster, möglichst immer langfristige Bindungen an das Krankenhaus erzeugen zu wollen, bewegt sich ebenfalls im Umkreis künftigen Personalmangels, obgleich nicht sicher erkennbar ist, ob sich in diesem Fall auch die demografische Alterung der Gesellschaft bemerkbar macht. Der große Zustrom auf das Medizinstudium, der in der Bundesrepublik seit über 30 Jahren zum konsequenten Numerus Clausus führt, scheint generell das Demografieproblem jedenfalls in diesem Bereich auszugleichen. Damit steht der Gesundheitsbereich hinsichtlich des Personalmangels aufgrund dieser Thematik weniger problematisch da als die wiederholt betonten Demografieengpässe im Ingenieurbereich der Interviews Nr. 1, Nr. 2 usw. Andererseits lässt der Hinweis auf die Tatsache, dass meist mehr Stellen als Bewerber da sind, darauf schließen, dass auch im Krankenhausbereich des Konzerns Personalprobleme herrschen. Sehr deutlich zeichnet sich dies in den Rekrutierungsversuchen für den Pflegebereich ab: Hier sucht das Krankenhaus nach Pflegern im europäischen Ausland (Griechenland; S. 5, Z. 182).

Die Rekrutierung griechischer Pflegekräfte und die Bedeutung, die der Interviewte diesen Kräften zumisst, lässt auf ein Deutungsmuster schließen, das grundsätzlich auf die oben dargestellte Kostensituation und die entsprechende Zwangslage der Krankenhäuser zurückverweist: Die Zusammensetzung von Krankenhauspflegepersonal unter den Aspekten des Diversity Managements (griechische Pflegekräfte) bedeutet in Bezug auf die Gesundheitsökonomik, dass das Krankenhaus nach preiswerten Pflegekräften sucht, um den Kostenrahmen niedrig zu halten. Unter Bezug auf die Tatsache, dass der Gesundheitssektor sich zunehmend privatisiert, Krankenhäuser in Aktienholdings umgewandelt werden (Hamburg), ist in dieser Rekrutierung von Pflegekräften ein Deutungsmuster erkennbar.

In Bezug auf die Altersproblematik bei Pflegekräften liegt es nahe, dass besonders in diesem Bereich ältere Kräfte wesentlich unattraktiver sind als jüngere, da es sich hier um Schwerarbeit handelt, etwa das Heben von Schwerkranken usw. Die Betonung des Personalverantwortlichen, der Krankenhauskonzern betreibe eine intensive Imagepflege, verweist auf die Tatsache, dass der Krankenhausalltag mit seiner hohen Arbeitsbeanspruchung für viele im medizinischen Personal nicht mehr unbedingt attraktiv ist. Ärzteorganisationen trugen ihre Beschwerden hinsichtlich der Überbeanspruchung durch Nachtdienst in den letzten Jahren bis zum Europäischen Gerichtshof, um die Härte der Arbeitsbedingungen in der Klinik rechtlich klären zu lassen. Das Deutungsmuster des Personalverantwortlichen hinsichtlich der positiven Altersstruktur von Ärzten, die seiner Ansicht nach im Normalfall bis weit über das neu angepeilte Renteneintrittsalter von 67 Jahren hinaus arbeiten könnten, leitet sich aus dem offenkundigen Bedarf großer Medizinzentren her, die mit ihrer Konzernstruktur nicht unbedingt einen attraktiven Ärztearbeitsplatz bieten. Der bekannte Exodus vieler deutscher Fachärzte ins europäische Ausland ist auf den vielfach unattraktiven und stressvollen Dienst in deutschen Krankenhäusern zurückzuführen. Die von dem Personalverantwortlichen angeführten Wochenarbeitszeiten in der Chirurgie von 70 Stunden (S. 3, Z. 97) belegen den Tatbestand des extrem stressvollen Dienstes deutlich.

5.2.11 Auswertung Fall 11

Der Personalverantwortliche des Interviews Nr. 11 (Hanau) leitet die Personalabteilung eines Unternehmens, das sich in den Bereichen Chemie, Metallurgie und Edelmetall arbeitet (S. 15). Der Umsatz im Jahr 2012 lag bei 2 Milliarden Euro (S. 15). Am Standort Hanau sind 1.150 Mitarbeiter beschäftigt, das Durchschnittsalter der Belegschaft liegt bei 42,4 Jahren (S. 15, Z. 528) und bildet damit den Durchschnitt der chemischen Industrie ab. Der Personalverantwortliche ist Volljurist mit dem Spezialgebiet des Fachanwalts für Arbeitsrecht und betrachtet eine akademische Ausbildung als relativ zwingend für einen Personalverantwortlichen (S. 16).

In Bezug auf die deduktive Kategorie Nr. 1 „Hohe Qualifikations- bzw. Spezialistenanforderungen“ als Einstellungsvoraussetzung beim dem konzernstrukturierten Mittelständler, der europaweit operiert, lässt sich die induktive Kategorie

„spartenbezogener Wissenschaftsbedarf" ableiten (S. 14, Z. 487–489). Problemorientierte Wissenschaftlichkeit, die Universitätsabschlüsse voraussetzt, sieht der Personalverantwortliche besonders in dem umfangreichen Bereich Forschung und Entwicklung, der das Unternehmen mit der chemischen Industrie verbindet (S. 14, Z. 488–489). Für eine große Anzahl weiterer Bereiche des Unternehmens, den der Personalverantwortliche als „Gemischtwarenhandel" bezeichnet (S. 13, Z. 480), bildet das Unternehmen selber Kräfte aus (S. 3, Z. 80). Es existiert ein umfangreicher Sektor „Ausbildung" (S. 3, Z. 84). Der Bewerberpräferenz „Universitätsabschluss" (deduktive Kategorie Nr. 2) besteht jedoch grundsätzlich nicht. Die deduktive Kategorie „hohe Bedeutung des Erfahrungswissens in Kombination mit Berufserfahrung" (Nr. 3) wird im Interview Nr. 11 zur induktiven Kategorie „fachbereichsorientierte Kundenanforderungen mit speziellem Berufswissen als Erfahrungsvorteil in Bezug auf Teamfähigkeit" (S. 8, Z. 290–295).

Der Personalverantwortliche muss ein umfangreiches Spektrum an Postenbesetzungen abdecken. Es existieren unterschiedliche „Fachbereiche" (S. 5, Z. 149), die hochspezialisiertes Wissen erfordern, andererseits umfangreiche Arbeitssektoren, die bestimmte Facharbeit verlangen, aber nicht notwendig universitätswissenschaftlich definiert sind. Am Beispiel der Einstellung einer „Fachkraft für Arbeitssicherheit" stellt sich die Bedeutung der Berufserfahrung in Bezug auf ältere Mitarbeiter beim Einstellungsprozess dar (S. 8, Z. 292–294). Eine neu eingestellte Fachkraft für Arbeitssicherheit wurde im Alter von 55 Jahren eingestellt (S. 8, Z. 292).

Hier zählte einerseits die Arbeitserfahrung, andererseits die Teampassung besonders, sodass das Alter zunächst sekundär war, zumal der Personalverantwortliche bei einem Alter von 55 davon ausgeht, dass der Betreffende noch zwölf Jahre arbeiten kann (S. 8, Z. 293).

Die Bedeutung des Erfahrungswissens, also eines Wissens, das aus dem Berufsweg stammt, in Verbindung mit Teamfähigkeit bietet in einem so umfangreichen Betrieb also eine positive Einstellungsmöglichkeit, die vom Alter unabhängig zu machen scheint. Der Personalverantwortliche weist andererseits darauf hin, dass bestimmte Berufssparten wie „Feuerwehrmann" (S. 9, Z. 322) kaum überschreitbare Altersbegrenzungen aufweisen. Die deduktive Kategorie Nr. 6 „hohe Mobilitätsanforderungen" wird im Interview Nr. 11 zur induktiven Kategorie „binnenstrukturelle Mobilitätsanforderung in europaweit operierendem Unternehmen" (S. 11, Z. 389). Die Mobilitätsanforderungen, die der Personalchef zitiert, sind mit der Tatsache verbunden, dass der Konzern ein ausgeglichenes Personalverhältnis in seinen unterschiedlichen Standorten mit jeweiligen Einarbeitungsanforderungen in unterschiedliche Sachbereiche verlangt

(S. 11, Z. 389–398). Die deduktive Kategorie Nr. 7 „Bewusstsein demografischen Wandels (Facharbeitskräftemangel)“ wird zur induktiven Kategorie „Tarifvertrag Demografie in Chemieindustrie mit flexibler Arbeitszeit für Ältere“ (S. 14, Z. 499–504).

Der Personalleiter betrachtet das demografische Problem der Verminderung des Zuflusses jüngerer Arbeitskräfte unter politischen Aspekten: Die Arbeitgeber Chemie in Hessen fordern die Veränderung der tariflichen Altersteilzeit, sodass Ältere (über 55) länger arbeiten können, um den demografisch bezogenen künftigen Arbeitskräftemangel zu mildern (S. 14). Mit dieser Auskunft bildet der Personalleiter der chemischen Industrie eine deutliche Ausnahme in den Aussagen der Personalvermittler. Nur in der chemischen Industrie Hessens wird mit dem sogenannten „Tarifvertrag Demografie“ versucht, ältere Arbeitnehmer/innen tariflich so einzubinden, dass sie den verminderten Zufluss jüngerer Kräfte durch verlängerte Arbeitsbiografien nach oben ausgleichen und zugleich die tariflichen Vorteile für alle Seiten gewahrt bleiben.

Der Personalreferent illustriert diese induktive Kategorie durch etliche weitere Hinweise, etwa um den, dass besonders die jugendlichen Bewerberkandidaten „selbstbewusster“ werden (S. 14, Z. 512) und deutlich mehr als früher „auch um ihren Marktwert“ wissen (S. 14, Z. 512). Es existiert im demografischen Problem ein „Wettbewerb“ (S. 14, Z. 517) um gute Praktikanten, die abwandern, sobald sie bessere Angebote erhalten (S. 14, Z. 518). Der demografische Faktor einer alternden Gesellschaft bei vermindertem Nachrücken jugendlicher Arbeitskräfte führt zu erhöhten Forderungen der Arbeitnehmer/innen, was etwa die Angebote an Work-Life-Balance und Lohn betrifft (S. 15, Z. 522–523). Aus der induktiven Kategorie Nr. 7 ergibt sich bis zu gewissen Graden die Alterswertschätzung, die der Personalverantwortliche gegenüber 50 bis 55jährigen Arbeitnehmer/innenn an den Tag legt (S. 8, Z. 287–295). Die Alterstoleranz vermindert sich deutlich ab einem Alter von 59 Jahren (S. 8, Z. 289–290). Jedenfalls lässt sich die Alterswertschätzung mit dem von dem Personalreferenten erwähnten Tarifvertrag Demografie in Verbindung bringen, da der chemischen Industrie daran gelegen sein muss, angesichts jugendlichen Arbeitskräftemangels die ältere Belegschaft stärker zu nutzen.

Die deduktive Kategorie Nr. 9 „Leistungsfähigkeitsbeurteilung junger / alter Arbeitnehmer/innen“ lässt sich im Zusammenhang mit dem oben Ausgeführten in die induktive Kategorie „positive Leistungseinschätzung älterer Arbeitnehmer/innen bis 59 Jahre“ überführen (S. 8). Der Personalreferent macht dort am ehesten gegenüber älteren Arbeitnehmer/innenn Einschränkungen, was die körperliche Beanspruchung angeht. Im Rahmen des von ihm für sehr bedeutend gehaltenen „Tarifvertrags Demografie“ ergibt sich zwangsläufig eine erhöhte Wertschätzung älterer Arbeitnehmer/innen auf den meisten Gebieten (S. 9, Z. 317–330). Allerdings beschränkt der Personalreferent diese Wertschätzung eher auf Produktionsbereiche, die keinen körperlichen Stress verlangen (S. 9, Z. 329–330). Die deduktive Kategorie Nr. 12 „Der Begriff Bewerberpersönlichkeit – Repräsentation – Passung" ergibt in Kombination mit der deduktiven Kategorie Nr. 13 „der Begriff soziale Kompetenz (Beispiel: Teamfähigkeit)" die induktive Kategorie „langfristig orientiertes Einstellungsinteresse bei personeller Durchhaltefähigkeit und sozialer Passung generell" (S. 10, Z. 352–357).

Die Persönlichkeitseffizienz ergibt sich für den Personalverantwortlichen einerseits aus dem Typ des Bewerberkandidaten (S. 4, Z. 138), andererseits aus seinem Arbeitswissen („Riesenbenefit"; S. 10, Z. 353), das zu einer langfristigen Bindungsfähigkeit an das Unternehmen führen sollte. Die diesbezügliche Auskunft lautet, dass der Chemiekonzern 286 Mitarbeiter besitzt, „die eine Betriebszugehörigkeit" von über 25 Jahren aufweisen (S. 10, Z. 355–357). Dies ergänzt sich dadurch, dass die durchschnittliche Betriebszugehörigkeit bei 15,4 Jahren liegt (S. 10, Z. 385).

Die Betonung der Langfristbeschäftigung und ihre Wertschätzung durch den Personalreferenten des Chemieunternehmens weist auf das Bewusstsein des demografischen Problems zurück. Die Tatsache, dass der Personalreferent die genaue Anzahl von Mitarbeitern, die über 25 Jahre in dem Chemieunternehmen beschäftigt sind, im Kopf hat, andere jedoch nicht, macht die besondere Bedeutung der Team-Persönlichkeit in Bezug auf Alter noch einmal deutlich (S. 10). Die mehrfache Betonung, es komme bei den entsprechenden Einstellungen von Bewerbern auch besonders auf das „Bauchgefühl" an, lässt andererseits auf ein hohes Ausmaß an Intuition schließen, das der Referent, um die Wertigkeit eines Bewerbers zu klären („Authentizität" des „Teamplayers") braucht (S. 8, Z. 197–207). Zur „Authentizität" eines Bewerbers, dem das „Bauchgefühl" eine Position zusprechen soll, gehört, dass der Bewerber dem Personalverantwortlichen „in die Augen ... schauen" kann (S. 7, Z. 244–245). Der Jurist bildet mit der Gewichtung körpersprachlicher Aussagen eine Ausnahme, da die Mehrheit der anderen Interviewpartner solche Äußerlichkeiten zwar als interessantes Beiwerk, jedoch nicht als von entscheidender Bedeutung betrachtet. Der Bewerbungsprozess ist vergleichsweise komplex, läuft über mehrere Stufen ab und wird nicht nur von dem Interviewpartner definiert.

Qualitative Auswertung des Interviewmaterials Nr. 11 in Bezug auf die Deutungsmuster des Personalverantwortlichen, unter Bezug auf die Forschungsfragen und die induktiven Kategorien Zentrales Deutungsmuster im Interview Nr. 11 bildet das demografische Bewusstsein und die daraus bei dem Personalleiter folgende Erkenntnis, man wolle über die „Regelaltersgrenze" hinauskommen (S. 2,

Z. 51–53). In Bezug auf die Forschungsfrage 2 (implizite Kriterien der Rekrutierung älterer Arbeitnehmer/innen) ergibt sich aus der Information, das Chemieunternehmen unterstütze den Tarifvertrag Demografie hinsichtlich der Kriterien der Behandlung älterer Arbeitnehmer/innen eine weitere singuläre Situation: Hier bemüht sich ein Unternehmen um tarifpolitische Regelungen der Verlängerung der Arbeitszeit älterer Arbeitnehmer/innen, um die demografische Situation knapp werdender Kräfte in voller Bewusstheit der Problematik zu bewältigen. Da der Chemiekonzern in einer großen Anzahl von Sparten operiert („Gemischtwarenhandel"), ist hier eine hohe Differenzierung der Altersproblematik in den unterschiedlichen Arbeitsbereichen nötig. Die Tatsache, dass es sich beim dem Personalleiter um einen Arbeitsrechtler handelt, macht klar, dass Deutungsmuster in eine juristisch-tarifpolitische Richtung gehen: Die ausdrückliche Wertschätzung älterer Arbeitskräfte zeigt an, dass man bemerkt, wie stark der Wettbewerb um jüngere Arbeitskräfte sich entwickelt hat, sich jedoch zugleich darum bemühen will, die Altersumstrukturierung tarifpolitisch und damit lohnpolitisch abzusichern. Die Wertschätzung älterer Arbeitskräfte zeigt also im Deutungsmuster des Personalverantwortlichen ein Konkurrenzbewusstsein an, das zweigleisig orientiert ist.

Der sogenannte Tarifvertrag „Lebensarbeitszeit und Demografie", den die Arbeitgeber der Chemie (BAVC) bereits 2008 abschlossen, enthält eine Fülle von Regelungen und besonders von Anreizen, mit denen ältere Arbeitnehmer/innen zu einer verlängerten Arbeitszeit gebracht werden sollten.

Dies bedeutete beispielsweise Anschlussregelungen für Altersteilzeit-Tarifverträge, die Einrichtung von Teilrenten, von besonderer Altersvorsorge, von Langzeitkonten, von lebensphasenorientierter Arbeitszeitgestaltung (RV 80) sowie der Einrichtung von bestimmten Schichtarbeitszeiten ab einem Alter von 55 bis zu 65 Jahren (BAVC).

Der Personalreferent verkörpert mit seiner besonderen Beachtung demografischer Probleme ein Deutungsmuster, das speziell weitgehend nur für die chemische Industrie und die dortigen Arbeitgeber zutrifft. Die tarifpolitische Einbindung des Demografieproblems, also des fehlenden Nachrückens jüngerer Arbeitskräfte mit entsprechendem Erfahrungswissen, lässt darauf schließen, dass in diesem Fall die Forschungsfrage Nr. 2 (implizite Kriterien der Rekrutierung älterer Arbeitnehmer/innen) dahingehend positiv beantwortet wird, dass explizite Lösungsversuche angestrebt werden. Der Personalverantwortliche des Interviews vertritt dabei die Arbeitgeberseite. In seinem Deutungsmuster geht es zunächst nur darum, dass möglichst viele länger arbeiten, möglichst über das Rentenalter hinaus, wobei nicht erkennbar ist, welches Alter der Jurist hier ansetzt, das erst anvisierte von 67 Jahren oder das geltende von 63/64 Jahren (S. 2,

Z. 52–53). Im Deutungsmuster des Personalverantwortlichen spielt im Sinne der Tarifregelung Demografie zwar die Individualisierung altersflexibler Arbeitszeiten eine Rolle (S. 13, Z. 420–423), andererseits kommen Fragen der Lohndifferenzierung für die gesamte längere Beschäftigung älterer Arbeitnehmer/innen nirgends zur Sprache (S. 14, 15), wo man sie erwarten würde. Diese Differenzierung erscheint im Deutungsmuster des Personalverantwortlichen nur indirekt in seinem Eingeständnis, die Bewerber wüssten zunehmend „um ihren Marktwert“ (S. 14, Z. 512) Bescheid.

Die Tatsache, dass in einem so umfangreichen Industriebereich wie dem der chemischen Industrie eigenständige tarifpolitische Demografieregelungen getroffen werden, lässt auf das Deutungsmuster schließen, dass der politisch gesteuerte Arbeitsmarkt mit seinen Arbeitsagenturen deutlich nicht ausreiche, um das Demografieproblem in irgendeiner Form zu regeln. So wirbt das Werk eine Arbeitskraft aus Belgien an, die im Controlling arbeiten soll, da der deutsche Arbeitsmarkt eine solche Kraft nicht aufzuweisen scheint (S. 13, Z. 456–457). Zwar bietet die Industrie laut Auskunft des Personalverantwortlichen für ältere Kräfte „interkulturelle Trainings an“ (S. 13, Z. 459). Jedoch geht aus den Auskünften des Juristen nicht hervor, in welchem Umfang und in welcher Form der verlängerte Lebensarbeitseinsatz Älterer mit entsprechenden Weiterbildungsangeboten oder Bildungsangeboten überhaupt unterstützt wird (S. 13, 14).

Die deutlichste Widersprüchlichkeit in Bezug auf die Weiterbeschäftigungsfähigkeit älterer Arbeitnehmer/innen und ihre Fähigkeiten bildet die Aussage, man suche im Zusammenhang mit längerer Arbeit auch solche Bewerber, die „hart … arbeiten“ könnten (S. 6, Z. 206–207). Die Zusammenschau von „hart. arbeiten“ und „länger zu arbeiten“ (S. 6) weist auf die Problematik zurück, dass ältere Arbeitnehmer/innen, wenn sie über das Rentenalter hinaus beschäftigt werden sollten, nicht eigentlich für „harte Arbeit“ geeignet sein können. In diesen Auskünften offenbaren sich Deutungsmuster, die zumindest ansatzweise auf eine verstärkte Inanspruchnahme Älterer hindeuten, jedoch nicht erkennen lassen, welche Kompensation solchen Arbeitnehmer/innenn für „harte Arbeit“ grundsätzlich geboten wird, um sie im Unternehmen zu halten.

5.2.12 Auswertung Fall 12

Das Interview Nr. 12 wird mit der Personalreferentin eines mittelständischen Produzenten geführt, der in Konzernstrukturen Dentaltechnik und Medizintechnik herstellt (S. 10). Das Unternehmen verfügt über drei Standorte, einen Salzburg, einen in New York und einen in Wuchang (China). Weltweit beschäftigt das Unternehmen 3.100 Mitarbeiter. Das Headquarter liegt in Salzburg, wo 100 Mitarbeiter beschäftigt sind (S. 10). Der CEO ist Amerikaner. Die Personalreferentin bzw. Personalbetreuerin verfügt über ein abgeschlossenes Hochschulstudium in den Wirtschaftswissenschaften und über drei Jahre Berufserfahrung in der Personalrekrutierung(S. 11, Z. 267–268). Sie weist darauf hin, dass „spezielle Anforderungen via Personalberater" extern von dem Unternehmen eingekauft werden (S. 2, Z. 46–48). Zudem ist die produktive Aufstellung des Unternehmens hinsichtlich der technischen Anforderungen in unterschiedliche Fachbereiche aufgeteilt, die ein relativ umständliches Bewerbungsverfahren erfordern, da sich die jeweiligen Qualifikationen der Bewerber präzise in die unterschiedlichen Ansprüche der Abteilungen einpassen müssen (S. 1, Z. 14–22). Zusätzlich durchläuft eine Bewerbung, die angenommen werden soll, weitere Instanzen im Unternehmen, zu denen das Controlling und die Genehmigung des Vorstandes gehören (S. 1, Z. 17–18).

In Bezug auf die deduktiven Kategorien Nr. 1 „Hohe Qualifikations- bzw. Spezialistenanforderungen" und Nr. 2 „Bewerberpräferenz: Universitätsabschluss" ergibt sich die induktive Kategorie „fachbereich- bezogenes Spezialwissen mit Promotionsabschluss erwünscht" (S. 1, Z. 10–12).

Die einzelnen medizintechnischen Fachbereiche bzw. dentalmedizinischen Abteilungen des Unternehmens reichen von der technischen Ausrüstung von Zahnärzten bis hin zu komplexer Laborausrüstung auf der Ebene medizinischer Innovationen (S. 8, Z. 180–185). Die Interviewte weist darauf hin, dass die komplexe Vielschichtigkeit der Produkte nicht nur auf der technischen Innovativität, die vom Markt gefordert wird, (S. 8, Z. 185)beruht, sondern auch auf der Implementierung entsprechender Techniksysteme in medizinische Praxen (S. 8, Z. 182–183).

Das Unternehmen legt Wert auf die Entwicklung neuer Produkte, also auf einen Fachbereich, in dem 100 Mitarbeiter beschäftigt sind (S. 8, Z. 198). Auch die Softwareentwicklung bildet eine Fachabteilung, sodass ein Hochschulstudium, also eine Hochqualifizierung der Mitarbeiter, bis zu 70 Prozent erforderlich ist (S. 8, Z. 201–204).

Die deduktive Kategorie Nr. 3 „hohe Bedeutung des Erfahrungswissens in Kombination mit Berufserfahrung" ergibt in dem Interview Nr. 12 die induktive Kategorie „Erfahrungswissen als akkumuliertes Knowhow in lang wachsendem Unternehmen von konzentrierter Bedeutung als Wissensweitergabe" (S. 9, Z. 206–214). Wie bei den anderen Interviews steht die deduktive Kategorie Nr. 7 „Bewusstsein demografischen Wandels bei den Personalverantwortlichen (Facharbeitskräftemangel)" mit im Zentrum der Aufmerksamkeit der Personalverantwortlichen. Die deduktive Kategorie Nr. 7 „Bewusstsein demografischen

Wandels …“ übersetzt sich im Interview Nr. 12 in die induktive Kategorie „Verschiebung des Altersdurchschnitts des Unternehmens in Richtung älterer Mitarbeiter“ (S. 9, Z. 219–221). Die Personalreferentin macht im Sinne ihrer Aufmerksamkeit für die anhaltende Personalknappheit aufgrund des demografischen Wandels die Mitteilung, dass sich der Altersdurchschnitt des Unternehmens, das besonders viele hochqualifizierte Mitarbeiter beschäftigt, in Richtung auf die 40 bis 50-Jährigen verschiebt. Hieraus ergibt sich eine beschäftigungstechnische Ambivalenz: Der Altersdurchschnitt liegt aufgrund des Personalmangels an Fachkräften relativ zu hoch. Andererseits hat laut Aussage der Personalverantwortlichen ein älterer Mitarbeiter ein vielfach höheres Erfahrungswissen, und zwar so viel wie fünf oder sechs jüngere Mitarbeiter zusammen (S. 9, Z. 221–222).

Die Personalverantwortliche bemüht sich mit der induktiven Kategorie Nr. 7 um den Ausdruck einer Balance der Beschäftigung von jungen und älteren Arbeitnehmer/innenn im Unternehmen: Es darf der Altersdurchschnitt nicht zu hoch steigen, da, wenn viele Ältere gemeinsam in Rente gehen, auf einen Schlag extrem viel Knowhow verloren geht. Jüngere, die nachrücken könnten, sind einerseits knapp, andererseits bedarf es offensichtlich in diesem Unternehmen einer langen Einarbeitungszeit, bis man überhaupt das Niveau des Knowhows der Älteren erreicht hat (S. 9, Z. 221). Das häufig angesprochene Problem eines ausbalancierten Altersmix im Unternehmen besteht also darin, dass man einen günstigen Altersdurchschnitt zwar anstrebt, letzterer jedoch durch das demografische Problem mittlerweile in Frage gestellt ist.

Als Konsequenz dieser ambivalenten Arbeitskräftesituation lässt sich die Auskunft der Personalverantwortliche verstehen, dass bei der Einstellung die Altersstufe der Betroffenen „im ersten Schritt mal gar keine Rolle“ spielt (S. 5, Z. 121). Diese positive Einstellung gegenüber älteren Mitarbeitern ergibt sich weiter konsequent aus der Tatsache, dass letzte eben automatisch über deutlich mehr Berufserfahrung und Qualifikationen verfügen als jüngere. Parallel hierzu gibt die Personalverantwortliche die Auskunft, dass selbst Wissen, das junge Mitarbeiter frisch aus ihren Universitätsstudien mitbringen, gegenüber dem Erfahrungswissen älterer Mitarbeiter nicht automatisch einen höheren Wert bedeutet (S. 6, Z. 152–153). Auf diesen Zusammenhang lässt sich auch die Neutralität der Bewertung der Leistungsfähigkeit älterer Arbeitnehmer/innen durch die Personalverantwortliche beziehen: Die deduktive Kategorie Nr. 9 „Leistungsfähigkeitsbeurteilung junger / alter Arbeitnehmer/innen“ übersetzt sich hier in die deduktive Kategorie „neutrale Bewertung der Leistungsfähigkeit jüngerer und älterer Arbeitnehmer/innen“ (S. 6, Z. 140): „Ich gehe davon aus, dass sie beide gleich leistungsfähig sind“ (S. 6, Z. 140). Unterschiede sieht die Personalvertreterin nur in Nuancen, da gegebenenfalls die Innovationsfähigkeit jüngerer Arbeitnehmer/innen größer ist als die älterer, da sie neuere Erkenntnisse von ihren Hochschulstudien mitbringen (S. 6, Z. 143).

Die Personalvertreterin sieht einen weiteren Vorteil Älterer darin, dass sie „länger im Arbeitsmarkt oder in Unternehmen, in bestimmten Strukturen … eingebettet" sind (S. 6, Z. 145–146). Die Auskünfte lassen erkennen, dass sich die Beurteilungsformen der Personalmanagerin auf den angestrebten ausbalancierten Altersmix im Unternehmen beziehen, der allerdings nur unvollständig funktioniert. Die deduktive Kategorie Nr. 10 „Weiterbildungs- bzw. Schulungsproblematik – Kundenprojekt zentriert" ergibt im Interview Nr. 12 die induktive Kategorie „ausbalancierter Altersmix zur Wahrung des Knowhow-Transfers im Unternehmen" (S. 9, Z. 209–212). In diesem Zusammenhang weist die Referentin darauf hin, dass die vom Unternehmen ausgebildeten jungen Arbeitnehmer/innen in vielen Fällen in eine Anstellung übernommen werden, sodass sie sich dann mit älteren Mitarbeitern zum Knowhow-Transfer in den unterschiedlichen Fachbereichen zusammentun können (S. 9). Auf der anderen Seite bietet das Unternehmen externe Schulung für solche Mitarbeiter an, deren Fachvorgesetzte feststellen, dass ihnen bestimmte Wissenselemente fehlen (S. 7, Z. 168–174). Solche Trainings finden besonders an den Geräten in der „Dentalakademie" des Unternehmens statt (S. 7, Z. 178–179). Die deduktive Kategorie Nr. 10 übersetzt sich also in die induktive Kategorie „Wissenstransfer durch Altersmix sowie durch Geräteschulung".

Die deduktiven Kategorien Nr. 12 „Der Begriff Bewerberpersönlichkeit – Repräsentation – Passung" sowie die deduktive Kategorie Nr. 13 „der Begriff soziale Kompetenz (Beispiel: Teamfähigkeit)" besitzen die gleiche induktive Wertigkeit und Übersetzbarkeit wie in sämtlichen anderen Interviews und müssen deshalb nicht wieder neu thematisiert werden: Die Teamfähigkeit und soziale Passung der Bewerber ist naturgemäß entscheidend für ihre Einstellungseignung. Die deduktive Kategorie Nr. 11 „generelle Inadäquatheit arbeitsmarktpolitischer Maßnahmen für Bewerber" ergibt im Interview Nr. 12 die induktive Kategorie „Business-Partner-orientierte Stellenausschreibung in spezifischen Internet-Jobbörsen" (S. 1, 2). Wie bei sämtlichen anderen Interviews ist der von den staatlichen Arbeitsagenturen gelenkte offizielle Arbeitsmarkt auch für diesen hoch- technisierten Produkthersteller in Medizin- und Zahntechnik keine relevante Vermittlungs- bzw. Rekrutierungsebene für Arbeitskräfte.

Die Personalvertreterin bezeichnet das Internet als den „ganz klassischen Weg" der Stellenausschreibung (S. 2, Z. 26–27). Solche Internetbörsen sind Jobpilot, Monster, Stepstone und Xing (S. 1). Ein Bewerber, der sich für einen bestimmten Fachbereich in dem Unternehmen meldet, durchläuft einen mehrstufigen Prozess, der unter anderem aus „zwei Gesprächsrunden hier im Hause" besteht, wobei in der ersten Gesprächsrunde schon etliche Bewerber ausscheiden (S. 2, Z. 36–42). Erst in der zweiten Runde beteiligt sich der jeweils übergeordnete Fachvorgesetzte an den Bewerbungsinterviews (S. 2, Z. 41). Zusätzlich bedient sich das Unternehmen der Betreuung durch externe Personalberater (S. 2, Z. 47). Das Unternehmen verfügt über ein Bewerbungssystem, in dem zusätzlich eine Vorsichtung sämtlicher Bewerber stattfindet (S. 2, Z. 31–35). Hier wie in fast sämtlichen anderen Unternehmen, deren Personalvertreter interviewt wurden, existiert also für die Rekrutierung und letztlich auch für die Integration von Arbeitnehmer/innen, ein komplexes Auswahlsystem, das weiter von unterschiedlichen Unternehmensebenen (Personalabteilung, Controlling usw.) bestimmt wird.

Qualitative Auswertung des Interviewmaterials Nr. 12 in Bezug auf die Deutungsmuster der Personalverantwortlichen, unter Bezug auf die Forschungsfragen und die induktiven Kategorien.

Die in der Mehrheit der Interviewinformationen sich darstellende Bedeutung eines ausbalancierten Altersmix in dem Unternehmen, das komplexe Produkte auf der Basis von hohen Qualifikationen herstellt, wiederholt sich im Interview Nr. 12. Auch im Interview Nr. 12 weist die Personalmanagerin darauf hin, dass der ausbalancierte Altersmix besonders dazu dient, dass ältere Arbeitnehmer/innen „den Knowhow-Transfer“ von Jung zu Alt für das Unternehmen übernehmen (S. 9, Z. 211–212). Zusätzlich erhebt das Unternehmen laut Auskünften der Personalverantwortlichen gewissermaßen das Anrecht darauf, dass der in den Ruhestand gehende ältere Arbeitnehmer/innen dem Unternehmen sein individuelles Erfahrungswissen quasi als Erbschaft hinterlässt, ohne dafür eine wie immer geartete Vergütung zu erhalten. Die diesbezügliche Aussage der Personalmanagerin zum Altersmix im Interview Nr. 12 lautet: „Die Leute (Auszubildende, der Verfasser) werden auch von uns übernommen … und wird dafür gesorgt, dass die dann auch mit älteren Mitarbeitern zusammenarbeiten, um da den Knowhow-Transfer auch sicherzustellen, das heißt also, wenn jemand das Unternehmen dann verlässt und in seinen wohlverdienten Ruhestand geht, dass dann auch das Knowhow im Unternehmen bleibt …“ (S. 9, Z. 209–214).

5.2.13 Auswertung Fall 13

Im Interview Nr. 13 wird ein großer Mittelständler aus dem Bereich der Nahrungsmittel- und Getränkeindustrie befragt (S. 19). Die Anzahl der im Unternehmen beschäftigten Mitarbeiter liegt bei 530, das Unternehmen verfügt über umfangreiche Abteilungen im Bereich der Elektrotechnik, der automatisierten Regaltechnik, der Nahrungsmitteltechnik, des Vertriebs usw. Die befragte

Personalleiterin ist 50 Jahre alt, hat ein Studium der Volkswirtschaft absolviert und ihre Berufserfahrungen im Marketingbereich gesammelt. Das Unternehmen hat seit fünf Jahren keine Neueinstellungen mehr getätigt (S. 19, Z. 466). Zum Umsatz kann die Personalleiterin keine Angaben machen (S. 19, Z. 488).

In Bezug auf die deduktive Kategorie Nr. 1 „Hohe Qualifikations- bzw. Spezialistenanforderungen" in Verbindung mit der Kategorie Nr. 2 „Bewerberpräferenz: Universitätsabschluss" ergibt sich aus den Informationen der Personalleiterin ein gemischtes Bild, da das Unternehmen aufgrund seiner Vielschichtigkeit vom Industrie-Elektromeister bis zum „Verkaufsförderer", der im Lager nur Waren bewegt, extrem unterschiedliche Rekrutierungsebenen aufweist. So lässt sich in Bezug auf die deduktiven Kategorien Nr. 1 und Nr. 2 für das Interview Nr. 13 die induktive Kategorie „unternehmensspezifische Fachanforderungen in unterschiedlichen Berufssparten" ableiten (S. 18). Am Beispiel der Bierproduktion gibt die Personalleiterin die Auskunft, dass „Brauer" und „Mälzer" eben nicht über eine universitäre Ausbildung verfügen müssen. Ähnliches gilt für den umfangreichen Bedarf an Industriemeistern aus der Elektrik und der Mechatronik, den das Unternehmen hat (S. 5, Z. 116–126).

In Bezug auf die obige induktive Kategorie ergibt sich bei dem Unternehmen die spezifische Anforderung, dass ein Elektromeister aus dem Handwerksbereich nicht ausreicht, vielmehr bedarf es der „Industrieerfahrung" des Betreffenden (S. 5, Z. 124).

Ein solcher Industrie-Elektromeister muss zusätzlich hohe Arbeitsflexibilität aufweisen, da jederzeit am Wochenenden Ausfälle in der Elektrizität im Unternehmen stattfinden (S. 5, Z. 122–126). Einen solchen Bewerber betrachtet die Interviewpartnerin als „Idealbewerber" (S. 5, Z. 127). Die deduktive Kategorie Nr. 6 „Hohe Mobilitätsanforderungen" erweist im Interview mit dem Lebensmittelunternehmen ihre Relevanz nur innerhalb der komplexen Industriearbeitsbereiche des Unternehmens. Das Unternehmen selbst hat zwar Außendienst im Vertrieb, ist jedoch in der nahen Umgebung Frankfurts positioniert. Die deduktive Kategorie Nr. 3 „hohe Bedeutung des Erfahrungswissens in Kombination mit Berufserfahrung" übersetzt sich in die induktive Kategorie „unternehmensinterne Wissensakkumulation auf der Basis permanenter Rationalisierung" (S. 8, Z. 131–153).

Arbeitnehmer/innen, die länger im Unternehmen beschäftigt bleiben wollen, bedürfen grundsätzlich eines Erfahrungswissens, dessen Halbwertszeit kurz ist, da unternehmensintern permanent neue Logistikanforderungen entstehen, wie zum Beispiel durch die Einführung automatischer Regallager (S. 6, Z. 132). Ähnliches gilt für die Weiterentwicklung der Elektroebenen in dem komplexen Anlagebereich des Unternehmens, der beispielsweise zur Kühlung der gelagerten Lebensmittel dient. Hier ist das Erfahrungsniveau besonders hoch und muss ständig aktualisiert werden, da bei einem Ausfall solcher Anlagen sehr schnell ein umfangreicher Schaden entstehen kann (S. 5).

Die deduktive Kategorie Nr. 7 „Bewusstsein demografischen Wandels bei den Personalverantwortlichen (Facharbeitskräftemangel)" übersetzt sich im Interview Nr. 13 in die induktive Kategorie „lohnstrukturbezogene Personalengpässe aufgrund der regionalen Konkurrenzsituation" (S. 13). Da sich das Lebensmittel- und Getränkeunternehmen hinsichtlich der Fachkräfteansprüche nicht nur auf einem hochqualifizierten Niveau bewegt, drückt sich der Fachkräftemangel, wie die Interviewpartnerin angibt, nur in Personalengpässen hinsichtlich der Lohnstruktur aus (S. 13, Z. 316–327). Die Interviewpartnerin bezieht diesen indirekten Kräftemangel auf die Tatsache, dass in unmittelbarer Umgebung Unternehmen aus der Chemie angesiedelt sind, die tarifmäßig deutlich höhere Löhne anbieten können als das Unternehmen (S. 13, Z. 321–322). Die angesprochene Ebene der Handwerksfachkräfte mit Industrieerfahrung wird naturgemäß auch von den Konkurrenzunternehmen gesucht, die höhere Löhne zahlen können, da in der Nahrungsmittelindustrie „traditionsgemäß relativ niedrige Tariflöhne" herrschen (S. 13, Z. 321).

Die deduktive Kategorie Nr. 3 „hohe Bedeutung des Erfahrungswissens in Kombination mit Berufserfahrung" bildet hier die induktive Kategorie „branchenspezifisches Praxiswissen in Verbindung mit fachlicher Flexibilität" (S. 5, Z. 116–127). Die Personalverantwortliche gibt die Auskunft, dass zusätzlich zum Meistertitel im Beispielbereich der Elektrotechnik eine mindestens fünfjährige Berufserfahrung nötig ist, um auf der Basis des Titels Elektromeister in dem Unternehmen arbeiten zu können, und dass auch nur, wenn entsprechende „Industrieerfahrung" bei dem Bewerber vorliegt (S. 5, Z. 124). Die umfangreiche Berufserfahrung, die für die Besetzung einer Elektromeisterstelle in dem Unternehmen nötig ist, ergibt sich unter anderem auch aus der permanenten Rationalisierung, die das Unternehmen betreibt. Mit der Einrichtung automatischer Hochregallager (S. 6) wurde der gesamte Bereich der Staplerfahrer, der vorher große Ausmaße hatte, aus dem Unternehmen entfernt (S. 6).

Die deduktive Kategorie Nr. 10 „Weiterbildungs- bzw. Schulungsproblematik-kunden-, projektzentriert" übersetzt sich in dem Interview Nr. 13 in die induktive Kategorie „befristete Einstellung auf der Basis nachzuweisender Lerninitiativen des Bewerbers zur Einpassung in die Arbeitsanforderung des Unternehmens" (S. 15, Z. 373–387). In diesem Zusammenhang gibt die Interviewte die Auskunft, dass befristete Einstellungen von dem Unternehmen besonders deshalb vorgenommen werden, weil die mit der Einarbeitungszeit verbundenen Lerneffekte in der Form einer Probezeit abgesichert werden müssen, da andernfalls der

Kündigungsschutz greife und bei nicht erfüllten Lernanforderungen der Bewerber das Unternehmen die betreffenden Mitarbeiter nicht mehr entlassen könne (S. 15, 16). Bewerber, mit „ noch fehlendem Wissen“ für ihren Arbeitsplatz, bekommen als Lernzeit nur einen befristeten Einstellungsvertrag auf Probe (S. 15, Z. 373–377).

Das Unternehmen nutzt also die sechsmonatige Kündigungsschutzfrist aus, um gewissermaßen einen indirekten Lern- bzw. Anpassungsdruck zur Erfüllung der Weiterbildungsanforderungen zu erzeugen (S. 16, Z. 397–399). Die Personalreferentin spricht im Zusammenhang mit fehlendem Wissen von „verbesserungswürdig“, was die Wissensqualität eingestellter Mitarbeiter betrifft (S. 16, Z. 397–398). Das Unternehmen selbst hat Trainingsmaßnahmen vor längerer Zeit aufgrund der zu hohen Kosten eingestellt (S. 17, Z. 426–433). Es existieren zwar noch Schulungen, jedoch „nur noch nach Bedarf“ (S. 17, Z. 433). Ältere Arbeitnehmer/innen, denen Wissen fehlt, wird das „Arbeitsamt“ empfohlen, das Zuschüsse für Fortbildungsmaßnahmen „ab dem Alter 50“ bietet (S. 14, Z. 347). Das Unternehmen lässt sich also „Fortbildungsmaßnahmen“ für ältere Arbeitnehmer/innen von den Arbeitsagenturen finanzieren, sofern solche Unterstützung tatsächlich greift.

Die deduktive Kategorie „generelle Inadäquatheit arbeitsmarktpolitischer Maßnahmen für Bewerber“ (Nr. 11) übersetzt sich in die induktive Kategorie „arbeitsmarktpolitische Relevanz konkurrenzbezogener Mitarbeitereinstellung“ (S. 13, 14). Die arbeitsmarktpolitische Anbindung des Unternehmens, besonders was die Finanzierung von Weiterbildungsmaßnahmen für Arbeitnehmer/innen angeht, ergibt sich laut Auskunft der Personalverantwortlichen aus der Konkurrenzsituation, die die Lohnstruktur des Unternehmens mit der Konkurrenz aus Chemie u. a. in seiner unmittelbaren Nachbarschaft betrifft. Hier hebt die Personalverantwortliche besonders auf die Thematik der befristeten Arbeitsanstellung ab, die als Risikovorsorge bei der Einstellung von Bewerbern unbedingt erforderlich sei, wenn sich herausstelle, dass das Wissensniveau der Betreffenden und ihre Lernfähigkeit „zur Einarbeitung“ (S. 14, Z. 348) nicht ausreichen. Auf diese Weise sucht das Unternehmen Kostenkonsolidierung, um sich hinsichtlich der Personalrekrutierung gegenüber den Großunternehmen mit günstigeren Lohnstrukturen am Markt behaupten zu können (S. 13, 14). Deduktive Kategorien wie die Nr. 13 und Nr. 14 ergeben generelle analoge Aussagequalitäten wie die entsprechenden induktiven Kategorien und Auskünfte in den Interviews Nr. 1 bis 12.

Hinsichtlich der Forschungsfragen 1 und 2 (Deutungsmuster / implizite Kriterien der Rekrutierung älterer Arbeitnehmer/innen) bietet die Interviewpartnerin des Interviews Nr. 13 eine unterschiedliche Bandbreite an Deutungsmustern.

Zunächst ist hier die Ansage von Interesse, das Unternehmen habe seit „quasi fünf Jahren keine Neueinstellungen mehr vorgenommen“ (S. 19, Z. 466).

Nimmt man diese Information ernst, so wäre die Funktion einer Personalreferentin hinsichtlich Rekrutierung bis zu gewissen Graden überflüssig. Die Personalverantwortlichen müsste infolgedessen in ihren Aussagen über die interne Personalverwaltung des Unternehmens Aussagen machen. Die Tatsache, dass Neueinstellungen seit fünf Jahren nicht mehr erfolgt sind, ergänzt sich konsequent durch die Information, das Unternehmen sei „überaltert“ (S. 19, Z. 469). Das Durchschnittsalter des Unternehmens liegt bei etwa 50 Jahren (S. 19, Z. 470). Daraus folgt für die Personalleiterin, dass bei zukünftigen Neueinstellungen jüngere Mitarbeiter auf jeden Fall den Vorzug erhalten.

Den Aussagen liegt das implizite Einstellungskriterium zugrunde, dass ein Altersdurchschnitt von zwischen 48 und 50 Jahren als negativ betrachtet wird, wobei im Unklaren bleibt, welche Kriterien diese Negativität hinsichtlich der Altersbeurteilung genau ausmachen. Das Phänomen der Überalterung wird im Deutungsmuster der Personalleiterin durch ihr klares Bewusstsein der Problematik des demografischen Wandels ergänzt. Die Überalterungsthematik wird auch deshalb im Deutungsmuster als Problem empfunden, weil an mehreren Stellen des Interviews betont wird, dass Jüngere hinsichtlich der gesteigerten Anforderungen durch die Komplexität der Berufsbilder mit ihrem aktuellem Wissen gegenüber Älteren deutlich „im Vorteil“ sind (S. 11, Z. 263). Die Personalleiterin bezeichnet im weiteren Zusammenhang der Überalterung des Unternehmens besonders den rigiden Kündigungsschutz, der in der Bundesrepublik herrsche als „leider sehr arbeitgeberfeindlich“ (S. 14, Z. 355). Dies lässt darauf schließen, dass die lange Pause bei den Neueinstellungen (fünf Jahre) sich auch aus der Personalrekrutierungsblockade durch den Kündigungsschutz ergibt. Die Betonung der Personalleiterin (siehe induktive Kategorien), man behelfe sich immer stärker mit befristeten Verträgen, deutet auf einen Lernprozess des Unternehmens hin, der sich auf mögliche gescheiterte unternehmensinterne Anforderungserfüllung langfristig eingestellter Bewerber bezieht.

Die Bevorzugung befristeter Verträge drückt im Deutungsmuster der Personalleiterin aus, dass die Übernahme von Personal in langfristige Beschäftigung nur noch erfolgt, wenn die Bewerber in der Probephase von sechs Monaten (Beginn des Kündigungsschutzes) die Anforderungen und Lernanforderungen des Unternehmens erfüllen. Andernfalls erfolgt die Kündigung, bevor der Kündigungsschutz greift (S. 14, 15). In Bezug auf Funktionsdefizite bei älteren Arbeitnehmer/innen, die eine Einstellung suchen, rekurriert die Personalleiterin jedoch wieder auf die staatliche Hilfe, indem sie den mit Wissensdefiziten versehenen älteren Arbeitnehmer/innen das „Arbeitsamt“ (S. 14, Z. 346) als finanzielle Hilfestellung empfiehlt. Die von der Personalleiterin deutlich beschriebene Konkurrenzsituation im Lohngefüge erzeugt also das Deutungsmuster, dass staatliche Hilfe („Arbeitsamt“) die Rekrutierungsfähigkeit älterer Arbeitnehmer/innen mit Lerndefiziten steigere. Lediglich unter Umständen finanzieller Hilfe des „Arbeitsamtes“ werden ältere Arbeitnehmer/innen(ab 50) mit Wissenslücken als rekrutierungsfähig eingestuft. Die Personalleiterin verwendet zur Darstellung der Thematik den obsoleten Begriff „Arbeitsamt“ statt den der Arbeitsagentur. Daraus lässt sich aus dieser Verwendung obsoleter Terminologie schließen, dass die fünfjährige Einstellungspause dazu geführt hat, die arbeitsmarkttechnischen Umstrukturierungen ungenügend wahrgenommen zu haben.

Eine paradoxale Widersprüchlichkeit entsteht im Deutungsmuster der Personalreferentin dahingehend, dass sie einerseits beklagt, das Unternehmen sei mit einem Altersdurchschnitt von 50 Jahren leider überaltert, andererseits die Wichtigkeit des schablonenhaften Begriffs der „Persönlichkeit“ als Rekrutierungsbedingung für die Einstellung wie alle anderen Interviewpartner besonders betont (S. 8). Der Begriff „Persönlichkeit“ verdeckt auch in den Aussagen der Personalleiterin des Interviews Nr. 13 das Schablonenhafte der Personalrekrutierung, denn als letzte Entscheidungsgrundlage gibt auch diese Personalleiterin das „Bauchgefühl“ an (S. 7, Z. 161, 165, 172). Der Begriff „Persönlichkeit“ als angeblich wichtiges Rekrutierungskriterium (S. 8) lässt sich auch deshalb als Deutungsschablone betrachten, weil die Bevorzugung befristeter Einstellungsverträge eine wie immer geartete „Entfaltung“ der „Persönlichkeit“ nur schwer zulassen dürfte. Die Funktionalisierung der „Persönlichkeit“ im Rahmen eines auf sechs Monate Bewährung befristeten Arbeitsvertrages ist kaum zu übersehen und offenbart die Schablonenhaftigkeit des Begriffs.

Die Eigenschaften einer „Persönlichkeit“ reduzieren sich in ihrer Schablonenhaftigkeit als Deutungsmuster weiter, wenn die Personalleiterin den Kündigungsschutz von Arbeitnehmer/innen als unangenehme und arbeitsgeberfeindliche Eigenschaft des Arbeitsmarktes bedauert. Die umfangreichen Streueffekte, d. h. Ungenauigkeiten bei früheren Rekrutierungsversuchen des Unternehmens (S. 4) lassen den Schluss zu, dass die Rekrutierungsversuche des Unternehmens selbst, was die Präzision der Stellendarstellung betrifft, so ungenau ausgefallen sein müssen, dass weniger der Kündigungsschutz zum Problem wurde, als vielmehr die ungenaue Praxis der Stellenausschreibung, die immer wieder korrigiert werden musste (S. 3, 4).

Die Deutungsmuster der Personalleiterin in Bezug auf die Einstellungskriterien für ältere Arbeitnehmer/innen (Forschungsfrage 2) ergeben in Bezug auf die konstatierte Überalterung der Unternehmensbelegschaft ein paradoxes Bild: Einerseits toleriert das Unternehmen aus Gründen der Lohnstruktur viele ältere Arbeitnehmer/innen, kann also mit ihrer Arbeitsleistung nicht unzufrieden sein. Andererseits wird der Kündigungsschutz bedauert, der ja möglicherweise auch zur Überalterung der Unternehmensbelegschaft beitragen könnte. Die Deutungsmuster der Personalleitung fallen also ambivalent aus: Ältere Arbeitnehmer/innen werden aus Lohngründen gehalten (siehe Lohnkonkurrenz der Chemie), sodass das Unternehmen an überalterter Belegschaft leidet, mögliche Neueinstellungen älterer Arbeitnehmer/innen müssen Wissensdefizite durch staatliche arbeitsmarktpolitische Unterstützung ausgleichen. Letztendlich findet jedoch seit fünf Jahren keine Neueinstellung mehr statt, sodass die Überalterung der Belegschaft weiter fortschreitet. Eine Lösung des Problems des demografischen Wandels zeichnet sich in den Aussagen der Personalleiterin nicht ab.

5.2.14 Auswertung Fall 14

Der Interviewpartner des Interviews Nr. 14 ist Personalberater. Die Beratungsfunktion eines Personalberaters läuft unternehmensextern ab, d. h. die Personalrekrutierung eines solchen Beraters wird von den Unternehmen extern eingekauft, da sie unternehmensintern entweder nicht über eine Personalrekrutierungsstelle verfügen oder bestimmte Personalrekrutierungen aufgrund ihrer Kompliziertheit und weiteren Spezifika auslagern. Die Personalberatung hat ihren eigenen Rekrutierungsstandard, der den Unternehmen den Vorteil bietet, die Mitarbeiterauswahl so zu präzisieren, dass Streueffekte, wie sie im Interview Nr. 13 ausführlich dargestellt sind, fast gänzlich reduziert werden. Die Personalberatung leistet eine Profildefinition persönlicher und fachlicher Kompetenzanforderungen der Bewerber in Kooperation mit den Unternehmen, die Personalbedarf anmelden. Zugleich fokussiert sich die Personalberatung auf bestimmte Fachgebiete. Personalberater verfügen infolgedessen über ein Fachwissen in den Berufsbereichen, für die sie Personal rekrutieren, da sie früher selbst meist in analogen Berufsfeldern engagiert waren. Aufgrund ihrer Fachkenntnisse sind sie deshalb in der Lage fachliche und persönliche Passungen in größerer Präzision herzustellen als unternehmensinterne Personalmanager, wie sie in der Mehrheit der Interviews zur Sprache kommen und teilweise nicht über hinreichende Fachkenntnisse zu verfügen scheinen (siehe träges Wissen).

Spezifika der Personalrekrutierung von Personalberatern ergeben sich zusätzlich daraus, dass sie auf einen großen Pool vorhandener Interessenten zurückgreifen können, dessen Verwendungsfähigkeiten sie aus persönlicher Bekanntschaft sehr gut einschätzen können. Ein weiteres Spezifikum der Personalrekrutierung durch Personalberater bildet die direkte Ansprache möglicher adäquater Bewerber, die in dem Bestand des Personalberaters vorhanden sind. Der Personalberater arbeitet meist branchenorientiert und kann daher ihm bekannte und ihm als geeignet erscheinende Kandidaten für eine zu besetzende Stelle in persönlicher Verbindung unmittelbar ansprechen. Im Interview Nr. 14 liegen also Bedingungen vor, die denen des Interviews Nr. 4 (Projektberatung) und Nr. 9 (Personalagentur) ansatzweise ähneln. In allen drei Fällen holen Unternehmen von extern Ressourcen ein, um bestimmte, meist hohe Qualifikationen erfordernde Stellen zielsicher zu besetzen, sodass keine Personalstreuwirkung entsteht.

Der Personalberater des Interviews Nr. 14 bedient den Ingenieurbereich des Automotive Marketing, also rekrutiert generell Personal für den umfangreichen Sektor der Automobilherstellung und alles was an Zulieferung mit ihm zusammenhängt (S. 18, Z. 460–463). Der Betrieb des Personalberaters verfügt über 12 Mitarbeiter und leistet einen Umsatz von circa 500 Millionen Euro pro Jahr (S. 19). Das Unternehmen operiert bundesweit und betreut pro Jahr 250 bis 300 Projekte (S. 20, Z. 504). Der Personalberater verfügt über Studien im Maschinenbau, Ökonomie und Psychologie und hat selbst im Automobilmarketing langjährige Arbeitserfahrung (S. 20). In Bezug auf die deduktive Kategorie „Hohe Qualifikations- bzw. Spezialistenanforderungen“ und die Kategorie „Bewerberpräferenz: Universitätsabschluss“ ergibt sich zusammenfassend die induktive Kategorie „höchste Qualifikationsanforderungen unter fortgesetztem Lernanspruch auf der Basis von Life Long Learning“ (S. 14, Z. 344–351). Der Personalberater legt Wert auf die Information, dass die Bandbreite der Ansprüche an das von ihm vermittelte Personal Entwicklungsbereiche im Automobilsektor umfasst, die komplexe „Systemlösungen“ beinhalten (S. 14, Z. 349). Aufgrund der sich hinsichtlich ihrer Komplexitätsansprüche radikal verändernden Arbeitswelt (S. 11) sind die Qualifikationsanforderungen ohne permanente eigenständige Weiterbildung im Sinne eines „lebenslangen Lernens“ kaum ausreichend (S. 11, Z. 264–266). Diese Zusammenhänge schließen die deduktive Kategorie Nr. 3 „hohe Bedeutung des Erfahrungswissens in Kombination mit Berufserfahrung“ bis zu hohen Graden ein.

Die deduktive Kategorie „kunden zentrierte Bewerberprofile“ ergibt für die Personalberatung hier die induktive Kategorie „präzise Bewerberprofilierung durch hohen Kundenanspruch auf Beurteilungsgenauigkeit durch Personalberater“.

Bei der Personalbearbeitung liegt grundsätzlich kundenzentrierte Personalrekrutierung vor: „Unternehmensbrille, mit der Kundenbrille“ (S. 1, Z. 14–15). Dieses Vorgehen impliziert am Beispiel der Direktansprache bestimmter Bewerber, die gleichzeitig bei anderen Unternehmen beschäftigt sein können, ein extrem präzises und zielorientiertes Auswahlverfahren der Bewerber (S. 4, Z. 83–101). Die deduktive Kategorie Nr. 9 „Leistungsfähigkeitsbeurteilung junger / alter Arbeitnehmer/innen" übersetzt sich im Interview Nr. 14 in die induktive Kategorie „altersunabhängige generelle Leistungsfähigkeit angenommen" (S. 10, Z. 241–245). Analog zu den Auskünften des Interviews Nr. 9 (Personalagentur) legt die Personalberatung Wert darauf, Altersgrenzen möglichst generell auszuschalten: Die Vermittelbarkeit für die Personalberatung endet bei etwa 65 Jahren (S. 10, Z. 255). Selbst 60jährige bezeichnet der Personalberater als positiv arbeitsfähig, sofern sie „noch mal richtig durchstarten möchten" (S. 10, Z. 256). Ein solcher Arbeitswille gilt als „relativ häufig" (S. 10, Z. 256).

Mit dieser entgrenzten Einschätzung der Arbeitsfähigkeit Älterer ab 60 Jahren befindet sich der Interviewpartner des Interviews Nr. 14 fast im gleichen Bereich wie die Personalvermittlung der Personalagentur des Interviews Nr. 9. Andererseits konzediert der Personalberater, dass seine Kunden auch das Altersprofil der Bewerber bestimmen, was dazu führt, dass ab dem Alter von 50 Jahren wieder Einschränkungen gelten (S. 10, Z. 243–244). Die deduktive Kategorie „Weiterbildungs- bzw. Schulungsproblematik – Kundenprojekt zentriert" ergibt für das Interview 14 die induktive Kategorie „Anforderung lebenslangen Lernens in Eigeninitiative zur Steigerung der Rekrutierungsattraktivität" (S. 11, Z. 264–273; S. 12, Z. 283–288). Die Auskunft des Personalberaters zur Problematik der Halbwertzeit des Wissens unterscheidet sich insofern von der Mehrheit der übrigen Auskünfte in Bezug auf permanente Lernanforderungen, als er darauf abhebt, dass sich die Rekrutierungsfähigkeit eines Bewerbers hinsichtlich seines Wissens bis zu hohen Graden auf Eigeninitiative stützen müsste (S. 12, Z. 285–287). Andererseits hätten Unternehmen im Rahmen eines intensiven Personalmarketings mittlerweile das Bewusstsein, dass „berufsbegleitende Ausbildung … bis hin zu permanenter Fortbildung für alle Mitarbeiter, bis zum Ausscheiden" (S. 12, Z. 283–284) eine entscheidende Lösungsmöglichkeit für den drohenden Fachkräftemangel im Rahmen des demografischen Wandels darstelle.

Das Stichwort „lebenslanges Lernen" (S. 11, Z. 265) und seine Betonung durch den Personalberater ergibt insofern einen logischen Zusammenhang, als seine betonte Wertschätzung des Alters ein entsprechendes lebenslanges Lernpensum sinnvoll macht, will ein Bewerber mit 60 Jahren auf hoch- qualifiziertem Posten nicht doch ins Hintertreffen geraten (S. 11, Z. 268–271).

Die deduktive Kategorie Nr. 11 „generelle Inadäquatheit arbeitsmarktpolitischer Maßnahmen für Bewerber" bildet für das Interview Nr. 14 die induktive Kategorie „eigenständige Imagepflege der Unternehmen in beratungsorientierter Arbeitsvermittlung".

Dies bedeutet, dass mit der intensiven Einschaltung von Personalberatern (Umsatz 500 Millionen Euro), sich hoch spezialisierte Mittelständler wie die sogenannten Hidden Champions (S. 4, Z. 91) von den arbeitsmarktpolitischen Maßnahmen staatlich gelenkter Vermittlung weitgehend unabhängig machen. Auch dieser Interviewpartner gibt wie nahezu alle anderen an, dass der staatliche Arbeitsvermittlungsmarkt (Arbeitsagenturen usw.) keine Rolle bei der Rekrutierung von hochqualifiziertem Personal spielt (S. 4). Die Alternativmethoden bestehen aus der sogenannten „Executive Search" (S. 4, Z. 84), dem „Hochschulmarketing" (S. 4, Z. 89) und eben der Einschaltung von Personalberatungsagenturen. Der entscheidende Vorteil für die Unternehmen besteht hier darin, dass Personalberatung besonders aufgrund ihrer umfangreichen Vernetzung extrem zielgenau und schnell nach Bewerbern suchen kann, sich also keine Streueffekte ergeben, wie sie im Interview des Lebensmittelherstellers auch auf der Basis von normalen Stellenausschreibungen berichtet werden.

Die deduktive Kategorie Nr. 7 „Bewusstsein demografischen Wandels bei den Personalverantwortlichen (Facharbeitskräftemangel)" ist mit der betonten Vermittlungsfähigkeit älterer Arbeitnehmer/innen in den Auskünften des Personalberaters abgedeckt. Die deduktive Kategorie Nr. 12 „Der Begriff Bewerberpersönlichkeit – Repräsentation – Passung" ergibt die induktive Kategorie „konzentrierte Selbstrepräsentation des Bewerbers auf der Basis bereits bekannter Vermittelbarkeit" (S. 4, Z. 95–101). Da die Vermittlung der Personalberatung des Interviews Nr. 14 sich weitgehend auf hoch- qualifizierte Personen in anforderungsintensiven Positionen richtet, betont der Personalberater die Bedeutung des Dress Codes (S. 7, Z. 154–159). Diese Betonung erfolgt trotz der wiederholten Information, dass die Vermittlung von Bewerbern in vielen Fällen über Empfehlungen läuft, die sich auf der Personalberatung bereits bekannte Personen richtet (S. 4).

Die Wichtigkeit des „Business-Anzugs" (S. 7, Z. 159) weist jedoch darauf hin, dass Äußerlichkeiten im Sinne des Dress Codes doch die Ablesbarkeit der inneren Arbeitsmotivation und des entsprechenden Engagements des Bewerbers vermitteln. Die korrekte Einhaltung des Dress Codes drückt zugleich das Bewusstsein einer Kommunikationsfähigkeit bei den Bewerbern aus, sich in den Anforderungen der von ihnen angestrebten Arbeitspositionen zurecht zu finden (S. 8, Z. 185–193). Wie bei allen anderen Interviewauskünften sind Faktoren der Nervosität der Bewerber, der Witterungsbedingungen usw. für die Vermittlungsfähigkeit und entsprechende Entscheidungen nicht von erheblicherer Bedeutung (S. 7, 8). Die Bedeutung solcher Faktoren reduziert sich im Fall der Personalberatung umso mehr, als es sich hier um ein Vermittlungsniveau handelt, das von vornherein ganz ungeklärte Bewerberprofile ausschließt.

Vergleichbar mit den Interviewauskünften der Personalvermittlungsagentur aus Interview Nr. 9 bietet das Interviewmaterial des Personalberaters (Interview Nr. 14) ein positives Deutungsmuster der Altersbewertung, das sich bis zu hohen Graden aus den Vermittlungsinteressen der Personalberatung speist. Bei den unternehmensinternen Interviewauskünften findet die Wertschätzung älterer Mitarbeiter deutlich zurückhaltender statt, da in den entsprechenden Deutungsmustern eher die Leistungsbegrenzung älterer und die Bedeutung der Leistungsfähigkeit jüngerer Arbeitnehmer/innen vorherrschen. Auch sind Personalberater und Personalvermittlungsagenturen nicht vorwiegend darauf bedacht, den für Unternehmen wichtigen Altersmix auszubalancieren.

Ihr Ziel ist die möglichst unbegrenzte Vermittelbarkeit von Arbeitskräften, da ihr Umsatz sich daraus speist. Deutungsmusterrelevant ist in den Auskünften des Personalberaters jedoch besonders die Betonung einer Good Corporate Governance seiner Personalberatung. Diese äußert sich in der besonderen Betonung, dass die Unternehmensseite gegenüber den einzustellenden Bewerbern ein positives Image aufweisen müsse, um überhaupt einen Bewerber vermittelt zu bekommen, der hohe Qualifikationen und eine entsprechende engagierte Arbeitsethik mit sich bringt. Der Personalberater bezeichnet sich in diesem Sinne als „Personalgewinner“ (S. 12, Z. 306).

Dieses Deutungsmuster der Selbsteinschätzung mit Betonung der Corporate Social Responsibility, sowohl der Personalvermittlung, der zu vermittelnden Bewerber als auch der suchenden Unternehmen, kann einerseits Public Relations bedeuten, da sich der Personalberater durch seine Interviewauskünfte eine positive Werbewirkung versprechen könnte (S. 12). Andererseits ist er der einzige Interviewpartner, der klarstellt, er „lehne regelmäßig Aufträge ab“, wenn er glaube, „dass die Firma ein schlechtes Image hat oder ein Image hat, dass ich nicht transportieren kann …“ (S. 12, Z. 304–305).

Dieses Deutungsmuster des Personalberaters impliziert weiter, dass er eine Strategie verfolgt, dem demografischen Wandel mit dem als absehbar bezeichneten Fachkräftemangel durch Corporate Social Responsibility oder zumindest die interviewstrategische Betonung dieser Ebene gegenzusteuern. Zugleich setzt er sich mit diesem Deutungsmuster und der entsprechenden Strategie deutlich von der Mehrheit der Auskünfte der übrigen Interviewpartner ab, die keinerlei Auskünfte über die Corporate Social Responsibility (CSR) und ihre Bedeutung für ihr jeweiliges Unternehmen geben. Bezieht man die ausdrücklich betonte Entgrenzung der Altersbeschränkungen durch den Personalberater in diese Zusammenhänge ein, so lassen sich seine Deutungsmuster als die einzigen betrachten, die den puren Funktionalismus der Arbeitsvermittlung bzw. der Arbeitskräftegewinnung bis zu gewissen Graden überschreiten.

Die Interpretationsfähigkeit der entsprechenden Deutungsmuster richtet sich daher positiv auch auf solche Begrifflichkeiten wie der Erzeugung von Mitarbeiterzufriedenheit auf Seiten der Bewerber, denn wo die Arbeitsvermittlung tatsächlich auf das positive Image des Unternehmens Wert legt, sind langfristige Bindungen der Kandidaten an das Unternehmen am wahrscheinlichsten. Dies dürfte für die von dem Personalberater erwähnten Hidden Champions besondere Bedeutung haben, da die dorthin vermittelten Arbeitskräfte bei solchen Weltmarktführern aus dem Mittelstand am ehesten langfristige Beschäftigungen in den hoch- qualifizierten Sektoren zu erwarten hätten.

Andererseits übermitteln die Auskünfte des Personalberaters das Deutungsmuster einer konsistenten und „heilen" Arbeitswelt, in welcher es die gängigen Patchwork-Arbeitsbiografien kaum zu geben scheint. Längerfristige Arbeitsbindungen dürften angesichts der 25 Millionen Arbeitslosen in Europa am ehesten in dem von dem Personalberater offensichtlich bewusst genannten Nischenbereich der Hidden Champions liegen, wo hochspezialisierte Bewerber aufgrund ihrer dauerhaften Verwendbarkeit ein langfristiges Auskommen finden. Zu dieser Gesamtsituation passt das Deutungsmuster der Wertschätzung älterer Arbeitnehmer/innen, da in solchen hochqualifizierten Stellen sich am ehesten auch ältere Arbeitnehmer/innen angesichts des demografischen Wandels langfristig halten können.

5.2.15 Auswertung Fall 15

Das Interview Nr. 15 behandelt ein Industrieunternehmen aus dem Ingenieurbereich, das sich mit Industriewasserbereitstellung und-Aufbereitung beschäftigt. Der Umsatz liegt bei 80 Millionen Euro, das Unternehmen beschäftigt 370 Mitarbeiter am Standort des Interviews, es operiert europaweit (inklusive Russland), verfügt über Standorte in Rumänien, in der Schweiz und in Bulgarien. Der Interviewpartner verfügt über den Titel „Direktor strategische Geschäftsentwicklung" (S. 24, Z. 861). Er hat den Titel eines promovierten Ingenieurs und war lange (10 Jahre) als Assistent der Geschäftsleitung beschäftigt (S. 24).

In seiner hohen Position als Direktor der Geschäftsentwicklung sind die Informationen dieses Interviewpartners auch für die allgemeine Strategie des Unternehmens als eines Mittelständlers mit der Tendenz zum Global Player von informativer Bedeutung. Da das Unternehmen auf internationaler Ebene nicht nur Anlagen baut, sondern auch in dem betreffenden Ingenieurbereich Innovation betreibt und Anlagen weiter wartet, bedürfen die Bewerber nicht nur des technischen Fachwissens, sondern auch der „Projektorganisationskompetenz" (S. 21, Z. 757). Ähnlich wie in den anderen Interviews zum Ingenieurwesen wiederholen sich hier die Bedarfe an solchen Kompetenzen, was international aufgestellte Mittelständler angeht. Der Betrieb ist also nicht nur ein Industriebauer, sondern auch ein Industriedienstleister, der Planung, Implementierung und Wartung sowie den Innovationsbedarf, der zum Wachstum führt, durchführt (S. 22, Z. 799–808). Etwa 50 Prozent der Beschäftigten verfügen über einen naturwissenschaftlichen Universitätsabschluss (S. 19, Z. 702–703).

Die deduktive Kategorie Nr. 1 „Hohe Qualifikations- bzw. Spezialistenanforderungen" übersetzt sich in die induktive Kategorie „industrietechnische Spezialkompetenzen in der Wasseraufbereitung" (S. 22). Etwa 50 Prozent der Belegschaft verfügen über einen naturwissenschaftlichen Universitätsabschluss (S. 20, Z. 70–705). Die deduktive Kategorie Nr. 2 „Bewerberpräferenz: Universitätsabschluss" lässt sich mit der deduktiven Kategorie Nr. 3 „hohe Bedeutung des Erfahrungswissens in Kombination mit Berufserfahrung" zu der induktiven Kategorie „fachspezifisches, projektorientiertes, technisches Organisationswissen auf Berufsbasis" zusammenschließen. In diesem Sinne ist der Darstellung des Direktors zu entnehmen, dass aufgrund der Komplexität der organisatorischen Projektentwicklung bis zu 10 Jahre Berufserfahrung nötig sind, bevor ein Bewerber „sehr eigenständige Projekte ... bearbeiten" kann (S. 11, Z. 401).

Diese hohe Anforderung an das Wissen einer bis zu zehnjährigen Berufserfahrung führt mehr oder minder konsequent zu einer relativ intensiven Alterstoleranz in den Auskünften. In Bezug auf die deduktive Kategorie Nr. 7 „Bewusstsein demografischen Wandels bei den Personalverantwortlichen (Facharbeitskräftemangel)" ergibt sich daher die induktive Kategorie „hohe Toleranz gegenüber älteren Arbeitskräften im Bewusstsein langfristiger Verwendbarkeit ihrer Fähigkeiten". So führt der Direktor aus, dass 68jährige, 69jährige und teilweise bis zu 70jährige das Unternehmen ein bis zweimal die Woche nach dem Eintritt des Rentenalters aufsuchen und eine Art Beratungstätigkeit vornehmen, die allerdings nicht näher spezifiziert wird (S. 11, Z. 372–376).

Die deduktive Kategorie Nr. 3 „hohe Bedeutung des Erfahrungswissens in Kombination mit Berufserfahrung" übersetzt sich in diesem Interview in eine zweite mögliche induktive Bedeutung, nämlich in die „Überschreitung von Rentengrenzen im Sinne eines ganzheitlichen Human Resources Management" (S. 11, Z. 375–407).

Mit der relativ deutlichen Entgrenzung der Altersschematik bilden die Auskünfte des Interviewpartners des Interviews Nr. 15 eine klare Ausnahme gegenüber sämtlichen übrigen Interviewauskünften, seien es Personalchefs, Personalvermittlungsagenturen oder Personalberater. Bei dieser Altersentgrenzung steht der Wissenstransfer, d. h. die Weitergabe von Erfahrungswissen der Älteren im Vordergrund der Unternehmensabsicht (S. 11, Z. 375). Die Thematik des demografischen Wandels, also des möglichen künftigen Fachkräftemangels, sucht der Direktor mit seinem Altersentgrenzungsprogramm offensichtlich durch einen möglichst umfangreichen Transfer von Wissen der Älteren auf die „Jungingenieure" zu bewältigen. Die deduktive Kategorie Nr. 9 „Leistungsfähigkeitsbeurteilung junger / alter Arbeitnehmer/innen" übersetzt sich hier in die induktive Kategorie „neutralisierte Leistungsniveaus aufgrund der besonderen Bedeutung projektbezogenen Erfahrungswissens". So führt der Direktor der Geschäftsstrategieentwicklung aus, dass ein Studium zwar selbstverständlich notwendige Bedingung für den MINT-Bereich darstelle, jedoch in seinem Unternehmen ohne die industriespezifische Berufserfahrung nicht weit tragen könne (S. 11, Z. 399–407).

Aufgrund der Wichtigkeit der Berufserfahrung in dem industriespezifischen Bereich der Unternehmenstätigkeit bildet sich automatisch die Wertschätzung älterer Mitarbeiter, da letztere, sofern sie sich als verwendbar erweisen, über die wertvollste Berufserfahrung verfügen. Daraus ergibt sich die Problemlosigkeit von Neuanfängen „mit 50" in der Einschätzung des Direktors (S. 12, Z. 427; Z. 429–437). Zusätzlich impliziert Berufserfahrung älterer Arbeitnehmer/innen die Tatsache, so der Direktor, dass solche Leute „sehr erfolgreich eigene Projekte … leiten" (S. 12, Z. 421–422).

Die deduktive Kategorie Nr. 10 „Weiterbildungs- bzw. Schulungsproblematik – Kundenprojekt zentriert" bildet die induktive Kategorie „projektzentrierter Wissenstransfer durch individuelle Schulung und Weiterbildungsmaßnahmen" (S. 13, Z. 466–481).

Das Spezifikum in den Auskünften des Direktors besteht bei diesem Unternehmen hinsichtlich der Weiterbildungsangebote darin, dass sie als „Fordern und Fördern, im Projekt" aufgefasst werden (S. 13, Z. 455). Der Interviewpartner betont wiederholt, dass die Anforderungen der „täglichen Arbeit" dazu dienen müssten, „Menschen weiter zu entwickeln" (S. 13, Z. 545). Das heißt, Weiterbildungsmaßnahmen und Schulungen (Beispiel: Konstruktionszeichnungsprogramm, S. 13, Z. 468) werden ähnlich ganzheitlich wie die Altersentgrenzung unter den Aspekten einer Weiterentwicklung der Persönlichkeit gesehen. Auch mit dieser Aussage, die wiederholt auftritt, bildet der Direktor eine Ausnahme im gesamten Interviewvolumen. Zu dieser zumindest im Interview vertretenen Auffassung passt, dass der Interviewpartner mehrfach die Eigenverantwortlichkeit der Arbeitsverhältnisse in seinem Unternehmen betont (S. 12, Z. 418, Z. 417). Auch diese Zusammenhänge beurteilt der Direktor grundsätzlich altersneutral, gibt also die Auskunft, zwischen älteren und jüngeren Mitarbeitern hier keine Beurteilungsunterschiede zu machen (S. 12, Z. 436–437). Eine deutliche Ausnahmefunktion nehmen die Auskünfte des Interviewpartners auch in Bezug auf Anpassung von bestimmten Anforderungen seines Unternehmens an die

Qualifikationen der Bewerber ein. So existiert die Auskunft, dass, wenn Bewerber die Anforderung nicht erfüllen, „wir die Aufgaben umgestalten" (S. 2, Z. 63). Es existiert in dem Unternehmen also eine Flexibilität, die jedoch hinsichtlich solcher Umgestaltung dann nur mit dem Wissenstransfer der „Kollegen, die die Aufgaben drum rum … betreuen" funktioniert (S. 2, Z. 64–65).

Da die Komplexitätsgrade besonders in Bezug auf die Berufserfahrung möglicher Bewerber für das Unternehmen extrem sind, bietet der offizielle Arbeitsmarkt unter der Dominanz der staatlichen Arbeitsagenturen mit seinen arbeitsmarktpolitischen Strategien keine Ansatzpunkte für die Erfüllung der Bewerberprofile. Die deduktive Kategorie Nr. 11 „generelle Inadäquatheit arbeitsmarktpolitischer Maßnahmen für Bewerber" behält infolgedessen ihre Gültigkeit. Auf einer anderen Ebene übersetzt sich diese deduktive Kategorie im Interview Nr. 15 in die induktive Kategorie „fachspezifische Komplexität industrietechnischer Bewerberprofile ohne direkten möglichen Bezug zum ersten Arbeitsmarkt und Arbeitsagenturen". Die deduktive Kategorie „Der Begriff Bewerberpersönlichkeit – Repräsentation – Passung" übersetzt sich in die induktive Kategorie „berufs-, erfahrungs-, charakterprofilorientierte Beurteilungsebenen der Verwendungsfähigkeit".

In diesem Zusammenhang führt der Direktor wiederholt aus, dass die Gesprächsführung zur Bewerberprofilierung besonders darauf hinauslaufe, „nicht pädagogisch analytisch mit Menschen" umzugehen, sondern „versuchen deren Charakter zu identifizieren …" (S. 7, Z. 250–251). Wiederholte Betonung legt der Direktor in seinen Auskünften auf die Thematiken der „Verlässlichkeit, Verantwortungsgefühl, Engagement, … Einsatzbereitschaft" der Bewerber (S. 1, Z. 33–34). Die Wichtigkeit dieser Humaneigenschaften betont der Direktor über den Begriff „Teamfähigkeit" hinaus und bildet auch damit in den Interviewauskünften eine deutliche Ausnahme. Schenkt man der Betonung der Altersentgrenzung, der Bedeutung des Wertes von Charaktereigenschaften sowie der Anpassungsfähigkeit des Unternehmens an die Bewerberprofile Glauben, so entwickelt sich in diesem Interview ein Verständnis von Human Resources Management, das sich als Ausnahme aller anderen Interviews an einer quasi humanistischen, ganzheitlichen Persönlichkeitsentwicklung der Bewerber orientiert, die über die übliche Funktionalität ihrer Einsatzfähigkeit hinausreicht.

Die auffallende Betonung der Wichtigkeit der entwicklungspsychologisch-humanen Seiten der Beurteilungspraxis von Bewerbern und ihrer möglichen Verwendbarkeit für das Unternehmen legt hier ein Deutungsmuster frei, dass hinsichtlich der Verwendbarkeit der Bewerber eine Doppelfunktion der Einstellungsgespräche klarstellt: Der Bewerber sucht eine Position, die viel Qualifikation und Erfahrung erfordert.

Das Unternehmen bekundet seinerseits sein intensives Interesse daran, diesen Bewerber in ein nicht funktionalistisch orientiertes Unternehmenssystem zu integrieren, bei dem Eigenverantwortung besonders gefragt ist (S. 5). Die wiederholte Betonung der Gleichberechtigung der Interessen beider Seiten im Bewerbergespräch, also die mögliche Reduzierung der analytischen Situation für den Kandidaten, die Beurteilung des Bewerberinterviews als „Gespräch unter Fachleuten" (S. 3, Z. 85–86) bietet Anhaltspunkte für ein Deutungsmuster, das den Bewerbungsprozess zu entinstrumentalisieren versucht. Die ebenfalls wiederholte Betonung mit der Altersentgrenzung, der Alterungsdynamik der Gesellschaft entgegenzuwirken zu wollen, weist auf Deutungsmuster hin, die die Befürchtung künftigen Personalmangels darstellen. Die explizite Ablehnung von die Bewerber funktionalisierenden Assessment Center verstärkt den Eindruck einer Imagewerbung des Unternehmens, die mit den Begriffen des Menschlichen besonders operiert. In diesem Sinne konkretisiert der Direktor seine Auffassung in folgender Aussage: „Menschlichkeit spielt im Geschäftsleben eine Rolle, … und deswegen spielt Menschlichkeit auch bei der Personalauswahl eine Rolle, und das komplett zu verneinen, wäre schwierig, und dann einen formellen Prozess daraus zu machen, wo man nur noch Dinge abfragt, die sozusagen all diese Themen ausgrenzen, wäre für mich nicht zielführend, weil dieses Menschliche im Geschäftsleben eine ganz wesentliche Rolle spielt …" (S. 9, Z. 316–320).

Die besondere Wertschätzung älterer Mitarbeiter, die ja über das Rentenalter hinaus (bis 70) noch das Unternehmen besuchen, weist einerseits auf die extreme Wertschätzung einer persönlichen Wissensberatung durch Ältere hin. Andererseits tut sich mit der besonderen Betonung des Menschlichen in der Verwertung der Human Resources durch den Direktor ein Deutungsmuster auf, das die oberflächliche Alterswertschätzung auf einer objektiven Ebene als wohlfeile Ausnutzung möglichen Wissenstransfers in einer auf Marktbeherrschung gerichteten Gesamtkonkurrenzsituation charakterisierbar macht: Die besondere Betonung des Menschlichen macht auch ein Deutungsmuster klar, in dem Ältere gewissermaßen als besondere Konzession durch das Unternehmen sich am Wissenstransfer beteiligen können, ohne dass jedoch auch nur ansatzweise Honorarregelungen für diese Dienste erkennbar werden. Bezieht man die Betonung des Menschlichen auf die besondere Wertschätzung des Alters auf Seiten des Direktors, so ergibt sich in Bezug auf die Forschungsfrage 1 (Nach welchen Deutungsmustern rekrutieren mittelständische Unternehmen …) ein Deutungsmuster des Ausweichens in nicht ökonomische Kategorien der Wissenstransferverwendbarkeit älterer Arbeitnehmer/innen. Trotz der Betonung menschlicher Werte im Geschäftsleben existiert mit der Alterswertschätzung auch in diesem

Interview die Wiederholung eines Wissenstransfers von älteren Mitarbeitern auf jüngere, dessen tarifliche Bedingungen wieder weitgehend ungeklärt bleiben.

Wo ältere Arbeitnehmer/innen unter Kriterien der besonderen Wertschätzung, etwa in Bezug auf den demografischen Wandel, jüngeren gleichgestellt werden, herrscht auch hier das Deutungsmuster, dass solche Arbeitnehmer/innen freiwillig einen Wissenstransfer vornehmen, der für die Unternehmen in der auf Wissen beruhenden Konkurrenzwirtschaft von fundamentaler Marktbedeutung ist: findet hier nicht statt, bildet sich im Unternehmen kein Wissenspool (Nonaka / Takeuchi), bleiben die neu eingestellten jungen Ingenieure ohne berufswichtige Kenntnisse, bleiben Innovationen aus, gerät der Produktionsprozess ins Stocken. Unter Bezug auf die Forschungsfrage 2 (Nach welchen impliziten Kriterien rekrutieren mittelständische Unternehmen ...) ist auch im Interview Nr. 15 erkennbar, dass das Deutungsmuster dieser Wertschätzung auf dem nicht expliziten Wissen beruht, welche Bedeutung der nur von älteren Arbeitnehmer/innen zu bewerkstelligende Wissenstransfer für das Unternehmen hat.

Da die komplexen Arbeitsplatzanforderungen bzw. Produktivitätsanforderungen mit ihrer beschleunigten Halbwertszeit des Wissens, wie sie im Interview Nr. 15 und in fast sämtlichen anderen Interviews dargestellt werden, sich durch Trainings-, Schulungs- oder wie immer geartete Weiterbildungsmaßnahmen kaum abdecken lassen dürften, bleibt der Wissenstransfer, den die Älteren durchführen, eine der wesentlichen Arbeitsanforderungen im Produktionsbetrieb und im anschließenden Dienstleistungsmanagement der Industrieanlagen.

5.3 Interviewauswertung unter Bezug auf die Forschungsfragen

Die große Mehrheit der interviewten Mittelständler hat ihre Schwerpunkte in Bereichen der Hochtechnik (Ingenieurwesen, Medizintechnik usw.), also in Bereichen, in denen die MINT-Fächer hoch- qualifizierter Spezialisten besonders gefragt sind. Bei den interviewten Mittelständlern handelt es sich größtenteils international aufgestellte Unternehmen, die in vielen Fällen als sogenannte Hidden Champions Nischenmärkte mit Produkten versorgen. Da die Fragestellung der Arbeit sich auf die Rekrutierung und Integrationsfähigkeit älterer Mitarbeiter bezieht, steht im Hintergrund der Interviewauswertung als wesentliches Element die Problematik des demografischen Wandels in Verbindung mit der durch ihn bedingten langfristigen Fachkräfteknappheit besonders in hochtechnisierten Produktionssektoren. Hinsichtlich der Interviewresultate ist in Bezug auf die Informationsgehalte der Aussagen der Personalverantwortlichen zwischen Personalmanagern zu differenzieren, die unmittelbar für das betreffende

Unternehmen rekrutieren und Personalvermittlern, die unter den Aspekten des jeweiligen Kundenbedarfs Arbeitskräfte unter Beauftragung suchen und vermitteln.

Der Unterschied zwischen den beiden Rekrutierungsarten fällt jedoch methodisch nicht ins Gewicht, als sich der Arbeitsvermittler mit seinem Kundenbedarf bis zu hohen Graden identifizieren lässt, also auch ersterer für „seinen" jeweiligen Kunden hochqualifiziertes und passungsfähiges Personal finden soll.

5.3.1 Forschungsfrage 1 und 2: Zur empirischen Situation der Rekrutierung älterer Arbeitnehmer/innen in mittelständischen Unternehmen in Bezug auf die Deutungsmuster und empirische Nachweise über implizierte Kriterien hinsichtlich der Rekrutierung älterer Arbeitnehmer/innen in mittelständischen Unternehmen

Die Forschungsfragen 1 und 2 (Deutungsmuster / implizite Kriterien der Rekrutierung Älterer) lassen sich unter den Aspekten der Deutungsmuster (Kapitel 4.) zusammenfassen. In Bezug auf die wesentliche Hintergrundkonstellation des demografischen Wandels und des damit heraufziehenden Fachkräftemangels geben die Interviewten durchweg zu Protokoll, diese Thematik bestens zu kennen und in der Rekrutierung sowie in der Integration von Mitarbeitern von ihr betroffen zu sein. In der Mehrheit der erschließbaren Deutungsmuster der Personalverantwortlichen zeichnet sich jedoch nicht ab, dass aus einem solchen Fachkräftemangel konsequent der Schluss entsteht, ältere Mitarbeiter in deutlicher Verstärkung zu rekrutieren und ihnen entsprechende Integrationsmöglichkeiten (Weiterbildung usw.) anzubieten. Allerdings ist hier zwischen den Personalrekrutierern, die unternehmensintern operieren und den Personalvermittlern, die für externe Kunden suchen, zu unterscheiden.

Den klaren Vorrang vor der verstärkten Rekrutierung Älterer genießen die aktuelle Absolventen eines MINT-Studiums bzw. eines Informatikstudiums, welche laut Aussagen der Personalmanager die größere Garantie bieten, dass die Halbwertszeit des Wissens erst einmal reduziert ist und mögliches Aufbaulernen bzw. Integrationslernen für eine weitere Beschäftigung von Jüngeren effizienter bewältigt wird als von älteren Mitarbeitern (Interview Nr. 1, Nr. 2, Nr. 3 …).

Ein weiteres grundsätzliches Argument, das die verstärkte Berücksichtigung und Rekrutierung Älterer einschränkt, ist das des ausbalancierten Altersmix in der Unternehmensbelegschaft: Ein unausgeglichener Altersmix mit zu vielen Älteren bedroht bei den starren Altersgrenzen mit entsprechendem Renteneintritt älterer Mitarbeiter den gesamten Wissenspool des Unternehmens. Zusätzlich gehen mit einem unausgewogenen Altersmix mit zu vielen älteren Mitarbeitern gerade diejenigen dem Unternehmen verloren, die entscheidend für den Wissenstransfer im Unternehmen sorgen, nämlich die Älteren. Die Konzeption einer Altersteilzeit mit flexiblen Renteneintrittsgrenzen zur Auflösung solcher starren Balanceanforderungen kommt lediglich in einem einzigen Interview mit der altersteilzeitorientierten Tarifpolitik der Rheinischen Chemie zur Sprache. Andere Lösungsversuche, die die starre Balance des Altersmix aufheben und damit zu einer Bewältigung des demografischen Problems führen könnten, bleiben informell und verfügen daher nicht über einen modellbildenden Einfluss (Interview Nr. 15). Da es sich bei den interviewten Mittelständlern fast ausschließlich um Unternehmen handelt, die technisch hochqualifiziertes Personal suchen, ist der Themenbereich der Berufserfahrung von zentraler Bedeutung, denn selbst spezialisierte Universitätsstudien decken die technischen Praxisbereiche, die gefordert werden, in der Mehrheit nicht ab. Umfangreiche Berufserfahrung lässt sich deutlich eher auf Seiten älterer Arbeitnehmer/innen erwarten als bei jüngeren. Dieser Faktor plus der des heraufziehenden Personalmangels führt jedoch nicht grundsätzlich zu einer Auflösung der relativ starren Deutungsschemata gegenüber Älteren. Selbst Personalvermittler, die immer wieder betonen, keinerlei Vorurteile gegenüber älteren Arbeitnehmer/innenn zu hegen, berufen sich letztendlich doch auf ihre Abhängigkeit von den Kunden, sofern diese lieber jüngere Arbeitnehmer/innen vorgeschlagen bekommen möchten. Das Deutungsmuster behaupteter völliger Vorurteilslosigkeit gegenüber Älteren auf Seiten der Personalvermittler lässt sich daher als eingeschränkt gültig betrachten, zieht man die Abhängigkeit von Personalberatern und Personalagenturen von den Wünschen ihrer Kunden in Betracht.

Auch die Tatsache, dass längere Berufserfahrung für das erfolgreiche Arbeiten in hoch spezialisierten Technikbereichen von fundamentaler Bedeutung ist, infolgedessen also älteren Arbeitnehmer/innen besonders zugutekommen sollte, führt nicht notwendig zu einer Auflösung impliziter Einstellungskriterien mit dem Deutungsmuster, Ältere seien generell in sehr anspruchsvollen Bereichen doch weniger berufstauglich als Jüngere. Bei gegenteiligen Beteuerungen stellt sich in der Zusammensetzung des Durchschnittsalters der Belegschaft doch wieder heraus, dass kein besonders hoher Altersdurchschnitt herrscht.

5.3.2 Forschungsfrage 3: Arbeits- und beschäftigungspolitische Instrumente, die Personalverantwortliche nutzen

In der dritten Forschungsfrage sind die arbeits- und beschäftigungspolitischen Instrumente angesprochen, deren Personalentwickler von Mittelständlern sich bedienen, was die Rekrutierung älterer Mitarbeiter angeht. Betrachtet man die

Nutzung der standardisierten arbeitsmarktpolitischen Instrumente, wie sie von offizieller Seite mit berufsvorbereitenden Bildungsmaßnahmen, der Förderung beruflicher Weiterbildung, von Eingliederungsleistungen, Aktivierungsmaßnahmen usw. durchgeführt werden, so ist in Bezug auf die Forschungsfrage 3 zu konstatieren, dass die Personalrekrutierer der interviewten Mittelständler in der Mehrheit auf solche Maßnahmen nicht zurückgreifen. In den 15 Interviews existiert lediglich eine einzige Aussage mit der Berufung auf Weiterbildungsmaßnahmen von offizieller arbeitsmarktpolitischer Seite, die einem älteren Arbeitnehmer/innen zur Weiterbildung verhelfen könnte, um seine Einstellung in das betreffende Unternehmen zu fördern. Die übergroße Mehrheit der Personalverantwortlichen und Personalentwickler rekrutiert Personal überhaupt und älteres Personal im Speziellen durch Jobbörsen im Internet wie Xing, Monster usw., die keinen direkten Bezug zum offiziellen arbeitsmarktpolitischen Instrumentarium aufweisen. Weitere Rekrutierungsplattformen sind die Jobbörsen, die die Unternehmen in ihren Internetauftritten und Online-Selbstdarstellungen installieren.

Die Rekrutierung von MINT-Personal mit gründlicher Berufserfahrung (Ältere) erfolgt zusätzlich über Personalberater, die auf Honorarbasis arbeiten und sich auf die Vermittlung hoch qualifizierter Bewerber spezialisiert haben. Letztere verfügen wie auch Personalagenturen über einen Pool verfügbarer Bewerber, die die geforderten hohen Qualifikationen aufweisen. Zusätzlich bedienen sich diese externen Personalberater und Personalagenturen einer Netzwerktechnologie der Information, mit der sie über umfangreiche Informationen zu Bewerbern verfügen und gegebenenfalls auch Abwerbung schon fest angestellter Kandidaten betreiben.

Das Komplexitätsniveau technischer und naturwissenschaftlicher Anforderungen sowie das der Gerätekenntnis ist bei den interviewten Mittelständlern so gelagert, dass sie auf spezialisierte Rekrutierungsnetzwerke zurückgreifen müssen, da das Weiterbildungsniveau der offiziellen arbeitsmarktpolitischen Instrumente für die geforderten Qualifizierungen schon aus Kostengründen offensichtlich nicht ausreicht. Weiter ist ein Spezialistentum gefordert, das offizielle arbeitsmarktpolitische Angebote in Bezug auf Weiterbildung und Schulung kaum leisten zu können scheinen. Besonders in Bezug auf die Rekrutierung älterer Arbeitnehmer/innen bieten die offiziellen Arbeitsmarktinstrumente auch deshalb keine Angriffspunkte einer Nutzung durch den hochspezialisierten Mittelstand, da dort, wo Schulung oder Weiterbildung älterer Arbeitnehmer/innen erforderlich wird, die Maßnahmen so kundenspezifisch ausgerichtet sind, dass eine Koordination zwischen dem Unternehmen und den Arbeitsagenturen sich kaum effizient gestalten ließe. Dies betrifft selbst mögliche Schulungsmaßnahmen in Bezug auf die englische Sprache, da auch dort ein technischer

Nischenwortschatz gefordert ist, den unternehmensinterne Mitarbeiter am qualifiziertesten und effizientesten leisten können. Die in der Arbeit interviewte Personalagentur verfügt als einzige über eine eigene Schulungsakademie, die dazu dient, Personalvermittlung zu erleichtern, sofern den Bewerbern wichtige Kenntnisse fehlen. Älteren Bewerbern (bis etwa 55 Jahre) wird unternehmensintern teilweise in der Form von Mitläuferschulung in Projekten eine Probezeit angeboten, in der sie fehlendes Wissen nachholen können. Dies erfordert ein besonderes Engagement, da neben dem nachzuholenden Wissen auch das gängige Arbeitspensum zu erledigen ist. Solche unternehmensinternen Angebote, die ebenfalls nicht auf offizielle arbeitsmarktpolitische Instrumente zurückgreifen, gelten allerdings nicht für hoch spezialisierte Professionen, in denen die Aneignung technischer Berufserfahrung teilweise bis zu 10 Jahre erfordern kann (Interview Nr. 15). Die offiziellen arbeitsmarktpolitischen Instrumentarien greifen auch deshalb nicht, weil sie im Falle von älteren Arbeitnehmer/innen den elementaren Sektor der Berufserfahrung, also Umgang mit technischem Gerät, Labor usw. nicht zu leisten scheinen. Zusätzlich ergibt sich mit den wachsenden Anforderungen des Multitasking und des Organisationswissens, das über technische Ebenen hinausgeht, eine Anforderungsebene, die ebenfalls nur durch individuelle Anstrengungen und Engagement geleistet werden kann.

Die allmähliche und langfristige Akkumulation von Berufserfahrung auf allen Ebenen lässt sich, wie die Interviewaussagen ergeben, fast in keinem Fall mit dem gängigen arbeitsmarktpolitischen Instrumentarium unterstützen.

5.3.3 Forschungsfrage 4: Über die Lage von Weiterbildungsangebote in laufende Arbeitsprozesse innerhalb von mittelständischen Unternehmen

Angesichts des mit der fortschreitenden Globalisierung ökonomischer Vorgänge wachsenden internationalen Konkurrenzdrucks sind Mittelständler, wie sie in den 15 Interviews zur Sprache kommen, auf allen Ebenen auf Kostenkonsolidierungen angewiesen. In der großen Mehrheit der Fälle existieren besonders für ältere Arbeitnehmer/innen Fortbildungsmaßnahmen oder Schulungen nur in sehr geringem Ausmaß. Auf dem Hintergrund des demografischen Wandels und hinsichtlich der Tatsache, dass jugendliche Studienabsolventen aufgrund der modernisierten und technisch aktualisierten Studiengänge grundsätzlich einen deutlichen Vorsprung expliziten Wissens vor älteren Arbeitnehmer/innen haben, wäre die Notwendigkeit umfangreicher Weiterbildungsangebote für ältere Arbeitnehmer/innen klar erkennbar. Sie müssten einerseits den Aktualisierungsvorsprung aufholen, den Jüngere aufgrund ihres technisch avancierten

Studiums ihnen voraushaben, andererseits müssten die Unternehmen sich gehalten fühlen, Älteren angesichts des verminderten Nachrückens jugendlicher Arbeitskräfte den Ausgleich solcher Wissensvorsprünge mit Weiterbildungsmaßnahmen anzubieten. Dieser Ausgleich findet jedoch in dem benötigten Ausmaß nicht statt. Die übergroße Mehrheit der Personalverantwortlichen setzt auf sofort funktionstüchtige ältere Mitarbeiter, was angesichts der Komplexität der Arbeitswelt bei Neueinstellungen ein besonders deutliches Ausschlusskriterium bildet. Eine Ausnahmetendenz hinsichtlich der Großzügigkeit von Weiterbildungsangeboten findet sich bei den Personalberatern und besonders bei der Personalvermittlungsagentur, die eine eigene Fortbildungsagentur unterhält.

Bei solchen Arbeitsvermittlungsverhältnissen ist der Druck, sein Personal zu günstigen Konditionen rasch zu vermitteln, erheblich größer als bei den unternehmensinternen Personalmanagern. Personalberater und Agenturen sind darauf spezialisiert, passgenaue Personalprofile vorzugeben, da sie auf Honorarbasis arbeiten. Infolgedessen legen sie schon aufgrund ihrer Arbeitsweise größeren Wert darauf, sich einen Pool von Bewerbern anzulegen, dessen individuelle Attraktivität eher mit Weiterbildungsangeboten auch für Ältere profiliert werden kann. Dies bedeutet jedoch keineswegs, dass Personalberater sich mit dem Angebot von Weiterbildungsmaßnahmen besonders hervortun, da auch sie hinsichtlich möglicher Altersbegrenzungen der Bewerber vom Kundeninteresse abhängig sind.

Die Bildungs- und Weiterbildungsdimension ist jedoch bei den Personalberatern erheblich offener als bei den unternehmensinternen Personalmanagern, da erstere auch ältere Bewerber nicht so radikal funktionalisieren und bewerbungstechnisch schematisieren wie letztere. Eine leichte Bevorzugung älterer Arbeitnehmer/innen bei den Personalberatern bezieht sich auch weniger auf den Umstand, ihnen aktuell Weiterbildung anzubieten, als vielmehr auf die Tatsache, dass Ältere in jedem Fall ein umfangreicheres Praxiswissen besitzen als Jüngere, die aus einem theorielastigen Universitätsstudium gerade herauskommen. Am ehesten werden von unternehmensinternen Personalchefs Älteren Schulungs- oder Mitläuferangebote gemacht, die ihnen den schnellen Einstieg in laufende Projekte erleichtern. Hier tritt jedoch in vielen Fällen das bereits dargestellte Deutungsmuster (Forschungsfrage 1) wieder in Geltung, denn Schulung und Training setzen Ältere neben dem parallel zu erledigenden Arbeitspensum einem Stress aus, dem sie weniger gewachsen sein könnten als Jüngere. Die überwiegende Tendenz, die sich in Bezug auf die Fortbildungsangebote generell und in Bezug auf Ältere den Interviewaussagen entnehmen lässt, besteht in Ad-hoc-Maßnahmen, die auch deshalb überwiegen, weil das konkrete Ausmaß künftigen Personalmangels in Bezug auf konkrete Produktionsgebiete sich nur schwer prognostizieren lässt. Die Herstellbarkeit eines konkreten Kostenzusammenhangs zwischen künftig erforderlichen Weiterbildungsmaßnahmen älteren Personals auf hoch spezialisierter Ebene und den fehlenden jugendlichen Nachrückern ist schwer absehbar und liegt nicht in der unmittelbaren Entscheidungsverantwortung von Personalmanagern, sondern eher beim Top-Management des jeweiligen Unternehmens.

6 Zusammenfassung der Ergebnisse und Fazit

Die vorliegende Arbeit setzt sich aus vier großen Blöcken zusammen, dem theoretischen Teil (1), dem Interviewteil (2), der qualitativen Auswertung der Interviews (3) sowie der Beantwortung der in den Interviews aufgeworfenen Forschungsfragen nach den Deutungsmustern von Personalverantwortlichen gegenüber der Rekrutierungs- und Integrationsfähigkeit älterer Arbeitnehmer/innen, das sich in den entsprechenden Beurteilungen niederschlägt (4). Auf der theoretischen Ebene war einerseits die Problematik des demografischen Wandels mit der zugehörigen Problematik künftigen Fachkräftemangels bei hochqualifizierten Arbeitnehmer/innen zu entwickeln, andererseits der Bereich unterschiedlicher Wissensbegriffe sowie die Theorie der Deutungsmuster. Die Fragestellungen der 15 Interviews (2) beziehen sich systematisch auf die in der Theorie entwickelten Problemstellungen der Demografie, des Fachkräftemangels, der Qualifikation, der Rekrutierungsfähigkeit älterer Arbeitnehmer/innen sowie des Wissenstransfers.

Mit der qualitativen Auswertung der Interviewergebnisse (3) ließen sich Deutungsmuster eruieren, nach denen Personalverantwortliche ältere Arbeitnehmer/innen rekrutieren und als integrationsfähig erachten. Die umfangreiche Selbstdarstellung der 15 Interviewpartner, Mittelständler aus dem Rhein-Main-Gebiet, mit größtenteils internationaler Aufstellung ergab in Bezug auf die Forschungsfragen (1–4) vielfältiges Material. In Bezug auf eines der Hauptprobleme einer rasch alternden Gesellschaft, den Geburtenrückgängen, dem abnehmenden Zuspruch zu den Studienfächern des MINT-Bereichs, ließ sich in den Deutungsmustern betriebsinterner Personalverantwortlicher gegenüber älteren Arbeitnehmer/innen keine grundsätzlich gesteigerte Sensibilität feststellen, obgleich gerade Ältere mit ihrer umfangreichen Berufserfahrung den entscheidenden Lösungsbeitrag zum demografischen Problem leisten können (Hecker, 2013).

Allerdings fallen die Deutungsmuster externer Personalvermittler in Bezug auf die Rekrutierungs- und Integrationsfähigkeit Älterer deutlich positiver, toleranter, aufgeklärter und liberaler aus. Externe Personalvermittler erkennen die Potentiale Älterer deutlicher, sind aber aufgrund ihres Vermittlungsdrucks stärker auf ein umfangreicheres Personalreservoir angewiesen, in welchem Ältere automatisch eine größere Rolle spielen müssen. Da die interviewten Mittelständler mit teilweise über 10.000 Mitarbeitern mehrheitlich auf den Gebieten hochqualifizierter Technikprodukte und IT-Bereichen operieren, bildet die Thematik der Wissensweitergabe, des Wissenstransfers von älteren zu jüngeren Arbeitnehmer/

innen eines der Zentren des Erkenntnisinteresses, was die Integrationsfähigkeit Älterer in komplexe Produktionsbereiche angeht. Diese Thematik ist mit der Bewältigung des Wissensmanagements in den entsprechenden Unternehmen verbunden.

Das auf permanente Innovation, strikte Rationalisierung und Lean Management konzentrierte Wissensmanagement der japanischen Industrie brachte so erfolgreiche Modelle wie das ganzheitliche Produktionssystem von Toyota hervor, das von allen global operierenden Automobilherstellern aufgrund seiner Effizienz, Produktivität und Profitabilität weltweit nachgeahmt wurde. Das von Nonaka / Takeuchi entwickelte komplexe Wissensmanagement eines Unternehmens (siehe theoretischer Teil) beschreibt ein extrem flexibles und unhierarchisches Kommunikationssystem, das Ältere systematisch einbezieht. Zieht man die sich permanent reduzierende Halbwertszeit beruflichen Wissens in Verbindung mit dem globalen Innovationsdruck in Betracht, so stünde in Bezug auf die erhöhte Wertschätzung und Einbeziehung Älterer in die Arbeitsweltprozesse ein Paradigmenwechsel an: Die Lebenszeiterwartung, die Lernfähigkeitserwartung und damit die Teilhabeerwartung Älterer an Arbeitsprozessen steigert sich in einer Form, die sich in den Deutungsmustern der interviewten Personalverantwortlichen gegenüber Älteren nur in sehr begrenztem Ausmaß niederschlägt.

Dies betrifft besonders die Bildungs- und Weiterbildungsangebote für Ältere in Bezug auf ihr gegebenenfalls veraltetes Berufswissen, das mit bei Älteren meist gegebenen längeren Phasen der Arbeitslosigkeit sich zusätzlich reduziert bzw. entwertet. Der umfangreiche Katalog der Stützung älterer Arbeitskräfte zur Bewältigung der demografischen Problematik begänne mit der Prävention, die das Unternehmen in der Gesundheitsvorsorge sowohl für die jüngere als auch für die ältere Belegschaft betreibt. Eine solche Vorsorge würde sich nicht auf ausgewählte Einzelmaßnahmen beschränken, sondern ein umfassendes Gesundheitsmanagement implizieren und sich vor allem permanent mit dem Krankenstand und den daraus resultierenden jeweiligen Fehlzeiten der Arbeitnehmer/innen auseinandersetzen und entsprechend darauf reagieren. Weitere den möglichen Paradigmenwechsel der Altersintegration berücksichtigende Maßnahmen bestünden in der Einrichtung systematischer Schulungs- und Weiterbildungsangebote, die auf der Basis von E-Learning permanent ausgeweitet werden könnten (Schenkel et al., 2000). Multimediale Lerneinheiten lassen sich auch mobil organisieren, sodass sie älteren Mitarbeitern jederzeit zugänglich gemacht werden könnten, um der Halbwertszeit beruflichen Wissens entgegen zu wirken und zugleich aktuelles Studiengangwissen nachzuholen.

Weitere Flexibilisierungsmöglichkeiten von Arbeitsprozessen, die den Älteren generell eine Integrationsfähigkeit erleichtern können, sind die in den

Niederlanden gängigen Teilzeitjobs. Sie beruhen auf einem offenen Netzwerk von Arbeitsplätzen, die in einer fluktuierenden Ökonomie nützlich und praktisch sind, da sie längere Phasen der Arbeitslosigkeit vermeiden helfen können, die besonders ältere Arbeitnehmer/innen vor erhebliche Probleme stellen. Verstärkte Maßnahmen einer positiv strukturierten Work-Life-Balance können berufsbegleitende Bildungsmaßnahmen bzw. Fortbildungsmaßnahmen zusätzlich stützen (Tödtmann, 2009, S. 24).

Die Etablierung einer aufgeschlossenen Betriebskultur würde weiter implizieren, dass ein auf die Integration älterer Mitarbeiter achtendes Unternehmen Familienberatung einrichtet. Umstrukturierungen im Renten- und Krankenversicherungssystem bilden weitere Meilensteine, die Älteren einen flexiblen Übergang in die Rente und eine flexible Gesundheitsversorgung ermöglichen könnten. Eine alterssensible Unternehmens- und Führungskultur würde in deutlich verstärktem Ausmaß der Wertschätzung älterer Arbeitnehmer/innen Ausdruck verleihen, indem zum Beispiel das Unternehmen Kooperationen mit wissenschaftlichen Institutionen anstrebt und Projekte der Umstrukturierung der Arbeitsorganisation anstrebt, sodass ältere Arbeitnehmer/innen flexibel entlastet werden. Etliche Unternehmen wie Weleda und Ferrero in Italien bieten Beispiele dafür, wie man ältere Mitarbeiter auch weit jenseits des Renteneintritts als ehemalige Mitarbeiter positiv in Arbeits- bzw. Beratungsprozesse für das Unternehmen einbindet (Hecker, 2013, S. 188ff). Bedenkt man die extrem umfangreiche Bandbreite möglicher Flexibilität und Flexibilisierung arbeitstechnischer-, produktionstechnischer-, rententechnischer-, arbeitszeittechnischer- und verwaltungstechnischer Maßnahmen zur stärkeren Öffnung des Arbeitsmarktes und der Arbeitswelt für die Nutzung des umfangreichen Potentials älterer Arbeitnehmer/innen, so nehmen sich die Interviewaussagen der 15 befragten Personalverantwortlichen bzw. Personalvermittler vergleichsweise dürftig und wenig kreativ aus.

Hinsichtlich des Berufsbildes des Personalverantwortlichen ließ sich mit Mudra (Mudra, 2004) feststellen, dass ein professionell orientierter Ausbildungsgang mit fest strukturierten Lernschemata in diesem Feld nicht existiert. Die Vielzahl unterschiedlicher Abschlüsse der interviewten Personalchefs, die neben dieser Aufgabe in vielen Fällen auch noch andere Geschäftsfelder verwalten, reicht vom Diplomkaufmann über den Diplomingenieur bis hin zum Fachjuristen. Entsprechend uneinheitlich und unübersichtlich gestalten sich die unterschiedlichen Deutungsmuster der Interviewpartner, was die Rekrutierung und Integrationsfähigkeit älterer Arbeitnehmer/innen betrifft. Trotz selbstverständlich vielfach erfolgreich durchgeführter Einstellungspraxis ist grundsätzlich nicht erkennbar, was einen Diplomingenieur oder einen Diplomkaufmann als Personalrekrutierer bei aller Berufserfahrung besonders dazu befähigen sollte, die Qualitäten oder Nicht-Qualitäten gerade älterer Arbeitnehmer/innen in Bezug auf eine deutlich erweiterte Erwerbsbiografie bei verlängerter Lebenserwartung adäquat beurteilen zu können, was seine Verwendungsfähigkeit für das jeweilige Unternehmen betrifft.

Begriffe wie „Persönlichkeit" bilden in ihrer Schablonenhaftigkeit in Bezug auf ältere Arbeitnehmer/innen eine paradoxe Alibifunktion, um die poröse Urteilsfähigkeit gegenüber älteren Arbeitnehmer/innen abzudecken (Schimkat, in Clemens / Brauer, 2010, S. 214ff).

Die permanente Ausweitung der Zeitarbeit und des Zeitarbeitmarktes in Deutschland bildet ein zusätzliches Signal für die sich reduzierende Wertschätzung des Kräftepotentials älterer Arbeitnehmer/innen. Die etwa 10.000 in der Bundesrepublik operierenden Zeitarbeitsfirmen ersetzen tarifliche Arbeitsverträge durch Kurzarbeit, bei der weder der Wissenstransfer von Alt zu Jung noch eine qualifizierte Weiterbildung überhaupt in den Blick kommen. Das permanente Wachstum dieses Marktes bildet einen der arbeitsmarktpolitischen Faktoren, die sich nicht zuletzt aus der Marktphilosophie neoliberaler Wirtschaftsorientierung ergeben dürften. Je stärker sich auch Mittelständler im Rahmen dieser Philosophie auf die Selbstbehauptung am Markt konzentrieren, desto dringlicher gestaltet sich der Zwang zur personalpolitischen Kostenkonsolidierung mit der entsprechenden Auswirkung auf die oft höheren Lohnansprüche Älterer (Scherf, 1992). Eine der bezeichnenden Interviewaussagen der Personalverantwortlichen lautet, der Fachkräftemangel sei noch nicht schmerzhaft genug, um die Unternehmen in stärkerem Ausmaß zum Umdenken zu zwingen, was die Wertschätzung des Arbeitskräftepotentials Älterer angeht. Gegebenenfalls zwingt der demografische Wandel die Unternehmen in absehbarer Zukunft dazu, ihre Personalpolitik in Bezug auf die Nutzung des Arbeitspotentials Älterer erheblich stärker zu flexibilisieren, um ihre Potentiale im Sinne eines human orientierten Human Resources Managements individuell zu nutzen (Sennett, 2005). Mit dem flexiblen Alterstarifmodell der Rheinischen Chemie liegt der Ansatz einer solchen Flexibilisierung schon teilweise vor.

7 Einschätzung und Perspektiven weiterer Forschung

Die Konzentration der vorliegenden Arbeit auf Interviewpartner mittlerer Unternehmen im Bundesland Hessen lässt sich nicht notwendig auf die arbeitsmarktpolitischen Verhältnisse der gesamten Bundesrepublik übertragen. In Ballungsgebieten wie Stadtstaaten wie Hamburg, Bremen oder Berlin werden die Einstellungsverhältnisse älterer Arbeitnehmer/innen und der demografische Wandel anders gelagert sein als im Bundesland Hessen (vgl. IAB-Studie 2013). Zusätzlich dürfte sich die Problematik des demografischen Wandels in unterschiedlichen Ländern der Bundesrepublik in verschiedenen Formen auswirken. Diesbezügliche Unterschiede dürften unter anderem die Verhältnisse in den neuen Bundesländern betreffen. Außerdem herrscht in der Begrenzung der Lebensarbeitszeit eine Fluktuation der politischen Entscheidungen, die weitere Unübersichtlichkeit hinsichtlich des Renteneintrittsalters, der Aktivierung älterer Arbeitnehmer/innen und ihrer arbeitsmarktpolitischen Relevanz betrifft. Wurde noch unter der Rot-Grünen Regierung ein Renteneintrittsalter von 67 Jahren ernsthaft diskutiert, so entsteht mit der Einführung der abschlagsfreien Rente für 63jährige mit 45 Beitragsjahren eine neue arbeitsmarktpolitische Situation, die Auswirkungen auf die in der vorliegenden Arbeit diskutierte Employability älterer Arbeitnehmer/innen im Zusammenhang mit dem demografischen Wandel haben dürfte. Eine langfristig an der veränderten Alterungsstruktur bundesdeutscher Arbeitnehmer/innen orientierte Politik, wie sie die Rente mit 67 bis zu hohen Graden implizierte, wird durch eine neue Rentenlage abgelöst, die sich auf die Erwerbsbiografien sowohl älterer als auch jüngerer Arbeitnehmer/innen in Form unterschiedlicher neuer Gewichtungen auswirken wird. Zusätzlich demonstrieren die Umfeldiskussionen, dass mit dieser veränderten Politik eine neue Art der Vorruhestandskultur aufkommen kann, die ältere Arbeitnehmer/innen, die ursprünglich weiter im Arbeitsleben verbleiben wollten, in dieser Hinsicht demotivieren kann.

Welche möglichen Umstrukturierungen individueller Erwerbsbiografien, welche Veränderungen bzw. Reduzierungen sich aus der neuen Lage in Bezug auf die Weiterbildungsangebote für ältere Arbeitnehmer/innen ergeben können, bleibt unsicher. Auswirkungen dürfte die veränderte Rentenregelung auch auf die gesamte betriebliche und überbetriebliche Arbeitsschutzkultur in mittelständischen Unternehmen haben (vgl. IAB-Studie 2013). Sowohl die Kultur eines lebenslangen Lernens, die der altersgerechten Arbeitsplatzgestaltung, des betrieblichen und überbetrieblichen Arbeitsschutzes können durch die neue Rentenregelung bestimmten Veränderungen ausgesetzt sein. Ob sich mit der neuen Rentenregelung auch die Demografiestrategie der Bundesregierung verändert, wäre abzuwarten. Wie dargestellt, entwickeln sich unterschiedliche Deutungsmuster hinsichtlich der Beurteilung der Arbeitsfähigkeit älterer Arbeitnehmer bei Personalverantwortlichen schon deshalb auf sehr unterschiedlicher Basis, weil diese Personen aus sehr unterschiedlichen Berufsfeldern in ihre Positionen gelangt sind (Rechtswissenschaft, Ökonomie usw.). Mit der neuen Rentenregelung (Eintritt mit 63 Jahren) ergibt sich für die Denkschemata von Personalverantwortlichen eine weitere Differenzierungsanforderung, die zu neuen Deutungsmustern gegenüber der Employability älterer Arbeitnehmer/innen führen kann. So ist kaum davon auszugehen, dass solche hoch qualifizierten Fachkräfte, die unter die neue Regelung fallen, große Motivationen zeigen werden, sich weiter der Arbeitswelt zur Verfügung zu stellen, es sei denn, es erfolgt eine Personalentwicklung, die diese Motivation in arbeitsplatztechnischer, finanzieller und betriebskultureller Hinsicht erzeugen kann. Da jedoch, wie die Interviews demonstrieren, bei den durchschnittlichen Personalverantwortlichen eher die Ansicht überwiegt, ältere Arbeitnehmer/innen ließen in ihrer Verwendungsfähigkeit nach, so dürfte sich ein Schub in die Richtung weiterer Reduzierung des Einsatzes älterer Arbeitnehmer/innen im Bereich der Hochqualifizierten ergeben. Von dieser Tendenz können die Arbeitsvermittlungen ausgenommen sein, denen daran gelegen sein muss, möglichst viele auch ältere Arbeitskräfte zum Einsatz zu bringen, um ihre Gewinnkontingente zu erreichen. Wie sich die neue Rentenregelung hinsichtlich ihrer demografischen Effekte und der Employability älterer Arbeitnehmer/innen auswirkt, muss weitere Forschung eruieren.

8 Literaturverzeichnis

Alenfelder, K. M.: Diskriminierungsschutz im Arbeitsrecht. Das neue Allgemeine Gleichbehandlungsgesetz, Köln 2006.

Al-Laham, A.: Wissenstransfer im Unternehmen – Gestaltung erfolgreicher Organisationsstrukturen, in: Controlling (ZvC) Sonderheft: Steuerung innovativer Organisationsstrukturen, Jg. 17 August / September –Heft, 2005, S. 467–475.

Arnold, R.: Deutungsmuster und pädagogisches Handeln in der Erwachsenenbildung Aspekte einer Sozialpsychologie der Erwachsenenbildung und einer erwachsenenpädagogischen Handlungstheorie, Heilbrunn/OBB 1985.

Arnold, R.: Pädagogische Professionalisierung betrieblicher Bildungsarbeit. Explorative Studie zur Ermittlung weiterbildungsrelevanter Deutungsmuster des betrieblichen Bildungspersonals, Frankfurt am Main 1983.

Astor, M.: Generationenübergreifende Teams im Innovationsprozess, in: Projektverbund Öffentlichkeits- und Marketingstrategie demografischer Wandel (Hg.): Handlungsanleitungen für eine alternsgerechte Arbeits- und Personalpolitik Ergebnisse aus dem Transferprojekt. Broschürenreihe Demografie und Erwerbsarbeit, Stuttgart 2002, S. 12.

Atteslander, P. (2010): Methoden der empirischen Sozialforschung (13. Auflage). Berlin: Schmidt

Backes-Gellner, U.; Freund, W. Kay, R. & Kranzusch, P. (2000): Wettbewerbsfaktor Fachkräfte. Rekrutierungschancen und -probleme von kleinen und mittleren Unternehmen. Gabler-Verlag. Wiesbaden.

Baltes, P. B. (1993): The aging mind: Potential and limits, in: The Gerontologist, Nr. 33; 5, S. 580–594.

Becker, J. / Kurtz, H.-J. (1990): Einstellungen und Erwartungen zur beruflichen Laufbahn, in: Personal, 42. Jahrgang, Nr. 7, S. 270–275.

Becker, M. / Schwarz, V. / Schwertner, A. (2002): Theorie und Praxis der Personalentwicklung, aktuelle Beiträge aus Wissenschaft und Praxis, München.

Becker, M. (2005): Personalentwicklung: Bildung, Förderung und Organisationsentwicklung in Theorie und Praxis, Stuttgart, S. 4.

Becker, R. (1993): Zur Bedeutung der beruflichen Weiterbildung für den Berufsverlauf. Eine empirische Längsschnittuntersuchung über Weiterbildungs- und Arbeitsmarktchancen der Geburtskohorten 1929–31, 1939–41 und

1949–51, in: Meier, A. / Rabe-Kleeberg, U. (Hg.): Weiterbildung, Lebenslauf, sozialer Wandel, Neuwied et al., S. 61–86.

Behr, M. v. / Semlinger, K. (2004): Internationalisierung kleiner und mittlerer Unternehmen – neue Entwicklungen bei Arbeitsorganisation und Wissensmanagement, Frankfurt am Main, New York.

Bending, A.; Cirkel, M.; Dahlbeck, E. & Kolzarek, B. (2011): Innovationsfähigkeit von kleinen und mittleren Unternehmen in einer alternden Gesellschaft stärken. Vechta: VVSWF.

Berger, P. L. / Luckmann, T. (1980): Die gesellschaftliche Konstruktion der Wirklichkeit. Eine Theorie der Wissenssoziologie, Frankfurt am Main, S. 26, zitiert nach: Arnold, R.: Deutungsmuster ..., S. 33.

Berger, P. L. / Luckmann, T. (1963): Sociology of Religion and Sociology of Knowledge, in: Sociology and Social Research, Nr. 47, S. 61–73, dort S. 62.

Berichte

Bertelsmann Stiftung (2003) (Hrsg.): Beschäftigungschancen für ältere Arbeitnehmer/innen Internationaler Vergleich und Handlungsempfehlungen, Gütersloh, S. 33.

Bieger, T. (2004).: Tourismuslehre – Ein Grundriss, Stuttgart.

Birkner, M. (2004): Neues Verständnis von Personalentwicklung, in: Deutsche Gesellschaft für Personalführung (Hg.): Personalentwicklung für ältere Mitarbeiter. Grundlagen, Handlungshilfen, Praxisbeispiele, Bielefeld.

Bittlingmayer, U. H. (2001): Spätkapitalismus oder Wissensgesellschaft?, in: Aus Politik und Zeitgeschichte, Beilage zur Wochenzeitung Das Parlament, Bonn, Nr. 36, S. 15–23.

Bogner, A./Littig, B./Menz, W. (2005): Das Experteninterview. Theorie, Methode, Anwendung, 2. Aufl., Wiesbaden.

Bohnet, A./Schratzenstaller, M. (1998): Ursachen der Arbeitslosigkeit und Ansätze zur Beschäftigungspolitik. In: Finanzwirtschaftliche Arbeitspapiere Nr. 50/1998. Justus-Liebig-Universität, Gießen, S. 1–26.

Bonin, H. / Schneider, M. / Quinke, H. / Ahrends, T. (2007): Zukunft von Bildung und Arbeit Perspektiven von Arbeitskräftebedarf und-angebot bis 2020; IZA Research Report, Nr. 9, Bonn.

Bontrup, H. / Frey, M. (2009): Ältere Arbeitnehmer/innen versus Jugendwahn, in: Arbeit und Arbeitsrecht.

Börtz, J./Döring, Nicole (2005): Forschungsmethoden und Evaluation. für Human- und Sozialwissenschaftler, 3. Aufl., Berlin.

Bosch, G. et al. (Hg.) (2010): Das Berufsbildungssystem in Deutschland. Aktuelle Entwicklungen und Standpunkte. VS-Verlag.

Bosch, Gerhard (2011): Fachkräfte – das Geheimnis der deutschen Wettbewerbsfähigkeit, in: Wirtschaftsdienst. Zeitschrift für Wirtschaftspolitik, 91. Jahrgang, Heft 9, September, S. 583–586.

Brauer, K. (2010): Ageism: Fakt oder Fiktion?, in: Brauer, K. / Clemens, W. (Hg.): Zu alt? Ageism und Altersdiskriminierung auf Arbeitsmärkten, S. 21–61.

Brehm, M. (1999): Downward Movement. Verminderte Kompetenz und Verantwortung in verhaltenswissenschaftlicher Perspektive, in: Zeitschrift für Personalforschung, Jahrgang 13, Nr. 2, S. 139–161.

Bremer, H. (2007): Soziale Milieus, Habitus und Lernen. Zur sozialen Selektivität des Bildungswesens am Beispiel der Weiterbildung. Juventa. München.

Brenke, K. / Zimmermann, F. (2011): Ältere auf dem Arbeitsmarkt, in: Forschungsinstitut zur Zukunft der Arbeit (IZA), Nr. 43, September, S. 1–26.

Brücker, H. (2011): Plädoyer für eine nachhaltige Entwicklung des Fachkräftepotenzials, in: Wirtschaftsdienst. Zeitschrift für Wirtschaftspolitik, 91. Jahrgang, Heft 9, September, S. 586–590.

Buck, H. / Kistler, E. / Mendius, H. G. (2002): Demografischer Wandel in der Arbeitswelt Chancen für eine innovative Arbeitsgestaltung, Stuttgart, (Bundesministerium für Bildung und Forschung).

Buck, H. (2001): Demografischer Wandel und Zukunft der Erwerbsarbeit am Standort Deutschland, in: Bullinger, H. J. (Hg.): Zukunft der Arbeit in einer alternden Gesellschaft, Stuttgart, S. 11–24 (Reihe Demografie und Erwerbsarbeit).

Bundesagentur für Arbeit (Hg.): Ältere am Arbeitsmarkt, Nürnberg 2012, S. 4.

Bundesagentur für Arbeit (Hg.): Arbeitsmarktberichterstattung: Situation von Älteren am Arbeitsmarkt. Erwerbstätigkeit, Beschäftigung und Arbeitslosigkeit, Nürnberg 2007.

Bundesanstalt für Arbeitsschutz und Arbeitsmedizin (BAuA) (Hg.): Mit Erfahrung die Zukunft meistern. Altern und Ältere in der Arbeitswelt, Dortmund 2004, S. 7 (Bundesagentur für Arbeit).

Bundesinnenministerium (Hg.) (2011): Demografiebericht, S. 7.

Bundesvereinigung der deutschen Arbeitgeberverbände: Ältere Mitarbeiter im Betrieb. Ein Leitfaden für Unternehmen, Berlin 2002.

Butler, R. N.: Ageism: Another form of bigotry, in: The gerontologist, Nr. 9, 1969, S. 243–246.

Campagna, Sebastian (2010): KMU-spezifische Ressourcen als Voraussetzung für die Wettbewerbsfähigkeit. Am Beispiel eines Büroherstellers. Kovac. München.

Caspers, R.: Gesellschaftliche Bedeutung von Wissen und Wissensnetzwerken, IMC Workingpaper Nr. 2, (European Business School, International Management & Consulting Department), 2002, S. 4.

Clemens, W. (2001): Ältere Arbeitnehmer/innen im sozialen Wandel, Opladen, S. 37.

Commerzbank (2012): Abschied vom Jugendwahn? Unternehmerische Strategien für den demografischen Wandel, Summary, S. 10.

Dedering, H. / Feig, G. (1991): Personalplanung und Weiterbildung als Aufgaben des Betriebes, Hagen, S. 39.

Deller, J. / Kern, S. / Hausmann, E. / Diederichs, Y. (2008): Personalmanagement im demografischen Wandel Ein Handbuch für den Veränderungsprozess, Berlin et al. S. 81.

Deutscher Industrie- und Handelskammertag (DIHK) (2005): Weiterbildung für die Wissensgesellschaft. Online-Befragung des unternehmerischen Ehrenamtes der IHK-Organisation.

Dietz, M./ Walwei, U. (2011): Germany – No Country for Old Workers? Online-Research Paper.

Dörner, O. (2005): Umgang mit Wissen in der betrieblichen Praxis dargestellt am Beispiel kleiner und mittelständischer Unternehmen aus Sachsen-Anhalt und der Region Bern, Berlin S. 186.

Ehrlich, V. (1997): Arbeitslosigkeit und zweiter Arbeitsmarkt – Theoretische Grundlagen, Probleme und Erfahrungen (Diss). Rürup, B. (Hg.): Sozialökonomische Schriften, Bd. 14. Peter Lang Europäischer Verlag der Wissenschaften, Frankfurt a. Main.

Eichhorst, W.: Wie weiter am deutschen Arbeitsmarkt?, IZA Standpunkte Nr. 61, September 2013, S. 1–12.

Europäische Komission (2006): Die neue KMU-Definition. Benutzerhandbuch und Mustererklärung. Download unter: http://www.ec.europa.eu/enterprise/policies/…definition/sme_user_guide_de.pdf.

Europäische Kommission – Generaldirektion Bildung und Kultur und Generaldirektion Beschäftigung und Soziales (Hg.): Einen europäischen Raum des lebenslangen Lernens schaffen, Brüssel 2001, S. 1.

Faßhauer, U. & Ziehm, S. (2003): Berufliche Weiterbildung in der Wissensgesellschaft – Eine Einleitung. In: Faßhauer, U. & Ziehm, S. (Hg.): Berufliche Bildung in der Wissensgesellschaft. Darmstadt.

Faulstich, P. & Zeuner, C. (1999): Erwachsenenbildung. Eine handlungsorientierte Einführung. Juventa. Weinheim, München.

Faulstich, P. (1998): Strategien der betrieblichen Weiterbildung. Kompetenz und Organisation, München, S. 27.

FDZ der statistischen Ämter des Bundes und der Länder, Mikrozensus, 2007; Berufs- und Branchenflexibilität, demografischer Ersatzbedarf und Fachkräftelücke, Köln 2009/2010.

Fischer, G. et al. (2008): Langfristig handeln, Mangel vermeiden: Betriebliche Strategien zur Deckung des Fachkräftebedarfs.- Ergebnisse des IAB-Betriebspanels 2007. IAB-Forschungsbericht 3/2008.

Fischer, T. (2006): Unternehmenskommunikation und Neue Medien: Das neue Medium Weblogs und seine Bedeutung für die Public-Relations-Arbeit, Wiesbaden.

Flick, U et al. (1995): Handbuch Qualitative Sozialforschung: Grundlagen, Konzepte, Methoden und Anwendungen, Weinheim.

Flick, U. et al. (Hrsg.): Handbuch qualitativer Sozialforschung. Grundlagen, Konzepte, Methoden und Anwendungen, Weinheim, München 1995, S. 170.

Franz, W. (2006): Arbeitsmarktökonomik. 6., vollständig überarbeitete Aufl. Berlin, Heidelberg, New York.

Franz, W. (2009): Arbeitsmarktökonomik, Dordrecht et al., S. 11.

Franz, W. (1996): Theoretische Ansätze zur Erklärung der Arbeitslosigkeit. In: **Gahlen, Bernard u. Helmut Hesse u. Hans Jürgen Ramser** (Hg.): Arbeitslosigkeit und Möglichkeiten ihrer Überwindung. Tübingen.

Franz, W. (2009): Arbeitsmarktökonomik, Heidelberg.

Friebe, J.: Weiterbildung in einer alternden Gesellschaft. Bestandsaufnahme der demografischen Entwicklungen, des Lernens im höheren Lebensalter und der Perspektiven für die Weiterbildung – http://www.die-bno.de/doks/friebe0620.pdf; download 15.8.2011.

Fried, A.: Wissensmanagement aus konstruktivistischer Perspektive, Die doppelte Dualität von Wissen in Organisationen, Frankfurt am Main 2003, S. 14ff.

Fuchs, J. / Hummel, M. et al.: Arbeitslosigkeit sinkt trotz Beschäftigungsrekord nur wenig, Nr. 18; 2013, S. 1–12.

Fuchs, Johann / **Hummel**, Markus / **Klinger**, Sabine / **Spitznagel**, Eugen / **Wagner**, Susanne / **Weber**, Enzo / **Zika**, Gerd (2011): Neue Arbeitsmarktprognose 2011. Rekorde und Risiken, IAB-Kurzbericht. Aktuelle Analysen aus den Institut für Arbeitsmarkt- und Berufsforschung Nr. 7.

Fuß, L. (2008): Weißbuch Leiharbeit, Berlin.

Gartner, Hermann (2008). Theorie und Politik des Arbeitsmarktes. (Hg.): Institut für Arbeitsmarkt- und Berufsforschung.

Gaß, G. et al. (1997): Strategien gegen Langzeitarbeitslosigkeit – Strukturen, Ursachen und Maßnahmen. Edition Sigma, Rainer Bohn Verlag, Berlin.

Geigant, F. / Sobotka, D. / Westphal, H.M. (Hg.) (1983): Lexikon der Volkswirtschaft. Verlag Moderne Industrie, Landberg/Lech, 4. überarb. Aufl.

Geißler, K. / Wittwer, W.: Die Entwicklung der Ausbilde- und Weiterbildung – 6 Thesen, in: Arnold, R. / Lipsmeier, A. (Hg.): Betriebspädagogik in nationaler und internationaler Perspektive, Baden-Baden 1989, S. 93–102.

Geyer, G. / Uriep, A.: Internationalisierung von KMU – HWWI Update 04 – Beilage 2012, Ausgabe 04; S. 1–4 (Hamburgisches Weltwirtschaftsinstitut).

Gläser, Jochen & Laudel, Grit (2004): Experteninterviews und qualitative Inhaltsanalyse als Instrumente rekonstruierender Untersuchungen. Verlag für Sozialwissenschaften. Wiesbaden.

Gräber-Seißinger, U. et al. (2004): Der Brockhaus Wirtschaft. Betriebs-und Volkswirtschaft, Börse, Finanzen, Versicherungen und Steuern. F.A. Brockhaus GmbH, Mannheim.

Graf, H. (2002): Von der Industrie- zur Wissensgesellschaft, Zürich.

Grant, R. M. (1991): The resource-based theory of competitive advantage: Implications for strategy formulation. In: California management Review, 33, 3, pp. 114–135.

Gruber, H. / Mandl, H. / Renkl, A.: Was lernen wir in der Schule und Hochschule: Träges Wissen?, in: Mandl, H. / Gerstenmaier, J. (Hg.): Die Kluft zwischen Wissen und Handeln, S. 139–152, dort S. 143.

Hagen, Tobias u. Steiner Viktor (2000): Von der Finanzierung der Arbeitslosigkeit zur Förderung von Arbeit. Analysen und Handlungsempfehlungen zur Arbeitsmarktpolitik. In: ZEW Wirtschaftsanalysen, Schriftreihe des ZEW, Bd. 51. Baden-Baden.

Hammer, V.: Scouting, Training und strategische Allianzen: Schritte zur erfolgreichen Re-Integration älterer Arbeitskräfte, in: Personalführung, Nr. 39/11, 2006, S. 24–30.

Handschin, L.: Der KMU-Konzern Grundlagen und Besonderheiten, Basel 2008, S. 5.

Hartmann, M.: Der Mythos von den Leistungseliten, Frankfurt am Main 1972, S. 36ff.

Hecker, M. (2013): Aus Erfahrung gut. Wie die Alten die Arbeitswelt erneuern. Hamburg, S. 9.

Heimes, Heiko (2009): Verkaufsverhalten im Ausschließlichkeitsvertrieb der Versicherungsindustrie: Eine empirische Untersuchung des Einflusses auf den Vertriebserfolg, Lohmar.

Heisig, P. / Orth, R.: Wissensmanagement-Frameworks aus Forschung und Praxis. Eine inhaltliche Analyse, Berlin 2005, S. 19.

Hentze, J.: Personalwirtschaftslehre, Bern, Stuttgart 1991, S. 399.

Hirsch-Kreinsen, H. & Schulte, A. (2002): Internationalisierung von Unternehmen. Das Phänomen der Rückverlagerung. In: WSI Mitteilungen, Nr. 7, S. 389–396.

Hirsch-Kreinsen, H. (2003): Internationale Netzwerke kleiner und mittlerer Unternehmen. In: Hirsch-Kreinsen, H. & Wannlöffel, M. (Hrsg.): Netzwerke kleiner Unternehmen. Praktiken und Besonderheiten internationaler Zusammenarbeit. Edition Sigma. Berlin.

Hofstede, G. (2006): Lokales Denken, globales Handeln interkulturelle Zusammenarbeit und globales Management, München.

Hopf, C.: Hypothesenprüfung und qualitative Sozialforschung, in: Strobl, R. / Böttger, A. (Hg.): Wahre Geschichten? Zur Theorie und Praxis qualitativer Interviews, Baden-Baden 1995, S. 177.

Horsch, J. (2003): KMU im globalen Wettbewerb, Brandenburg.

Hörwick, E.: Lernen Ältere anders?, in: Landesagentur für Struktur und Arbeit (LASA) Brandenburg (Hrsg.): Nutzung und Weiterentwicklung der Kompetenzen Älterer – eine gesellschaftliche Herausforderung der Gegenwart, Potsdam 2003, S. 105–123.

Hörwick, E.: Lernen Ältere anders?, in: LASA (Hg.): Nutzung und Weiterentwicklung der Kompetenzen Älterer – eine gesellschaftliche Herausforderung der Gegenwart, Potsdam 2003, S. 12. (Tagungsband Fachtagung der Akademie 2. Lebenshälfte, 2002).

Hunger, U. (2003): Vom Brain Drain zum Brain Gain. (Hg).: Wirtschafts- und sozialpolitischen Forschungs- und Beratungszentrum der Friedrich-Ebert-Stiftung. Bonn.

Hussy, Walter/ Schreier, Margrit/Echterhoff, Gerald (2009): Forschungsmethoden in Psychologie und Sozialwissenschaften- FUR Bachelor, Berlin.

Institut für Arbeitsmarkt- und Berufsforschung / Walwei, U.: Powerpoint Präsentation: Welche Veränderungen der Rahmenbedingungen sind erforderlich, um eine entscheidende Verbesserung der Beschäftigung Älterer zu erreichen, Frankfurt am Main 2006 (Bundesagentur für Arbeit).

IAB-Kurzbericht (10/2012): Alterung der Bevölkerung hat sich kaum auf die Arbeitslosigkeit ausgewirkt. S. 1–12.

IAB-Kurzbericht (13/2013): Wie Betriebe auf die Alterung ihrer Belegschaft reagieren.

Institut für Mittelstandsforschung (IfM) (2002): KMU-Definition des IfM Bonn. http://www.ifm-bonn.org/index.php?id=89.

Instituts für Arbeitsmarkt- und Berufsforschung (Hg.): IAB-Prognose 2013/2014.

Isserstedt, W. et al. (2010): Die wirtschaftliche und soziale Lage der Studierenden in der Bundesrepublik Deutschland 2009. 19. Sozialerhebung des Deutschen Studentenwerks durchgeführt durch HIS (Hochschul-Informations-System) (Hg.): Bundesministerium für Bildung und Forschung. Bonn, Berlin.

Jaeck, H.-J. et al. (Hg.) (1984): Volkswirtschaftslehre: Verlag Moderne Industrie, Landberg/Lech.

Jasper, G. / Rohwedder, A. / Schletz, A.: Innovieren mit alternden Belegschaften, in: Moser, J. / Möhbauer, B. / Seidl, M. (Hg.): Vom alten Eisen und anderem Ballast, München, Mehring 2001, S. 71.

Jasper, G. / Rohwedder, A.: Wachsende Innovativität mit allen Altersgruppen – Beratung von KMU, in: Buck, H. / Schletz, A. (Hg.): Wege aus dem demografischen Dilemma durch Sensibilisierung, Beratung und Gestaltung, Stuttgart 2001, S. 37–46.

Juch, A. (2009): Erwerbstätigkeit im Alter Personalwirtschaftliche Gestaltungsmöglichkeiten angesichts älterer Belegschaften, Frankfurt am Main et al., S. 150.

Kamenz, U. (2006): Applied Marketing, Frankfurt am Main.

Katenkamp, O. (2011): Implizites Wissen in Organisationen Konzepte, Methoden und Ansätze im Wissensmanagement, Wiesbaden.

Kaufmann, Friedrich (1993): Internationalisierung durch Kooperation. Strategien für mittelständische Unternehmen. 3. Aufl., Deutscher Universität-Verlag. Wiesbaden.

Kay, Rosemarie & Richter, Michael (2010): Fachkräftemangel im Mittelstand: Was getan werden muss. Expertise im Auftrag des Arbeitskreises Mittelstand der Freidrich-Ebert-Stiftung. Bonn: Friedrich-Ebert-Stiftung.

Kelle, U. (2007): Die Integration qualitativer und quantitativer Methoden in der empirischen Sozialforschung. Theoretische Grundlagen und methodologische Konzepte. Wiesbaden.

Kelle, Uwe (2008): Die Integration qualitativer und quantitativer Methoden in der empirischen Sozialforschung: Theoretische Grundlagen und methodologische Konzepte, Wiesbaden.

Kettner, Anja (2011): Zur Abgrenzung der Begriffe Arbeitskräftemangel, Fachkräftemangel und Fachkräfteengpässe und zu möglichen betrieblichen Gegenstrategien, Graues Papier Forschungsdatenzentrum der Bundesagentur für Arbeit (BA) im Institut für Arbeitsmarkt- und Berufsforschung (IAB), Nürnberg.

Kinkel, S.: KMU und Globalisierung: Zwischen Mythos und Realität, Loccum 29.11.2007, F. 5 (Fraunhofer Institut System- und Innovationsforschung).

Kleinhans, A. M. (1989): Wissensverarbeitung im Management, Frankfurt am Main.

Kruse, A. / Mayer, G.: Höheres Erwachsenenalter und Bildung, in: Tippelt, R. (Hrsg.): Handbuch Bildungsforschung, Opladen 2002, S. 529–544.

Kruse, A. / Mayer, G.: Psychologische Beiträge zur Leistungsfähigkeit im mittleren und höheren Erwachsenenalter – eine ressourcenorientierte Perspektive, in: **Rothkirch v., C.** (2000): Altern und Arbeit: Herausforderung für Wirtschaft und Gesellschaft, Berlin.

Kuhlenkamp, D. (2010): Lifelong Learning. Programmatik, Realität, Perspektiven. Waxmann Verlag. Münster / New York.

Kuhlenkamp, Detlef (2010): Lifelong Learning. Programmatik, Realität, Perspektiven. Münster / New York: Waxmann.

Lamnek, S. (2005): Qualitative Sozialforschung: Lehrbuch, Weinheim.

Lehky, M.: Die berufliche Zukunft der Personalmanager, in: PERSONAL, Nr. 5; 2003, S. 14–18.

Lehr, U. / Wilbers, J.: Arbeitnehmer/innen, ältere, in: Gaugler, E. / Weber, W.: Handwörterbuch des Personalwesens, Stuttgart 1992, Sp. 203–212.

Lehr, U.: Heute gejagt – morgen gefragt?, in: Weiterbildung – Zeitschrift für Grundlagen, Praxis und Trends, Jg. 16, 2005, H. 3, S. 20–23.

Lehr, Ursula und Wilbers, Joachim (2008): Ältere Arbeitnehmer/innen; in: Eduard Gaugler, Wolfgang Weber (Hg.): Handbuch des Personalwesens. Stuttgart.

Liebold, R./Trinczek, R. (2002): Experteninterview. In: Kühl, S./Strodtholz, P. (Hg.): Methoden der Organisationsforschung. Ein Handbuch. Reinbek 2002, S. 33–71.

Luczak, H. / Frenz, M.: Kompetenz-Erwerb, Erhalt, Ausbau, in: Kowalski, H. (Hrsg.): Stärkung der persönlichen Gesundheitskompetenz im Betrieb – bis 67 fit im Job, Essen 2008, S. 25.

Mandl, H. / Gerstenmaier, J. (2000): Die Kluft zwischen Wissen und Handeln Empirische und theoretische Lösungsansätze, Göttingen.

Mayring, P. (2000): Qualitative Inhaltsanalyse, in: Forum qualitative Sozialforschung.

Mayring, P. (2000): Qualitative Inhaltsanalyse Grundlagen und Techniken, Weinheim.

Mayring, Philipp (2002): Einführung in die qualitative Sozialforschung. Eine Anleitung zum qualitativen Denken. 5. Aufl. Beltz Verlag. Weinheim und Basel.

Mc Vittie, C. / McKinlay, A. / Widdicombe, S.: Committed to (un)equal opportunities? New ageism and the older worker, in: British Journal of Social Psychology, Nr. 42, 2003, S. 595–612.

Meinsen, S. (2003): Konstruktivistisches Wissensmanagement. Wie Wissensarbeiter ihre Arbeit organisieren, Weinheim.

Mentzel, W. (1997): Unternehmenssicherung durch Personalentwicklung. Mitarbeiter motivieren, fördern und weiterbilden, Freiburg.

Merchel, J. (2005): Organisationsgestaltung in der sozialen Arbeit Grundlagen und Konzepte zur Reflexion, Gestaltung und Veränderung von Organisationen, Weinheim, München.

Mesaros, Leila (2009): Fachkräftemangel in KMU – Ausmaß, Ursachen und Gegenstrategien. Bonn: Friedrich-Ebert-Stiftung.

Meuser, M. / Sackmann, R.: Zur Einführung: Deutungsmusteransatz und empirische Wissenssoziologie, in: Meuser, M. / Sackmann, R. (Hg.): Analyse sozialer Deutungsmuster Beiträge zur empirischen Wissenssoziologie, Pfaffenweiler 1992.

Meuser, Michal/Nagel, Ulrike (2008): Das Experteninterview – konzeptionelle Grundlagen und methodische Anlage, in: Pickel, Susanne (Hrsg.): Methoden der vergleichenden Politik- und Sozialwissenschaft: Neue Entwicklungen und Anwendungen, Wiesbaden S. 465–479.

Meyer, J.-A. (2010): Strategien von kleinen und mittleren Unternehmen, München.

Michelsen, Uwe A. (1991): Überlegungen zur didaktischen Gestaltung von Weiterbildungsmaßnahmen – eine Problemskizze. In: Giger, Hans (Hg.): Bildungspolitik im Umbruch. Staatsmonopol in der Weiterbildung? Zürich: Neue Zürcher Zeitung, S. 481–507.

Miegel, M. (2002): Die deformierte Gesellschaft. Wie die Deutschen ihre Wirklichkeit verdrängen. Berlin: Ullstein-Verlag GmbH.

Mohr, H.: Sensibilisierung und Aktivierung intermediärer Institutionen für die Probleme des Alterns in der Erwerbsarbeit, in: Buck, H. / Schletz, A. (Hg.): Wege aus dem demografischen Dilemma durch Sensibilisierung, Beratung und Gestaltung, Stuttgart 2001, S. 115–118.

Moldaschl, M.: Implizites Wissen und reflexive Intervention, in: Senghaas-Knobloch, E. (Hrsg.): Macht, Kooperation und Subjektivität in betrieblichen Veränderungsprozessen. Mit Beispielen aus Aktionsforschung und Prozessberatung in Klein- und Mittelbetrieben, Münster 2001, S. 135–168.

Morgan, G. (2000): Bilder der Organisation (images of organizations). Stuttgart: Klett-Cotta.

Morschhäuser, M. / Ochs, P. / Huber, A. (2003): Erfolgreich mit älteren Arbeitnehmer/innenn Strategien und Beispiele für die betriebliche Praxis, Gütersloh.

Morschhäuser, M.: Personalentwicklung oder Personaltausch? – Perspektiven altersbezogener Personalplanung, in: Rothkirch, C. v. (Hg.): Altern und Arbeit: Herausforderung für Wirtschaft und Gesellschaft, Berlin 2000, S. 282–293.

Mötzing, G. (2005): Beschäftigung mit alten Menschen. Urban& Fischer Verlag.

Mruck, K./Mey, G.: Qualitative Forschung. In: F. Jacobi/Poldrack, A. (Hg.): Klinisch-Psychologische Forschung: Ein Praxishandbuch, Göttingen 2000, S. 191–208.

Mudra, T. (2004): Personalentwicklung Integrative Gestaltung betrieblicher Lern- und Veränderungsprozesse, München.

Naegele, G. (1992): Zwischen Arbeit und Rente. Gesellschaftliche Chancen und Risiken älterer Arbeitnehmer/innen, Augsburg.

Neuberger, O.: Personalentwicklung, Stuttgart 1994.

Neuweg, G. H. (2004): Implizites Wissen. Zur lerntheoretischen Bedeutung der Erkenntnis- und Wissenstheorie Michael Polanyis. Münster.

Nonaka, I. / Takeuchi, H. (1997): Die Organisation des Wissens – Wie japanische Unternehmen eine brach liegende Ressource nutzbar machen, Frankfurt am Main, New York.

Nonaka, I. / Takeuchi, H. (1997): Die Organisation des Wissens, Frankfurt am Main.

North, K. / Reinhardt, K. (2005): Kompetenzmanagement in der Praxis, Wiesbaden.

OECD (2004): OECD Employment Outlook. Paris.

OECD (2005): Alterung und Beschäftigungspolitik Deutschland.

Oertig, M. (1995): Dynamisches Personal-Management. Mit Fallstudien erfolgreicher internationaler Unternehmen, Berlin.

Oevermann, U. (1973): Zur Analyse der Struktur von sozialen Deutungsmustern, Frankfurt am Main.

Oevermann, U.: Zur Analyse der Struktur von sozialen Deutungsmustern, in: Sozialer Sinn, H. 1, 2001, S. 3–33.

Olesch, G.: Personalentwicklung für Fach- und Führungskräfte, in: Wagner, D. / Zander, E. / Hauke, C. (Hg.): Handbuch der Personalleitung. Funktion und Konzeptionen der Personalarbeit in Unternehmen, München 1992, S. 811–838.

Olesch, G.: Welche HR-Strategie erfordert die demografische Entwicklung, in: Adenauer, S. / Bursee, M et al.: Demografische Analyse und Strategieentwicklung in Unternehmen, Köln 2005, S. 60–67.

Oswald, H. (1997): Was heißt qualitativ forschen? In: Friebertshäuser, B./ Prengel, A. (Hg.): Handbuch Qualitative Forschungsmethoden in der Erziehungswissenschaft, Weinheim S. 71–87.

Oswald, W. D.: Psychologische Altershypothesen, in: Becker, S. / Veelken, L. / Wallraven K. P.: Handbuch Altenbildung. Theorien und Konzepte für Gegenwart und Zukunft, Opladen 2000, S. 107–117.

Packebusch, L. / Weber, B.: Laufbahngestaltung in Kleinbetrieben, in: Buck, H. / Schletz, A. (Hg.): Wege aus dem demografischen Dilemma durch Sensibilisierung, Beratung und Gestaltung, Bonn 2011, S. 62–69.

Pätzold, J. (1998): Stabilisierungspolitik. Bern.

Pawlowsky: Wissensmanagement in der lernenden Organisation; http://www.bwl6.wirtschaft.tu-chemnitz.de/forschung/forschunghtml, 2000, S. 162ff.

Personalentwicklung Schulung (67 Anbieter) Schulung für Personalentwickler in Deutschland, Österreich und der Schweiz; fortbildung.com, www.fortbildung.com, 18.1.2013.

Peters, Sibylle; Spengler, Thomas & Spiliopoulou (2010): Wissensmanagement kleiner und mittelständischer Unternehmen in Zeiten demographischen Wandels. Wiesbaden.

Pfadenhauer, Michaela (2002). Auf gleicher Augenhöhe reden. Das Experteninterview - ein Gespräch zwischen Experte und Quasi-Experte. In Bogner, Alexander/Littig, Beate/Menz, Wolfgang: Das Experteninterview. Theorie, Methode, Anwendung, 2. Aufl., Wiesbaden 2005, S. 113–130.

Plesinka, S. (2002): Mehrung von Erfahrungswissen im Unternehmen, München.

Polany, M. (1985): Implizites Wissen, Frankfurt am Main.

Porschen, S. (2008): Austausch impliziten Erfahrungswissens. Neue Perspektiven für das Wissensmanagement, Wiesbaden.

Porter, E. M. (1999): Wettbewerb und Strategie, München.

Probst, G. / Raub, S. / Romhardt, K. (2006): Wissen managen. Wie Unternehmen ihre wertvollste Ressource optimal nutzen. Wiesbaden.

Probst, G. J. B. / Wiedemann, C. / Armbruster, H. (2001): Wissensmanagement umsetzen: Drei Instrumente in der Praxis. Wissensgemeinschaften, Wissensmanagementsysteme auf IT-Basis und Lessons learned, in: New Management, Nr. 10, 2001, S. 37–43.

Promberger, M. (2012): Topographie der Leiharbeit. Flexibilität und Prekarität einer atypischen Beschäftigungsform, Berlin.

Regnet, E.: Mit 40 – war das schon alles? Fach- und Führungskräfte im mittleren Lebensalter, in: Deutsche Gesellschaft für Personalführung (Hg.): Personalentwicklung für ältere Mitarbeiter. Grundlagen, Handlungshilfen, Praxisbeispiele, Bielefeld 2004, S. 55–66.

Reinberg, A. / Hummel, M.: Fachkräftemangel bedroht Wettbewerbsfähigkeit der deutschen Wirtschaft, Fachartikel bei der Bundeszentrale für politische Bildung, 2004.

Reinmann, G. / Vohle, F.: Der Umgang mit Geschichten in Organisationen – Beispiele und Kategorisierungsvorschläge, in: Reinmann, G. (Hg.): Erfahrungswissen erzählbar machen – narrative Ansätze für Wirtschaft und Schule, Lengerich 2005, S. 71–89.

Reinmann-Rothmeier, G. R. & Mandl, H. (2000): Die Rolle des Wissensmanagements für die Zukunft: Von der Informations- zur Wissensgesellschaft. In: Dieselb. (Hg.): Wissensmanagement. Informationszuwachs – Wissensschwund? Die strategische Bedeutung des Wissensmanagements, S. 1–17. München / Wien: Oldenbourg.

Reinmann-Rothmeier, G. R. (2001): Wissen managen: Das Münchener Modell. Ludwig-Maximilians-Universität München. Institut für Pädagogische Psychologie und Empirische Pädagogik. Forschungsberichte, 131.

Reinmann-Rothmeier, G.: Wissen managen: Das Münchener Modell – http://epub.ub.uni-muenchen.de/archive/00000239/01FB_131.pdf.

Renkl, A.: Träges Wissen: Die „unerklärliche" Kluft zwischen Wissen und Handeln; Forschungsbericht Nr. 41, München; Ludwig-Maximilian-Universität; Lehrstuhl für empirische Pädagogik und pädagogische Psychologie, 1994.

Richert, V. (2006): Mentoring und lebenslanges Lernen. Individuelles Wissensmanagement im Informationszeitalter. Akademie-Verlag. Saarbrücken.

Riedl, A. (2011): Didaktik der beruflichen Bildung. Stuttgart.

Rosenthal, H.-J. (1981): Praxis der Kommunikation. Weinheim.

Roumois, U. H. (2007): Studienbuch Wissensmanagement. Zürich.

Rückle, H. / Mutahoff, A. / Riekehof, R. (1994): Personalentwicklung. Werte- und zielorientierte Auswahl zur Förderung von Mitarbeitern. Düsseldorf.

Rüdiger, M. / Vanini, S.: Das Tacit-Knowledge-Phänomen und seine Implikationen für das Innovationsmanagement, in: DBW, Nr. 58, 4/1998, S. 467–480.

SAM: Senior Age Management – Altersmanagement in KMU, Konzepte, Instrumente und Best Practice Beispiele, Berlin 2005, S. 13.

Sarges, W.: Veränderungen von Organisationsstrukturen und ihr Einfluss auf das Personalmanagement, in: Kienbaum, J. (Hg.): Visionäres Personalmanagement, Stuttgart 1994, S. 371–399, dort S. 373.

Sattelberger, T. (1996): Die lernende Organisation Konzepte für eine neue Qualität der Unternehmensentwicklung. Wiesbaden.

Sattelberger, T. (1995): Personalentwicklung als strategischer Erfolgsfaktor, in: Innovative Personalentwicklung. Wiesbaden. S. 15–37.

Schanz, G. (2000): Personalwirtschaftslehre. Lebendige Arbeit in verhaltenswissenschaftlicher Perspektive. München.

Schaper, K. (2001): Makroökonomie. Ein Lehrbuch für Sozialwissenschaftler. Frankfurt a. Main.

Schein, E. H.: Career dynamics: Matching individual and organizational needs, Reading et al. 1978, S. 29.

Schenkel, P. / Tergan, S.-O. / Lottmann, A. (2000): Qualitätsbeurteilung multimedialer Lern- und Informationssysteme Multimediales Lernen in der Berufsbildung, Nürnberg (BW Bildung und Wissen).

Scherf, H.: Fundamentalismus in der Ökonomie, in: Merkur, Jg. 46, H. 9/10, 1992, S. 809–820.

Schiersmann, C. (2007): Berufliche Weiterbildung. VS Verlag für Sozialwissenschaften.

Schiersmann, C. / Thiel, H.-U. (2010): Organisationsentwicklung. Prinzipien und Strategien von Veränderungsprozessen. Wiesbaden.

Schimkat, H. (2010): „Alter ist bei uns in der Tat kein Thema!"? Fallanalyse betrieblicher Einstellungsprozesse, in: Brauer, K. / Clemens, W. (Hg.): Zu alt? Ageismus und Altersdiskriminierung auf Arbeitsmärkten, Wiesbaden, S. 205–231.

Schindler, M. / Eppler, M. J.: Vom Debriefing zum kontinuierlichen Erfahrungslernen – Methoden zur Gewinnung von Schlüsselerfahrungen in und aus Projekten, in: Organisationsentwicklung, Jg. 01; 2002, S. 58–71.

Schmidt, A. / Kunzmann, C. / Biesalski, E.: Systematische Personalentwicklung mit ontologiebasierten Kompetenzkatalogen: Konzepte, Erfahrungen und Visionen, in: Gronau, M. et al. (Hg.): Fachtagung Kompetenzmanagement in der Praxis – Schulung, Staffing und Anreizsysteme, Berlin 2006, S. 21.

Schmidt, B.: Weiterbildung und informelles Lernen älterer Arbeitnehmer/innen. Bildungsverhalten. Bildungsinteressen. Bildungsmotive, Wiesbaden 2009, S. 30.

Schmidt-Grunert, M.: Sozialarbeitsforschung konkret: Problemzentrierte Interviews als qualitative Erhebungsmethode, Freiburg im Breisgau 1999, S. 39.

Schneider, U. (1996): Wissensmanagement. Die Aktivierung des intellektuellen Kapitals. Frankfurt am Main.

Schreyögg, G. / Geiger, D.: Kann die Wissensspirale Grundlage des Wissensmanagements sein?, Diskussionsbeiträge des Instituts für Management; Freie Universität Berlin, neue Folge, 20/03, S. 16.

Schreyögg, G. / Geiger, D.: Wenn alles Wissen ist, ist Wissen am Ende nichts? Vorschläge zur Neuorientierung des Wissensmanagements, in: Zeuch, A. (Hg.): Management von Nichtwissen in Unternehmen, Heidelberg 2007, S. 69–89.

Schulte, A. (2002): Das Phänomen der Rückverlagerung – internationale Standortentscheidungen von kleinen und mittleren Unternehmen. Wiesbaden.

Schulte, Anja. (2006): Internationalisierung von kleinen und mittelständischen Unternehmen. In: Schauf, Malcolm (Hrsg.): Unternehmensführung im Mittelstand. Rollenwandel kleiner und mittelständischer Unternehmen in der Globalisierung. München.

Schulte, Anja. (2002): Das Phänomen der Rückverlagerung – internationale Standortentscheidungen von kleinen und mittleren Unternehmen. Gabler. Wiesbaden.

Schüppel, J.: Wissensmanagement. Organisatorisches Lernen im Spannungsfeld von Wissens- und Lernbarrieren, Wiesbaden 1997, S. 50.

Schütz, A. (1974): Der sinnhafte Aufbau der sozialen Welt. Eine Einleitung in die verstehende Soziologie, Frankfurt am Main.

Schütze, Y.: Das Deutungsmuster „Mutterliebe" im historischen Wandel, in: Meuser, M. / Sackmann, R. (Hg.): Analyse sozialer Deutungsmuster Beiträge zur empirischen Wissenssoziologie, Pfaffenweiler 1992, S. 39–49.

Semlinger (2003): Vertrauen als Kooperationshemmnis – Kooperationsprobleme von kleinen und mittleren unternehmen und Auswege aus der Vertrauensfalle. In: Hirsch-Kreinsen, H. & Wannlöffel, M. (Hg.): Netzwerke kleiner Unternehmen. Praktiken und Besonderheiten internationaler Zusammenarbeit. Edition Sigma. Berlin.

Senge, P. M. & Kleiner, A. & Smith, P. et al. (1997): Das Fieldbook zur Fünften Disziplin. Stuttgart: Klett-Cotta.

Senge, P. M.: Die fünfte Disziplin, Stuttgart 1996, S. 293.

Sennett, R. (2005): Die Kultur des neuen Kapitalismus, Berlin.

Shermann, R. R., Webb, R. B. (1988): Qualitative research in education: a focus, in: In: dies. (Hrsg.): Qualitative research in education: Focus and methods, London, S. 30–43.

Simon, H. A. (1981): Entscheidungsverhalten in Organisationen. Eine Untersuchung von Entscheidungsprozessen in Management und Verwaltung. (1. Aufl. 1945, New York). Landsberg am Lech: Verlag Moderne Industrie.

Simon, H. (2012): Hidden Champions – Aufbruch nach Globalia, München.

Sloane, P.: Veränderung der Betriebs- und Arbeitsorganisation – Konsequenzen für die betriebliche Bildungsarbeit, in: Dehnbostel, P. / Dybowski, G. (Hg.): Lernen, Wissensmanagement und berufliche Bildung, Bielefeld 2000.

Spath, D. et al. (2012): Dialog über Deutschlands Zukunft – Ergebnisbericht des Expertendialogs der Bundeskanzlerin 2011/2012. Berlin.

Spitzer, M.: Langsam, aber sicher. Gehirnforschung und das Lernen Erwachsener, in: DIE Zeitschrift für Erwachsenenbildung, Nr. 10/3, 2003, S. 38–40.

Sporket, M. (2009): Organisationen im demografischen Wandel – Alternsmanagement in der betrieblichen Praxis. Dortmund.

Statistisches Bundesamt (2006): Bevölkerung Deutschlands bis 2050 – 11. Koordinierte Bevölkerungsvorausberechnung, Berlin, S. 17.

Statistisches Bundesamt (2009): Bevölkerung Deutschland bis 2060 – 12. Koordinierte Bevölkerungsvorausberechnung, Berlin, S. 15.

Stieler-Lorenz et al.: Durch den Dialog zum Wissen – mit kommunizierendem Lernen, in: Wissensmanagement, H. 8, 2003, S. 21–26.

Stößel, D.: Der Gastbeitrag: Beschäftigung älterer Mitarbeiter – wie stehen Unternehmen dazu, in: Deutsches Zentrum für Altersfragen (Hg.): Informationsdienst Altersfragen, Nr. 33, 2006, Heft 6, S. 7–11.

Strauss, A. L./Corbin, J.: Grounded Theory (1996): Grundlagen Qualitativer Sozialforschung. Weinheim.

Strohmeier, S. (2008): Informationssysteme im Personalmanagement. Vieweg + Teubner-Verlag. Wiesbaden.

Thom, N.: Personalentwicklung, in: Wittmann, W. et al. (Hg.): Handwörterbuch der Betriebswirtschaft, Bd. 2, Stuttgart 1993, Sp. 3075–3091.

Tödtmann, C.: Gesunde Mitarbeiter zahlen sich aus, in: Handelsblatt, 04.11.2009, S. 34.

Traxsler, A. J.: Let's Get Gerontologized: Developing a Sensitivity to Aging. The Multi-purpose Senior Center Concept, A Training Manual for Practitioners Working with the Aging, Springfield 1980.

Übner, W. / Kühl, A. / Putzinge, M. (2003): Kompetenzerhalt und Kompetenzentwicklung älterer Mitarbeiter in Unternehmen. Berlin.

Ullrich, C. G.: Deutungsmusteranalyse und diskursives Interview. Leitfadenkonstruktion, Interviewführung und Typenbildung, Mannheim 1999 (Arbeitspapiere – Mannheimer Zentrum für europäische Sozialforschung, Nr. 3, 1999), S. 14.

Unger, T. (2007): Bildungsidee und Bildungsverständnis Eine grundlagentheoretische Analyse und empirische Fallstudie zum Bildungsverständnis von Lehrenden an Berufsschulen. Münster.

von Weizsäcker, R. K. & Krempel, K. (2006): Familienunternehmen: Auf lange Sicht erfolgreich? Lehrstuhl für Volkswirtschaftslehre, Finanzwissenschaft und Industrieökonomik. Technische Universität München. München.

Wachtler, G. / Franzke, H. / Balcke, J.: Die Innovationsfähigkeit von Betrieben angesichts alternder Belegschaften: Expertise im Auftrag der Friedrich-Ebert-Stiftung, Bonn 1997, S. 25.

Wagner, J. (2000): Strukturelle Komponenten der Arbeitslosigkeit. In: Ökonomie und Gesellschaft, Jahrbuch15: Unternehmensverhalten und Arbeitslosigkeit. Metropolis Verlag, Marburg.

Wehner, T.; Dick, M.& Clases, C. (2004): Wissen orientiert Kooperation – Transformationsprozesse im Wissensmanagement. In: Reinmann, Gabi & Mandl, Heinz (Hg.): Psychologie des Wissensmanagements. Perspektiven, Theorien und Methoden. Göttingen.

Whitehead, A. N.: The aims of education and other essays, New York 1929.

Wickel-Kirsch et al. (2008): Personalwirtschaft – Grundlagen der Personalarbeit in Unternehmen. 1. Aufl., GWV-Fachverlage GmbH, Wiesbaden.

Willke, G. (1990): Arbeitslosigkeit. Diagnosen und Therapien. Niedersächsische Landeszentrale für politische Bildung (Hg.). Hannover.

Willke, H.: Dimensionen des Wissensmanagements – Zum Zusammenhang von gesellschaftlicher und organisationaler Wissensbasierung, in: **Schreyögg, G. / Conrad, P.** (Hg.): Managementforschung, Bd. 6: Wissensmanagement, Berlin, New York 1996, S. 263–304.

Wilsdorf, D. (1991): Schlüsselqualifikationen. Die Entwicklung selbstständigen Lernens und Handelns in der industriellen und gewerblichen Berufsausbildung. München.

Wirtschaftsforum: Arbeitsmarkt: Ältere Arbeitnehmer/innen immer wertvoller / http://www.wirtschaftsforum.de/artikel/20547/aeltere-Arbeitnehmer/innen, S. 1–2, 15.1.2013.

Witzel, A. (1982): Verfahren qualitativer Sozialforschung. Frankfurt. New York.

Yearta, S. K. / Warr, P.: Does age matter?, in: Journal of Management Development, Nr. 14, 1995, S. 28–35.

Zimbardo, P. & Gerrig, R. (1999): Psychologie. 7. Aufl., Springer-Verlag. Berlin, Heidelberg, New York.

Zimmermann, H. (2009): Weiterbildung im späteren Erwerbsleben. Empirische Befunde und Gestaltungsvorschläge. Bonn. (Berichte zur beruflichen Bildung, Bundesinstitut für Berufsbildung).

Anhang

Interviewleitfaden

Erzählstimulus:
Herzlichen Dank, dass Sie sich die Zeit genommen haben, um mit mir über die Einstellungsmöglichkeiten von potentiellen Mitarbeitern in ihrem Unternehmen zu sprechen. Mich würde interessieren, wie Sie die unterschiedlichen Anforderungen an solche Bewerber handhaben. Ich möchte unser Gespräch mit dem Tonband aufzeichnen. Diese Aufzeichnung dient nur für den wissenschaftlichen Zweck. Zusätzlich mache ich mir kleine Notizen. Selbstverständlich werden alle Aussagen anonymisiert. Hätten Sie noch eine Frage? Wenn nicht, können wir anfangen.

Block I: Informationen zum Unternehmen

Würden Sie freundlicherweise aus Ihren Berufsalltag einen typischen Fall in der Bewerberauswahl von potentiellen Stellenbewerbern erzählen.

Welche Bewerberauswahl verlief atypisch?

Wie sieht Ihr Traumbewerber aus?

Block II: Deutungsmuster von Personalverantwortlichen

Leitfrage	Konkrete Fragen	Aufrechterhaltung / Steuerung
Nun steht eine Entscheidung zwischen zwei potentiellen Mitarbeitern / Innen an, die ähnlich qualifiziert sind: Was geschieht in einer solchen Situation?	**2.1 Worauf achten Sie bei der Einstellung von neuen Mitarbeitern?** **2.2 Welche Kriterien sind besonders wichtig für Sie?** **2.3 Wie erhalten Sie die Informationen, die Sie benötigen, um eine Entscheidung treffen zu können?** 2.4 Ist die äußere Erscheinung (Bekleidung usw.) der Bewerber auch ein mögliches Entscheidungskriterium für Sie? 2.5 Halten Sie die Körpersprache der Bewerber für wichtig? 2.6 Sind Anzeichen von Aufregung oder Nervosität bei den Bewerbern auch von Bedeutung für eine mögliche Entscheidung? 2.7 Könnten auch atmosphärische Situationsbedingungen in solchen Entscheidungen eine Rolle spielen?	Könnten Sie hierzu noch etwas ausholen? Und dann? Gab es weitere Schritte? Folgte dann noch etwas? Vielleicht noch etwas?

Block III: Fachkräftebedarf und implizierte Kriterien

Leitfrage	Konkrete Fragen	Aufrechterhaltung / Steuerung
Könnten Sie sich vorstellen, Sie hätten eine neue Stelle zu besetzen und befinden sich nun in einem Bewerbungs-Gespräch mit einem hochqualifizierten Bewerber. Sein Alter liegt bei etwa 50 Jahren. Könnten Sie ungezwungen erzählen, was nun abläuft? Worauf wird nun geachtet?	Können Sie von Schwierigkeiten sprechen, wenn es darum geht, hinreichend qualifiziertes Personal zu finden? Welche Rolle spielen ältere Arbeitnehmer/innen? Nehmen Sie an, ältere Arbeitnehmer/innen sind leistungsfähiger als jüngere? Wo würden Sie jüngere Arbeitnehmer/innen als leistungsfähiger charakterisieren? Würden Sie sagen, das Wissen älterer Arbeitnehmer/innen wird altersbedingt unbrauchbarer? Nutzen Sie bestimmte Möglichkeiten, um Personal zu rekrutieren? Welche Bedeutung hat langjährige Berufserfahrung? Würden Sie meinen, es gebe bestimmte Gründe für die Verfestigung der Arbeitslosigkeit von hochqualifizierten Fachkräften?	Könnten Sie hierzu noch etwas ausholen? Und dann? Gab es weitere Schritte? Folgte dann noch etwas? Vielleicht noch etwas?

Block IV: Informationen zum Unternehmen

Leitfrage	Konkrete Fragen	Aufrechterhaltung / Steuerung
Nun möchten Sie obigen Bewerber einstellen. Sie stellen allerdings fest, dass seine Berufserfahrungen nicht ausreichen. Es besteht Weiterbildungs-Bedarf. Wie wäre nun Ihre Vorgehensweise? Können Sie ein bisschen ausholen.	4.1 Können Sie etwas zu den beruflichen Tätigkeiten sagen, die in Ihrem Unternehmen dominieren? 4.2 Ist der Anteil an Tätigkeiten, die Hochschulbildung voraussetzen, sehr hoch? 4.3 Gibt es viele spezifische Fachkenntnisse, die Sie bei potentiellen Mitarbeitern für erforderlich halten? 4.4 Achten Sie auf die Altersverteilung in Ihrem Unternehmen? 4.5 Halten Sie die Thematik demografischer Wandel für bedeutend? 4.6 Gibt es ein Durchschnittsalter bei Ihren Stellenanwärtern?	Und dann? Gab es weitere Schritte? Folgte dann noch etwas? Vielleicht noch etwas?

Block V: Weiterbildung

Leitfrage	Konkrete Fragen	Aufrechterhaltung / Steuerung
Nun möchten Sie obigen Bewerber einstellen. Sie stellen allerdings fest, dass seine Berufserfahrungen nicht ausreichen. Es besteht Weiterbildungs-Bedarf. Wie wäre nun Ihre Vorgehensweise? Können Sie ein bisschen ausholen.	5.1 Gibt es größere Herausforderungen bei der Einstellung solcher älteren Mitarbeiter? 5.2 Bieten Sie nun betriebsspezifische Weiterbildungsmöglichkeiten für ältere Arbeitnehmer/innen an? 5.3 Könnten Sie arbeits- und beschäftigungsspezifische Maßnahmen für ältere Arbeitnehmer/innen nennen? 5.4 Nutzen Sie solche Möglichkeiten?	Könnten Sie hierzu noch etwas ausholen? Und dann? Gab es weitere Schritte? Folgte dann noch etwas? Vielleicht noch etwas?

Block VI: Fragen zur Wirtschaftsstruktur

Konkrete Fragen	Anmerkungen
6.1 In welcher Branche operiert Ihr Unternehmen? 6.2 Könnten Sie freundlicherweise eine ungefähre Angabe zum Umsatz machen, den Ihr Unternehmen in den letzten drei Jahren erzielte? 6.3 Wie groß ist die Anzahl der aktuell in Ihrem Unternehmen beschäftigten Mitarbeiter?	

Block VII: Qualifikation zur interviewten Person

Konkrete Fragen	Anmerkungen
7.1 Geschlecht: männlich ☐ weiblich ☐ 7.2 Wie sind Sie an die jetzige Stelle gekommen? 7.3 Welche Qualifikationen musste man aufweisen, um diese Stelle als Personaler zu bekommen? 7.4 Wie haben Sie sich diese Qualifikationen berufsbiographisch angeeignet (Studium)?	

Interviewnummer: ______ Ort: __________ Datum: ______ Zeit: von ____Uhr bis ____Uhr

Transkriptionsregeln

- **Kodierung der Gesprächspartner: I für den Interviewpartner / B für die befragte Person**
- **Text für den Interviewer Kursiv; normal für die Antworten der befragten Person**
- **Erfassung der Pausen, ab einer Länge von mehr als 3 Sekunden: (1) Pausen, Zahl gibt die Länge in Sekunden an**
- **( ) unverständliche Äußerungen werden in Klammer gesetzt**
- **„mhms; „ähms“ werden immer mittranskribiert, es könnte mit angeführt werden, ob es sich um Pausenfüller, ein Rezeptionssignal handelt. Diese Art von Zuordnung kann auch eigene Interpretationen enthalten und wird mit Kommentarklammern < > gekennzeichnet.**
- **Sätze, die nicht vollendet werden enden mit „…“**

(Transkriptionsregeln nach Freiling / Gottwald, Forschungsinstitut betriebliche Bildung)

www.ingramcontent.com/pod-product-compliance
Ingram Content Group UK Ltd.
Pitfield, Milton Keynes, MK11 3LW, UK
UKHW021910290926
8980IPUK00015B/1180

9 783631 665466